KB264887

신앙과 학문의 통합
- 세계관적 접근 -

신앙과 학문의 통합

초판 1쇄 찍은 날 · 2013년 3월 10일 | 초판 1쇄 펴낸 날 · 2013년 3월 15일

지은이 · 로버트 A. 해리스 | 옮긴이 · 최용준 | 펴낸이 · 김승태
등록번호 · 제2-1349호(1992. 3. 31) | 펴낸 곳 · 예영커뮤니케이션
주소 · (136-825) 서울시 성북구 성북1동 179-56 | 홈페이지 www.jeyoung.com
출판사업부 · T. (02)766-8931 F. (02)766-8934 e—mail: edit1@jeyoung.com
출판유통사업부 · T. (02)766-7912 F. (02)766-8934 e—mail: sales@jeyoung.com

ISBN 978-89-8350-826-3 (03230)

Copyright © 2013 예영커뮤니케이션

값 15,000원

신앙과 학문의 통합

세계관적 접근

로버트 A. 해리스 지음

최용준 옮김

예영커뮤니케이션

목 차

추천사

신앙과 학문의 통합에 관한 해리스의 책은 대학생들에게 여러 사상들을 견실한 기독교 세계관을 통해 볼 수 있도록 통찰력 있고 체계적인 방식을 제공한다. 개념적 무지와 도덕적 혼란이 넘치는 이 시대에 해리스는 학문과 신앙을 어떻게 통합할지 직접적인 설명을 제공한다. 이 책에 나와 있는 원리들을 적용함으로 신앙과 학문에 담대한 새로운 기독 지성인들이 나타날 것이다.

폴 굴드**(Paul Gould)**, 크리스천 리더십 사역들의 학문적 이니시어티브

이 책은 현대 사회에 영향을 미치기를 원하거나 신앙을 지키는 수단이 필요한 모든 크리스천들에게 매우 필수적인 책이다. 이것은 많은 영역들과 철학들 – 그 넓이와 깊이 둘다 방대한 – 에 대해 숙고한 여정으로 학생, 교사, 그리고 지혜를 사랑하는 모든 사람들이 반드시 읽어야 할 도서이다.

브랫 피터슨**(Brett Peterson)**, 코스트랜드**(Coastland)** 대학교 총장

세계관에 관한 책들이 많지만 본서는 지식이 어떻게 기능을 하며 "현실"에서 작용하는지를 잘 보여 준다는 점에서 다른 책들과 구별된다.

단지 사상가들이나 그들의 관점들을 범주화하는 것만으로는 부족하다. 학생들은 어떤 주장들이 그들의 장점들과 상관없이 보다 더 수용적인지 이해할 필요가 있다. 해리스의 책은 진리에 대한 사랑을 스며나오게 하고 지성적 삶을 가치 있게 한다. 홈스쿨하는 분들, 청소년 사역자들, 캠퍼스 사역자들, 대학생들, 교수들, 그리고 사상들의 세계에 참여하려는 기독 학생들을 훈련하는 데 관심 있는 모든 분들에게 강력히 추천한다.

패트릭 리스트(Patrick Rist), 크리스천 리더십 사역들의 학문적 이니시어티브

서문

개관

이 책은 당신(기독교 대학의 학생)에게 기독교적 지식과 고등 교육 속에서 얻게 될 지식들을 통합하는 기술을 발전시키는 데 필요한 이념들의 배경과 실용적인 방법들을 제공하기 위해 쓰여졌다. 당신은 아마 공립 대학의 일부 교수들이 기독 신앙을 나누어 줄 것이라고 생각할지도 모르지만, 당신은 당신에게 강의하는 교수들의 세계관이 구체적으로 어떤 것인지 알 필요가 있다. 당신이 기독교 대학을 다닌다고 할지라도 사용하는 교재들은 대부분 세속적인 세계관으로 쓰여진 것들일 것이다.

앞부분의 몇 장들은 지식 주장에 대한 명확한 토론 주제들을 제공한다. 이를테면, 어떻게 주장하고, 해석하며, 입증된 사실들이 어떻게 종종 혼란을 주는 지에 대한 것이다. 다음 몇 장들은 기독교 세계관이 모든 현실에 대한 가장 완전하고, 합리적이며, 정확한 설명임을 보여주면서, 현재의 대조되는 지식 형태들(철학적 자연주의, 포스트모더니즘, 기독교)을 비교, 평가한다. 마지막으로 제 10장 "신앙과 학문의 통합"과 제 11장 "세계관적 통합을 위한 분류학"은 다양한 상황들 속에서 실제적 측면의 통합을 가능하게 해 주는 도구들, 사례들, 상황들을 제시한다.

개요

1장은 지식의 본성을 강조함으로써 신앙과 학문을 통합하는 배경을 제공한다. 기독교적 지식과 많은 대학들에서 강조된 지식 간에 나타나는 명백한 갈등의 주요한 원인은 지식으로 여겨지는 다양한 이론들로부터 유래한다.

제 2장은 신앙과 학문의 통합이 기독 학생과 학자에게 매우 중요함을 주장한다. 기독교적 지식은 파편화되어서는 안 되며 모든 존재에 대한 가장 포괄적이고 합리적인 관점을 도출해 내기 위해 모든 다른 지식들과 연결되어야 한다.

제 3장은 각 사람이 현실을 바라보고 해석하는 세계관과 지식 이론의 영향력에 대해 논한다. 세계관은 선입견이 있는 기준들과 주관적인 해석을 적용하게끔 하는 원인을 제공하면서 우리가 정보를 처리하는 방법에도 영향을 미칠 수 있다. 그리고 인식론은 어떤 이념들을 진리로 받아들이고 어떤 것들을 거짓으로 배척하는 지에 대해 영향을 미친다.

제 4장은 개인의 정치적 입장, 권력의 정치학, 사회적인 요소들 모두가 어떤 이념들을 인정하거나 무시하거나 심지어 하찮게 여겨지도록 영향을 주는 것을 보여 준다. 개인적인 학부이든 전체적인 학문 공동체이든, 순수한 진리 추구보다 더 많은 다른 요소들이 지식 주장을 증진시키는 데 연관되어 있다는 것이다.

제 5장은 모든 사람들의 현실을 보는 관점에 기저를 이루는 기초적이고 검증되지 않은 신념들과, 어떻게 그것들이 우리의 경험과 생각에 영향을 미치는 지에 대해 논한다. 많은 학자들이 신을 단지 철학적인

언급으로 제외시키는데, 이것이 그들의 정보와 진리 주장의 과정에 영향을 미친다. 반면에, 인간의 기초적 믿음의 한 부분으로 신을 포함시키는 것은 실제로 현실을 더욱 합리적이며 더 낫게 설명하는 기초를 제공한다.

제 6장은 과학적 자연주의의 핵심적인 믿음과 가정들이 무엇인지 더 자세히 살펴본다. 논의되는 내용들은 이러한 관점이 현실에 대한 완전한 모습과 진정한 과학의 가치와 물질주의자의 원리체계를 동일시함으로써 발생하는 문제들을 설명하기에는 한계가 있다는 사실을 보여 줄 것이다.

제 7장은 포스트모더니즘의 기본적인 믿음과 사례들을 제시하면서 그것의 근원과 결과에 대한 간단한 역사를 살펴본다. 포스트모더니스트들의 생각은 기독교적 진리에 적대감을 보인다. 또한 포스트모더니즘이 어떻게 과학만능주의적 접근에 반론을 제기하고 표면적으로 타당하게 보이는 이념들을 만들어 냈는지에 대해 논의할 것이다.

제 8장은 일반적으로 받아들여지는 기독교적 세계관을 논의한다. 인생은 하나님의 말씀을 이해하는 과정이라는 점과 함께 성경적 권위가 강조된다. 또한 기독교적 세계관을 몇 가지 차원에서 자연주의 및 포스트모더니즘과 비교할 것이다.

제 9장은 세계관들을 평가하기 위한 기준을 제공한 후 자연주의, 포스트모더니즘, 기독교를 이 기준에 비추어 검토할 것이다. 또한 지식 주장에 대해 어떻게 생각해야 하는지, 오류를 찾기 위해 주장들을 어떻게 분석해야 하는지, 합리적인 설명과 이데올로기적인 독단을 어떻게 구별해야 하는지에 대해 논의할 것이다.

제 10장은 통합의 실제적인 단계의 시작과, 당신이 어떻게 신앙과 학문을 의미 있게 통합할 수 있는 지 정의할 것이다. 학문의 쌍방향적

방법에 대한 논의도 포함된다. 즉 신앙과 학문은 상호 도움을 준다는 것이다.

제 11장은 당신의 신앙과 연구 주제를 구체적으로 연결시켜 주는 패러다임을 제공한다. 제공된 도구들은 지식 주장들이 어디서 왔는지, 그 뒤에는 무엇이 있는지, 그리고 어떻게 진리를 구별할 수 있는 지 발견하도록 도와준다.

제 12장은 당신을 최고의 학자가 되도록 격려한다. 우리에게는 사상의 시장에서 진리를 담대히 선포할 수 있는 기독 지성인들이 필요하다.

감사

많은 사람들이 이 책을 펴내는 데 도움을 주었다. 캐스캐이드(Cascade)의 편집자 데이빗 루트(David Root)의 유익한 이념들과 제안들에 감사한다; 그리고 위프 앤 스톡(Wipf and Stock)의 총 관리자인 짐 테드릭(Jim Tedrick)에게도 고마움을 전하고 싶다. 나아가 브레트 피터슨(Brett Peterson), 패트릭 리스트(Patrick Rist), 개리 램(Gary Ramm), 폴 굴드(Paul Gould), 애비 느예(Abby Nye), 데이빗 미첼(David Mitchell) 그리고 존스(A. S. A. Jones) 등의 조언과 원고를 읽어 준 이들의 열정에 감사한다. 나의 대리인 레스 스토브(Les Stobbe)의 격려에도 감사한다. 나는 이 책과 그 내용물에 관해 나눴던 많은 대화들과 프로젝트를 위한 그의 꾸준한 후원으로 인해 필 로비네트(Phill Robinette)에게 특별히 감사를 표한다. 그리고 연구하고, 읽고, 쓰는 시간을 허락해 줌으로써 (책을 사는 것도) 그야말로 이 책을 만드는 것을 가능하도록 해 준 아내 리타(Rita)에게 특별한 감사를 드린다.

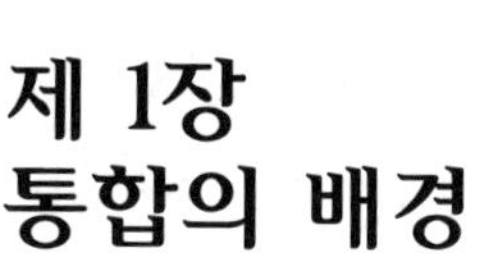

제 1장
통합의 배경

통합이라는 단어는 통일하기 위해 형성하거나 전체로 섞는 것을 의미한다.
인간의 지성은 본성적으로 다양성 뒤에 있는 통일성을 추구한다.
그리고 사실, 정합성은 합리성의 한 중요한 요소이다.
개념적인 통합에서, 한 사람의 신학적인 믿음들은
정당하게 진리로 믿어지는 것으로 판단되는 명제들과 함께
다른 근원들로부터 일치되고, 지적 만족을 주는 하나의 세계관으로 섞이고 통합된다.
통합의 목적들과 결과들 중의 하나는
기독교적 유신론을 개념적인 적절성과 인식론적 정당화를 증가시키는 것이다.
- J. P. 모어랜드(Moreland)[1]

신앙은 우리가 진리라고 알고 믿는 모든 빛 안에서 연습되는 것이다.
따라서 우리가 지적으로 믿는 것은 매우 중요하다.
- 마이클 피터슨(Michael L. Peterson)[2]

1.1 신앙과 학문의 통합 개관

신앙과 학문의 통합은 낯설거나 진기하거나 특별한 과정이 아니며 기독교에만 있는 것도 아니다. 학문(또는 지식)의 통합은 일치되는 세계관의 필요를 이해하는 모든 사람들과, 충돌되는 주장들을 믿는 것은 합리적이지 않다는 것을 아는 사람들로부터 수행되는 활동이다. 동양의 몇몇 철학자들은 두 가지나 그 이상의 모순되는 것들을 믿는 것도

받아들이지만, 우리는 대부분 지식의 세상과 합리적이고 일치되는 전체로서의 세상 그 자체를 이해하고 싶어 한다. 그렇게 하기 위해 어떤 종류의 새로운 지식이라도 우리의 현재 지식의 구조에 포함시키거나 통합해야만 한다. 나아가, 우리가 "신앙"을 우리의 삶을 인도하는 기초적인 믿음들, 선호들, 가정들의 틀이라는 가장 넓은 의미로 이해한다면, 종교적이든 종교적이지 않든 간에 모든 사람들은 신앙과 학문의 통합을 실행하고 있다. 우리는 모두 현실에 대한 우리의 믿음이 배우고 경험한 모든 것들과 일관되기를 바란다.

지식의 통합

통합은 지식과 지식을 연결하는 과정-사실들, 이념들, 그리고 다른 정보들을 통합하는 하나의 방식으로 연결-이기 때문에 우리는 무언가를 배울 때마다 지식의 통합 과정에 관여한다. 우리는 지식에 대한 새로운 주장을 접할 때마다 그것을 종합적인 지식에 통합시킨다. 이미 무엇을 하는지 알고 있는데, 새로운 주장이 어떻게 기존 지식에 맞을까? 통합은 새로운 지식을 기존의 지식에 맞추어 일관성을 만드는 과정이며, 이러한 과정은 새로운 정보나 지식 주장들이 우리에게 나타날 때마다 매일 자연스럽게 이루어진다. 모든 사람이 이미 가지고 있는 지식의 저장 공간은 유일하고 개인적이기 때문에 통합의 과정도 그러하다.

성공적인 통합을 위한 기본적인 두 가지 필요조건은 지속성과 일관성이다. 당신은 아마도 이것들을 어떤 비판적인 사고 활동에도 포함되는 두 가지 기술로 인식할 것이다.

- **지속성**. 새로운 지식은 이미 알고 있는 것과 함께 일관성이 있어야 한다. 즉 주장들 사이에 충돌이 없어야 한다는 것이다. 모순적인 이념들이 동시에 진실이 될 수 없다. 만약 충돌이 있다

면, 새로운 지식 주장이 조정되고 재해석되거나 아니면 거부되어야 한다. 그렇지 않으면 기존 지식이 조정, 재해석되거나, 거절되어야만 한다.

- **일관성**. 한 사람의 종합적 지식은 하나의 전체로 맞추어져야 한다. 현실에 대한 우리의 종합적인 관점은 조화롭고 서로 관련된 이념들의 집합이 되어야 한다. 우리의 현실관은 우리가 배우는 사실들에서만 오는 것이 아니라 세상과 우리 자신과 다른 사람들에 대한 관찰, 경험, 이유, 해석, 그리고 기초적인 가정들로부터 온다.

의미심장하게도, 새로운 지식에 대한 주장들은 모든 사려 깊은 사람에게 즉시 받아들여지지 않았다. 먼저 기존의 지식과 믿음들과 대조하여 인증을 받아야 한다. 가령, 무엇이 가능하고, 무엇이 비슷하고, 무엇이 다른 지식과 호환되는지에 관한 것들이다. 누군가 당신에게 믿기 어려운 이야기를 했을 때 당신은 그것이 사실에 대한 묘사라기보다는 "과장된 이야기"라고 결론지을 것이다. 이러한 결론은 당신의 자동적인 통합 과정의 결과이다. 그 이야기는 당신이 참이거나 가능하다고 믿는 것을 넘어서는 주장을 함으로써 일관성 시험에서 떨어진 것이다.

통합의 유형

우리의 비축된 지식 전체에 조화와 일관성을 가져오는 노력은 몇 가지 활동들을 필요로 한다.

- **지식과 지식을 연결**. 이미 언급했듯이, 새로운 지식 주장은 이미 있던 지식과 어떻게 모든 것들이 들어맞는지 알아보는 작업이 된다. 새로운 주장은 받아들여지거나, 거절되거나, 조정되

거나 또는 그것이 이치에 들어맞을 때까지(즉, 그것이 성공적으로 통합될 때까지) "선반 위에 놓여질" 것이다. 그리고 때때로, 현재의 지식은 새로운 지식의 빛 안에서 조정되어야만 한다.

- **한 영역의 지식을 다른 영역의 지식과 연결**. 한 학문 영역에서의 발견이나 가설들은 다른 영역에 관한 우리의 생각에 영향을 미칠 수 있다. 가령, 뇌 화학에 관한 발견은 인간의 행동과 동기에 관한 심리학 이론에 영향을 미칠 것이다. 역사에서의 새로운 발견들은 정치학자들이 과거 정부의 조치들에 대해 바라보는 시각을 바꿀 수 있다.

- **지식을 세상에 대한 더 큰 믿음에 연결**. 일관성을 찾는 과정에서 우리는 세상이 얼마나 합리적인지, 어떤 것이 존재 가능한지, 사람의 본성이 어떤지 등에 관한 믿음을 갖게 된다.

- **지식을 기초적 가정과 가치들에 연결**. 한 사람의 기초적인 믿음들이 그의 개인적 경험에 어떻게 들어맞는지를 알아내는 것은 삶의 의미를 찾는 통합적인 과정이다. "그것이 무엇입니까?" 또는 "무슨 일입니까?"라는 질문에 더하여, "그것은 무엇을 의미합니까?"라고 당신이 물었을 때, 당신은 이러한 통합적 주제에 대해 묻고 있는 것이다. 삶이 무엇인지를 발견하는 것은 지식을 가져다주지만, 삶의 의미를 발견하는 것은 지혜를 가져다준다.

신앙과 학문의 통합

그리스도인들도 모든 다른 지식들의 부분과 전체에 대한 시험으로 성경의 권위에 기초한 기독교적 지식에 중요한 부가적 지식을 더하면서 위에서 언급한 것과 같은 종류의 통합 과정들을 수행한다. 즉 성경

적인 틀 안에서 지식의 일관성과 정합성을 찾는다. 기독 신앙은 지식의
유형(진리 명제들의 집합)인 동시에 세계관(모든 현실을 이해하고 파악
하는 해석적인 틀)이라고 말할 수 있다.

- **모든 진리는 하나님의 진리이다.** 기독교적 지식(성경적 가르침,
  하나님에 대한 믿음, 타락했으나 구속받을 수 있는 인간의 본성
  등)은 진리 또는 현실의 분리된 영역으로 여겨져서는 안 되며,
  중요하고 분명한 현실 전체의 한 부분으로 고려되어야 한다. 기
  독교적 지식은 전체적인 통합적 데이터베이스의 일부가 되어야
  한다.

- **하나님의 진리와 다른 진리 사이에는 갈등이 없다.** 진리가 거짓
  을 만났을 때나 또는 더 흔하게는 양립할 수 없는 해석들, 가정
  들, 선호들, 세계관들이 있을 때 갈등이 일어난다. 신앙과 학문
  의 영역에서 가장 흔한 일은 명백하게 충돌하는 사실들보다 명
  백하게 충돌하는 해석들을 통합하는 것이다.

- **세속적인 학문은 불완전하며 종종 왜곡된다.** 모든 현실을 물질
  적인 세계로 이해하는 철학적 자연주의의 세계관은 범위가 제
  한되어 있기 때문에 모든 존재를 설명하기에는 부적절하다. 포
  스트모더니즘의 세계관은 그것의 기초인 상대주의와 초월적 의
  미들을 무시함으로 인해 실패한다. 오직 기독교적 세계관만이
  모든 존재에 대한 완전하고, 객관적이며, 합리적인 설명을 제
  공한다.

- **기독교적 통합은 "성경적 현실관"에 기초한다.**[3] 이러한 틀은 모
  든 지식 주장들의 객관적인 측정 기준, 즉 진리에 대한 모든 주
  장들이 시험되는 시금석의 기능을 한다. 성경의 권위는 출발점
  이다. 여기서 명확하게 암시하는 것은 건전한 해석학–성경 문

맥의 기술적이고 정확한 해석—이 매우 중요하다는 것이다.

- **진리는 가장 중요한 학문의 목적이다.** 신앙과 학문의 통합의 목적은 일관성 있고, 통일된 이해 체계의 발전, 즉 모든 진리에 대한 완전한 지식과 조화이다. 진리는 정치, 이데올로기, 소망하는 생각보다 우위에 있어야 한다.

의도의 필요성

신앙과 학문의 통합은 비록 광범위하게 논의되는 것처럼 보여도, 실제로는 거의 일어나는 것처럼 보이지 않기 때문에 매우 중요한 주제이다. 기독교적 진리 및 성경적 권위에 반하는 학문적이고 광범위한 문화적 편견은 심지어 일부 그리스도인들의 지성에도, 기독교적 지식을 다른 지식들로부터 분리하는 결과를 낳았다. 세상을 이해하는 유일한 방법으로 자연주의와 포스트모더니즘과 같은 세계관의 위치는 학문의 영역에 주입한 편견 때문에 더 큰 도전이 된다. 따라서 통합은 신중하게 이루어져야 한다. 그리스도인들은 그들의 신앙과 그들이 마주치는 지식 주장들 간의 연결을 의도적으로 시도해야 하며, 진리의 기초적 원리로 성경적인 틀을 유지하도록 주의해야 한다.

요컨대, 성공적인 신앙과 학문의 통합은 어떻게 학문적 지식 주장들이 만들어지는지와 이러한 주장들을 뒷받침하는 세계관들에 대한 좋은 이해와 함께, 성경에 대한 이해를 통한 철저하고 정확하며 주의 깊은 사고에 의존한다. 정확한 해석은 두 영역 모두에 중요한 요소이다.

1.2 참된 지식에 대한 탐구

빌라도가 예수님께 "진리가 무엇이냐?"라고 조롱하듯 물었을 때 그는 모든 사람들이 관심을 가질 수 있는 가장 중요한 질문들 중 하나를 물었다고 할 수 있다. 그리고 그것을 물은 뒤 2000년 동안, 이 질문은 훨씬 더 중요해졌다. 당신이 이 장에서 발견하게 되겠지만—어떻게 이 질문이 대답되는지, 누가 그 의미를 정의하는 문화적 권위자인지, 어떤 기준들이 받아들여질 만한 대답인지—이것들과 이와 관련된 주제들은 문화, 과학, 문명, 심지어 종교적인 믿음을 형성하는 데 근본적이다. 개인들로서, 우리가 진리로 아는 것—또는 우리가 진리로 생각하는 것—은 우리의 관점, 목표, 행동, 행복을 형성한다. 한 사회가 진리로 여기는 이념들(거짓으로 여기는 것들과 마찬가지로)은 정의, 도덕, 인간의 삶의 가치 등에 대한 그 사회의 관점에 영향을 미친다. "진리가 무엇인가?"라는 질문에 대한 한 사회의 암시적인 대답은 우리의 행동을 다스리는 거의 모든 법에 나타난다.

만약 당신이 대학에 다닌다면 (또는 그것에 대해 생각한다면), 그렇게 하는 주된 이유는 단순히 좋은 직장을 위해서만이 아니라 더 나은 선택들을 하게 도와주고, 삶에 대한 철학을 향상시켜 세상에 대한 의식을 채워가기 위해 사용할 지식을 얻는 것임에 틀림없다. 그리고 그리스도인으로서 당신은 당신의 학문이 하나님께 더 가까이 자라가고, 그의 뜻과 그의 나라에 대한 더 나은 이해를 가져다주도록 도와주기를 원한다. 그것이 바로 고등 교육 또는 고등 학문이라고 할 수 있다. 그러나 여기에 이미 문제가 있다. 학문이 진정으로 무엇인지 이해하기 전까지는 신앙과 학문의 통합은 생각조차도 불가능하다. 학문은 무엇으로 구성되어 있는가? "지식"이라고 불리는 이 배움의 대상은 어떻게 생겨나는가? 학문과 지식과 진리의 관계는 무엇인가? 우리가 이러한 질문들에 대해 적절하게 대답한 이후에야 통합의 과정이 지혜롭고 효과적으로 진행될 수 있을 것이다.

몇몇 사람들은 교육에 대해 이런 식으로 이해하고 있다. "진리, 그것은 단지 의견이나 잘못된 정보가 아니라 사실들이다. 그리고 많은 사실들이 지식을 구성한다. 그래서 만약 당신이 많은 사실들-우리가 학문이라고 부르는 것들-을 기억하고 있다면 당신은 하나의 지식 다발을 가지고 있는 것이고 그것이 바로 교육이다." 따라서 다음과 같은 방정식이 성립된다: 진리 = 사실 = 지식 = 학문 = 교육. 이러한 관점을 가지고, 신앙과 학문을 통합하는 것은 이러한 학문이 누군가의 신앙에 어떻게 들어맞는지, 또는 더 흔하게는, 누군가의 신앙이 이러한 새로운 지식에 어떻게 들어맞는지 이해하는 과정이다. 여기에 무슨 문제가 있는가?

우리가 나중에 좀 더 깊이 탐구하게 되겠지만 우선 간단히 대답한다면 지식은 사실들보다 훨씬 더 많은 것들로 구성되어 있다는 것이다. 지식을 생산하기 위해서는 사실들과 함께 무언가가 있어야 한다. "사실들이 스스로 말하게 하자"는 것은 지식에 대한 정보를 갖고 있지 못한 관점의 오류들 중 하나이다. 다시 말해서 모든 사실은 한 사람을 통해 해석된다. 무언가가 사실인지 사실이 아닌지도 해석의 영역에 속한다. 지식은 의미, 사실들과의 관계를 포함하므로 의미는 사실과 상관이 없다. 한 옛 농담이 이러한 요점을 명확히 해 줄 것이다.

한 남자가 벨이 울릴 때마다 벼룩이 뛰어오르도록 훈련시켰다. 그
남자는 이 벼룩이 얼마나 잘 훈련되었는지 보고 싶어 벼룩의 다리
를 한 번에 하나씩 떼어냈다. 그러나 그때마다, 이 벼룩은 벨이 울

리면 여전히 뛰어올랐다. 결국, 그는 벼룩의 마지막 다리를 떼어냈다. 그가 반복해서 벨을 울렸지만, 벼룩은 움직이지 않았다. 그 남자는 "모든 다리들을 떼어내니 이제 이 벼룩은 더 이상 듣지 못해."라고 결론지었다.[4]

물론, 실제로는 누구도 이런 결론을 내리지는 않을 것이기 때문에 이것은 농담이다. 그러나 이 이야기는 지식이 종종 객관적 사실들의 묶음보다 훨씬 더 많은 결과물이라는 것을 생생히 보여 준다. 지식은 보통 가정들, 전제들, 이론적 우려들, 방법론적 제한들―더 나아가 철학적 선호들에 의해 영향을 받은 분석, 추론, 해석에 종속된 사실들의 결과물이다.

모티머 애들러(Mortimer Adler)와 찰스 밴 도렌(Charles Van Doren)은 그들의 고전적 작품, 『어떻게 책을 읽을 것인가(*How to Read a Book*)』의 "분석적 읽기의 세 번째 단계"에서 사실들에는 때때로 문제가 있다는 것을 언급했다.

당신은 한 정보에 의해 제공된 사실에 부가된 의미가 무엇인지 이해하지 못한다면 그 정보를 현명하게 읽을 수 없다. 사실들은 분명하거나 암시된 어떤 해석 없이는 거의 우리에게 다가오지 않는다. 이것은 당신이 의미에 대한 평가, 즉 해석의 원리를 따라 사실들을 선택하는 데 필요한 정보를 소화해 낼 때 특히 그렇다.[5]

애들러와 밴 도렌은 나중에 진정으로 현실을 반영하는 사실들은 바꿀 수 없지만, 다른 사실들은 "한 시대에 사실로 고려되던 명제들이 더 이상 다른 시대에는 사실로 여겨지지 않는다"는 점에서 "어느 정도 관습적임"을 주장했다.[6] 우리는 발견하고 해석하면서 실수할 수 있기 때문에, 때때로 우리가 생각했던 지식이 잘못된 것으로 판명될 수 있다. 우리가 지식으로 생각했던 것이 사실 잘못된 믿음이었다.

1.3 지식과 믿음

만약 당신이 연설 강의를 듣거나 신문의 많은 의견란을 본 적이 있다면, 당신은 일부 작자들과 연설자들이 그들의 관점을 선호하도록 신중하게 그들의 용어들을 정의함으로써 논쟁에서 "이기거나", 적어도 점수를 얻는다는 것을 알게 될 것이다. 가령, "정신적 과정들"이 "우리가 알고 있거나 이해할 수 있는 생각들"이라고 정의된다면, 그 정의에 의해, 무의식적인 정신적 과정들은 없어지게 된다. 이것은 매우 극단적인 예(사실, 이 예시는 질문을 제기하는 오류를 범한다)이지만, 당신은 한 단어의 정의가 논쟁의 결과에 영향을 미친다는 것을 알 수 있다.

우리는 통합에 관심이 있기 때문에, 적어도 험티 덤티(Humpty Dumpty)를 만나지 않으려면, 적절한 몇 개의 단어들을 어떻게 정의하고, 누가 정의하느냐를 이해하는 것이 중요하다.

> "내가 단어를 사용할 때," 험티 덤티가 다소 경멸하는 투로 말했다, "이것은 더도 말고 덜도 말고 내가 그것이 무언가를 의미하도록 선택했다는 것을 의미해."
> "내가 묻고 있는 것은," 앨리스가 말했다. "단어들이 다양한 의미를 가지도록 할 수 있냐는 거야."

　　"내가 묻고 있는 것은," 험티 덤티가 말했다, "어느 것이 주
　　인인가 하는 거야 – 그게 다야."[7]

　　혼란을 피하기 위해서, 세 가지 중요한 단어들을 정의해 보자: 진
리, 지식, 믿음. 이것들은 잠정적인 정의들이 될 것이며 우리는 이러한
이념들에 대해 뒷장에서 더 많이 다루게 될 것이다.

진리

　　우리는 이것을 실제에 대한 올바른 언급, 실제적 *사건*, 또는 어떤 것
들이 *실제*로 있는 방식으로 정의할 것이다. 다른 진리들은 변할 수 있
지만("온도가 71도라는 것"이 지금은 진리이지만, 오늘 밤에는 아닐
것이다), 우리 그리스도인들은 어떤 진리들은 절대적이고 변하지 않는
다는 것을 믿는다("하나님께서 천지를 창조하셨다"). 예수님께서 "너희
가 진리를 알게 될 것"이라고 말씀하신 것은 단지 우리를 행복하게 하
기 위해서나 또는 죽음을 두려워하지 않게 하기 위해 꾸며 낸 동화를
들려주신 것이 아니다. 나중에 알게 되겠지만, 진리는 알려진 것, 경
험으로 증명될 수 있는 것, 사람들이 진리라고 동의하는 것에 제한되지
않는다. 그것은 실제로 있는 것이며, 시간이 지나면서 우리가 더 많이
배우게 되면, 우리는 아마도 실제 진리와 더 가까워지기 위해 우리가
진리라고 생각했던 것을 재정의할 필요가 있을 것이다. 우리가 올바른
이해를 하든 하지 않든 간에 진리는 실재한다. 우리는 모든 진리가 상
대적이라는 이념을 거부한다.

지식

　　우리의 목적들을 위해, 지식은 진리를 의식하는 것인 동시에, 학문

이고, 이해이며, 사실들의 의미이다. 개인적인 지식은 종종 직접적인 경험이거나 경험의 결과가 바탕이 된 지식이다. 그러나 대부분의 지식은 개인적인 것이 아니다.

지식의 본질이 현대의 가장 중대한 논쟁들 중 하나이지만, 우리는 여기서 지식이 "적절히 정당화된 진정한 믿음"이라고 전통 철학이 제시하는 기준적 정의에 동의할 것이다. 이것은 지식과 믿음 사이의 관계에 대해 말하고 있는 중요한 정의다. 다시 말해서 지식은 *믿음의 한 형태*이다.

믿음

믿음이란 어떤 것이 진리라는 것을 개인적 경험보다는 증거, 신뢰성, 이성, 권위에 근거하여 확신하는 것이다. 이것은 보통 덜 결정적이거나 지식만큼 강하지는 않다.

이러한 정의들은 적어도 두 가지 이유 때문에 중요하다. 첫째, 당신의 머릿속에 있는 (가령 당신이 최근에 배웠던) 특정한 이념이 지식의 조각인지 아니면 "단지" 하나의 믿음인지 항상 분명하지는 않다. 주어진 한 정보는 이리저리 움직인다. 믿음이었던 것(가령 하나의 추론)이 약간의 경험적 증명을 통해 지식이 되었다. 또는 지식으로 생각되었던 것(우리가 앞에서 보았던)이 더 깊은 조사를 통해 단지 잘못된 믿음이었음이 밝혀진다.

둘째로, 만약 지식이 "진리에 대한 의식"이고 진리가 "실재에 대한 바른 진술"이라면, 어떤 지식(세상에서 하나님의 일하심 같은 것)은 계시나, 실험 불가능한 다른 근원들로부터 비롯될 수 있다. "사물이 실제로 존재하는 방식"에 대한 지식이 모두 과학적인 방법을 통해 성립될 수 있는 것은 아니다. 그러므로 우리의 정의에 의해 처음에 믿음으로 분류된 것은 실제로 지식으로 판정될 지도 모른다. (3장에서 지식의 본성에 대한 자세한 논의가 이어질 것이다.)

나아가 기독교에서 우리의 믿음들 중 일부(전부는 아님)는 믿음(또는 신뢰)에 기초해 있다. 이 믿음들이 완전히 합리적이고 우리의 모든 다른 믿음들과 일치할지 모르나, 이러한 믿음들은 그리스도와의 인격적인 관계와 그 분에 대한 우리의 신뢰로부터 비롯된다. 그리고 그리스도인들이 믿는 것들(성경, 이성, 경험 등으로부터 도출된) 중 많은 것은 실제로 지식이다.

나는 한 가지 이유 때문에 이러한 정의들을 장황하게 논했다. 학계에서 일부 학자들은 학문(그들이 객관적으로 옳다고 믿는 것)과 종교적인 믿음(그들이 개인적, 주관적으로 믿는 것이며 보통은 잘못된 이념들인)간의 차이점을 강조하는 것을 좋아한다. 하지만 나는 상황이 그보다 훨씬 더 복잡하다는 것을 당신이 알기를 원한다. 지식으로서 나타난 것들 중 많은 것들(학계 내외에서)은 그것이 신뢰와 권위에 기초한 확신으로 묘사될 수 있기 때문에 더 정확하게 말하면 믿음이라고 말할 수 있다. 그 누구도 개인적으로 모든 실험을 하거나 모든 사건이나 일련의 자료가 가진 함의들을 전부 생각할 수는 없다. 학자들은 서로를 신뢰해야만 하며 동료들이 그들의 전문 분야 내외에서 공적으로 발표한 보고서들과 결론들을 신뢰해야 한다.

이와 비슷하게, 이러한 학자들이 단순한 믿음으로 평가 절하하는 것은 진실로 지식이다; 이것은 단지 그들이 좁게 정의한 지식의 바깥에 있는 지식인 것이다. 우리가 제 5장에서 다루겠지만, 믿음과 지식을 구별하는 사람들 중에 가장 주장이 강한 사람들은 오직 경험적으로 증명할 수 있는 자료들만 지식으로 허용된다는 이론을 가진 과학적 자연주의자들이다. 그러나 그들의 지식에 대한 정의는 무엇이 실제이며,

알려질 수 있는지 모두 파악하기에는 매우 제한적이며 그들이 실제로 그것을 실천하는지도 의문이다.

1.4 기독교적 믿음

만약 당신이 세속적인 대학에 다닌다면, 당신이 새로운 *지식*의 집합에 직면해 있는 것을 알게 될 것이며, 당신의 막연한 *믿음*(개인적이고, 주관적이며, 아마도 잘못된 이념들)이 그것을 방해하도록 해서는 안 된다. 당신이 그러한 어리석은 이념들을 버리거나 구분해서 진정한 지식이 방해 받지 않게 될수록, 당신은 더 나은 지식을 얻게 될 것이다.

그 암시는 왠지 우리 그리스도인들이 우리가 단지 *믿는* 것은 진정한 진리가 아니라, 단지 그것이 "우리에게 실제로 작용"하기 때문에, 또는 그것이 감정적으로 편안함을 주기 때문에 믿는다고 생각하는 것 같이 보인다. 당신은 칼 마르크스가 종교를 "인민의 아편"이라고 부른 것과 많은 사람들이 그것을 목발이라고 불렀던 것을 회상할 것이다. 그것은 폭포 소리처럼 심리적인 유익을 갖고 있을지는 모르지만 그것이 진리를 포함하지는 않는다는 것이다. 물론 우리를 폄하하는 사람들이 신앙의 주장들에 대해 진지하게 직면하려고 하는 것이 아니라 우리와 기독교에 대해 단지 그것이 편안함을 주기 때문에 믿으려고 한다는 것에 대해 논쟁할 수 있다. 그들이 우리를 다소 비이성적인 틀 안에 가두어 두는 한, 그들은 안전하게 느낀다. 어쨌든, 그들이 *믿음*이라는 단어를 사용할 때는 종종 겸손한 듯 하지만 비웃는 태도가 있다.

반면에, 나의 관점은 어느 누구—비그리스도인조차—도 진리가 아닌 다른 것을 믿고 싶어 하지는 않는다는 것이다. 우리는 실제 세상이 어

떤지 알고 싶어 하며 우리가 실제로 누구인지 알고 싶어 한다. 그리스
도인이든 비그리스도인이든, 모든 사람들의 생각에 진리는 가장 높은
목표이며 가장 높은 가치를 가져야 한다. 어디로 향하건 우리는 기꺼이
증거를 따라야만 한다. 자기 기만은 거의 모든 사람에 의해 비판 받는
다. 그 누가 거짓말을 따라 살고 싶어 하며 거짓 이념들에 의해 동기를
부여 받고 싶어 하겠는가? 그것은 참으로 비극이다.

나의 주장은, 그들이 우리의 대화에 제기하는 지식과 믿음의 차이점
에 대해 논쟁하자는 것이 아니라, 지식 그 자체의 본성과 문제점에 대
해 초점을 맞추자는 것이다. 지식이 언제나 견고한 것은 아니다. 게다
가, 기독교는 현대 세상에 관련된 지식의 광범위한 집합을 포함하며 이
지식은 지금 격렬하게 진행되고 있는 문화와 세계관 전쟁의 최전선으
로 나아가야 할 필요가 있다. 요컨대, 기독교는 제시되는 다른 대안보
다 더 비현실적이고 가짜임을 암시하는 이러한 단어들의 정의에 의해
혼란스러워하거나 흔들리지 말아야 한다.

1.5 통합과 비판적 사고

당신이 신앙과 학문을 통합하려는 시도를 하기 전에, 지식을 그냥
받아들이는 것이 아니라, 각 주장에 대해 의심해 보고, 검토하며 각 진
행 과정을 분석하도록 스스로 훈련해야 한다. 지식 주장들에 대해 주
도적이며 도전적인 태도를 가지라. 이 과정은 비판적인 사고의 본질이
다. 교육은 기억에 관한 것이 아니다; 생각하는 법을 배우는 것이다.
당신은 지식에 적극 관여하는 법을 배워야만 하고, 그 지식이 어떻게
정당화되는지 요구해야 하며, 근본적인 가정이 무엇인지, 그리고 그것

으로 이끄는 추론 과정이 얼마나 합리적이었는지 알기 위해 그 형성 과정을 조사해야 한다. 시험을 통과한 지식-그것을 참되고 가치 있는 지식으로 부르기로 하자-은 환영해야 하지만 나머지로부터는 좋은 부분들을 구별해 내기 위해 걸러져야 한다. 잘못되었거나 나쁜 이념들조차도 나름대로의 가치가 있기 때문에 아마 거짓이고, 지나치게 일반화되거나, 편향되었다고 여기는 지식일지라도 배워야 한다. (물론, 당신은 아마도 그것들에 의해 시험받게 될 것이다.)

당신이 학계에서 배우게 될 모든 것이 깊은 의미에서 진리는 아니다. 나는 일부 학자들이 진짜 진리이거나 실제로 알려진 것과 그들이 단지 옳다고 생각하는 것이나 믿고 싶고 진리이기를 바라는 것 사이의 구별을 흐리는 것을 좋아한다는 것을 최초로 지적하는 사람이 결코 아니다. 학자들은 그저 다양한 인간적 열정과 소원, 흥미와 의도를 가지고 있는 사람들일 뿐이다. 내가 믿기로, 대부분은 진리를 추구하는 사람들이지만 그러나 때때로 현재 지식의 상태는 잘못된 결론들로 이끈다. 1960년대 말, 내가 대학생이었을 때 물리 인류학 강의실에 앉아 교수님께서 대륙 이동에 대해 상당히 감정적으로 말씀하시던 것을 들었던 때를 기억한다. 소위 대륙의 조화라고 말하는 것은 매우 부실했고 과거에 하나의 대륙이었던 판게아 대륙 중, 몇 가지 종류가 있었다는 것을 가정하는 적절한 증거가 없었다. 오늘날, 대륙이동의 이론이 널리 받아들여지고 있는 것은 물론, 우리는 세상에 대한 과학적 이해에도 변화들이 일어나고 있다는 것을 안다. 그럼에도 불구하고, 흥미로운 점은 이 특정 교수가 현재의 어떤 주제보다 더 그 관점에 대해 감정적으로 열정을 갖고 있다는 것이다. 이러한 열정은 흔한 편이다. 학문적인 경향들과 결론들이 변화 가능함을 깨달으면서도, 많은 학자들은 확고하게 현재의 모델에 대해 확신하며 그 모델이 질문을 받으면 화를 내고 비난하면서 그 비판에 저항한다.

어떤 경우에, 교수들은 심지어 더 객관적인 증거의 해석을 희생하면서 강하게 지지하는 이데올로기적 헌신들에 순응하는 결론들을 발견하거나 가르치는 것을 선호한다. 가령 일부 문학 비평가들은 모든 소설, 희극, 단편들을 누군가 희생되는 관점에서 본다. "당신이 희생자를 찾을 때까지 읽어라"는 종종 좌우명으로 인용된다. "햄릿(Hamlet)"은 오펠리아(Opehelia)의 희생에 대한 것이며. "제인 에어(Jane Eyre)"는 굳어진 사회 계급에 의한 제인의 희생에 대한 것이다. 그 외에도 많이 있다.

신앙과 학문의 통합에서 첫 번째 원리는 **정보에 대해 주의하고, 약간의 의심을 가지라는 것**이다. 당신이 교과서에서 읽거나 강의에서 듣는 것이 의심할 여지가 없는 사실이나 논쟁할 여지가 없는 결론들로 구성되어 있다고 추정하지 말라. 어떻게 생각해야 하는지 배워라. 당신이 소비하는 정보들을 검토하고 시험해 보라. 바울이 이야기했듯이, "범사에 헤아려 좋은 것을 취하라"(살전 5:21). 정보의 원천을 시험해 보라. 세상에서 순수한 진리를 공유하고자 하는 욕구보다 지식 주장들을 만들기 위한 다른 이유들이 있음을 기억하라.

내가 가장 좋아하는 격언들 중 하나는, "인생의 가장 중요한 일은 해석"이라는 것이다. 우리 인생의 대부분은 무언가가 의미하는 것, 무언가가 이끄는 곳, 결론이 도출되는 것에 대해 생각하면서 보낸다. 학문을 문제 해결 과정의 방식으로 생각해 보라. 당신은 지식 탐정이며, 방대한 양의 이념들과, 세부 사항들, 주장들, 증거의 조각들을 모으는 것은 당신에게 달려 있다; 그 다음에는 이 요소들을 가지고 적극적으로 일하며 열심히 생각하여 모두 일관성 있는 전체로 모아 놓고 "그 모든 의미하는 것"이 무엇인지를 결정해야 한다.

1.6 진행 과정으로서의 통합

통합의 두 번째 원리는 **당신에게 제시된 지식의 모든 부분들을 받아
들이거나 거절하지 않아도 된다**는 것이다. 당신이 만약 당신에게 주
어진 정보를 검토하거나 처리할 시간이 없다면, "이것을 믿어라" 또는
"이것을 믿지 말라"라는 표를 달지 말고 단지 그것을 기억하고 있어라.
그것을 마음에 간직하되, 특별히 그것이 성경과 상충한다면 그것을 먼
저 검토하기 이전에는 받아들이지 말라.

가령, 당신의 교수가 "당신이 따르는 종교나 철학에 상관없이, 유신
론자이든 무신론자이든, 모든 사람은 어쨌든 결정론자이기 때문에 누
구도 궁극적으로 자유의지를 믿을 수 없다."고 말한다면, 이것을 진리
로 믿거나 거짓으로 거절하는 대신, 당신은 단순히 "교수님께서는 …을
말씀하셨다."는 것을 기억하면서, 그렇게 마음에 담아 두기만 하면 된
다. 당신은 이 주제에 관하여 결정하기 위한 지식을 가지고 있지 않을
수 있고, 그것에 대해 지적으로 생각하기 위한 도구들을 가지고 있지
않아도 된다. 그 동안, 단지 그것을 마음에 담아 두기만 하라. 이로써
당신이 아직 그것에 대해 생각해 보지 않은 주제에 대해 질문을 받았을
때 "나는 아직 모른다."고 말해도 괜찮다. 당신은 모든 주제에 의견을
가지고 있지 않아도 된다.

당신은 지구의 나이가 얼마나 된다고 생각하는가? 성경의 족보에 기
초한 계산을 따르면 몇천 년인가? 아니면 방사측정의 날짜와 지질학적
균일설에 의존한 이들의 주장을 따르면 몇십억 년인가? 아니면 그 둘
사이의 지점 어딘가에 그 나이가 있는가? 이러한 날짜를 세는 방법을
위한 추정 리스트를 본 적이 있는가? 지구의 나이는 얼마인가? 당신은
한 가지 대답에 헌신할 필요가 없다.

내가 가장 좋아하는 격언들 중 다른 하나는, "당신이 더 많이 알수록, 당신은 더 볼 수 있다."는 것이다. 지식이 지식을 만들기 때문에 지식이 거의 없는 사람들은 학문을 하기 어렵다. 당신이 더 많이 알수록, 당신은 더 많은 비유를 만들 수 있고, 원래 알고 있던 정보에 새로운 지식을 비교하여 이치에 맞도록 이해하는 것이 더 쉽다. 새로운 과목을 처음 배울 때, 당신에게는 새로운 학문을 적절히 평가할 수 있게 해 주는 사전의 지식 창고가 없다. 그리고 심지어 비슷하거나 관련 있는 많은 지식을 얻을 때, 그것을 이미 알려진 개인적인 지식으로 통합할 수 있으려면, 당신의 새로운 자료들을 처리하는 시간과 생각하는 기술이 필요하다. 다시 말해서 새로운 지식 주장들이 당신에게 제시되면 현실에 대한 당신의 관점을 즉시 바꿀 필요는 없다.

이 격언은 성경 지식에도 적용된다. 이 점을 당신의 인생에 적용한다면, 당신은 실제로 당신의 기독교 신앙과 이제까지 교육으로부터 얻은 학문을 완전히 통합할 수 있을 만큼 모든 성경 구절에 대해 깊고 현명한 이해를 할 수 없을지도 모른다. 18세기 작가 사무엘 존슨(Samuel Johnson)은 단지 신약 성경만을 이해하고 완전히 소화하는 데에도 평생이 걸린다는 것을 언급한 적이 있다. 성경 지식을 더 많이 얻을수록 더 분명한 하나님의 메시지를 얻게 될 것이며, 모든 지식의 상호간 연결점을 더 쉽게 보게 될 것이다.

다시 말하자면, 너무 성급히 판단하지 말라는 것이다: 통합의 세 번째 원리는 **통합의 과정은 당신의 남은 생애 전부를 필요로 한다**는 것이다. 모어랜드가 우리에게 상기시켜 주었듯이, 통합의 과정은 개인적일 뿐만 아니라 사회적인 것이며, 각 주제를 가장 잘 이해하기 위한 개인적인 성경 읽기, 공부, 사고, 토론, 독서, 기독 공동체에서 함께 연구하는 것을 모두 포함한다.

통합 작업에 관여하는 것은 즉시 흥미롭고 어려운 여행에 동참하는
것이다. 통합은 쉽지 않은 일이며 이것은 믿는 사람의 개인적인 삶
과 함께 일하는 기독 공동체의 다양한 구성원들 사이에서 일어나야
만 하는 평생의 작업이다.[8]

우리는 특별히 통합의 주제들을 다루는 많은 책들, 기사들, 인터넷
사이트들이 있는 시대에 사는 축복을 받았으며, 전체 기독교 공동체는
이전보다 훨씬 더 세계관을 많이 알아가고 있고 통합의 과정에 도움을
주는 자원들을 개발하고 있다.

당신이 더 오래 살수록, 당신은 더 많이 배우게 될 것이다-세상, 지
식, 하나님에 대해서. 당신은 더 나은 생각을 할 수 있게 될 것이며, 배
웠던 것을 더 충실하게, 새로운 것을 더 신속히 통합할 수 있게 될 것
이다. 당신이 세상에 대해 더 많이 배울수록 당신은 세심하게 되고, 이
해하게 되며, 전체를 볼 수 있는 지혜가 생기고, 모든 진리는 하나님의
진리라는 것을 깨닫게 된다. 많은 시간을 투자하고 사려 깊게 기도하는
사람만이 이것을 성취할 수 있다. 당신은 이것으로부터 모든 그리스도
인들의 삶에 결정적인 도구로서 학문의 가치를 알 수 있게 될 것이다.

따라서 이 책을 읽는 것은 시작일 뿐이다. 당신이 이 책을 읽은 후에
당신이 모든 답들을 찾지 못하거나 당신이 원하는 모든 연결을 하지 못
했다고 느껴도 걱정하지 마라. 이 책의 목표는 당신을 올바른 방향으로
인도하기 위해 전체적인 그림의 문을 여는 것이다. 당신은 즉시 최종
목적지에 도착하지 않을 것이다.

1.7 통합과 교육받은 그리스도인

전통적으로, 기독교에 가해지는 철학적인 공격들은 종종 세상 그 자체와 신앙의 주장들 사이에서 인지되는 갈등의 형식을 가진다. 가령, 신의 존재에 대한 흔한 도전은 악의 문제였다. 왜 좋으신 신이 세상에 악을 허락하셨는가? 또는 악이 존재하는 세상에 신이 어떻게 존재하는가? 타락부터 자유의지, 악으로부터 좋은 것을 가져오시는 신의 능력까지 많은 대답들이 신학적인 지식과 철학적인 논쟁들을 이용한다. 그 공격들은 근거들과 논점들과 성경적 진리들과 조우한다.

오늘날, 공격은 훨씬 더 서서히 스며들어 논쟁이나 반증이 아닌 지식에 대한 재정의로 이루어진다(놀랍다―지식은 진리와 같고 믿음은 바라는 생각과 같기 때문에 기독교의 신앙은 지식이 아니라 믿음일 뿐이라는 것이다.) 그 결과, 기독교는 사실상 이념 시장에서는 관계없는 것으로 정의되었기 때문에 (비록 일부 사람들이 아직까지도 모든 종교가 얼마나 해로운 지 선포하고 있기는 하지만) 기독교를 직접적으로 공격할 필요가 없다. 찰스 다윈(Charles Darwin)은 1873년 그가 이렇게 썼을 때부터, 이러한 종류의 기술의 효과를 인식했다.

> 나는 최근 몰리(Morely)의 『볼테르의 인생(*Life of Voltaire*)』이라는 책을 읽었는데 그는 기독교에 가하는 직접적인 공격들(심지어 볼테르의 엄청난 힘과 기력으로 쓰였을 때)은 효과가 영구적이지 않다: 진짜 좋은 것은 느리고 조용한 방식의 측면 공격들이라고 주장한다.[9]

기독교의 믿음이 단지 개인적이고, 주관적이며, 근거가 약하거나 심지어 거짓 믿음이라는 주장은 비그리스도인의 세계에 기독 신앙이 별로 중요하지 않다고 생각하게 만든다. 신앙은 사적이고 주관적인 문제라고 주장하며 공격하는 사람들은 기독교를 관심 밖의 영역으로 밀어내어 실제로 비존재의 가장자리로 떨어지도록 시도한다. 하지만 이것은 인간의 본성과 세상에 관련된 일관성 있고 명제적 진리들의 집합이라기보다는, 단지 이런 종류를 좋아하는 사람들에게 환영 받는 종교적 감정일 뿐이다. 당신은 당신 자신의 감정만을 환영하는데, 누가 감정을 가지고 논쟁하겠는가? 단지 그것들이 이념들과 같은 어떤 심각한 것들에 방해되지 않도록 하라는 것이다.

그리고 이러한 공격들은 비그리스도인의 세계가 신앙으로부터 면역을 갖게 하는 것보다 더 많은 것을 한다. 그 공격들은 또한 그것들을 신앙에 대한 정확한 묘사로 받아들여 고치(cocoon) 안에 싸인 채 주변으로 밀려나는 것에 동의하는 새로운 그리스도인들에게 해가 될 수 있다. 많은 기독 학생들은 그들의 유치한 방식을 버리도록 고무하는 매우 지적인 공동체의 비판과 경멸을 직면하기에는 다소 근거가 약하고 검증되지 않은 신앙을 가지고 대학에 들어온다. 그리스도인들은 그들의 신앙의 힘과 진리가 다른 지식들과 어떻게 연결되어 있는지 이해하지 않는 한, 그들의 신앙은 없어지거나 효과가 없어질 가능성이 있다.

그러한 공격들에 대해서는 오직 사려 깊고, 잘 교육 받은 그리스도인들만이 맞설 수 있는데 그들은 사용 방법들을 이해하며 현재 우리의 대적들에 의해 촉진된 대안들보다 더 나은 지식을 위한 근거를 촉진시킬 그들의 권리를 놓고 싸울 수 있다. 한 마디로 말해, 나는 당신이 지적인 무언가가 되어달라고 요청하고 싶다. 기독교계에서 믿음의 전체 역사에 만들었던 가장 큰 오류들 중 한 가지는 많은 믿음의 사람들이 세속주의자들에게 지적인 무대를 내어 주기 시작했던 때 일어났다. 신앙과 이성의 논쟁을 고려해 보라. 신앙이 이성의 근거이며 어떤 이성적인 결론이 도출되기 이전에 신앙이 필요하다는 것을 주장하는 진리 논쟁 대신에, 많은 그리스도인 지도자들은 비평가들에게 "당신은 이성을 가지라. 우리는 신앙을 가질 것이다."라고 말하면서 양보했다.

세상이 오늘날 필요로 하는 사람들은 기독 지성인들이다. 우리는 깊은 학문성을 갖추고 완전히 통합할 수 있는 기독 철학자들, 지성인들, 과학자들, 역사가들, 소설가들, 기자들, 모든 종류의 좋은 생각을 하는 사람들이 필요하다. 이념들은 이념들과 투쟁한다. 만약 오류와 싸우는 데 필요한 강력한 생각을 누구도 하지 못한다면, 오류는 다시 돌아올 것이고, 점점 커질 것이며, 세상을 다스리게 될 것이다. 우리에게는 세속주의자들(철학적 자연주의자들과 포스트모더니즘주의자들)보다 더 우수한 생각을 할 수 있는 그리스도인들이 필요하다. 그들의 세계관들과 방법론들에는 크게 갈라진 구멍들이 많으므로 그 구멍 안으로 경적을 울리면서 트럭을 운전하는 그리스도인들이 필요하다.

당신이 만약 반지성주의자가 되고 학계에 만연하는 "부패한 지식"과 "거짓 주장들"을 묵살한다면 세속주의자들은 매우 좋아할 것이다. 당신은 그들의 편견을 조장하고 이념 시장에서 싸울 수 없다. 반면에, 당신이 그들의 이념들을 배우고, 진리에 비교하여 그것들을 시험하고, 그들의 근거 없는 가정들과 결론들을 드러낸다면 그들은 싫어할 것이다. 이것은 기독 신앙이 무관하며 거짓이라고 의심하도록 하는 일련의 지식을 수용함으로 길을 잃었지만 교육 받은 세상에 대한 새로운 복음 전도이다. 이 책의 주요한 목표는 당신이 신앙과 학문을 지식의 일관적인 체계로 통합하는 도구들을 획득함으로써 당신의 믿음을 지킬 뿐만 아니라 더욱 강화하는 방법으로 세상과 대화하도록 돕는 것이다. 그러나 두 번째 목표는 현재 당신이 이 좋은 소식들을 매일 기독교에 적대적인 세계관들로부터 오는 결론들을 접하고 이러한 결론들은 신앙과 양립할 수 없게 설계되었다는 것을 모르는 당신의 친구들이나 길을 잃어버린 사람들에게 전할 수 있도록 준비시키는 것이다. 양립할 수 없는 몇몇 지식 주장들이 기독교 믿음과 함께 있지만 사실 진정한 지식은 양립할 수 있음을 보여 주는 것이 당신의 사명이 될 것이다.

1.8 통합을 위한 함의들

　신앙과 학문은 통합될 수 있으며, 신앙과 학문은 삶에서 분리되거나 독립된 영역으로 간주되어서는 안 된다. 한 사람의 신앙적 헌신, 기독교나 철학적 물질주의 또는 다른 형이상학적 구조는 필연적으로 그의 세계관과 그 안에 있는 지식에 영향을 미친다. 학문으로부터 분리된 신앙을 잡고 있는 그리스도인들은 형이상학이 없는 것이 아니라 다른 형태의 형이상학적 기초에 있는 지식 영역에 관여하는 것이다. 니콜라스 월터스토프(Nicholas Wolterstorff)가 "많은 … 그리스도인들은 그리스도인으로서 좀처럼 세상을 보려 하지 않는다. 우리의 토착된 사고 유형은 그리스도인의 생각들이 아니라 근대 과학적 세계관에 의해 생겨난 것들이다."[10]라고 지적했듯이 기독교적 가정들은 지성적인 삶으로부터 매우 오랫동안 추방당해 왔다. 그리고 이 세계관은 그것의 철학과 전제들에 의해 스며든다. 그러므로 그들의 지식 습득과 평가가 완전히 객관적이고 형이상학적으로 중립적이라고 말하는 사람들을 믿지 말라. 우리가 더 세부적으로 알게 되겠지만, "사실"조차도 믿음과 가정의 부분에 의존한다. 그러나 그것보다 더한 것은, 학문은 이해를 얻는 것과 관련된 것이며 그것은 사실의 바다에서 의미를 찾아내는 것이다. 그리고 모든 해석은 우리의 깊은 믿음과 신앙에 기초한다.

그것은 또한 신앙과 학문을 통합하기 위해 양쪽 모두가 심각하게 고려되어야만 한다는 것을 뜻한다. 양쪽 모두 배울 것이 많다. 많은 사람들은 두 영역이 양립할 수 없거나 분리된 영역이라고 주장하기 때문에 이러한 영역들을 함께 두기 위해서는 많은 독서와 심각한 고민이 이루어져야만 한다. 당신의 신앙을 진지하게 고려해 보라. 그것에 대해서 배우고 그것의 힘과 건장함을 발견하라. 기독교는 단지 감정이 아니다. 사실, 이것은 단지 하나님께로 가는 길(물론, 이것은 기독교의 가장 중요한 측면이라 하더라도)보다 더 나아간 것이다. 이것은 세상에 대한 정확하고 의미 있는 기록인 동시에 모든 것을 가장 진정한, 합리적이고 포괄적인 기록인 면에서 실제로 진리이다. 그리고 당신의 학문을 심각하게 고려해 보라. 거짓으로부터 진리를, 주장으로부터 사실을 구별하기 위해서 하나님을 섬기는 방향으로 향할 수 있는 가치 있는 지식들을 배워라.

요약

이 장은 신앙과 학문을 통합하는 결정적인 측면은 지식 자체의 본질을 포함한다는 것을 강조함으로써 통합의 배경을 제공한다. 철학적인 관점에서, 기독교적 지식과 많은 대학들로부터 나온 지식 사이의 명백한 갈등의 주요 원인은 지식이 경쟁하는 인식론들(지식을 구성하는 것과 관련된 다양한 이론들)로부터 왔다는 것이다. 따라서 그리스도인들이 고등 교육을 받고 학문의 영역이 실제로 어떻게 작용하는지 이해하

며 다양한 지식 주장들의 본질과 근원을 인식하는 것은 어떤 것보다 중
요하다. 오직 이런 방법 안에서만 우리는 항상 "소망에 관한 이유를 묻
는 자들에게 대답할 것을 항상 준비"(벧전 3:15)할 수 있다.

사고와 토론을 위한 질문들

1. 당신의 교육에서, 당신이 학문적으로 배운 것과 당신의 기독 신앙
   을 연결(또는 통합)하는 전략들은 무엇인가? 이러한 전략들이 얼마
   나 효과적이었는가?

2. 기독 신앙의 전체는 그리스도와의 개인적인 관계, 신학적 명제들에
   대한 동의, 감정적인 경험, 신앙적 헌신, 합리적인 논쟁, 지적 측
   면들을 포함한다. 이것들 중 기독교 세계관이 철학적 관점에서 발
   전되었듯이 이 책은 기독교의 인지적(지적인, 사고력의) 측면들을
   강조할 것이다. 일부 학자들은 미국의 개신교가 특별히 지성의 삶
   과 신앙의 삶이 너무 분리되어 있다는 것에 대해 논쟁해 왔다. 당신
   은 어떻게 대답할 것인가? 이 점에서, 당신의 신앙은 어떻게 표현
   되어 왔는가? 위에 나열된 요소들 중, 어떤 것이 더 좋은 표현이며
   어떤 것이 더 안 좋은 표현인가? 기독교적 헌신의 지적인 측면을
   탐험하는 것에 대해 당신은 어떻게 느끼는가?

3. 거짓말들, 도시 신화들, 타블로이드 신문들의 널리 퍼진 영향은 아
   마도 이미 당신을 지식 주장들에 대해 꽤 의심하도록 만들었을 것
   이다. 그리고 지금까지의 교육은 이미 당신을 비판적으로 사고하

도록 만들었을 것이다. 여기서, 당신이 대하는 학문의 재료들(교재들, 강의 등)에 관한 새로운 지식 주장들에 대한 당신의 태도는 무엇인가?

4. 이 장이 당신의 지성으로 하여금 신앙을 통합하는데 헌신해야겠다는 마음을 고취시켰는가? 당신은 세상에서 기독 지성인들이 어떤 역할을 해야 한다고 보는가?

주

1. J. P. Moreland, "Philosophical Apologetics, the Church, and Contemporary Culture," *Premise* 3:4 (April 29, 1996), p. 6. Retrieved from http://capo.org/premise/96/april/p960406.html.
2. Michael L. Peterson, *With All Your Mind: A Christian Philosophy of Education* (Notre Dame: University of Notre Dame, 2001), p. 49.
3. Sidney Greidanus, "The Use of the Bible in Christian Scholarship," *Christian Scholar's Review* 11:2 (March 1982), pp. 138-147, reprinted in *Discipleship and the Disciplines: Enhancing Faith-Learning Integration*, Coalition for Christian Colleges and Universities, 1996, Unit 4, p. 20.
4. 나는 이 농담의 근원을 생각해 낼 수는 없고 그저 기억으로 되풀이하는 것이다. 다른 버전(및 가능한 근원)으로는 다음을 참고하라. Schuyler W. Huck and Howard M. Sandler, *Rival Hypotheses: Alternative Interpretations of Data Based Conclusions* (New Youk: Harper & Row, 1979), p. xiii.
5. Mortimer Adler and Charles Van Doren, *How to Read a Book* (rev. ed., New York: MJF Books, 1972), p. 165.
7. From Chapter 6 of Lewis Carroll's *Through the Looking Glass.* Quoted in Peter Heath, ed., The Philosopher's Alice (New York: St. Martins, 1974), p. 193.
8. J. P. Moreland, p. 6.
9. Quoted in Gertrude Himmelfarb, *Darwin and the Darwinian Revolution.* New York: W. W. Norton, 1962, p. 387.

10. "Book summary notes on Nicholas Wolterstorff, *Reason Within the Bounds of Religion,* 2nded.(Grand Rapids: Eerdmans,1984)," in *Discipleship and the Disciplines: Enhancing Faith-Learning Integration*, Coalition for Christian Colleges and Universities, 1996, Unit 2, page 36.

제 2장
왜 신앙과 학문을 통합해야 하는가?

그리스도인의 지성은 우리가 가진 진리의 지식을 명확히 하고
올바르게 함으로써
역동적이고, 유연하며, 확장하고, 발전할 수 있어야 한다.
그것은 비성경적이고 반기독교적인 것을
조금씩 묵인하는 유혹을 이길 수 있어야 한다.
우리는 의도적이든 아니든 간에
모든 지식의 핵심과 기초에 있는
하나님의 올바른 위치를 빼앗아 가는
세속적인 사업에 공범자들이 되어서는 안 된다.

— 케네트 O. 간겔(Kenneth O. Gangel)[1]

기독교 대학은 진리의 청지기에 대한 살아 있는 계시가 되어야 한다.
기독교 대학의 구성원들은 그리스도 안에서 자신의 위치, 세상,
특별히 학문의 세계에서 자신의 위치를 알아야 한다.

— 린 마리 콤(Lynn Marie Kohm)[2]

2.1 통합이 정말 필요한가?

신앙과 학문을 둘러싼 쟁점 중 한 관점은 실제로 전혀 쟁점이 없다는 것이다. 왜냐하면 "모든 진리는 하나님의 진리"이며, 어떤 것도 통합할 필요가 없기 때문이다: 이미 전체이며 통일체인 것을 통합할 수 없으며

모든 것-신앙과 모든 지식-은 이미 하나이다. 성경, 자연 세계, 역사의 사건들, 이 모든 것이 하나님과 그 분의 길들을 선포하고 있다는 것이다.

하지만 앞장에서 우리는 이미 지식과 진리에 대한 정의가 학계와 사회 양쪽 모두에서 다르기 때문에 (진리에 대한 모든 사람들의 이해는 부분적이며 계속 발전되기 때문에) 쟁점이 이보다 더 복잡하다는 것을 알게 되었다. 나중에 더 세부적으로 알게 되겠지만, "모든 진리는 하나님의 진리"라고 말하는 것은 참으로 옳지만, 우리는 여전히 "진리가 무엇인가?"라고 물었던 빌라도의 질문을 해야만 한다. 더 구체적으로, "당신의 마음에 어떤 진리를 갖고 있는가, 또는 진리에 대해 어떤 의미를 가지고 있는가?"라고 질문해야 한다. 참된 지식을 확인하는 것과 그것을 적대적인 세계관들에 의해 형성된 의심스러운 해석들로부터 분리하는 것은 분명 바람직하며 통합 과정에서 꼭 필요한 단계이다.

신학적인 지식(하나님의 주권에 대한 믿음과 같은)과 비신학적인 학문적 지식(인간성에 대한 다양한 이론들과 같은)이 일관적인 방식으로 함께 종합되어 배우는 사람이 통일성 있는 이해를 하도록 할 필요가 있다는 것은 조금만 생각해 보아도 분명한 것이다. 이것이 통합의 핵심이다. 통합은 상호연결, 관계, 기독교적 진리와 학문적 내용 사이의 상호간 명확성의 발전을 포함한다. 우리는 통합을 전체의 건설 -또는 발견 - 그리고 모든 지식의 정합성, 특히 인간 본성과 운명에 대한 지식의 정합성이라고 부를 수 있을 것이다. 인류의 타락이 어떻게 산소 원자 안에 있는 전자들의 수와 관련이 있는 지는 우리가 말하고자 하는 것이 아니다. 쟁점은 성경이 말하는 우리의 삶의 의미와 목적, 기원, 우리 안에 있는 하나님의 형상과 연구, 생각, 발견, 자연세계 및 인간의 인격 연구에 의해 얻어진 지식들 간의 관계와 통일성이다. 그렇다면 이러한 통일된 이해는 우리가 어떻게 살아야 하는 지에 대해 무엇을 말하는가? 그렇다면 분명히, 통합은 현명한 선택을 하는 삶을 사는 것과 마찬가지로 안정되고 일관적인 세계관을 위해 필수적이라고 할 수 있다. 이것은 진리의 통일성의 결과로서 자동적으로 발생하는 과정이 아니다.

2.2 왜 "두 영역론"을 따르지 않는가?

통합의 이슈에 접근하는 또 하나의 방법은 "두 영역론(two realms)"이다. 이 관점을 지지하는 사람들은 통합의 도전이 종교적인 동시에 학문적이어야 하는 어려움이 있고 따라서 기독 학생들과 교수들은 "이중적인 정체성"을 갖게 된다고 말한다. 이들 중 다수는 그들의 신앙과 학자로서의 역할이 어느 면에서는 연결되지만 구별된다고 본다. 즉 그들은 자신을 세속적인 학자들만큼 잘 가르치고 배우면서도, 그리스도인의 정체성을 가진 학자들로 본다.

신학과 학문이 서로 마주치는 지점에서, 이러한 교수들과 철학자들은 세속적인 세계관들로부터 나온 학문들로 인해 발생한 갈등을 최소화하려는 경향이 있다. 그들은 갈등을 해결할 필요 없이 신앙과 학문 교육은 양립하거나 상호 보완적인 것으로 보기 때문에 통합의 양립 가능론자의 관점을 받아들인다.[3] 이러한 학자들은 그들의 삶의 두 영역들 사이에서 대화를 제공하는 수단으로서 교집합 또는 조화의 관점을 추구한다. 그리고 사실 이 기술은 통합 과정의 유용한 부분이다.

이원론과 양립론에 제한된 통합에서 겪는 나의 어려움은 앞장에서도 언급했듯이, 이것이 각 학문 분야의 내용을 너무 손쉽게 있는 그대로 받아들이며 각 학문 분야의 통제적 인식론의 타당성을 당연하게 여기거나 최소한 각 분야의 지식적 주장들을 형이상학이나, 가치에 근거한 선호 또는 해석들 없이 객관적이고, 실증적인 것으로 받아들인다. 각 학문 분야의 방법론 기저에 깔린 가정들은 그들이 각 분야의 지식 확장을 위해 기초로 받아들이는 것을 당연하게 여기기 때문에 종종 볼 수가 없다. 그러나 기독 학자들은 어떤 철학(세계관, 형이상학)이 각 분야의 활동을 인도하는 지 결정하기 위해서 이 가정들을 확인하고 평가할 필요가 있다.

"두 영역론"에 대한 또 하나의 반대는 그 존재 이유를 잃어버렸기 때문이다. 이러한 관점은 – 최소한 터툴리안까지 거슬러 올라가는데 – 근대에 이르기까지, 다윈, 마르크스, 프로이드로부터 지식 주장들이 출현하고, 또 모더니즘과 세속주의적 학문관의 출현에 의해 위협을 느낄 때, 복음주의자들이 19세기 경건주의적 연장선에서 취한 태도이다. 즉 몇몇 그리스도인들은 학문 그 자체가 그들의 신앙에 위협이라고 느꼈으며 (그런 이유로 당시 일부 그리스도인들 사이에서는 반지성주의가 출현했다), 그리고 그들의 대답은 그들의 신앙을 안전하게 유지시켜 주는 학문으로부터 분리되어 신앙을 붙잡는 것이었다. 그들은 교육받은 세상으로부터 온 안티 기독교인들의 맹공격에 대응할 준비가 되어 있지 않았다. 그래서 학문은 거절되었고 신앙은 신앙 자체를 위한 것이었다. 사람은 단순히 의지적 결단으로 믿어야 했다. 여기서 "맹신(blind faith)"이 시작되었는지도 모른다.

어쨌든, 그 이유는 더 이상 적용되지 않는다. 기독 신앙 및 기독교 세계관은 지성적 영역에서 기초를 잘 세울 뿐만 아니라 그들의 경쟁자들보다 더 낫고, 포괄적이며, 현실에 대해 더 합리적인 그림을 제공한다. 그리스도인들이 그들의 믿음에 대해 방어적인 태도를 멈추고, 자신 있게 이념 시장으로 나아가는 데에는 많은 시간이 걸렸다.

자연과학의 일부 학자들도 "두 영역론"과 비슷한 논쟁을 채택했는데, 경쟁적인 형이상학이 자신을 방해하지 못하도록 막기 위함이었다. 이 학자들은 "과학과 종교는 같은 질문에 대답하지 않는다."고 말한다. 이 논쟁은 어떻게 세속주의자들이 종종 갈등을 빚는 지에 대한 실마리를 제공한다. 그들은 과학적 질문들에 신학적 이념들을 가져오는 것은 하나의 "범주 오류(category mistake)"라고 말한다. 이런 의견을 가진 논쟁가들은 과학(또는 기술)과 종교 사이의 명백한 분리점을 교묘하게 말한다. 신학은 실제로 어떤 부동액이 가장 좋은지 말하지 않으며 기독교 세계관은 행렬 방정식을 푸는 데 도움을 주지 않는다는 것이다. 기술적인 측면에서, 과학은 종교와 다른 질문들을 다루지만, 훨씬 이전부터 과학은 기술 이상의 영역까지 주장을 확장했었다. 오늘날, 과학은 우리의 기원, 운명, 삶의 의미 등에 대한 설명을 제공하므로 종교와 같은 질문들에 대답한다고 할 수 있다. 에드워드 데이비스(Edward Davis)는 말한다.

> 많은 현대인들을 위해, 과학은 종교의 옷을 입는다: 그것은 창조 신화를 제공하며, 현실화된 유전자처럼 우리의 참된 본성을 드러내며, 구원의 약속을 선포하고, 좋고 완벽한 모든 선물을 주며, 종말론적 소망을 제공하는 동시에 궁극적 진리를 결정한다. [4]

인간의 본성이나 삶의 목적이나 운명을 다루는 형이상학적인 질문들에 답하는 어떤 전공 분야라도 나름대로의 주장들을 가져야 하는데, 그 주장들은 경쟁적인 답변들을 가진 그리스도인에 의한 도전과 논쟁에 직면한다. 지식의 의미가 이슈로 제기될 때마다, 기독교와 학문 분야는 서로 상이한 영역에 있다는 것은 거짓 주장이다. 그리스도인들은 더 나은 설명들을 제공하고, 혼란스러운 세상에 진리를 나타냄으로써 그들의 문화를 형성하는 데 빛이 되도록 부름 받았다. "두 영역론"을 채택하면 의심 없이 받아들여지는 왕위에 세속적인 형이상학을 앉히고 신앙은 분리하게 될 위험에 처할 것이다. 분리는 배제이다. 그것은 침대 밑에 등잔을 놓는 것과 같다.

2.3 통합은 학문에 자신감을 제공한다.

내가 공립대학교 신입생이었을 때 (반전 시위 및 최루탄 가스로 시끌벅적했던 시절), 대부분의 교수들은 신앙과 학문을 양립할 수 없는 것으로 보았다. 신앙은 과학 이전 세계로부터의 진기한 연장이었으며, 현대의 세속적인 학문에 대한 장애물이었다. 그들은 학생들이 이것을 빨리 이해할수록, 더 낫다는 것을 명확히 했다. 심지어 일부 교수들은 우리를 신앙으로부터 "해방시키려" 했고, 종교적인 이념들과 헌신들에 대해 빈번하게 공격했다. 다른 교수들은 "당신에게 작용하는 어떤 것이라도" 그러한 헌신이 *진정한* 지식—그들의 전공분야에 의해 선포된 지식—을 방해하지만 않는다면 개인적 신앙의 헌신도 좋다고 거만하게 인정했다.

이러한 태도들과 습관들은 오늘날까지 지속되고 있다. "믿음"이라고 불리는 기독교 신앙은 지식(실제적으로 참된 것에 대한 인식)은 항상 믿음보다 앞선다는 전제를 가지고 "지식"이라고 불리는 학문적인 선언들에 대해 긴장관계 속에 놓여진다. 이 두 가지가 충돌할 때, 믿음은 거의 정의가 잘못되었다고 본다.

따라서 많은 기독 학생들이 학문에 대해 약간의 두려움을 발전시켜

온 것은 놀랄 일이 아니다. 그들이 대학에 들어가기 전에, 선한 친구들은 이렇게 경고했다. "너의 믿음을 잃을 만큼 많은 교육은 받지 마라." 이러한 두려움은 일리가 있다. 많은 독실한 그리스도인들, 특별히 그들이 공립대학과 대학원에 갈 때 그들의 믿음은 효과적으로 저해되고, 약화되며, 그들이 세속 학문을 아무 의심 없이 계속 받아들일 때에는 파괴되기도 한다. 만약 학문이 신앙에 적대적이라면, 그 두 가지 사이에는 필연적인 충돌이 있을 것이며, 너무 많은 골칫거리를 당신의 머릿속에 허락하지 않도록 주의하라는 것이다.

그러나 이런 관점은 과장되고 왜곡되었다. 갈등은 신앙과 학문 사이의 것이 아니다. 그 갈등은 신앙과 일부 학문 간에 일어나며 세계관과 가정들에 의해 형성된 해석들과 이념들은 궁극적으로 기독교 지식과 양립할 수 없다.

사실, 이 문제에 대해 생각하는 또 하나의 방식은 갈등이 두 가지 믿음 사이에 있다고 말하는 것이다. 마이클 키스(Michael Keas)와 케리 맥루더(Kerry Magruder)에 따르면, "종교적이거나 세계관 중립에 대한 일반적인 주장들에 관계없이, 신앙이 없는 사람은 없다. 모든 추론은 누군가의 첫 번째 원칙에 담겨진 신앙을 포함하며, 반대로 모든 신앙은 이성을 포함한다."[5] 모든 사람은 세상에서 살고 일하기 위해서 (우리가 신앙으로 가정해 볼 때, 그것은 외부에 있는데) 많은 추정이나 가정들을 당연하게 여기며 그것들은 신앙적 색채를 띤다. 그러므로 그들은 결론짓기를, "요컨대, 그것은 신앙이 이성을 포함하는지의 문제가 아니라, 어떤 신앙이 이성에 포함되었는가의 문제이다."[6] 신앙은 신, 자연주의, 포스트모더니즘 또는 마르크스 또는 그 자체 또는 과학 안에 있을지 모르지만 그럼에도 궁극적으로 그것은 신앙이다.

당신이 만약 진리를 나누는 것과, 참된 지식을 분리하는 것과, 하나

님의 말씀과 하나님의 세계에 대해 당신이 이해하고 있는 지식을 통합
하는 것을 배운다면, 학문은 신앙의 동료가 될 것이며 더 많이 배울수
록 당신의 신앙도 더 깊어질 것이다. 가령 한 가지 예를 들어 보겠다.
당신은 손가락이 찔린 후에, 피가 곧 멈추면 감사할 것이다. 당신의 피
는 응고된다. 그 자체로 하나님의 놀라운 설계에 대해 감사할 이유가
된다. 그러나 이런 일이 어떻게 일어나는지 아는가? 왜 피는 응고되는
가? 그리고 왜 그 부분만 응고될까? 즉, 당신의 피가 응고되기 시작했
을 때, 무엇이 당신의 몸 전체에 흐르는 피는 응고하지 못하게 할까?
답은 매우 복잡하고 작은 조직 안에서 상호작용하는 20개의 다양한 단
백질들인데, 일부는 필요한 장소에서 응고시키고, 나머지는 필요하지
않은 장소에서 응고를 억제시킨다. 당신이 혈액 응고의 세부사항을 읽
을 때 (마이클 베헤(Michael Behe)에게 설명하려면 약 20페이지가 소요
되겠지만) 나는 당신이 이 체계와 하나님 주권에 대해 전보다 훨씬 더
놀라운 감탄을 할 것이라고 생각한다.[7]

만일 이 책을 한 문장으로 요약하라고 한다면, 다음과 같이 말할 수
있을 것이다: 신앙과 학문의 통합 과정에서 신앙은 학문을 확고히 하고
명확히 하는 동시에 학문은 신앙을 확고히 하고 더 명확히 한다. 신앙
과 학문을 통합하는 과정에서 당신은 신앙과 지식을 결합하는 전략을
계속 발전시키면서 학문의 과정에 대한 확신을 증가시키게 될 것이며,
더욱 배우기를 원하게 될 것이다. 또한 당신의 신앙에 대한 지식을 지
식이 어떻게 작용하는지를 이해하는 데 사용할 수 있다면, 당신의 교육
은 더 완성될 것이다. 당신이 더 나은 교육을 받았을 때, 당신의 신앙
은 더 확고한 기반을 가지게 될 것이다. 이 책을 나의 저술 의도대로 읽
어 나간다면, 책장을 덮을 때 당신은 최소한 박사 학위 정도는 획득해
야겠다고 다짐하게 될 것이다.

2.4 세속화된 학문의 불완전성

오늘날 학계는 전쟁 중이다. 두 종류의 철학 사상이 현실세계에 대해 대부분의 영역에서 서로 반대되는 입장을 고수하고 있다. 첫 번째 사상은 철학적 유물론과 과학적 자연주의 및 보다 최근에는 모더니즘과 같이 다양한 이름들을 포함하면서 두 번째 사상인 포스트모더니즘에 대적하고 있다. (물론 기독교 세계관이 세 번째 경쟁자로 포함되는 것이 이상적이다.) 일반적으로 자연 과학은 모더니즘의 진영에, 인문학은 포스트모더니즘의 진영에 속해 있으며 사회 과학은 두 진영의 중간에 위치해 있다. 이 두 종류의 세계관은 제 6장과 7장에서 자세히 다루어질 것이다.

여기서 강조할 사실은, 두 세계관이 대부분의 영역에서 지식에 대해 아주 다른 입장을 고수하고 있음에도 불구하고 한 가지 분명한 공통점을 가지고 있다는 것이다. 즉 이 두 세계관은 모두 신학적 주장의 타당성을 무시한다. 이 두 사상은 기본적으로 반형이상학적 입장을 고수하고 있으며, "하나님은 지혜로우시다"와 같은 형이상학적 주장은 무의미하고 무지한 것으로 치부한다. 하지만 엄격히 말해 두 가지 사상의 기조에는 형이상학적 가정이 전제되어 있기에 형이상학을 거부한다는 것은 옳지 않음을 앞으로 다룰 것이다.

이 두 세계관은 초월성, 선과 악의 객관적 실체, 영혼의 존재 등을 거부하기에 삶과 경험을 완전하게 설명할 수 없다. 대부분의 사람들은 삶의 의미와 목적을 추구하는데 만일 사람들이 도덕적 진리는 존재하지 않고, 모든 가치 판단들은 무의미하고 기껏해야 개인의 취향이며, 영적인 갈구와 신앙은 비합리적인 감정에 불과하다고 주장하는 세계관에만 갇혀 있다면, 그 의미와 목적을 어떻게 발견할 수 있겠는가? 이

두 세계관은 우리가 가장 소중하게 여기는 가치들-사랑, 선함, 진리, 아름다움, 명예, 공의, 연민-을 실험적으로 증명할 수 없거나 (과학적 자연주의적 관점) 주관적 경험에 대한 개인적 묘사에 불구하기에 (포스트모더니즘적 관점) 진리의 영역에서 벗어나 있다고 주장한다.

그러나 그 어떤 세계관이든, 삶에 가장 고귀한 의미를 부여하는 위와 같은 이상들과 열망들을 폄하하는 것은 결코 현실 세계를 제대로 반영하지 못한다. 모든 것을 가장 합리적으로 이해하기 위해서는 현실을 이해하기 위한 객관성과 절대성을 가진 완전하고 통합적인 세계관, 기계적이고 물질적인 부분뿐 아니라 우리의 삶과 경험의 모든 부분까지 설명할 수 있는 세계관이 필요하다. 세계관으로 "많은 것을 설명할 수 없다."와 "많은 것을 설명하지 않으나, 그 안에 모든 필요한 것이 들어 있다."는 주장은 확연히 다르다. 분별력 있는 그리스도인이라면 이런 좁은 세계관을 가진 이들에게 햄릿이 외치는 말을 떠올릴 것이다. "호라티오, 이 하늘과 땅에는 자네의 철학이 꿈꾸는 것보다 훨씬 더 많은 것들이 존재한다네."

2.5 기독교 세계관의 정화 기능

앞서 설명한 자연주의와 포스트모더니즘과는 달리, 기독교 세계관은 지식을 축소시키거나 왜곡시키지 않고, 자연주의와 포스트모더니즘이 적절히 설명할 수 없는 부분을 설명함으로써 오히려 지식의 저변을 확대시키고 정화하는 기능을 가지고 있다. 현재 학문계에서 우위를 놓고 결전을 벌이고 있는 두 세계관이 가까운 시일 내에 몰락하지는 않을 것으로 예상되므로, 이 두 세계관을 통해 배운 것과, 지식과 실제를 더욱 잘 이해하기 위해 배운 기독교 세계관을 통합하는 능력을 가지는 것이 당신의 몫이다.

통합 과정은 지식을 거부하는 것이 아니라, 정화하고, 선별하며, 잘못된 해석을 교정하는 방법으로 이해해야 한다. 나아가 이 통합은 당신의 학문 여정과 남은 생애에 걸쳐 접하게 될 지식적 주장들을 선별하는 시금석으로 삼아야 한다. 제 10장과 11장에서 이 과정에 대해 더 실제적으로 논의할 것이다.

때때로 한 분야 및 주제에 기독교 세계관을 더하는 것이 기독교 교육의 목적이라고 생각하는 경우가 많다. 하지만 이러한 관점에는 오류가 있음을 알 것이다. 일반적으로 "기독교적 관점"이라는 용어를 사용하는 것이 편리하기는 하지만, 엄격히 말해 이 단어는 오해를 불러 일으킬 수 있기 때문이다. 관점은 부분적인 견해 또는 시각, 의견 그리고 사실이나 사건에 대해 개별적으로 추가되는 사항을 의미하는 것이다. 기독교는 세상의 사건이나 지식을 관찰하고 평론하는 수준의 단순한 관점이 아니다. 기독교는 세상을 바라보는 전반적인 관점이다. 철학적 용어로, 기독교 세계관은 포괄적이고 합리적인 인식론을 제공하여, 세상에 대한 평론이 아니라, 설명하는 지식 이론이다.

이 점을 강조하는 이유는, 때로 기독교란 학계의 학문에 추가적이고, 부수적으로 주어지는 보너스적인 교훈으로 보려는 입장을 반박하기 위해서이다. 기독교적 지식은 단지 대안적 해설이 아니라 모든 지식적 주장들을 객관적 시각으로 바라보고, 평가하며, 비평하는 기준이 될 진리를 제공한다.

요컨대, 우리는 믿음을 통해 지식이 강화되는 것에 대해 논의하는 것이 아니다. 우리는 지식의 대안 이론에 대해 논의하는 것이다. 많은 학자들이 기독교적 인식론을 존중의 영역에 국한하려 하면서 이 점을 가장 흔히 부인하기에 더욱 기억해야 한다.

2.6 진리의 통일성에 대한 헌신

진실로 기독교는 앞서 논의한 두 세계관들보다 더 포괄적인 진리관을 가지고 있다. 그리스도인들에게 진리는 실증적 탐구를 통해, 이성을 통해, 계시를 통해 얻어지는 지식을 포함한다. 따라서 신앙은 지식을 통합하고 세상 전체를 볼 수 있는 독특한 위치에 있다. 성경적 권위에 대한 신뢰는 모든 것, 즉 창조로부터 우리 마음의 노력들까지도 이해하고 설명할 수 있는 굳건한 기초를 제공한다. 주관성에 빠질 염려도 없고, 진리를 실증할 수 있는 사물의 영역에만 국한하지도 않는다.

결과적으로 컴퓨터가 어떻게 만들어지고, 왜 우리가 코를 골고, 삶의 목적이 무엇인지를 포함하는 세상의 모든 진리는 결국 하나님을 섬기고 그의 나라에서 일할 수 있는 원천이다. 기독교 진리는 하나님 나라의 건설을 위해 모든 학문이 결합될 수 있는 것처럼, 나머지 모든 진리의 세계와 긴밀하게 연관되어 있어야 한다. 한 마디로, 그리스도인의 삶에서 신앙과 학문은 상호 연결되어 신자의 삶을 지지해야 한다.

우리는 진리에 대한 지식이 하나님과 그의 우주에 대한 지식임을 알고 있기에, 진리에 대한 추구는 (그의 자녀인 우리를 포함하여) 창조하신 만물 속에 스스로를 나타내신 하나님에 대한 추구이다.[8] 우리가 어떤 진리든지 알기 원하는 이유는, 그 진리가 진리의 주인이신 하나님에 대해 무엇인가를 증거하기 때문이다. (놀랍게도, 어떤 이들에게는 사상적, 철학적 추구가 진리에 대한 추구보다 더 중요하다는 것을 알게 될 것이다.) 따라서, 기독교적 학문과 그리스도인의 삶 그 어디에도 반지성주의는 존재하지 않는다. 세상의 지혜, 과학적 방법론, 문제 해결 능력, 기술의 발전, 이 모든 것은 우리가 배우고 활용할 수 있는 가치와 진리를 가지고 있다. 때때로 진리는 신앙에 적대적인 철학이나 해석과 혼재될 수 있지만, 그럼에도 불구하고 그 진리의 핵심은 가치가 있다.

2.7 통합의 부재는 어떤 결과를 낳는가?

대학 졸업 후 여러분은 평생 다양한 정보를 접하며 살게 될 것이다. 따라서 졸업 전에 학부생으로서 당신이 가진 신앙과 새로운 지식 주장들, 인간의 본성과 자연 세계에 대한 새로운 결론들, 해석과 학문에 대한 새로운 이론들을 통합하지 못한다면, 앞으로 그런 기술을 결코 발전시키지 못할 것이다. 신앙과 학문을 통합시키지 못함으로 일어날 수 있는 흔한 결과는 신앙과 학문의 분리, 즉 신앙과 지성의 괴리이다. 즉, 신앙이 분리되면 지성적으로 전혀 무관한 것으로 전락하게 될 것이다. 신앙은 단지 감정적 필요만 채워 주게 될 것이다. 따라서 새로운 지식은 신앙을 강화시키기보다, 지속적인 위협으로 간주되어 폐쇄적 신앙과 괴리가 일어날 가능성이 높다.

통합의 부재로 일어날 수 있는 또 다른 결과는 왜곡된 혼합주의인데 여기서 신앙은 신앙에 반하는 지식이나 추론 또는 전체적인 세계관에 의해 설명된다. 즉 모든 것의 기조에 세속 학문을 두고, 신앙을 그 위에 인위적으로 부가하는 것이다. 이렇게 부자연스러운 통합을 시도했을 때, 신앙은 점점 약화시켜 감정적 헌신보다 다소 나은 의미를 가진 듯하나, 결국 양자 모두가 무너지는 결과를 낳는다. 실제로 이전에는 신앙이 좋던 많은 그리스도인들이 석·박사 과정 중에 세속적인 세계관이 신앙을 점령하도록 내버려 둠으로써 신앙이 약해지거나, 신앙의 길에서 온전히 떠난 사례가 있다.

통합의 부재가 낳게 되는 최종적 결과는, 삶의 질이 저하되는 것이다. 앞서 설명한 적대적인 세계관들을 받아들이게 되면, 식물에 대해 잘못된 믿음을, 역사에 대해 왜곡된 이념을 가지게 된다. 이념들은 삶과 행동에 영향을 준다. 현대 문화는 우리가 논의해 온 세계관에 기초하여 세워진 것이다. 영화, 뮤직 비디오, 잡지, 가사, 정치적 논의를 살펴보면, 이 모든 가치들이 과학적 자연주의, 포스트모더니즘, 유대-기독교 전통 등이 혼합되어, 주도권 다툼이 치열하게 일어나고 있음을 알 수 있을 것이다. 통합은 단지 깔끔하고 설득력 있는 철학적 기반을 확립하는 것이 아니다. 우리의 삶이 바로 철학적인 헌신 위에 세워져 있다. 가령, "세상은 우연한 세포 조합의 결과이다."라는 문장을 믿으면, 초월적 소망과 삶의 의미를 믿는 것과 함께한 사람의 행동에 큰 차이를 불러온다. 도덕적 행동은 한 사람의 지식이나 세계관과 직결되어 있다. "짐승 같은 인간들을 가르칠 때, 그 인간들이 짐승처럼 행동을 해도 놀라지 마라."는 말이 있다.

통합이 이루어지지 않을 때 나타나는 가장 비극적인 결과는 그리스도인이 빛이 되지 못한다는 것이다. 우리는 문화와 지적 영역에서 보다 나은 세계관, 인생관, 인간관을 제시하여 변혁적 소리를 내도록 부름 받았다. 성경이 이것을 "복음(good news)"이라고 부르는 것도 우연이 아니다.[9] 이 세상은 사물에 대해 보다 탁월한 이해를 필요로 한다. 즉 세상은 진리를 필요로 하며 그 진리는 현대 문명을 지배하는 잘못된 이념들에 대해 도전할 줄 하는 사람들에 의해서만 제시될 수 있다.

2.8 통합은 어떤 결과를 낳는가?

통합을 성공적으로 이루어 내는 것은 신앙을 강화시키고 학문에 대한 열정을 키워 준다. 지식과 학문과 신앙이 어떻게 서로 상호작용하는지 이해하면, 이 세상이 어떻게 돌아가는지 분별할 수 있을 것이다. 진리와 거짓을 좀 더 명확하게 구분할 수 있을 것이며, 지혜의 근본이 당신의 영혼 속에서 솟아나게 될 것이다. 하나님이 창조하신 세상에서 어떻게 만물이 연결되어 있는지 깨닫게 되고, 자기중심적인 현대의 가치들과 행동들을 분별하는 데 있어서 하나님의 말씀이 얼마나 신뢰할 수 있는지 확인하게 될 것이다.

기독교 세계관을 통해 세상 지식을 분별하는 것은 당신을 잘못되고 유해한 교리들로부터 분리시킴으로써, 학문을 정치적 목적으로 악용하려는 이데올로기와 계략으로부터 보호해 줄 것이다. 상대주의의 물결에 휩쓸리지 않고, 진리의 닻을 내려 굳건히 서 있게 될 것이다. 당신은 진리를 추구하는 옳은 길에 서 있으며, 미혹된 주장에 휩싸이지 않음을 확신할 수 있을 것이다.

적극적인 신앙과 학문의 통합은 진리에 서 있게 하는 것뿐 아니라, 극단으로 치닫는 세속 문화의 물결에 휩싸이지 않을 수 있는 힘을 부여해 준다. 신앙은 모든 지식을 평가할 수 있도록 학문과 진리의 기초를 제공해 주고, 학문은 신앙을 강화하는 데 도움을 준다. 당신의 지성을 강화함으로써 신앙도 강화시킬 수 있다. 다양한 학문 분야를 공부하는 것은, 세계에 대한 당신의 이해를 넓힘으로써 신앙을 키울 수 있도록 돕는다. 세상에 대해 더 넓게 이해하는 것은 하나님과 하나님의 세상에 대한 지식을 향상시키고, 명확히 하며, 강화하게 돕는다. 어떻게 동일한 DNA가 동공이나 손톱이 되는지, 역사와 사회과학 속에서 인간이 어떻게 행동해 왔는지, 문학 속에서 인물들의 (선택 및 그 선택의 결과로) 삶이 어떻게 변화하는지 배우라. 당신은 당신의 연구가 어떻게 기독교 세계관 확립에 도움이 되는지 알 수 있을 것이다.

옥스퍼드 대학교의 알리스터 맥그레스(Alister McGrath) 교수는 신앙과 삶의 통합이 우리를 독특하게 기독교적으로 사고하고 행동하는 삶을 살 수 있도록 이끌어 준다는 점을 상기시켜 준다. 이러한 통합은 우리의 전문 직업이 무엇이든 신앙을 매일의 삶과 매일 마주치는 세상에 대응하는 과정이라는 점이다. 그는 다음과 같이 말한다.

> 언젠가 경제학 이론만큼이나 기독교 신앙을 올바로 이해하는 금융인이 있다면 어떻게 될까? 단지 기독교 신앙과 경제학 이론에 대한 지식을 가지고 있는 것을 넘어, 두 가지를 연결시켜 우리가 앞서 논의한 것처럼 "복음주의적 경제 이론"을 확립할 수 있다면 어떨까? 이러한 적용은 끝이 없을 것이다. 내가 말하고자 하는 바는 단지 우리가 실제 세상에서 벌어지고 있는 일들과 신앙을 연결시키고, 복음이 복잡한 현대 사회에서 살아남을 수 있도록 해야 한다는 것이다. 우리가 이러한 통합을 먼저 이루어 내지 못함으로 복음이 문화에 함몰되도록 해서는 안 된다.[10]

따라서 통합은 단지 만족스럽고 일관성 있는 세계관이 주는 지적, 영적 이득을 훨씬 상회한다. 통합은 실용적이다. 삶을 변화시키고, 당신의 활동과 직장 생활의 방향을 제시한다. 또한 개인적인 차원 이상의 것이다. 통합은 복음적이다. 통합은 세계를 변화시킬 수 있다.

성공적인 통합은 당신이 이 세상에 살지만, 이 세상에 속하지 않도록 도와준다. 학문은 당신이 더욱 지혜로워지고, 동정하도록 도와주며, 퇴보하는 대신 진보하며, 잃어버렸거나 침묵하는 가치를 회복하도록 돕는다. 결국 당신은 신앙이 진정 진리이며, 가장 깊은 지성적 헌신을 할 가치가 있다는 것을 발견하게 될 것이다.

요약

기독 학자에게 통합은 필수적인 것이다. 신앙과 학문은 지속적으로 상호 작용해야 한다. 신앙은 때때로 학문에 같이 결합되어 있는 이데올로기들로부터 지성을 자유롭게 하고 진리를 분별할 수 있도록 하기 위해 필요한 기초와 방법을 제공한다. 학문은 하나님의 세상, 사역, 사람뿐만 아니라 그가 그의 아들을 보내 구원하기 원하신 창조물에 대해 알 수 있도록 돕는다. 신앙과 학문의 통합은 모든 존재에 대해 가장 포괄적이고 합리적인 관점이다. 교육받은 그리스도인은 통일되고, 논리정연하며, 신실한 지식의 힘을 가진 세상의 강력한 증인이 될 수 있다.

사고와 토론을 위한 질문들

1. 통합에 대한 "두 영역론"의 장단점들에 대해 논의해 보라.

2. 양립주의는 가장 보편적인 통합의 형태이다. 학문하는 과정 중에서 이런 접근을 사용해 본 적이 있는가? 그렇다면 이 접근법이 성공적이었던 예가 있는가? 어떤 특별한 학문이 신앙과 양립 가능하거나,

신앙을 지지하는가?

3. 지식에 대한 관점으로서의 기독교와 지식 또는 지식 주장과 통합되어야 하는 세계관으로서의 기독교가 어떻게 다른지 설명해 보라.

4. 통합 과정이 당신의 신앙을 강화시킬 수 있다고 생각하게 된 이유는 무엇인가? 통합 과정에서 당신의 신앙이 도전받을 방법들이 있는가?

주

1. Kenneth O. Gangel, "Integrating Faith and Learning: Principles and Proces." *Bibliotheca Sacra*, April-June, 1978, p. 104; retrieved online at <http://www.ici.edu/journals/bibsac/7584/78b1.htm>

2. Lynne Marie Kohm, "What is a Christian University? or How to Achieve Preeminence as a Graduate Institution," p. 21; retrieved online at <http://www.regent.edu/admin/cids/christianuniv.pdf>.

3. See, for example, William Hasker, "Faith-Learning Integration: An Overview," *Christian Scholars Review* XXI:3 (March 1992), pp. 231-248; retrieved online at <http://www.gospelcom.net/cccu/journals/csr/hasker.html>.

4. Edward B. Davis, "Some Comments on the Course, 'Introduction to Christianity and Science,' " retrieved online at <http://www.messiah.edu/hpages/facstaff/davis/course.html>.

5. Micheal Keas and Kerry Magruder, "Unified Studies Natural Science F2002 Packet," Oklahoma Baptist University, 2002, p. 21. Retrieved from http://www.okbu.edu/academics/matsci/us/311/pack.pdf.

6. Ibid., p. 24.

7. See Michael Behe, *Darwin's Black Box*: The Biochemical Challenge to Evolution (New York: Free Press, 1996), pp. 77-97.

8. 로마서 1:20: "이 세상 창조 때로부터, 하나님의 보이지 않는 속성, 곧 그분의 영원하신 능력과 신성은, 사람이 그 지으신 만물을 보고서 깨닫게 되어 있습니다. 그러므로 사람들은 핑계를 댈 수가 없습니다." (새번역).

9. 복음에 대한 좋은 성경 구절들은 다음을 보라. 사도행전 8:12, 13:32 및 로마서 10:15.

10. Alister McGrath, "The Christian Scholar in the 21st Century," Christian Leadership Ministries. Retrieved from http://www.clm.org/real/ri0002/mcgrath.html.

제 3장
지식은 어디에서 오는가?

그 어떠한 검열 없이도 서구에서는 시대에 맞는 이론과 사상이
시대에 뒤떨어진 이론이나 사상과는 조심스럽게 구분된다.
그 어떤 논의도 금지되어 있지 않다.
그러나 시대에 뒤진 이론과 사상은
정기 간행물, 서적, 강의실에서 사라지기 마련이다.
법적으로 당신의 연구는 자유롭지만
실제로는 시대의 유행에 의해 통제되고 있다.
　　　　　　　　　　－ 알렉산더 솔제니친(Alexander Sozhenitsyn)[1]

정치인들이 립 서비스를 하는 인기 있는 경건과는 상관없이
불가지론자들이 미국을 통치한다.
그들의 형이상학(즉 과학적 자연주의)이 대학에 만연해 있으며,
대학은 지식에 대한 사회적 정의를 결정하기 때문이다.
　　　　　　　　　　－ 필립 존슨(Phillip Johnson)[2]

3.1 지식이란 무엇인가?

　만일 누군가 당신에게 대학에 진학한 이유를 묻는다면, 당신은 장래 직업을 위해, 사고하는 법을 배우기 위해, 삶의 철학을 발전시키기 위해, 또는 자신과 세상에 대해 좀 더 명확한 관점을 기르기 위해서라고 대답할 것이다. 그리고 방금 나온 대답들이 공통적으로 요구하는 것은

건실한 지식적 기반이므로, 대학에 진학한 이유는 지식을 얻기 위해서라고 해도 과언이 아닐 것이다. 지식은 값진 것일 뿐만 아니라 필수적인 목표이다. 사람들은 "아는 것이 힘이다"라는 격언을 좋아한다. 지식은 과거와 현재를 이해하고, 미래를 준비하기 위한 열쇠이다. 그렇다면, 지식이란 무엇인가?

서양 철학 전통에서 지식은 진리와 연관되어 있다. 지식은 어떤 참된 요소(사실 또는 사상)에 대한 인지이며, 이것은 근거들이나 증거에 의해 뒷받침되어야 한다. 다시 말해서 지식이란 무엇인가를 진리라고 판단할 만한 합당한 믿음을 가진 것이다("정당화된 진정한 믿음"). 이론적으로 (강의실이나 교재에서) 접하는 지식은 모든 가능한 증거들에 대한 차분하고도 객관적이며 이성적으로 검토한 산물이다. 지식은 언제나 신뢰할 수 있어야 한다. 그러나 문제는 그리 단순하지 않다.

지식의 본질에 대한 학문적 연구를 인식론이라고 한다. "다른 마음의 실질적 존재를 우리가 진정 알 수 있을까?"라는 질문은 인식론의 근본 기조를 파고드는 질문이다. (만일 시간 여유가 있다면, 인식론에 대한 강의를 듣거나 몇 권의 책들을 읽어 볼 것을 추천한다. 매우 흥미로운 주제가 될 것이다.) 하지만 이 책의 주제에 집중하기 위해, 지식에 관해 좀 더 실용적인 질문들을 제시하고자 한다.

- 무엇을 알 수 있는가?
- 지식에는 어떤 종류들이 있는가?
- 당신은 어떻게 지식을 소유할 수 있는가?
- 지식은 어디서 오는가?

위 질문에 대해 잠시 고민해 보면, 해답들이 단순하거나 명백하지 않다는 것을 알 수 있다. 또한, 중요한 것은 한 질문에 대해 여러 가지

답들이 존재할 수도 있다는 점이다. 그리고 어느 답변이 진리인지는 각자의 세계관에 달려 있다. 이러한 질문(들)에 대한 해답들에도 의견이 근본적으로 달라 많은 논쟁들이 있다.

3.2 누구의 인식론인가?

지식의 영역에 대한 첫 번째 도전은 앞의 질문들에 대답하는 사람들에 따라 다른 답이 나온다는 것이다. 사실, 인식론에도 다양한 종류가 있다. 서양 철학 전통에도 여러 차이점들이 있다. 가령, 과학적 자연주의는 인식론에서 물질세계 및 실험 및 관찰로 증명된 지식만 취급한다. 반면에, 기독교적 인식론은 성경적 권위로부터 나온 지식도 받아들인다. 합리주의적 인식론은 경험적 관찰뿐 아니라 이성으로부터 나온 지식도 인정한다.

나아가, 최근 서양 철학에는 포스트모더니즘이라는 새로운 인식론이 대두되었다. 포스트모더니즘적 인식론은 "지식"(따옴표에 주의하라)이란 불완전하고, 주관적이며, 사회적 합의로서, 단순히 의견의 상대적 진술들이라고 주장한다. 포스트모더니즘을 주창하는 이들에게 실제 지식과 단순한 지식은 주장하는 사람에 따라 달라진다. 어떤 이들에게 지식이란 순간순간 그들이 "느끼는" 것일 수 있다. 이런 사람들에게 있어서 진리란 사실적인 문제라기보다는, 감정의 반향이다.

지식 주장들을 이해하기 위해서는 그것이 "어디에서 오는지"를 이해해야 한다. 당신이 제시하는 정보 뒤에 숨겨져 있는 인식은 무엇인가? 정보(또는 지식)의 기원이 진리가 존재한다고 믿는지, 이성이 지식의 기원이 될 수 있다고 믿는지, 아니면 오직 물리적인 데이터를 관찰한 것만 지식을 생성한다고 믿는지? 그 기원은 원인들과 사건들에 대한 주관적 관점이 다른 관점들과 동등한 가치를 지니고 있다고 믿는지?

여기서 문제가 발생한다. 만일 당신이 (기독교 세계관으로부터 나온) 인식론을 가지고 있고 교수 또는 교재의 저자는 다른 인식론(자연주의적 또는 포스트모더니즘적)을 가지고 있다면, 당신은 제공된 지식을 사실에 비추어 평가하고, 그 일부는 제한적이고, 의심스러우며 진실이 아닐 가능성이 있는 것으로 판단해야 할 것이다.

가령, 당신이 다음과 같은 문장을 읽었다고 가정해 보자. "신적 계시는 실재하지 않으므로, 신적 계시에 대한 모든 논의는 환상, 자기기만, 거짓에 불과하다." 비자연적인 사건 설명들은 지식의 근원으로 받아들이지 않는 인식론에서 위 문장은 옳다. 하지만 신성을 지식의 원천으로 받아들이는 인식론에서 위 문장은 옳지 않다.

또는, 다음과 같은 문장을 읽었다고 가정해 보자: "어떠한 글도 완전하고 고정된 의미를 가지고 있지 않고, 무한한 해석이 존재할 수 있기에, '네 이웃을 네 몸과 같이 사랑하라'는 의미는 네 몸을 사랑하기에 네 이웃의 몸도 역시 사랑해야만 한다는 의미이다." 각 진술에 대해 무한한 해석들이 가능하고 각 해석에 대해 적어도 어느 정도의 타당성을 인정하는 인식론이라면 논리적으로 (이것이 올바른 단어라면) 위 문장이 옳다. 그러나 보다 합리적인 해석을 포함하는 인식론에서는, 이 성경 구절에 대해 위와 같은 해석은 받아들일 수 없다. (물론 포스트모던 문학자들 사이에서도, 한 텍스트에 대해 무한한 해석들이 있고, 한 해석이 다른 모든 해석들보다 낫지는 않지만 어떤 해석들은 다른 해석들보다 좀 더 낫다고 동의하는 부류가 있다.)

지식의 특성에 대해 각각 다른 관점에서 만들어진 지식에 관한 질문

들이 있다:

지식은 발견된 것인가 구성된 것인가? 포스트모더니즘을 주장하는 사람들에게 지식이란 객관적 사실로서 "거기에" 발견되는 것이 아닌, 일반인들의 합의에 의해 도출된 이념이나 일련의 진술이다. 다시 말해서 과학자들은 새로운 발견을 하는 것이 아니라, 새로운 발견이라고 합의하는 것이다. 이러한 관점을 구성주의(constructivism)라고 하는데, 이는 지식이 사회적 합의에 의해 구성된다는 것이다. 나중에 제 4장과 7장에서 자세히 다루겠으나, 이 주장은, 매우 과장되었지만, 우리가 지식을 객관적 진리가 아닌 공동의 합의라고 본다면 일리가 있다.

지식은 경험적으로 증명 가능한 것에 국한되는가? 과학적 자연주의자를 주장하는 이들은 실험적으로 증명 가능한 사건만 지식이 될 수 있다고 한다. 따라서 이성, 철학, 형이상학, 종교로부터 나온 지식 주장은 틀렸고 지적이지 못하며 따라서 지식이 될 수 없다고 주장한다. 그러나 좀 더 포괄적인 세계관을 가진 사람은 과학적으로 증명할 수 없더라도, 어린 아이를 고문하는 것이 잘못임을 알고 있다.[3] 나는 어린 시절 이모와 삼촌과 긴밀한 관계를 가졌다는 것을, 그들이 더 이상 살아 있지 않기 때문에 증명할 수는 없지만, 알고 있다. 그리스도인들은 특히 직접 보거나 시험할 수 없는 일들에 대해 성경이 지식의 근원임을 믿는다. 선, 인간의 본성, 우리 영적 감정의 이유에 대한 지식, 이 모든 것은 과학적 실험에서 나올 수 없는 중요한 지식이다.

지식과 관련하여 이성의 역할은 무엇인가? 지식은 합리적이어야 하는가? 이성은 지식을 도출해 낼 수 있는가? 이성은 참된 지식과 그른 지식을 구분해 낼 수 있는가? 포스트모더니즘의 주창자들은 이성이 억압의 도구로 사용되어 왔기에 이를 거부하고 재정의해야 한다고 주장한다. 그러나 그리스도인들은 하나님께서 "오라, 우리가 서로 변론하자"(사 1:18)라고 말씀하셨을 때 우리에게 합리적 지성을 유용한 도구로 주셨음을 암시한다고 믿는다.

"지식"의 산출에 진리가 정말 중요한가? 진리보다 더 중요한 가치가 있는가? 이데올로기적 순수성이나 권력의 행사, 또는 성공의 성취가 원하지 않는 진리보다 더 중요한가? 불행하게도 이 이슈는 현재 너무나 많은 가르침의 핵심이다.

포스트모더니스트들은 *진리, 지식, 사실들*이라는 단어에 따옴표(어떤 경우에는 조롱하는 인용표라고도 하는데 이것은 이 단어들을 그들이 조롱하기 때문이다)를 붙여 표기하는 것을 좋아하는데 이는 이 단어들이 객관적 형태로는 존재하지 않는다는 그들의 믿음을 나타내기 위함이다. 당신의 진리와 나의 진리는 둘 다 "진리"일 수 있지만, 둘 중 그 어느 것도 절대적인 진리가 될 수 없다. 포스트모더니스트에게 "진리 주장은 허구"이다.[4] 그러나 이 사상의 위험성은 진 에드워드 비스(Gene Edward Veith, Jr.)가 말한 대로, "진리를 믿지 않는 자들은 거짓을 말하기 쉽다."[5]

이러한 우려는 근거 없는 것이 아니다. 미국 「사회학 저널(*American Journal of Sociology*)」에 등재된 "글쓰기의 십계명"이란 논문에서 사회학자인 개리 알란 파인(Gary Alan Fine)은 저술에 대해 표준이 될 만한 조언을 제시하고 있는데 가령, "잔혹하게 수정하라", "독창적인 문체를 개발하라", "유머를 사용하라" 등과 같은 것들이다.[6] 그리고 그는 사회학 저술가들에게 한 가지 충고를 덧붙였다. "때로 거짓말을 하라."[7] 그는 이렇게 말한다:

> "사실"이 들어가야 할 부분이 있는가 하면, 허구가 필요한 시점이 있다. … 때때로 참신한 허구는 저자가 논리의 핵심을 해치지 않고

도 유려한 논지를 펼쳐 나가는 데 오히려 도움을 준다. 개인적 경험이나 삶의 역사(우리 자신의 것이든 타인의 것이든)를 연구하는 우리는 이것을 실제로 일어났던 사실로 믿어야 하는 것이 아니라 이해를 돕기 위한 이야기로 받아들여야 함을 알고 있다. 이것이 사회학적 스토리텔링이다. 이와 같은 이야기들은 이야기들 뒤에 있는 이념들을 회상하도록 격려하는데 효과적이다. 서술들은 추상적인 통계적 정보보다 훨씬 효과적으로 기억에 남는 법이다.[8]

거짓을 말하는 것은 주장에 도움이 된다. 당신의 요점을 입증하는데 도움이 되는 것들을 보충하라. 파인은 결론짓는다, "나는 시적인 언어, 즐거움, 감정, 통찰력을 희생하면서까지 효율성, 간결함, 합리성, 지식의 원칙에 얽매이지 않는다."[9] "지식과 … 그렇게 연관되지 않은" 사회학? 아마도 그는 지식을 어떤 안정된 진리에 포함시키지 않으므로 그를 포스트모던 학자로 보아야 할 것이다. *사실*에 따옴표를 붙이는 것을 보면 이러한 입장이 확실한 것으로 보인다. 오직 오래된 방식의 근대주의자들만 진정한 사실과 같은 것들이 있다고 생각한다. 그렇다 하더라도 진리인 것과 그렇지 않은 것, 실제로 발생한 일과 발생하지 않은 것 간의 차이가 있다고 여전히 믿는 우리는 파인이 추천하는 학문에 어떻게 반응해야 할 것인가?

그리스도인으로서 우리는 보충하는 것을 "자신의 요점을 증명하는" 적법한 수단들로 간주하지는 않는다. 우리는 도덕이나 철학적 진리를 전하는 허구적 이야기(소설이나 우화와 같은)와 *문자 그대로 진리인 것처럼* 우리에게 제시되는 허구적 이야기 사이의 차이를 인지한다. 우리에게 "창의적인 허구화"와 사실적 지식은 같은 것이 아니다. 우리는 우리가 읽는 기사의 작가나 우리가 듣는 강의가 "시적인 언어, 즐거움,

감정, 통찰력"들이 올바른 현실 사태보다 더 중요하다는 관점을 공유하는지를 아는 것을 매우 중요하게 여겨야 한다. 우리가 읽고 듣고 배우면서 "누구의 지식인가?"라는 질문에 답하는 것이 중요하다.

당신이 다른 사람들의 주장을 읽고 들을 때 그들이 제시하는 생각 뒤에 놓인 지식의 이론이 무엇인지를 발견할 수 있는지 알라. 제 6, 7, 8장은 당신이 세 가지 주된 경쟁적 세계관들과 연관된 지식들을 명확히 이해하는데 도움을 줄 것이다.

그러나 그와 동시에 당신은 많은 교수들이 근대주의나 포스트모더니스트 진영에 있는 반면, 다른 교수들과 대부분의 학생들은 지식에 대한 근대와 포스트모던 그리고 유대-기독교적 이념들의 조합을 묶은 인식론적 절충주의자들이라는 것을 깨달아야 한다. 뷔페식 인식론주의를 가진 사람들과 이야기하는 것은 많은 사람들이 동시에 일부 대립적이거나 양립 불가능한 관점을 지닐 수 있기 때문에 도전적이 될 것이다. 그들은 "네", "모든 도덕은 상대적이고 개인적이지만, 누군가 내 차를 훔친다면 그것은 *잘못된* 것이다."라고 말할 것이다.

어쨌든 당신은 당신이 듣는 지식의 인식론적 기초들을 확인함으로써 이득을 얻게 될 것이다. 진실이 될 수도 있고 아닐 수도 있는(또는 그와 같은 진리가 있든 없든)가에 대한 믿음들이 명백히 당신이 만나는 이념들을 형성할 것이다. 지식 뒤에 있는 이유들과 근거를 찾으며 단순히 자신 있는 선언의 기초에 놓인 주장들을 받아들이거나 "모두가 이를 안다." 또는 이와 같은 문장들에 휩쓸리지 않도록 주의하라. 특히 지식이 이데올로기적인 격정으로 만들어진 것은 아닌지 주의하라. 더 많은 정보는 제 9장을 참고하라.

3.3 지식에 대한 세계관의 영향

우리가 보아 온 것처럼 여전히 종종 입에 발린 말이지만 객관적인 진리는 학문의 가장 큰 목표라는 생각이 항상 추구되어 온 것은 아니다. 그러나 우리는 위와 같은 예들을 선이나 진리에 대항하는 어떤 종류의 음모에 대한 근거로 보아서는 안 된다. 객관적으로 거짓인 것을 진리라고 주장하는 많은 이들의 의도는 좋으며 심지어 이상적이다. 그들은 세상이 좀 더 나은 곳이 되기 원하며 현재 문제에 봉착해 있고 그들의 세계관과 조화되는 면에서 치료가 필요하다고 믿는다. 이상적인 세계관들은 지식의 생산에 있어서 한 개인의 지식에 대한 관점이나 자연과 진리의 역할에 강력한 영향을 미칠 수 있다. 세계관들은 종종 선호된 진리들—즉 한 사람의 세계관을 지지하는 이념들—을 종종 발생시킨다. 여기에는 어떤 것을 믿고 감정적 열정으로 사실이기를 바라는 강한 열망이 있고, 반대되는 세계관은 거짓이기를 바라는 유사한 열망이 있다. 그리스도인들은 종종 이와 같은 종류의 믿음을 가진 것으로 비판받지만 사실 이것은 교수들과 다른 학자들을 포함한 거의 모든 이들에게 적용된다. 이러한 사실을 인지하는 것이 당신이 증거와 지식 주장들을 더욱 분별력 있게 구분할 수 있게 해 줄 것이다.

커티스 맥도걸(Curtis MacDougall)의 주저, 『속임수들(*Hoaxes*)』에서 "다른 모든 것들과 마찬가지로 정치학에서 사람들은 믿기 원하는 것을 믿고 사전에 형성된 이념에 맞지 않는 것은 믿지 않는다."[10] 이러한 지식 과정들은 사실 안정된 세계관을 발달시키는 평범한 부분이다. 문제는 우리가 틀릴 수 있다고 생각하는 것을 멈출 때, 우리의 지위에 영향을 줌에도 불구하고 어떤 새로운 증거가 맞다고 생각하기를 멈출 때, 또는 우리의 자존심을 세우기 때문에 어떤 것을 믿을 때 생겨나는 것이다. 필립 존슨(Phillip Johnson)은 이를 직설적으로 다음과 같이 말한다. "고통스러운 진실은 우리가 자연스럽게 믿고 싶은 것을 믿는 경향이 있다는 것이며 우리는 주로 유행하는 지적인 트렌드를 따르는데 그것은 우리가 다른 사람들보다 우월하다고 느끼게 해 주기 때문이다."[11]

강화되지 않는 증거는 막으려 하는 개인의 세계관이 미치는 영향은 비판적 사고와 문제 해결에서 논점으로 지적되어 왔다. 많은 사람들이 정보를 모으고 처리하는 방식에서 아래 두 가지 현상이 관찰되었다.

확증 편견

하나의 가정을 발전시켜 왔거나 결론에 도달한 이들은 그들의 입장을 확증시켜 주는 더 많은 정보를 추구하는 강한 경향이 있다. 가정의 테스트와 문제의 해결에서 중요한 기준은 결론과 대립될 수도 있는 모든 종류의 정보를 찾는 것이어야 한다. 가령, 비행기 사고의 원인에 대해 조사할 때 한 가정(또는 잠정적인 결론)은 조종사의 실수로 추락했다는 것이다. 하지만, 훌륭한 조사자는 다른 종류의 근거들, 가령 기계적 결함이나 날씨와 관련된 문제나 심지어 폭탄까지 포함하여 고려할 것이다.

어려움은 사람들이 어떤 특정한 결론을 강하게 믿으며 세계관, 정치, 다른 고려사항들이 어떤 결론을 강하게 선호하게 하는 영역에서 발생한다. 이러한 경우, 선호된 결론을 지지하는 정보들만을 추구하거나 다른 정보를 무시하는 경향이 있다. 부정하는 증거를 찾으려는 시도가 없다.

확증 편견의 좋은 예로 후추나방 이야기가 있다. 1950년대, 버나드 케틀웰(Bernard Kettlewell)은 두 종류의 후추나방을 조사함으로써 자연 도태 과정을 입증하려 했다. 산업 혁명 전 대부분의 나방들은 밝은 색이었는데, 혁명 후 그을음이 많고 산업화 된 버밍햄(Birmingham)에서 대부분의 나방들 색이 어두워졌다. 그는 오염되고 어두워진 나무줄기들이 밝은 색의 나방들이 즐기던 위장의 장점을 제거했으며, 어두운 색의 나방들이 현재 나무줄기 색과 더 유사하여 새들이 먹이를 위해 왔을 때 장점을 가져다주었다고 주장했고 따라서 나방의 밝고 어두움의 비율 변화가 자연도태를 보여 준다고 결론지었다.

그러나 케틀웰은 그의 결론들에 대해 의문을 자아내는 근거들에 대해서는 찾아보지 않았다. 그가 연구한 두 지역이 아닌 다른 일부 장소에서 다른 과학자들은 검은 나방의 수가 밝은 색 나방 수보다 훨씬 많음에도 불구하고 나무껍질 색은 거의 밝은 색임을 발견했다.[12] 주디스 후퍼(Judith Hooper)에 의하면 케틀웰은 그가 원하는 결론을 가지지 못했을 때 "중간 과정에서 방법론을 바꿨다"고 밝혔다.[13] 그녀는 "그가 원하지 않는 자료를 얻었을 때 그는 종종 그의 실험 설계를 바꿨다"는 인상을 받았다고 말했다.[14] 그 결과, 그는 "항상 그가 참으로 기대하는 것을 찾으려고 하는 것 같았다"는 것이다.[15] 자연도태의 예를 찾는 것은 케틀웰이 대답해야 할 질문이 아니라 성취해야 할 과제를 수행하는 것이다. 이러한 태도는 그 자체가 쉽게 확증 편견을 가져오는 것이다.

평가 편견

탐구자들에게 대립되는 증거를 무시하게 할 수 있는 확증 편견 이외에 다른 편견 역시 대립되는 증거들이 불공평하게 거절되도록 할 수 있다. 그들의 세계관을 지지하는 확실한 결론을 지닌 이들은 종종 그 결론들을 지지하는 증거에 대해 거의 정밀 조사를 하지 않지만 그들의 결론과 대립되는 증거는 극도의 비판적이고 회의적인 평가를 수행한다. 다시 말해서 증거의 수용가능성에 대해 이중적 기준이 적용된다는 것이다. 사전에 형성된 이념들이나 이론들이 갈등을 일으킬 때에는 보다 더 높은 수준의 증명이 요구된다. 때로 요구되는 증명의 수준이 너무 높아 사실상 상충되는 증거는 하나도 허락되지 않는다.[16]

케틀웰의 후추나방 연구 또한 평가 편견의 좋은 예이다. 그의 결론들은 진화 과정의 증거를 찾는 이들에 의해 아무런 의문 없이 환영받았다. 이 이야기는 많은 생물학 교과서에서 표준이 되었다. 후퍼는 말한다.

> 1960년대에 이것은 모든 교과서에 실렸으며 사십 년 간 생물학 학생들의 마음에 영향을 끼쳤다. 이는 자연도태의 결정적 증거였으며 고등학교와 대학 학생들을 다윈주의자들로 변화시키는 전형적인 스토리이자 창조론자들의 턱에 엄청난 왼쪽 훅을 먹였다.[17]

하지만 그 다음 몇 년간 많은 연구들은 케틀웰의 연구가 매우 결점이 많으며 그 결과들을 의미 없게 만드는 수많은 문제들 이상을 포함하고 있음을 밝혔다.[18] 가령, 그는 낮에 나방들을 내보내어 관찰했는데 사실 나방들은 밤에 날아다닌다. 그는 나방들이 접근하지 않던 나무줄기에 놓아두었다.[19] 그는 나방들이 색깔이 맞는 나무에 가서 쉬지 않고 나뭇가지 아래쪽을 선호한다면서 위장색이 자연도태에 도움이 되었다고 주장했다.[20] 알리슨 못럭(Alison Motluk)은 "케틀웰의 과학적인 부족함의 목록들은 꽤 오래 되었다"고 말하면서 "어떻게 이러한 오류들을 동료들이 검토하지 못했을까? 왜 이러한 연구가 출판되기도 전에 복음처럼 받아들여졌는가? 이 이론이 계속 통과되기 전에 원본을 읽은 사람들이 왜 극소수인가?"라고 물었다.[21]

케틀웰의 결과는 진화론자들뿐만 아니라 과학 교과서 저자들, 심지어 오늘날 계속해서 그것을 반복하거나 (죽거나 잠든 나방을 나무줄기

에 놓고 찍은) 연출 사진들을 재판하는 이들에 의해 환영받는다.[22] 못
럭은 이렇게 결론 맺는다. "적자생존이라는 이념은 단지 과학 이론 이
상이 되어- 거대한 사회적 영향을 가진다. 연구에 대해 비판적인 시각
을 던지는 것이 의무였던 많은 전문가들이 그것이 진정 진리이기를 간
절히 원하였기에 확연한 결점들을 간과한 것으로 보인다."[23]

케틀웰의 연구에 대한 주디스 후퍼(Judith Hooper)의 『나방과 인간(*Of Moths and Men*)』 서평에서 리타 후츠(Rita Hoots)는 이렇게 말했다.

> 후퍼는 어떻게 과학자들이 사실적으로 자연도태라는 가정을 검토
> 하려 하기보다는 실험 결과들이 선택된 가정들과 일치하지 않을 때
> 에도 방법들을 바꿈으로 그것에 대한 그들의 믿음을 확증하려고 무
> 리하게 시도했는지를 보여 준다. 후퍼가 능숙하게 증명한 바와 같
> 이 우리의 이해는 객관적인 요소들뿐만 아니라 주관적인 것들에 의
> 해 형성된다; 자기 관심, 성격, 대립되는 세계관들, 인간적인 약점
> 들이 과학적 시험의 실행이나 증거의 해석에 영향을 준다.[24]

위에서 "진정 진리이기를 간절히 원했다"와 "그들의 믿음을 확증하
려고 무리하게 시도했다"는 구절을 보라. 이것들은 평가 편견이 대게
쉽게 주장들의 평가에 영향을 미치는 조건들이다. 단순히 이념이나 주
장이 사실인지 아닌지를 넘어서 상당히 위태로운 것임을 항상 기억하
라. 전체 세계관의 안정성과 신뢰성이 이 선상에 있는지도 모른다. 물
론 어떤 세계관도 하나의 실험에 의해 진리 또는 거짓으로 올라갔다 내
려갔다 하지는 않겠지만 모든 학문적 전쟁은 학계에서 중요하게 보인
다. 당신은 확실히 문화 전쟁에 대해 들어 보았을 것이다. 전쟁 비유가
적절하다. 특히 현재 마르크스와 프로이드는 대단히 신뢰를 잃고 있으

며 일부는 오직 다윈만이 좌익에서 물질주의라는 요새를 지키고 있다고 본다. 그러므로 이 전쟁은 참호전이 된다. 신이 세상에 들어오지 못하도록 그들이 싫어하는 창조론자들이나 동맹군들에게 한 치도 양보하지 않고 있다.

제 5장은 세계관에 대한 추가적인 자료와 그것이 우리가 지식과 주장과 증거를 보는 방식에 미치는 영향을 포함한다.

3.4 권위의 문제

자연주의와 포스트모더니즘 간의 전쟁을 관찰한 사람들은 때때로 대립의 핵심은 권위의 역할이라고 말한다. 사실 어떤 사람들은 계속해서 삶의 모든 영역에서의 과학의 목소리가 증가하고 자연주의적 관점에서 삶의 모든 질문들에 대해 과학의 대답들이 증가하자 포스트모더니스트들은 우리가 보아 온 바와 같이 그러한 권위에 반대하는 것으로 보았다. 많이들 주장하는 것처럼 과학이 세상과 진리에 대해 권위주의적인 목소리만 제공한다면 과학 밖에 있는 이들은 과학의 선언에 복종하기 위해 과학자가 되거나, 아니면 권위의 힘을 부정해야 할 필요가 있다. (나중에 보겠지만 기독교 세계관은 과학만이 진리의 근원이라는 주장에 반대하며 대안을 제시한다.) 전통적으로 과학 이외의 많은 학문 분야들이 과학의 권위적인 목소리에 참여하기 위해 스스로 과학적인 모델로 조정했다. 하지만 다른 분야들, 특히 인문학에서 권위 그 자체가 문제가 되었다.

기독교적 세계관은 지식의 전송이나 동의에서 권위의 필요성과 유용성을 인정한다는 점에서 자연주의(또는 근대주의)의 세계관과 동의한다. 많은 사람들이 발견하고 그 지식을 공유하여 문명사회의 지식을 형성한다. (대부분의 위대한 문명들이 바다나 강에서 50마일 안에 위치했다는 사실을 생각하라. 상품이나 발명품들을 교환했으며 특히 이념들은 문명을 일으키고 성장시켰다. 문화는 매우 절충적이었다: 그들은 다른 이들로부터 가장 좋은 생각들을 채택하였다.) 그리하여 그리스도인들이나 자연주의자들 모두 권위에 의존하는 것 자체는 문제가 되지 않았다.

잠시 생각해 보면, 당신이 아는 것 대부분은 권위에 바탕을 둔 것임을 발견하게 될 것이다. 당신의 음식에 트랜스 지방산이 매우 많은 것을 먹으면 당신에게 해롭다는 사실을 읽었다면 당신은 그것을 믿을 것이다. 그러한 믿음은 그 보고를 한 의학적 권위에 대한 믿음에 기초하고 있다. 만약 당신이 에펠탑을 방문하지 못했지만 그것이 실재함을 믿는다면 그것 역시 권위에 의존하는 것이다. 당신이 근거로서 사진을 지적한다면, 사진이 진짜이며 속임수가 없음을 강조하는 권위에 의존하는 것이다.

아무도 개인적으로 매일 실험하거나 모든 사실을 확인하며 모든 주장들을 점검할 수는 없다. 우리는 우리가 아는 거의 모든 것들에 대해 믿을 만한 다른 이들의 보고에 의존한다. 그것은 아무런 문제가 아니다. 누군가 우리가 어떤 것을 어떻게 아느냐고 묻는다면 우리는 권위에 호소할 것이다. "신문에서 읽었어."라고 하거나 "뉴스에 나왔어."라고 말한다. 정당하며 심지어 필요한 권위에 대한 호소들은 정보의 근원들에 대한 신뢰에 의존한다. 우리는 단순히 어떤 주장이나 근원을 믿지 않는다; 우리는 우리에게 사실적이며 정확한 정보를 제공하는 지식이나 전문기술을 가진 이들의 말을 믿으며 받아들인다.

때때로 동등하게 존경할 만한 자격을 지닌 권위들이 서로 동의하지 않을 때가 있다. 서로에게 반대되는 권위를 무너뜨리려는 많은 논쟁들이 법정이나 언론에서 싸우고 있다. 법정에서는, 변호사들은 종종 많은 명성 게임에 참여한다. 다수의 가장 유명한 전문가들 옆에서 배심원단을 그들의 기호에 맞게 흔들도록 기대한다. 만약 문제가 매우 기술적일 때, 배심원단은 세부 사항이나 심지어 증언의 합리성보다는 다수의 명성 있는 전문가들에 의존하는 경향이 있다.

그러나 권위적인 목소리는 남용될 수 있다. 때때로 권위도 오류를 범한다. 부정확한 주장은 잘못되고 오류가 있는 증거와 증거에 대한 부정확한 해석 심지어 – 어떤 정치적이고 철학적인 문제에 대한 편견으로부터 올 수 있다. 일부 권위들은 단지 의견들을 제공하지만 이 권위가 그것을 사실로 만든다. 명성에 호소하는 논리적인 오류들은 권위자들이 단지 그들의 권위에 바탕을 둔 주장(특히 그 주장이 논란가능성이 있으며 문제가 있을 때)에 대한 믿음을 촉구할 때 발생한다. (단지 이에 대한 예외는 완벽한 지식을 가진 권위이거나 그 주장들이 절대적으로 신뢰할 때뿐이다.)

특히 지난 오십 년간 과학주의가 만연했다. 과학주의는 오직 과학만이 진리의 근원이라는 주장이다. 진리에 대한 다른 모든 주장들은 단지 의미 없는 헛소리에 불과하다. 일부 사람들은 이러한 지식에 대한 배타적이 주장이 포스트모더니즘의 반발을 낳지 않았는가 생각했다. 만약 권위(과학)의 목소리가 인문학(포스트모더니즘의 기원)으로부터 오는 이념들을 하찮게 여긴다면 권위 그 자체도 거부되어야 한다. 사실이든 아니든 많은 관찰자들은 이러한 "과학이 전부"라는 독단적 결론은 다른 모든 학문 분야 또한 가능한 과학과 비슷하게 만들기 위해 시도해 왔음을 믿는다. 사회과학은 수년간 그들의 경험적인 가치를 보여 주기 위하여 가능한 과학적인 방법들을 사용한 통계들이나 실험들과 연구에 점점 더 의존해 왔다. 다른 결론은 그들의 생각들이 단순히 해석적이고 철학적이기보다 과학적이라고 주장함으로써 과학의 능력을 이용하려는 시도를 하였다. 법학 교수 필립 존슨은 말한다:

> 과학이 우리 문화에서 매우 권위주의적으로 말한다는 사실은 이상 주의자들이나 세계관을 선전하는 이들에게 과학의 권위가 사실 실험에 의해 확인될 수 없으며 가능한 증거를 넘어선 주장들을 유용한 것으로 주장하게끔 하는 경향이 있다. 한마디로, 과학적 방법은 조작될 수 있으며 또한 그 조작은 우리 문화에서 매우 명성 있는 권위주의자들에 의해 사실처럼 확증될 수 있다.[25]

그래서 기독교 세계관은 지식을 제시한다는 점에서 권위의 역할에 찬성하지만, 우리의 세계관 파트너인 자연주의적 관점은 일부 지식 주장에서 과학의 이름하에 부당하게 만들어진 주장들을 한다는 것이다. 그리고 우리는 과학이 진리의 유일한 권위적인 근원이라는 주장에는 분명히 반대한다.

오늘날 대학이 직면한 권위의 최종 문제는 지식에 기반을 둔 권위가 적어도 어느 정도는 권력에 기반을 둔 권위에 항복했다는 점이다. 일부 이념들(그리고 일부 유망한 교수진들)은 학회로부터 제외된 반면 다른 이들은 장점들을 고려하기보다는 순수하게 권력의 행위를 통해 독점적으로 자리 잡았다. 과학주의적 자연주의의 영역에서 – 현재 주도권을 가진 관점들과 대립되는 – 잘못된 이념들이 제공된다는 이유로 많은 원고들과 논문들이 출판을 거부당하고 경력직에서 해고되고 있다.[26] 지식의 근원으로서 권위가 거부되는 포스트모던 시대에, 권력이 이념들의 선전 또는 진압의 남은 도구로 승인되고 있다.[27]

권력이나 동의에 의해 강요되는 권위도 관심을 가지고 들어야 하겠지만 이것을 어떤 주제에 대해 마지막 결론으로 받아들여서는 안 된다. 그리스도인들에게 진리는 궁극적 가치이며 진리는 투표에 의해서나 누군가의 통제 하에 있는 정보의 보급에 의해 결정될 수 없다. 어떻게 당신 스스로 생각하는지 그리고 논의나 증거에 있어서 무게를 두고 판단하는지 배우라. 어떤 것을 어떻게 알게 되는지, 누가 동의하고 누가 동의하지 않는지, 당신이 더 찾아낼 수 있는 곳은 어딘지 물어라. 당신은 주장들이 단순히 명성의 호소에 기반을 둔 선전이었는지 거기에 주장들에 대한 좋은 근거가 있는지를 곧 분별할 수 있을 것이다.

3.5 통합을 위한 함의들

대학의 이상-현재보다는 과거에 더 풍미했던-은 비신학적 편견들을 포함한 어떤 종류의 편견과 정치적 의제에 방해받지 않고 진리를 추구하는 것이다. 이러한 이상적 장소에서 모두 말한다. "함께 앉아 모든 증거들을 책상 위에 놓고 그것을 냉정하게 검토해 보자. 이 이념의 장단점을 경청한 후 그것이 참인지 아닌지를 살펴보자. 이것이 어디로 이끄는지를 알아보자." 오늘날 문제는 대부분의 학계에서 적극적으로 기독교에 적대적인 세계관들이 지식 주장들과 일부 학문 분야의 조사 방법론(그리고 그들이 쓰는 교재들)을 형성한다. 한 세계관의 통일성이나 신뢰성을 잠재적으로 위협할 수 있는 증거는 거짓이나 무관한 것으로 거절되며, 존재론적 지위도 부정되고, 그러한 세계관에 호의적인 방식으로 재해석되어져야 한다. 위협을 느낀 이들은 이 증거가, 특히 하나님의 방향을 포함하는 어떤 곳으로 나아가도록 더 이상 허락하지 않으려 한다.

당신이 강의를 듣거나 교재를 읽거나 또는 다른 과제 읽기를 할 때 그 교수나 저자의 세계관을 파악하려고 노력하라. 직설적으로 말한 것을 통해서나 아니면 "선상들 사이를 읽어" 그 정보들이 어디로부터 왔으며, 어떤 세계관에 의해 형성되었는지 살펴보라. 당신은 대개 아래와 같은 주요한 면들을 관찰함으로써 세계관을 파악할 수 있을 것이다.

- 종교적이거나 형이상학적인 성향 (신학자, 무신론자, 불가지론자)
- 존재론적인 설정(기본적인 가정; 5장을 보라)
- 인식론 또는 지식 이론
- 가치론 또는 가치들의 근원이나 영향
- 정치적 지향과 사회적 가치들

앞장에서도 언급했듯이, 당신의 많은 분석들이 대부분의 학계는 매우 세속적인 세계관을 공유하는 경향이 있다고 하는 당신의 지식에 의해 더 단순하게 만들어질 것이다. 근대주의자들과 포스트모더니스트들이 서로 전쟁하는 상태에 있을지라도 그들은 상호 유사한 형이상학과 정치적 지향을 공유하는 경향이 있다.

내가 비판적 사고를 가르칠 때, 나는 보통 그 주제에 대해 가능한 한 많은 교재들을 참고했다. 나는 종종 저자들의 정치적 지향성이 그들의 사례들 선택에 명백히 나타나는 것을 보았다. 왜냐하면 대부분의 저자들은 좌파였으며 그들은 대개 정치적 보수주의자들의 논리적 오류를 증명하기 위한 사례들만 선택한 반면 자유주의자들로부터는 그들이 더 좋은 생각들을 가지고 있다는 것을 증명하기 위한 예들만 선택했다. 유사하게, 신에 대한 토론과 사례는 불가지론적 형이상학이 명백하다. 다소 이성적이지 못한 그리스도인들은 논리적으로 주장하지 못하는 것처럼 보인다. 물론 내가 생각하기로 역설적인 점은, 비판적 사고에 관한 교재를 집필한 저자들은 객관적이려고 애쓰며 논의와 사례들의 사용에도 공정하도록 노력해야 한다. "논리적인 것은 좌파적"이며 "신앙은 논리적이지 못하다."는 인상을 주는 것은 둘 다 공정하지 못하고 거짓이라는 메시지를 던진다. 비판적 사고를 가르치는 대부분의 교수들은 철학 훈련을 받은 분들이므로 그들은 그들이 선호하는 입장을 위해 조작하려는 인식론이나 형이상학의 복잡성을 인지해야 한다.

이제 당신은 공개적으로 당신의 세계관과 대립되는 교재나 강의의 진술들이나 영향에 직면해도 충격을 받지 않을 것임을 알고 있다. 당신은 이제 더 이상 놀라움에 사로잡혀 앉아 있지 않으며 "어떻게 이렇게 될 수 있지?"라고 묻지 않을 것이다. 당신은 이제 어떻게 그렇게 될 수 있는지 알기 때문이다.

통합의 활동들에 도움이 되는 10장과 11장을 참고하라.

요약

지식에 관한 한 개인적 정의는 (정의에 의해, 무엇이 진리가 될 수 있고 없는지) 개인이 세계를 바라보고 해석하는 방법에 큰 영향을 미친다. 세계관들은 심지어 우리가 정보를 처리하는 방법에 영향을 끼치며 우리에게 편견적 기준이나 주관적인 해석들을 적용하게끔 한다. 권위는 지식의 중요한 근원이지만 이는 위험하게 하며 또한 제한적이게 한다. 교수들이나 교재의 저자들은 대개 그들 지식에 대한 관점이나 세계관을 드러내지 않기 때문에 지식 주장들 뒤에 있는 인식론을 어떻게 분별하는지를 배우는 것이 중요하다.

사고와 토론을 위한 질문들

1. 우리는 특히 (우리의 이기적이고 반역하는 마음에 호소하기를 좋아
   하는) 매우 개인주의적인 문화와 광고 산업 덕분에 권위에 대한 저
   항과 모반이 만연하는 시대에 살고 있다. 지식에 대한 주장들을 표
   현하고 지지하는 데 있어서 권위와 그것의 역할에 대한 당신의 느
   낌은 무엇인가? 당신은 학문의 다양한 영역에 있어서 얼마나 권위
   에 의존하는가? 당신은 권위에 어느 정도 저항하는가? 지식의 전달
   에 있어서 권위의 적절한 역할을 생각해 보라. (또한 다른 종류의
   권위에 대해서도 생각해 보라.)

2. 확증 편견과 관련된 당신의 경험을 이야기해 보라. 당신 자신의 사
   고에 그것을 발견해 본 적이 있는가? 다른 사람에게서 본 적이 있
   는가? 이러한 현상에 저항하는 효과적인 전략들은 무엇인가?

3. *지식*의 개인적이고 잠정적인 정의를 내려 보고 (사례를 들어) 어떻
   게 그것이 포함해야 할 모든 것을 포함하며 그것이 생략해야 하는
   모든 것을 제외시키는지 설명해 보라.

4. 어떻게 세계관과 다른 편견들이 *의도하지 않게* 정직한 연구자의 해
   석들과 결론들에 영향을 주는지 설명하라. 의도하지 않은 편견들을
   줄일 수 있는 방법들을 생각해 볼 수 있는가?

1. 이러한 논평은 솔제니친이 하버드 대학교에서 소련이 붕괴되기 훨씬 전에 한 연설에서 인용한 것이다. 그의 연설은 전체를 읽어 볼 가치가 있다. Alexander Solzhenitsyn, "A World Split Apart," June 8, 1978, available at <http:// www. Columbia.edu/cu/Augustine/arch/solzhenitsyn/harvard1978.html>

2. Phillip E. Johnson, *Objections Sustained: Subvesive Essays on Evolution, Law & Culture* (Downers Grove, Ill.: InterVarsity Press, 1998), p. 115.

3. 본인은 이 예를 J. P. 모어랜드로부터 알게 되었다. 비경험적 지식의 다른 예들은 "공평과 친절은 덕이며 미움은 악이다. 히틀러가 제 2차 세계 대전 당시 유대인들을 그렇게 증오한 것은 부도덕한 것이었다." *Love Your God with All Your Mind: The Role of Reason in the Life of the Soul* (Colorado Springs: Navpress, 1997), p. 143 참조.

4. Veith, Jr., Gene Edward, *Postmodern Times: A Christian Guide to Contemporary Thought and Culture* (Wheaton, Ill.: Crossway Books, 1994), p. 49.

5. Ibid., p. 51.

6. Gary Fine, "The Ten Commandments of Writing," *The American Sociologist,* Summer 1998, 19:2, pp. 152-157.

7. Ibid., p. 156.

8. Ibid., p. 156.

9. Ibid., pp. 156-157.

10. Curtis D MacDougall, *Hoaxes* (2nded., New YOrk: Dover, 1958), p. 89.

11. Phillip Johnson, *The Wedge of Truth: Splitting the Foundations of Naturalism* (Downers Grove, Ill.: Intervarsity, 2000), p. 36.

12. Wells, p. 144.

13. Judith Hooper, *Of Moths and Men: An Evolutionary Tale* (New York: W. W. Norton, 2002), p. 254.

14. Ibid., P. 255.

15. Ibid., P. 256.

16. 이러한 기술에 대한 논의는 Michael A. Cremo and Richard L. Thompson, *Forbidden Archeology: The Hidden History of the Human Race* (Los Angeles: Bhaktivedanta, 1998), pp. 180-184 참조.

17. Hooper, p. xvii.

18. Hooper, pp. 265-270에 나와 있는 요약을 참조하라.

19. Wells, p. 148.

20. Alison Motluk, "'Of Moths and Men' by Judith Hooper." *Salon*. 18 Sept. 2002; available at <http://www.salon.com/books/review/2002/09/18/hooper>

21. Motluk, op cit.

22. Wells, p. 150.

23. Motluk, op cit.

24. Rita Hoots, "Hooper, Judith. Of Moths and Men: An Evolutionary Tale," *Library Journal,* August 2002, p. 136.

25. Johnson, Wedge, p. 37.

26. 몇 가지 예들로는 Cremo and Thompson, op. cit, about Thomas E. (pp. 346-353) 및 Virginia Steen-McIntyre (pp. 362-366) 참조. 또한 이것도 참조하라: Jonathan Wells, "Catch-23," *Center for Science and Culture*, July 1, 2002, available at <http://www. discovery.org> 마이클 베해의 경험이다. 진 페얼리(Gene Fairley)가 "Darwinism: A Time for Funerals," *Contrast*, March-April 1983, pp. 4-5에 Omni를 위해 쓴 논문에 대한 압력의 이야기를 보라.

27. 제 7장에서 우리는 많은 포스트모더니스트들은 그들이 존경하는 저자들의 승인을 인용함으로 실제로는 권위를 사용하고 있음을 보게 될 것이다.

제 4장
지식에 대한 정치, 사회적 영향들

이론들을 수용하는 것은 그 내용은 물론 사람들의 심리에도 의존한다.
한 이론이 설명력이 있고
이해를 제공하는지의 여부를 결정하는 주체는 개인이나 공동체로서의 인간들이다.
이것이 생산성, 휴대가능성, 구사력, 심미적인 요소들과 같은
"초과학적" 요소들이 중요한 이유이다.

– 로알드 호프만(Roald Hoffmann)[1]

이론상으로 과학자들은 최종 종착점이 어디일지라도,
사실들만을 따를 준비가 되어 있다고 선언한다.
그러나 실제로, 학문 공동체의 사회적 메커니즘들은
그 구성원들에게 한계점을 정해 놓고 그 점을 넘어가면 위험하게 만든다.
저명한 학계에서 특정 증거의 분류에 대해 거부한다고 발표하면,
다른 사람들 또한 조롱받을까 하는 두려움 때문에
유사한 증거를 언급하는 것을 망설이게 된다.
따라서 변칙적인 증명은 서서히 나쁜 평판에서 벗어나 완전히 잊혀진다.

– 마이클 크레모(Michael Cremo), 리처드 톰슨(Richard Thompson)[2]

4.1 지식의 정치학

지식에 대한 또 다른 문제점이 있다. 간단히 설명하자면 이론과 실
제 간에 차이가 있다는 것이다. 비록 지식의 근원은 우리에게 객관적이

고 합리적이며 증명 가능한 증거를 선포하는 믿을 만한 인식론으로 다가올지 몰라도, 실제로 지식 주장은 그 이론을 적절히 따르지 않을 수 있다. 전체적으로 편견 없는 조사와 추론에 대한 이상은 가치가 있으며, 항상 유지되어야 한다. 그럼에도 불구하고, 이것을 완벽히 해낼 수 있는 사람은 우리를 포함해 거의 없다는 것을 인지해야 한다.

가령 그리스도인으로서 우리는 비록 과학적 자연주의가 너무 제한적이고 궁극적으로는 옳지 않다는 것을 믿고 있음에도 불구하고 가치 있는 지식이 이 과학적 자연주의 인식론으로부터 올 수 있음을 인정할 수 있다. 이론상으로는, 과학적 관찰 및 실험 방법은 신뢰 가능한 지식의 근원이어야 한다. 실질적으로도 종종 그렇다. 그러나 지식에 대한 추구는 지식을 어디에서 찾아야 하는지 (저기보다는 여기), 기대감들, 희망들, 이론들, 정치, 형이상학, 후원금, 동료로부터 받는 압박, 위신 등에 관한 개인적 관심들과 가치관들, 신앙들을 포함한 여러 가지 비객관적 요소들에 의해 영향을 받는다. 제 6장에서 보겠지만, 철학적 물질주의와 과학의 실천 간의 끊임없는 혼란이 지식과 해석에서 많은 문제들을 야기한다.

당신은 광고들을 보거나 읽으면서 권위 있는 지식의 근원으로부터 오는 정보와 지식에 대해서도 우선은 조심해야 함을 배웠을 것이다. 한 제품에 대한 놀라운 주장들을 듣고, 그 제품이 모든 문제들을 해결할 수 있다는 가끔은 도저히 믿을 수 없는 광고를 보는 과정에서, 당신은 의심을 품거나 회의적이 되기 시작할 것이다. 아니면 당신이 그 제품을 시험할 때까지는 그 광고 내용을 믿었을 것이다. 새로운 샴푸가 이성으로 하여금 당신의 머리카락에 손가락을 넣고 싶게끔 하지 않았고, 새로운 데오드란트가 당신을 유명하게 하지도 않았으며, 새로운 세제가 당신의 화장실을 스스로 청소하지도 않았다. 따라서 당신은 광고회사들이 과장하고, 편향되며, 조작하고 삭제하여 중립적으로 소개하면 제품을 전혀 과장할 수 없는 많은 주장들을 하고 있음을 깨닫게 된다.

광고하는 사람들은 물론 특정한 관점을 주창하는 사람들이다 - 이 관점은 그들의 제품이 훌륭하며 당신은 이것을 필요로 한다는 것이다. 또 다른 관점은 광고하는 사람들은 해당 제품에 대한 지지자, 즉 편파적 지지자이다. 이러한 관점에서 보면, 광고는 정치화된 지식의 한 형태로 볼 수 있는데 여기서 지식은 정치적 의제나 정통 신념에 의해 왜곡된 지식이다. 이 경우, 정통 신념은 이 제품이 전혀 나쁠 수 없다는 것이다.

미국의 정치 과정에서 가장 보편적인 종류의 정치적 당파심은 물론 누군가가 정치에 대해 언급을 할 때 우리에게 제일 처음으로 떠오르는 생각이다: 사회, 정치적 이상들과 좌익과 우익, 진보와 보수의 목표 차이다. 극좌파와 극우파를 포함한 모든 사회적 정책들(농약, 총기, 흡연, 학교 쿠폰 등)에서 각 지지자들은 자신들의 결론을 선호하는 주장들을 제시하고 반대 주장들은 경시한다.

아마도 당신은 뉴스 매체가 자신들의 보도에서 당파의 정치적 관점을 투영하는 것을 발견했을 것이다. 또한 뉴스에 대해서도 어떤 정보가 결여되었거나, 치우쳐 있거나, 편파적으로 보도되는 것에 유의하라고 배웠을 것이다. 우리는 지금 특정한 입장에 맞게끔 사실들을 왜곡시키면서 빠르게 변하는 시대에 살고 있다. 고용주로부터 나오는 뉴스는 노동조합이 관여하는 뉴스보다 노동분쟁에 대해 다른 견해를 제공할 것이다. 당신은 이미 미국신문편집장협회[3]로부터, 미디어연구센터,[4] 버나드 골드버그의 최근 저서[5]와도 같은 뉴스매체에서 정보에 대해 자유주의적 편견을 가지고 보도한 것을 본 적이 있을 것이다. 당신 개인의 정치적 견해가 무엇이든, 뉴스에서 균형 잡히거나 편견이 없는 보도를 기대할 수 없다는 것을 알고 있다.

당신이 공립 대학교에 상당한 기간 동안 있었다면, 그곳에 있는 대다수의 교수들이 좌파 성향을 지녔다는 것을 알게 될 것이다. 20개 대학에서 종사하고 있는 1,500명의 교수들 중, 91%가 정치적으로 좌익이었다. 코넬 대학교는 96%, 로스앤젤레스 캘리포니아 대학교(UCLA)는 93%, 산타 바버라 캘리포니아 대학교는 98%가 좌익이었다.[6] 오랜 기간 수업을 듣지 않아도, 대학에서 받는 교육으로부터 정치적으로 균형 잡힌 시각을 기대하기 힘들다는 것을 알 수 있을 것이다.[7]

확실히, 대학의 지식에 영향을 주는 정치적 편견의 한 형태는 정치적 당파들을 구분 짓는 사회, 경제 정책에 우선권을 가진 것이다. 그러나 잠시 광고에 대한 예로 다시 돌아와 보면, 당신은 학계에도 지식에 대한 관점을 왜곡시킬 수 있는 정치적 편견들이 있을 수 있다는 것을 이해할 것이다. 정치적 편견의 중심에는 선호하는 "진리"가 있는데, 이는 바라는 교리이자 최근에는 정치적 정확성으로 불리기 시작한 것이다. 대학에서도 특정 견해나 사상이나 관점이 우세한 경향이 있으며, 학부, 연구 분야나 학계 전체를 지배하기도 한다. 이 사상들은 모든 반대 의견에 대응할 수 있도록 만반의 준비가 되어 있다. 진리나 참된 지식이라고 주장하는 것은 귀하게 여겨지고, 거짓으로 조롱받거나 무시되는 것은 이유와 증거를 고려하기보다 너무나 자주 정치적이고 개인의 철학적 사상의 비판 대상이 된다.

개인의 편견은 가끔 과학적 지식에도 있다. 토마스 쿤(Thomas Kuhn)이 자신의 저서 『과학 혁명의 구조(*The Structure of Scientific Revolutions*)』에서 기록하였듯, 한 이론은 그 이론을 강화하고 보완하는 실험의 구성과 관찰의 방향을 결정한다.[8] 사실, 그는 "과학에서 사실과 이론, 발견과 발명은 범주적으로 영구히 구분되지 않는다."[9]고 주장한다. 연구와

결론들은 모두 지배적 이론(또는 패러다임이라고 쿤은 불렀다)에 의해
많은 영향을 받는다:

일반 과학은 패러다임이 제공하는 미리 만들어진 고정적인 상자에
자연을 억지로 끼워 넣으려고 시도하는 것과도 같다. 일반 과학의
그 어떤 목적도 새로운 종류의 현상들을 고려하려고 시도하지 않는
다; 사실 그 상자에 맞지 않는 자연 또한 전혀 보이지 않는다.[10]

학자들과 과학자들도 사람이므로 개인의 신념들과 가치들을 가지고
있으며, 이것들은 자신의 연구 분야에 가끔 영향을 미친다. 지식에 대
한 추구는 이론적으로는 진리에 이르는 제약이 없는 여정이지만 그것
이 어디로 이어지든, 실제로는 사회, 문화적인 고려사항들에 의해 강
한 영향을 받는다.

가령, 많은 사람들이 기독교를 거부하는 것은 그들이 기독교를 잘
살펴본 후 별로 설득력이 없고 진리가 아니므로 거부하는 것이 아니라
기독교가 오늘날 그들이 많은 관심을 가지고 있는 혼전 성관계와 혼외
성관계에 대해 반박하는 도덕성을 가지고 있기 때문이다. 하나님에 대
한 믿음은 낙태 또한 어렵게 만든다. 겸손을 강조하는 종교는 현대 사
회의 지배적인 자아도취적 성향을 따르려는 욕구에 대해 강력히 도전
한다. 나아가 우리의 신앙은 탐욕, 권위에 대한 증오, 자기 탐닉 등과
같은 타락한 본성에 따르지 않고 저항하도록 격려한다. 학계에 있는 많
은 사람들은 반페미니즘적이며 친미적(애국심을 강조한다는 의미)이라
는 이유로 특히 기독교를 어렵게 본다. 따라서 기독교는 진리에 대한
의문 때문이 아닌, 문화와 행동과 관련된 함의들 때문에 거부되고 있
다. 다르게 말해서 원하지 않는 사회적 결과들이 담긴 지식 주장을 어

떤 사람들은 *진리로 허용될 수 없다.* 또한 이런 견해를 가진 사람들은 지원금, 고용, 출판, 홍보 혜택을 받지 못한다.

이와 비슷하게 비록 틀린 것으로 드러났음에도 불구하고 원하는 신념과 조화를 이루는 지식 주장은 여전히 가치 있게 여겨진다. 가령, 19세기 과학자 에른스트 헤켈(Ernst Haeckel)은 그의 배아 그림으로 잘 알려져 있다. 과학 역사가 찰스 싱어(Charles Singer)는 헤켈을 다음과 같이 묘사하였다: "에른스트 헤켈(1834~1919)은 진화론에서 탁월한 선구자였다. 그는 훌륭한 미술가로서 그의 상상력은 펜과 붓을 쉽게 지배하듯 사용하였다."[11] 그리고 생물학자 조나단 웰스(Jonathan Wells)는 "헤켈의 그림들에는 세 가지 면에서 오류가 있다: (1) 이 그림들은 헤켈의 이론에 맞거나 근접한 종류와 순서만 나타내고 있다; (2) 그림들은 단순히 보여 주기 위해 배아를 변형시켰다; 그리고 (3) 가장 심각한 것은 모든 그림들에서 척추동물의 배아가 매우 다르게 보이는 초기 단계들을 전적으로 간과하고 있다."고 지적한다.[12] 그러나 헤켈은 단지 잘못된 선택을 하거나 누락을 한 것 이상으로 독자들을 오도했다. 웰스는 "어떤 경우, 헤켈은 다른 종에서 나온 배아를 그렸어야 함에도 같은 목판화를 사용하였다. 다른 경우, 헤켈은 자신의 배아 그림이 같아 보이도록 그림으로써 실제보다 더 같아 보이게 조작하였다."라고 말한다.[13]

과학자들은 거의 처음부터 헤켈이 거짓말하고 있음을 알았음에도 그의 이론이 진화 및 발생 반복설의 "증거"로 열광적인 환영을 했다는 것 자체가 너무 잘못된 것이다. 웰스는 "생물학자들은 헤켈이 자신의 그림들을 조작했다는 사실을 한 세기 이상 알고 있었다; 척추동물의 배아들은 그가 그린 모습과는 절대로 같아 보이지 않는다."고 지적한다.[14] 더 실제적인 스캔들은, 최근 1998년과 1999년에 출간된 교과서에 헤켈의 그림들이 다시 반복되고 약간 수정한 버전들이 유사성에 대한 잘못된 주장과 함께 실려 있다는 것이다.[15] 그 사상을 믿고자 하며 거기에 대한 지원을 계속하고자 하는 욕구가 너무 커서 때로는 이미 잘못된 것으로 판명난 사상도 그것을 지키려는 사람들에 의해 여전히 인용되고 있는 것이다. 정치는 한 개인의 인식론을 형성하는데 큰 역할을 할 수 있다.

정치적 관심에 의한 왜곡의 영향과 원하는 이데올로기를 지원하는 것은 반복적으로 볼 수 있다. 이를 보다 더 분명히 보기 위해 학문의 다양한 분야에서 나타날 수 있는 몇 가지 예를 살펴보자.

1928년에 인류학자 마가렛 미드는 『사모아에서 성인의 도래(*Coming of Age in Samoa*)』라는 책을 출판하였는데 이 나라의 억제되지 않은 행동의 실천, 젊은 사람들의 잦은 성관계는 건강한 사춘기, 신경과민이나 위기감 또는 스트레스나 심지어 강간 같은 사건을 방지해 주기도 하였다는 것이다.[16] 이것이 주는 함의는 분명했다. 즉, 오늘날 미국 사회의 문제들은 억압적인 문화에서 오는 성적 규제에 기인한다는 것이다. 다른 사람들은 미국인들이 건강한 정신적 성장을 위해 자유로운 성행위를 허용해야 한다는 의견을 표출했다.[17] 이 책은 그 함의들을 승인한 지지자들로부터 열렬하고도 무비판적인 환영을 받았다. 많은 사람들은 이 책을 그들이 지지하는 자유롭게 사랑하는 철학의 "과학적" 기초로 간주했다. 이 책은 1930년대에서 1970년대 사이에 대학교 학생들 간에 필독 도서로 지정되었다.

그러나 1983년 이 책의 내용이 거짓으로 드러났다. 자유로운 성관계를 추진하기보다, 미드가 조사하던 당시의 사모아는 성적으로 엄격하던 사회로서 혼전 순결을 문화적이며 종교적 관점에서 매우 강조하였다.[18] 미드는 "유희적 거짓말"을 토대로 모든 결론을 내린 것으로 두

명의 사모아 소녀들에게 질문했을 때, 솔직한 그녀의 질문에 당황하여 이 소녀들이 사모아의 성적 자유에 대한 그녀의 선입견에 동의하였던 것이다.

물론, 수많은 학생들이 이 책의 거짓 관점에 우롱당했고 이것을 적용한 미국인들이 받은 유해한 적용을 깨닫는 것은 유익하다. 또한 이 책의 결론은 대부분 마가렛 미드의 선입견과 그녀가 원하는 결과들로부터 온 것임을 알 수 있는데, 미드는 그 반대의 증거들이 많이 있었지만 일부 원하는 특정 사실들을 발굴해 내었다고 생각하고, 반대 증거의 많은 부분은 그녀 자신의 저널에만 기록했다. 이것은 사실에 대해 이데올로기가 정보 습득에 얼마나 큰 영향을 미치는지 확실히 말해 주는 사건이다. 더 큰 교훈은 많은 교수들이 마가렛 미드의 결론이 자신들의 철학과 일치한다는 이유로 수년간 비판 없이 추천했다는 것이다.

또한 더 큰 교훈은 미드의 저급한 학문성과 결론의 오류에 대한 학계로부터의 반응이다. 인류학자 데렉 프리먼(Derek Freeman)은 『마가렛 미드와 사모아: 인류학적 신화의 구성 및 분해(*Margaret Mead and Samoa: Making and Unmaking of an Anthropological Myth*)』에서 미드의 오류들을 밝혔고, 그 후의 반응에 대해서는 그의 책 『마가렛 미드의 치명적인 속임수(*The Fateful Hoaxing of Margaret Mead*)』를 통해 밝혔다. 그는 "믿음이 흔들리자 사람들의 당황은 곧 분노로 바뀌었다. 그렇게 하여 1983년 2월 이후로 나는 매우 감정적이고도 때때로 격렬한 상대 비방 시위에 연루되고는 했다."[19] 그리고 그는 그 해 개최된 미국인류학협회에서 투표로 그의 연구가 배제되자 당시 일어난 "광란의 비방"을 회상한다:

전문적 학회의 구성원들이 주요한 과학적, 학문적 이슈를 이렇게 교묘한 정치적인 방법으로 거수하여 실제적 증거를 설득력 있게 배치한 것을 거부하는 것은 신념이 학자들과 과학자들의 생각을 어떻게 장악할 수 있으며 거룩한 교리가 어떻게 그 교리에 헌신한 사람들을 경험적 실체로부터 눈멀게 할 수 있는지를 매우 극명하게 보여 주는 것이다.[20]

심지어 이 발견에 대해 충격이 잦아들기도 전에 어떤 학자들은 여전히 미드의 책을 "인간적이며 해방을 주는 글" 그리고 "매우 시기적절한 글"이라고 부르고 있었다.[21] 그 책의 결론이 거짓임에도 불구하고 그 책의 메시지는 많은 교수들의 관점들과 의제와 병립할 수 있어 쉽게 포기되지 않았던 것이다.

이데올로기를 지원하는 것을 믿고자 하는 능력의 다른 예는 1983년 『나, 리고베르타 멘추(*I Rigoberta Menchu*)』라는 책에서 볼 수 있는데 이 책은 탐욕스러운 과테말라 플랜테이션 지주들과 군사 정권에 의해 억압받던 농민들의 자서전적 이야기이다. 몇몇 독자들은 이 책을 마르크스주의자들이 당시 체제를 통렬히 비난하는 글이라고 생각하였고, 학계는 다문화성을 나타낸 고전으로, 진보적인 농민 여성이 억압적인 지주들과 과테말라의 우익정부에 대해 영웅적인 저항을 나타내었다고 하여 환영받았다.[22] 『사모아에서 성인의 도래』와 같이 이 책 또한 수만 명의 대학생들에게 필독서가 되었다. 1992년, 이 책의 영웅, 리고베르타 멘추는 이 책을 써서 노벨 평화상을 수상하기에 이르렀다.

하지만 1980년대 후반에 시작되어 1999년까지 인류학자 데이비드 스톨(David Stoll)은 이 책에 명시된 많은 내용들이 거짓임을 발견했다. 스톨은 과테말라로 가서 책과 그 저자와 관련된 사람들 120여 명과 인터뷰를 하였다. 연구 결과, 그는 책 내용의 상당 부분이 조작되었고 사실과 달랐으며 재구성되었음을 밝혀내었고 이는 마르크스 이데올로기 및 이와 관련된 혁명 사상들을 선전하기 위해 계획되었던 것이다.[23] 스톨의 말에 의하면 이 책은 "혁명의 패러다임으로 한 에피소드가 다음 에피소드와 연결되었고 그 사이에 모순되는 요소들은 배제했다"는 것이다.[24]

다시 한 번, 이 책의 사상은 정치적으로 매우 편향되어 많은 학자들을 만족시키는 방향으로 치우쳐 있다는 것을 아는 것이 중요하다. 존 레오는 "이 책이 토착적 권리들, 페미니즘, 정체성의 정치학, 마르크스 계급 분석과도 같은 것을 강조하므로 강한 호소력이 있다. 실제적으로 전체 캠퍼스에서 우려가 떠나갔다."고 말한다.[25] 그리하여 이 책이 고전 서적으로 캠퍼스에서 필수 도서로 신속히 지정된 것은 놀랄 일이 아니다. 또한 책에 기록된 사실이 종종 진실이 아님에도 불구하고 그 내용은 환영받았기 때문에 수년간 도전 받지 않았다는 사실을 아는 것이 중요하다.

그러나 다시금 주목해야 할 점은 이 책의 오류가 밝혀진 이후의 학계의 반응이다. 인류학자 스톨은 회상하기를 "『나, 리고베르타 멘추』의 명성은 너무나 대단하여 내가 1990~1991년에 발견한 내용에 대해 말하자 나의 동료 중 일부는 그것을 신성모독으로 간주했다. 나는 나 자신을 품위 있는 가면 뒤에다 놓았다."[26] 한 교수는 말하기를. "책이 진실이건, 진실이 아니건 나는 상관하지 않는다"; 다른 교수는 비록 책 내용에 관한 그런 폭로가 있음에도 불구하고 계속해서 강의 교재로 사용할 생각이라고 하였고, 또 다른 교수는 "남미 전통의 묘사에 '진실성의 강력한 규칙'을 적용해서는 안 된다."고 하였다.[27] 깊은 감정적 헌신은 종종 진실에 대한 엄격한 헌신도 초월한다. 스톨은 "『나, 리고베르타 멘추』와 같은 책은 학계가 듣고자 하는 내용을 말하기 때문에 계속

인기를 얻을 것이다."라고 결론지었다.[28]

마지막 예로 우리는 페미니즘의 정치학을 예로 들 수 있다. 1992년에 미국대학여성협회(AAUW: American Association of University Women)에서 *어떻게 학교가 여학생들을 단기간에 변화시키는 지*에 대해 연구한 결과를 발표하였는데 이는 여학생들이 얼마나 미국 교육 시스템 내에서 불공정한 대우를 받는 지에 대해 보여 주려고 의도적으로 시행된 것이다. 연구 결과에 의하면, 여학생들은 낮은 자존감과 사회에 팽배한 성차별과 통상적으로 반에서 이류 계층으로 여겨지며 고통받고 있었다. 미국대학여성협회는 이 연구를 알리고 홍보하는 데 많은 예산을 투입하였고, 이 홍보 캠페인은 1,400여 개 이상의 신문기사에 실리게 되었다.[29]

불행하게도 전 미국 교육부 차관인 다이앤 라비치(Diane Ravitch)가 말한 바와 같이, "미국대학여성협회의 연구보고서는 완전히 틀렸다. 가장 기막힌 것은 여학생들이 거의 모든 분야에서 남학생들보다 우위를 차지한 때에 그러한 연구 결과가 나왔다는 것이다."[30] 많은 연구들이 남학생들은 학교에서 뒤지고, 여학생들이 앞서고 있다고 증거하고 있다.

이러한 연구 결과에 대해 미국대학여성협회의 반응은 어떠했던가? 1997년에 이 단체의 뉴스레터는 이 비평가들을 유대인 대량학살을 부정하는 사람들과 역사 수정주의자들에 비교하였다.[31] 그해 미국대학여성협회는 어떻게 "수정주의자"들과 맞서 싸우며 자신들의 입장을 고수할 것인지를 참가자들에게 가르치는 컨퍼런스를 후원하였다.[32]

1998년에 이 연구는 "정치가 과학이라는 탈을 쓴" 것으로 완전히 드러났다.[33] 그리고 1년 후 미국대학여성협회는 "*성별 차이: 학교가 아이들에게 해 주지 못하고 있다*"는 또 다른 보고서를 발표했다. 이는 컴퓨

터 과학 분야에서 "여학생들을 속인다"는 "새로운 성별 차이"라고 주장
하고 있었다.[34] 몇몇 학자들은 비록 반대되는 많은 증거들이 있었음에
도 불구하고 여학생들이 성차별을 당했고 남성들의 억압에 의한 피해
자라고 보았다.

이러한 예들은 이데올로기들과 정치적 (자기중심적 파당적인 의미)
고려가 어떻게 학계에서 어떤 것은 참 지식으로 높임을 받고, 어떤 것
은 거짓 지식으로 정죄되는데 영향을 주는지 분명히 보여 준다.

4.2 지식 사회학

지식 사회학은 사회적 요소들이 어떻게 지식의 발견, 창조, 의미 및
전달을 형성하는 지를 연구하는 학문이다. 사회 단체들이 많기 때문에
이것은 매우 광범위한 학문이다. 그러나 우리의 목적은 학문 공동체가
한 분야의 지식에 어떻게 영향을 주는가에 초점을 맞추는 것이다. 학문
적이고 과학적인 지식의 발전은 진공 상태에서가 아닌 공동체적 방식
으로 이루어진다. 즉, 동료들, 연구소, 기부 단체들의 의견이나 기타
사회적 요소들이 매우 중요한 역할을 한다. 실험자의 사회적 지위(또는
학문적 입장)도 특정한 발견이 수용되는 방법에 종종 영향을 준다. 그
리고 지식 공동체의 현재적 믿음 또한 새로운 정보의 수용에 영향을 준
다. 알렉산더 콘(Alexander Kohn)은 말한다.

한 이론이 얼마나 그 사회에 적용하는데 매력적인지는 그 이론이

얼마나 타당하고 모든 이들의 선입견과 맞는 지에 따라 좌우된다.

그것이 잘 맞으면 비록 증거들이 충분하지 않더라도 그 이론을 받

아들이는 경향이 있다.[35]

콘은 20세기 초반에서 마운트 윌슨 천문대의 한 천문학자가 회전하는 나선형 성운이라고 믿어지는 것을 관찰했다는 것을 예로 들었다.

이 연구 결과가 출판되었을 때, 대다수의 천문학자들은 이를 수용하였는데 그 이유는 이 연구가 당시 지배적인 이론적 관심사와 일치했을 뿐 아니라, 그들이 1914년부터 1916년 사이에 축적된 자료에 동의하였기 때문이다. 나아가, 몇몇 천문학자들은 밴 마넨 (van Maanen)의 관찰 결과를 반복했고 그 결과를 확증했다.[36]

이 발견에서 중요한 것은 비판에 대한 반응이다. 콘은 계속해서 말한다:

당시 밴 마넨의 정보에 대한 그 어떤 비판도 무시되었다. 천문학자 커트 런드마크(Kurt Lundmark)가 하버드 대학교의 할로우 새플리 (Harlow Shapley)에게 정보 수정에 대해 의혹을 제기했을 때, 새플리는 런드마크의 구상 성단의 거리에 관한 중요한 논문들의 결론에도 오류를 찾아낼 수 있다고 대답했다. 그러자 런드마크는 더 이상 문제를 제기하지 않았다.[37]

이렇게 영향력 있는 한 명의 언급은 베일에 가려진 협박처럼 반대 의견을 침묵시켰던 것이다.

학자들의 공동체는 자신들의 구성원들에 대해 사회적 압력을 가할 수 있는 다양한 방법들을 가지고 있다. 즉 출판 또는 출판 거부, 시상,

지원금에 대한 추천, 서열을 위 아래로 바꾸는 것 등이다. 특히 기존의 결론들과 상충될 수 있는 새로운 발견들이나 해석들이 나타나면 이러한 압력들이 명백히 드러난다. 마이클 크레모(Michael Cremo)와 리처드 톰슨(Richard Thompson)은 말한다.

> 수용과 이례적인 증거에 대해 보고하는 것을 저해하는 사회적 과정들 중에는 인신 공격 및 무능력하다는 비난들을 포함한 조롱과 험담이 있다. 나아가, 발견들은 주요 저널에 실리지 않으면 학계에 거의 영향을 미치지 못한다. 또한 편집 과정에서, 특히 익명의 동료가 내린 평가가 종종 엄청난 걸림돌이 된다.[38]

이와 관련한 하나의 흥미로운 예는 프로이드의 초기 추종자들이 프로이드의 사상의 영향력을 확대하고 반대자들을 억압하기 위해 다양한 압력을 행사한 방법이다. 프레더릭 크루즈(Frederick Crews)는 아래와 같이 서술한다,

> 1912년과 1926년 사이에 프로이드의 사상을 대중화하고 지지하기 위해서, 그리고 중요한 것은 그의 사상에 반대하는 사람들을 공격하기 위해 그의 승인 하에 비밀 위원회가 조직되어 활동했다. 이를 위해 "잔악한 험담과 공식 저널에서 제외 그리고 같은 저널에 반대 의견에 대해 비판적 논문들을 기고하는" 방식을 취하였다.[39]

제 9장에서 더 보겠지만, 조롱, 경멸, 조소는 사상의 전쟁에서 자주 사용된 무기들이다.

학문의 실천에서 사회적 가치의 역할은 연구를 결정짓는 몇 가지 질문들을 생각해 보면 분명해진다. 한 연구 공동체의 공유된 가치관이 아래 질문들에 대한 해답에 어떤 영향을 미치는지 고려해 보라:

- 연구 분야에서 어떤 주제들이나 특정 이슈들에 초점을 맞추어야 하는가?
- 어떠한 주제나 특정 이슈들이 무시되거나 심지어 억압되어야만 하는가?
- 연구 담당자는 어떻게 특정 지식에 대한 주장을 폄하하거나 낙인을 찍는가?
- 어떤 질문들은 물어볼 가치가 있고 어떤 질문들은 물어볼 가치가 없는가?
- 어떠한 사실이 중요한가?
- 이러한 사실들을 "정당화 및 확증하는 시스템"[40]에 동의하기 위한 메커니즘은 무엇인가? (달리 말해, 명제가 정말 사실인지 동의하는 과정이 무엇인가?)

학문의 실천에 대한 사회적 권력의 역할은 한 연구 분야의 결론들 배후에 있는 몇 가지 질문들을 살펴보면 분명해진다.

- 발견된 사실의 의미는 무엇인가?
- 사실의 의미는 어떻게 결정되는가?
- 한 "사실"이 직접적인 관찰보다 해석 또는 추론의 결과라면, 그것에 대해 결정지을 수 있는 권력을 가진 사람은 누구인가?
- 사실들과 그것들의 의미에 동의하기 위해 사용되는 사회적 절차는 무엇인가?
- 새로운 사실에 대한 주장이 학계에서 반발을 가져올 때 어떤 일이

일어나는가?

- 어떤 사실에 대한 주장들과 실험 결과들이 후폭풍에 대한 우려로 무시되지 않는가?
- 사회적, 정치적, 이론적, 지각적 편견이 한 연구 분야에서 어떤 역할을 하는가?

이러한 질문들로부터 우리는 학문 연구의 실천에 있어 객관적인 기준보다 더 많은 요소들이 포함되어 있음을 알 수 있을 것이다. 알려졌거나 알 수 있는 것은(포스트모더니즘적으로 표현하자면 특권적 인식) 사회적 요소들로부터 영향을 받았다. (정치적, 문화적, 이데올로기적 요소들과 함께) 연구 공동체(학문 분야)는 동맹을 맺고, 치열한 논쟁을 하며, 증거에 기인하기보다는 전투원의 권력이나 위치에 따라 지식에 대한 결론을 낸다.

물론 한 분야 내에 경쟁하는 학파는, 무엇이 옳은지에 대해 치열하게 논쟁하게 되며 사상을 시험하는 메커니즘을 제공하고, 상호 충돌하는 많은 해석들이 충분히 억제되지 않음을 보여 준다. 그러나 기존의 이론적인 이해들에 적응해야 한다는 압력은 존재한다. 크레모와 톰슨은 다음과 같이 말한다:

증거의 억압에 대해 논한다면 우리는 과학적 음모론자들이 대중을 기만하는 악마적 계획을 시행하는 것을 말하고자 하는 것이 아니다. 대신에 우리는 지식이 걸러지는 사회적 진행 과정을 말하고 있다. 이는 정체되어 있는 것처럼 보이지만 실질적으로는 누적 효과가 있다. 우리의 견해로 어떤 증거의 범주들은 정당화하기 힘든 방식으로 단지 시야에서 사라진다.[41]

사회적 요소들은 수용된 지식을 형성하는 방식 때문에 학문의 진보를 이해하는 데 필수적 요소이다. 전부는 아니겠지만 대부분의 학문 분야에서 많은 사실들은 더 정확하게 말한다면 결론들이나 해석들이라고 불려야 한다. 왜냐하면 그것들은 직접 관찰이 가능하거나 추론 가능한 진리들이기보다는 "(1) 다른 '사실들'에 기초한 주장들로 이어지거나 또는 (2) 누군가가 특정 시간과 장소에서 무언가를 목격했다고 주장하기 때문이다. 이렇게 '사실들'은 논의들의 네트워크들이며 관찰 가능한 주장들로 밝혀진다."[42] 사실에 대한 주장들은 추측이나 다른 추론에 기초한 해석들이나 추론들일 수 있다. 객관적으로 관찰할 수 있거나 시험 가능한 사실들과 타협한 추론들을 토대로 한 사실에 대한 주장들은 구별하기가 항상 쉽지는 않다. 그러나 많은 과학적 지식은 추론이고, 유사한 관심사들을 나누는 전문가 공동체에서 개발된 것이며, 이론적 기초들이고, 종종 세계관들을 지칭하기도 한다.

지식 사회학에서 마지막 문제는 학계의 사상적, 이론적인 통일성이다. 전체 분야 종사자들은 마르크스주의자, 해체주의자, 진화론자, 프로이드주의자로서 지배적인 패러다임으로부터 자유로운 채 검사나 실험을 하고 새로운 생각을 할 수 있도록 동기부여를 제공하는 상호 반대되는 사상들의 충돌을 감소시킨다. 한 분야나 학문이 특정 의제나 학파에 헌신하면, 가정들은 볼 수 없게 되고 결론은 더 이상 문제시되지 않는다. 새롭거나 다른 사상들은 종종 조롱을 당하거나 분노와 함께 거부된다. 그리고 젊은 행동가들은 배를 흔들었다는 것에 대한 처벌이 있다는 것을 안다. "적응"해야 한다는 사회적 압박은 종종 상당히 강력하다. 한 젊은 고생물학자가 "혹 고래 뼈 화석이나 다른 포유류 뼈를 인간이 절개하는 것을 관찰한 적이 있는가?"라는 질문을 받았을 때 그는 "나는 사람과 관련된 그 어떤 것에 대해서도 거리를 두겠다. 그것은 지나치게 논쟁의 여지가 있기 때문이다."라고 말했다.[43] 잘못된 관찰이나 결론은 정년 교수직이 하나의 꿈에 불과한 것임을 의미할 수 있다.

이론적 진리들에 적응하도록 하는 압력보다 더 심한 것은 학계의 "이데올로기적 세속화"라고 불리는 것인데, 이는 "사고와 생활에 있어서 하나님의 진리와 현실을 배제하고, 무시하거나 아니면 괄호 속에 넣어 버리는 것"이다.[44] 역사가 게르트루드 힘멜파브(Gertrude Himmelfarb)는 이 점을 정확히 지적한다. "오늘날 인종과 계급과 성별은 미국의 고등교육보다 위에 있는 성삼위일체이다. (나는 이 사실을 언급하는 것을 전혀 보지 못했는데) 이 삼위일체에는 마치 한 개인의 정체성을 정의하는 원칙이 아닌 것처럼 종교가 배제되어 있음을 눈치 챈 사람은 거의 없었다."[45] 부서나 학파와 무관하게 학문 공동체는 철저히 세속화되었고 특히 신앙 문제들과 이론적 지식이 학문적인 관심사들을 침범하는 경우, 종종 기독교 신앙에 적대적이다. 세속화된 대학교들에 그리스도인 교수들이 아직 있지만, 그들의 기독교적 지식의 영향력은 매우 제한되어 있다.

4.3 통합을 위한 함의들

대학 전공으로 시작하여 대학원까지 계속하면, 당신은 당신의 교육 경험이 학문적 지식이나 기술들의 전달 이상을 포함하고 있음을 발견하게 될 것이다. 당신은 확실히 그 내용을 알게 되는 동시에, 어떻게 정보가 획득되며 어떤 방법들이 그 정보를 처리하고, 평가하는데 사용되는지 그 분야의 이념들도 배울 것이다. 그러나 당신은 또한 당신을 가르치는 교수들의 태도들과 가치들, 행동들, 정치와 믿음, 심지어 그들의 이론적이고 이데올로기적 편견들에 영향을 받을 것이다. 일부 이러한 가치들과 편견들은 그 교수에게 특유한 것이 될 수 있으며, 다른 부분들은 학문 그 자체에 속한 것으로 실천적 공동체에 의해 파악된다.

그리스도인들에게 위험한 것은 대부분의 학문 분야에서 철학적 물질주의가 지식의 구조에 필수적인 부분으로 보인다는 것이다. 종교, 특히 기독교는 부적절하며 심지어 어리석은 믿음으로 관련 분야의 학문이나 실험과 전혀 연관성이 없다고 본다. 그리스도인 학생들은 그래서 자신들의 신앙을 포기하거나 아니면 적어도 억누름으로써 새로운 학문 공동체의 참된 구성원이 되도록 압력을 받는다.

유명한 대학들은 대부분 학생들의 유아기적 신앙을 다음 단계로 안내하여 지식과 통합하며 세련됨과 권력으로 자라, 우주적 질문들에 어떻게 진정으로 대답할 수 있는지를 보여 주기 위해 그리스도인들에 의해 세워졌다. 오늘날, 이 대학들은 철저히 세속화되었고, 학생들의 신앙과 수업을 대조시키면서 어린 시절의 신화들로부터의 새로운 깨달음이요 참되고 세련된 지식으로 간주한다. 이러한 지적 세련됨에 대한 약속은 많은 학생들의 자아와 자부심에 강한 영향을 준다.

심리학자 폴 비츠(Paul Vitz)는 자신이 젊었을 때 대학과 대학원에서 이름뿐인 기독교에서 무신론으로 바뀌게 된 과정을 추적했다. (나중에는 신앙을 회복했지만) 그가 무신론자가 된 이유들은 의미심장한데 왜냐하면 이는 대학에서 종종 나타나는 유형이기 때문이다. 그는 "무신론자가 되는 주요한 요소는 — 그 당시에는 내가 실제로 알지 못했지만 — 지적인 요소들이 아니라 사회적이고 심리학적인 요소들이었다."고 말한다.[46] 대부분의 교수들과 학생들이 불가지론을 신봉하거나 최소한 전통적 종교를 거부했기에 그 신앙을 지켜 나가는 이들이 그 가운데 적응하고, 그 집단의 일원이 되기가 어렵다. 비츠는 "나아가 나는 지루하고, 사회적으로 가치 없어 보이는 과거의 삶(중서부 지방의 삶)에서 벗어나, 편안하고, 새롭고도 화려한 세속적 세상의 일부분이 되고자 이사하였다.”고 말했다.[47]

대학은 “이제야 당신이 진정 도착했다.”는 느낌을 주려 하며 옛날 부모님으로부터 받은 고리타분하고, 치우치고, 어리석은 종교적 편견들을 버릴 때가 되었다고 느끼게 만든다. “당신은 마마보이인가? 마마걸인가? 도대체 언제 자라날 것인가? 교육받은 사람들은 그 어느 누구도 그 *따위* 것들을 믿지 않는다. 그것들은 어린아이들이나 믿는 것이다.” 그 결과 많은 종교적인 학생들이 자신들의 믿음을 수치스럽게 느낀다. (교수와 동료 학생들은 그것이 사실이건 아니건 간에 보통 이들을 “근본주의자”라고 부른다.) 비츠는 “이러한 사회화의 압력은 많은 젊은이들을 하나님에 대한 믿음 및 이 믿음이 상징하고 수반하는 모든 것으로부터 멀어지게 했다.”고 말한다.[48]

특히 대학원에서 이와 관련된 사회적 압력은 집단 내에 적응하기 위한 욕구에 기인하기도 하지만, 교수들로부터 인정받기 위한 욕구에 기인하기도 한다. 장학금을 받기 위해, 연구 조교가 되기 위해, 교수의 집으로 초대되기 위해, 같은 옷들을 입기 위해 비용이 드는 것이다. 비츠 또한 이러한 요소들로부터 영향을 받았다:

내가 무신론자가 된 또 다른 주요한 이유는 심리학 분야에서 권위 있고 영향력 있는 과학자들에게 인정받고자 하는 욕구가 있었기 때문이다. 특히, 나는 대학원의 교수들로부터 인정받고 싶었다. 대학원 학생으로서 나는 심리학 연구 분야에서 특정 ‘문화’에 깊이 관여하고 있었다. 스탠포드 대학의 나의 교수들은 서로 심리학 이론에 대해서는 의견이 다를 수 있었지만 두 가지에는 의견이 통일되

있다: 경력에 대한 강한 야망과 종교를 거부하는 것이었다.[49]

사회적 압박, 소속되고자 하는 욕망, 청년적 반항("너 자신을 위
해 생각하라. 그리고 네가 생각해야 하는 것은 신이 필요 없다는 것이
다."), 그리고 "오늘날의 매우 세속적이고 신이교적인 세상에서 진지한
신앙인으로 살아가기란 상당히 불편하다."[50]는 말, 이 모두가 개인의
신앙에 압력을 넣으려 공모한다.

여기서 중요한 점은 그리스도인들이 자신들의 신앙이 틀렸다고 증명
되었거나, 이성적으로 그들의 신앙이 틀렸다고 결론짓게 되는 증거가
있거나, 신학적 사상이나, 믿음과 불신앙에 관한 함의들에 대해 지적
으로 검토하였기 때문에 대학에서 신앙을 상실하는 것이 아니라는 것
이다. 많은 그리스도인들이 신앙을 잃어버리는 이유는 "지적인 요소가
아니라 사회적이며 심리학적 요소들"이라고 비츠는 말한다.

그러나 기억해야 할 것은 대학에서의 경험은 단지 한 장소와 한 때,
한 환경에 불과하며 (때로는 현실 세계와의 분리되었기 때문에 상아탑
이라고 불린다) 그 때의 관점들과 사회적 가치들도 보편적인 것이 아니
라는 것이다. 칼 마르크스가 말했듯 기독교는 단순하며 "민중의 아편"
이라고 쉽게 신화로 간주해서도 안 되며, "지혜롭지 못한 사람들이 그
리스도인들"이라는 말에 속을 필요도 없다. 기독교의 위대한 힘 중 하
나는 가장 단순한 사람들도 이해할 수 있는 동시에 그 내용이 너무나
풍부하고 깊이가 있어 가장 지적이고 철학적인 사람들도 만족시킬 수
있다는 것이다. 신앙의 역사 속에서 많은 지성인들이 그리스도인들이
었다. 물론 이 사실이 진리에 대한 주장이 될 수는 없지만 적어도 기독
교는 단지 단순한 사람들만을 위한 종교는 아니라는 것을 증명한다. 이
데올로기주의자들의 공통적인 전략은 반대자들이 비이성적이며 생각이

없고 감정적인 바보로 공격하는 것이다. 하지만 많이 알면 알수록 더 생각하고 더 주장할 수 있게 되어 다른 사람들이 당신을 어리석다고 함부로 말할 수 없게 될 것이다. 심지어 굳어진 마음들을 약간은 부드럽게 할 수도 있을 것이다.

그러므로 충분히 준비하여 대적을 만날 준비를 하라. 대학에는 가치 있는 지식이 많이 있으며 당신의 임무는 그것을 분류하고 시험하는 것임을 기억하라. 또한 충분한 논거들을 갖지 못한 사람들의 무기는 조롱이라는 사실을 기억하라. 윌리엄 페일리(William Paley)가 말했듯이 "누가 조소하는 사람을 반박할 수 있는가?" 당신은 당신의 신앙을 위해 조롱도 감내할 준비가 되어 있는가?

요약

학자들도 사람이며 그들의 믿음과 관심사들은 종종 개인의 정치적 헌신과 사상, 기초적 신념, 다른 고려 사항들과 밀접한 관계가 있다. 이러한 헌신은 때로 합리적이기보다는 감정적이고 그들의 연구와 결론에 영향을 줄 수 있다. 마찬가지로 학자들도 진공상태에서 일하지 않으며 오히려 사회적 압력을 받으며 장학금과 관련된 요소들의 영향을 받는데(후원, 진급, 종신직, 출판 등) 이 모든 것들은 연구의 방향을 잡는 데 도움을 주는 다른 사람들과 함께 일하는 것과 관련되어 있다. 학적일 뿐만 아니라 사회 정치적 공동체의 학생으로서 당신은 이러한 사항들이 당신으로 하여금 적응하도록 강요한다는 사실을 인식해야 한다. 진리는 투표나 위원회에 의해 성립되거나 반박되지 않는다는 사실을 기억하라. 진리를 찾도록 노력하라.

사고와 토론을 위한 질문들

1. 특정 과목에서 정치적 요소들이 나타나는 방법들에는 무엇이 있을
까? 정치적 당파심(좌파와 우파)을 초월해서 이데올로기적 헌신의
차원에서 (세속주의, 페미니즘, 동성애 이슈, 반대하는 사상들에
대한 압력 등) 정치를 포함시켜 생각해 보라.

2. 당신이 수업에서 정치적 편견을 보기 위해 할 수 있는 것에는 무엇
이 있는가? (당신이 한 주제를 배우고 싶은데 교수가 매우 편파적
인 관점만을 제공한다면 당신이 그 주제에 관해 보다 객관적이거나
적어도 더 전체적인 관점을 얻기 위해 어떻게 할 수 있는가?)

3. 당신의 전공 분야에서 역사적인 분쟁을 찾아보고 그것이 어떻게 진
행되었는지 알아보라. 어떤 사상이 이겼고 왜 이겼는가? 어떤 요소
들이 포함되었는가? 거기에 사회적 또는 권력의 요소들이 포함되어
있었는가? 이것들이 결정적이었는가?

4. 사회적 압력(동료들 및 교수들로부터)에 직면하여 당신이 신앙을 유
지하고 강화하기 위해 채택한 전략은 무엇인가? 대학에서 "진지한
신앙인으로 살아가는 것은 불편"하다고 보는가? 왜 그런가? 또는
왜 그렇지 않은가?

주

1. Roald Hoffman, "Why Buy That Theory?" *American Scientist* 91:1 (Jan-Feb 2003), p. 11.

2. Michael A. Cremo and Richard L. Thompson, *Forbidden Archeology: The Hidden History of the Human Race*, rev. ed., (Los Angeles: Bhaktivedanta Book Publishing, 1998), p.33.

3. American Society of Newspaper Editors, "ASNE Survey: Journalists Say They're Liberal," *The American Editor*, May 26, 1999; available at
   <http://www.asne.org/kiosk/editor/97.jan-feb/dennis4.htm>.

4. 본 센터는 미디어 편견에 관해 많은 항목들을 생산해 내고 있는데 그중에 여러 예들로 가득 찬 매일의 브리핑도 있다. 일부 조사 데이터에 관한 간단한 개관으로는 "The Press Corps: Liberal, Liberal, Liberal." *Media Reality Check*. August 14, 2001 참조; 이것은 다음 사이트에 있다.
   <http://www.mediaresearch.org/realitycheck/2001/20010814.asp>.

5. Bernard Goldberg, *Bias: A CBS Insider Expose How the Media Distort the News* (Washington, D.C.: Regnery, 2002). 골드버그의 설명은 개인적 관찰에 기인한 것이며 뉴스를 보는 사람에게 반드시 놀랄 일은 아니지만 네트워크 뉴스의 편견에 더 많은 증거를 제공한다.

6. Karl Zinsmeister, " The Shame of America's One-Party Campuses," *The American Enterprise*, Sept. 2002, 18-25.

7. 정치적 상황 및 캠퍼스의 일반적 정치화에 관한 논의는 아래 도서들 중의 한 권 또는 여러 권을 보라. Roger Kimball, *Tenured Radicals: How Politics Has Corrupted Our Higher Education* (Chicago: Ivan R. Dee, Inc., 1998): Alan Charles Kors and Harvey A. Silvergate, *The Shadow University: The Betrayal of Liberty on American Campuses,* (New York: Harper Perennial, 1999); Dinesh D'Souza, *Illeberal Education; The Politics of Race and Sex on Campus* (New York: The Free Press, 1991); Charles J. Sykes, *The Hollow Men: Politics and Corruption in Higher Education* (Washington, D.C.: Regnery, 1990).

8. Thomas Kuhn, *The Structure of Scientific Revolutions* (2nd ed., Chicago: University of Chicago Press, 1970), pp. 23-24.

9. Ibid., p. 66.

10. Ibid., p. 24.

11. Charles Singer, *A History of Scientific Ideas* (1959, rpt. New York: Dorset, 1990), p. 475.

12. Jonathan Wells, *Icon of Evolution: Science or Myth? Why Much of What We Teach About Evolution is Wrong* (Washington, D.C.: Regnery. 2000), p. 102.

13. Ibid., p.91.

14. Ibid., p.82.

15. Ibid., pp. 103-104. 그리고 헤켈의 그림들을 사용하는 것에 관한 최근의 열 가지 교과서들에 대한 그의 평가가 있는 부록 1의 249페이지를 참조하라. 그는 그들의 프레젠테이션에 관해 거의 대부분 F학점을 준다.

16. Derek Freeman's *The Fateful Hoaxing of Margaret Mead: A Historical Analysis of Her Samoan Research* (Boulder, Col.: Westview, 1999), pp. 175, 192 et passim의 설명을 보라.

17. Ibid., pp. 194-195.

18. Ibid., p. 94 et passim.

19. Ibid., p. 208.

20. Ibid., p, 209.

21. Ibid., p. 210.

22. David Stoll, *Rigorberta Menchu and the Story of All Poor Guatemalans* (Boulder: Col.: Westview, 1999), p. 5.

23. John Leo, "Nobel Prize for Fiction?" *U. S. News & World Report*, Jan. 25, 1999, p. 17.

24. Stoll, p. 183.

25. Leo, p. 17.

26. Stoll, p. 216.

27. Leo, p. 17.

28. Stoll, p. 247.

29. Christina Hoff Sommers, *The War Against Boys: How Misguided Feminism Is Harming Our Young Men* (New York: Simon & Schuster, 2000), p. 21.

30. Ibid., p. 22.

31. Ibid., p. 35.

32. Ibid., p. 35.

33. Ibid., p. 41.

34. John Leo, "Gender Wars Redux," *U. S. News & World Report*, Feb. 27, 1999, p. 24.

35. Alexander Kohn, *False Prophets*, rev. ed. (New York: Barnes & Noble, 1988), p. 7.

36. Kohn, p. 15.

37. Ibid., p. 15.

38. Cremo and Thompson, p. 362.

39. Frederick C. Crews, *Unauthorized Freud: Doubters confront a Legend* (New York: Viking, 1998), p. 216.

40. Michael Kearl, "Sociology of Knowledge," retrieved Dec. 20, 2002. <http://www.trinity.

edu/~mkearl/knowledge.html>.

41. Cremo and Thompson, p. xxvi.

42. Ibid., p. 19.

43. Michael A. Cremo, *Forbidden Archeology's Impact*, 2nd ed. (Los Angeles: Bhaktivedanta, 2001), p. 108)

44. Book summary notes on David Gill, *The Opening of the Christian Mind: Taking Every Thought Captive to Christ* (InterVarsity Press, 1989), in *Discipleship and the Disciplines: Enhancing Faith-Learning Integration*, Coalition for Christian Colleges and Universities, 1996. Unit 1, p. 37.

45. Gertrude Himmelfarb, "The Christian University: A Call to Counterrevolution," in *Discipleship and the Disciplines: Enhancing Faith-Learning Integration*, Coalition for Christian Colleges and Universities, 1996. Unit 2, p. 15.

46. Paul C. Vitz, *Faith of the Fatherless: The Psychology of Atheism* (Dallas: Spence Publishing, 1999), p. 134.

47. Ibid., p. 134.

48. Ibid., p. 135.

49. Ibid., p. 135.

50. Ibid., p. 136.

제 5장
세계관의 기초

사람들은 종교를 무시한다;
그들은 종교를 미워하며 그것이 사실일까 두려워한다.
— 블레이즈 파스칼(Blaise Pascal)[1]

내가 지켜본 바로는,
자유주의적 인재는 특정한 사회 정치적 성향으로부터 유래한다.
이러한 성향은 선택된 오리엔테이션이며 증거나 논쟁에 근거한 결론이 아니다.
당신이 논쟁들을 살펴보면,
현대의 학자들과 지성인들이 종종 아이러니컬하게도
지성이나 열리고 편견 없는 사고와 탐구를 통해서가 아니라
성향, 감성, 편견, 이데올로기를 통해
그들의 입장을 취하게 되었다는 사실을 발견하게 될 것이다.
많은 지성인들은 특정 전제들과 논쟁들을 받아들이는 경향이 있다 –
이는 선입견이 있는 실제이다.
그들은 그들의 정치적 입장을 유지하기 위해 사실들을 찾는 것이다.
– 윌리엄 베넷(William J. Bennett)[2]

5.1 세계관이란 무엇인가?

　세계관의 이념을 이해하기 위한 한 가지 방법은 이는 모든 것에 대한 개인의 이론이라는 것이다. 다시 말해서 세계관은 세상의 모든 면을 보는 통합적이고 총체적인 방식으로 이는 한 개인의 경험과 생각과 감

정 등에 일관성 있는 의미를 도출해 내는 수단이다. 세계관은 개인에 의해 선정되며 발전되어야 하고 우리가 더 많은 지식과 경험을 습득할 때마다 성장하고 발전한다. 세계관은 가치와 신념, 헌신과 태도를 편견과 선입견과 함께 담고 있다. 지금까지 바라본 바, 개인의 인식론, 즉 지식에 대한 이론은 개인의 세계관, 정치적 방향, 사회적 관점, 신앙과 도덕 등의 일부분이다. 비유를 들자면, 세계관은 경험의 실로 이해의 벽걸이용 카펫을 짜기 위한 베틀을 제공한다. 세계관은 우리의 삶 속에서 무엇이 중요한지, 각 경험이 무슨 의미를 가지고 있는지 말해 준다. 벽걸이 장식에 있는 그림은 실이 어떻게 엮이는가에 따라 아름다운 지형지물이 나올 수 있고 어두운 색들로 이루어진 혼합이 될 수도 있다.

그 일부 구성 요소들에 의해 볼 수 있듯이, 우리 세계관의 부분은 경험, 체득한 태도, 사고, 논쟁에 의해 개발된다. 그러나 모든 사람들의 세계관에 핵심적인 기초가 있는데 이것에는 일련의 필요하고도 적용된 진리들로 구성되어 있다. 이러한 진리들이나 기초적 사상들은 증명될 수 없고 삶과 경험이 일관성 있기 위해 전제되어야 한다. 이 세상을 이해하는데 필요한 가설들이 무엇인지 연구하는 철학의 분야를 존재론이라고 한다.

5.2 존재론?

존재론은 실재의 본질을 탐구하는 것으로 "무엇인가?"라는 질문에 답하는 것이다. 이 연구에 접근하는 좋은 방법은 앎의 단계에서 가장 기본적인 질문을 하는 것에서 시작하는 것인데 가령 "이 세상을 이해할 수 있게 하는 것은 무엇인가?"라는 물음이다. 이에 대한 답은 증명될 수도 없고 안 될 수도 없다. 이 해답들은 전제되어야 한다. 가령, 다른 사람들은 실제로 존재하는가? 또는 단지 당신 정신의 투사물인가? 당신은 지금 이 글을 진정으로 읽고 있는가? 아니면 단지 이것을 읽고 있다고 꿈꾸고 있는가? 당신은 이 질문들에 대해 분명한 답을 이미 알고 있을 것이다. 그러나 이 답들을 객관적이고 경험적인 증거로 증명하거나 제시할 수는 없다.

인식론은 "무엇이 진리이고, 그것을 어떻게 아는가?"라는 질문을 던지는 반면 "무엇이 실재인가?"라는 존재론적 질문은 여전히 더 근본적인 것이다. 이것은 가장 기본적인 질문이다. 이 질문이 없으면 이해도, 진정한 의미도 있을 수 없다.

수천 년간의 철학에서, 이러한 기초적이고 필수적인 믿음은 많이 토론되고 논쟁의 대상이 되어 왔다. 그 목표는 항상 실재에 대한 이론과 세상의 경험이 상응되도록 하는 것이었다. 그러므로 어떤 가정들이 필수적인가? 아래는 철학사에서 비록 어떤 면에서는 강하게 거부되기도 했지만 오늘날 대부분의 사람들이 일반적으로 수용하는 가정들의 샘플들이다. 이러한 기초적 사실들이 '당연하게' 보일지라도, 그 어느 것도 증명될 수는 없다는 것을 직시해야 한다. 이것들은 이 기본적인 원리들의 일부로, 우리의 삶을 이해하게 만드는 것으로 전제되어야 한다.

- **진리는 존재한다.** 즉, 어떤 것들은 확실히 알 수 있다. 진리는 우리가 현재 정확히 알든 모르든 존재한다.
- **외부 세계는 실재한다.** 우리가 경험하는 세상은 상상이나 꿈이 아니며 우리 의식의 투사도 아니다. 우리가 만약 돌을 찬다면, 우리 발가락을 아프게 하는 것은 실제 돌이다.
- **외부 세계는 질서가 있고 합리적이다.** 세상은 우리의 지성과 이해로 파악이 가능하다. 우리는 올바르게 일반화할 수 있다.

- **세계의 모든 과정에는 일관성이 있다.** 세계가 돌아가는 방식은 신뢰 가능하므로 우리는 과거와 현재의 정보를 사용하여 미래에 대해 합리적이고 종종 신뢰 가능한 예측을 할 수 있다.

- **원인과 결과는 긴밀한 관계이다.** 우리는 인과관계를 통해 특정 사건들이 어떻게 일어났는지 정확히 설명할 수 있다. 몇몇 사건들은 우연히 일어난 것이 아니다.

- **우리의 감각은 종종 신뢰할 수 있다.** 우리가 보고, 듣고, 맛보며 측정하는 것은 외부 세계와 적절하고 올바른 관계를 맺고 있다.

- **우리의 기억은 종종 신뢰할 수 있다.** 우리는 논쟁의 과정을 유지하거나, 어제 무슨 일이 일어났는지 기억하기 위해 우리의 기억에 의존할 수 있다.

- **시간은 직선적으로 흐르며 순환하지 않는다.** 우리는 어제 또는 지난주에 가끔씩 정신을 차리지 못했다.

- **실재에 대한 우리의 지식은 정확성을 위해 현상들을 테스트할 수 있다.** 관찰만이 실재에 대한 유일한 단서가 아니다. 가령 동전을 사선으로 보면 타원형으로 보이지만 우리는 그 모양이 실재로는 둥글며 타원 현상은 착시임을 안다.

5.3 하나님의 전제

앞서 나눈 가정들은 그리스도인들과 철학적 물질주의자들 (또는 과학적 자연주의자들) 간에 공유되고 있으며 일반적으로 방법론적으로도 포스트모더니스트들과도 공유된다. (즉 실제적인 실천으로) 그러나 제7장에서 보겠지만, 포스트모더니스트들은 지식, 진리, 심지어 실재에 대한 객관적이고 절대적인 본질은 부인한다.

철학적 물질주의자들에게는 자연(물질계)이 전부라고 생각하는 다른 기본 가정이 있다. 따라서 모든 설명, 지식의 파편과 모든 종류의 의미는 자연이나 물질적인 사물에서 나오며 그것으로 귀결되어야 한다.

우리는 그리스도인으로서, 이러한 가정은 영적 성장, 미, 선, 덕, 정의 등에 대한 감각과 같은 실제 현상에 최고의 설명을 제공할 수 없다고 생각한다. 위에 언급된 목록에 추가되어야 할 기본적이고도 필수적인 진리가 있는데 그것은 하나님의 존재이다. 창조와 경험의 세계에서 하나님의 존재는 우리가 매일 경험하는 비물리적이지만 분명히 사실인 모든 것을 설명하는 기초가 된다.

문제는 물질주의적 배타성이나 신의 존재에 대한 가정은 경험적으로 증명될 수 없다. 이것들에 대해 증거를 제시할 수는 없지만, 이는 존재론적인 전체의 일부로 가정되어 "우리가 세계를 이해하도록 만드는 것이 무엇인가?"라는 질문에 답할 수 있게 된다. 물질주의자들은 "무작위 분자들의 움직임이 세상을 이해하게 만든다."라고 말하지만 우리 그리스도인들은 "하나님께서 세상을 이해하게 만드신다."라고 말한다. 우리는 우리의 답변이 세계와 우리 자신에 관한 모든 비경험적 진술에 대한 의미를 부인하지 않기 때문에 더 설득력 있다고 본다.

아마 더 중요한 점은 하나님의 존재는 우리에게 있어 존재론적 집합의 필수적인 부분이기 때문에, "신의 존재 증명"과 같은 전체적인 사상은 화두가 아니라는 것이다.[3] 그 어느 누구도 기본 가정의 진리성을 증명할 수도 없고 그것을 시도할 필요도 없다. 그 어느 누구도 인과론의 존재나 외부 세계가 실재한다는 것을 증명하도록 요구하지 않는다. 그렇다고 신의 존재에 관한 긴 논쟁의 역사를 잊어야 한다는 것은 아니다. 이 논쟁들은 신앙을 격려하고 세워 가는데, 특히 영적 탐구를 하는 사람들에게 신앙을 향한 장애물들을 제거하는 데 유용하다. 그러나 신의 존재를 증명하는 것이 전부가 아니다. 우리는 물질주의자들에게 물질계가 전부라는 것을 증명하라고 요구하지 않는다. 우리는 오히려 더 잘 알고 있다. 이는 그들의 기본 가정들 중 하나이며 증명될 수 없는 것이다. 그들에게 이는 신조와도 같다.

합리적인 신념

"하나님에 대한 추정"과 관련하여 또 다른 점이 연관되어 언급되어야 한다. 신의 존재에 대한 가정은 비이성적이거나 비합리적인 가정이 아니다. 그와는 반대로 전술한 바와 같이, 존재론적 기초는 우리가 세계를 이해하기 위해 필요하다. "이해한다"는 것은 이성적이며 합리적이라는 말이다. 신에 대한 가정 없이는 세상을 이해하기가 더 어렵다. (심지어 다수의 불가지론자들조차 이것을 인정한다.) 존재론에 하나님을 포함하지 않는다면 정의, 자비, 아름다움과 같은 비경험적 개념들은 이해할 수 없고, 무의미하며, 비논리적이고, 현지화 및 불안정한 방식으로 구성된 사회적 개념이 되고 만다. 반면에 하나님의 존재는 이 모든 것들을 그 분의 존재, 인격, 계시에 근거하여 이성적이고 안정적으로 만들어 준다.

신념의 합리성에 관한 논쟁을 다루는 "유신론, 무신론 그리고 합리성"이라는 논문에서 철학자 앨빈 플란팅가(**Alvin Plantinga**)는 개인의 철학적, 종교적 (또는 반종교적) 헌신이 어떻게 이성적으로 믿을 수 있는지에 대해 결론을 내리는 데 영향을 주는지 설명한다:

당연히, 현재의 논쟁은 궁극적으로 존재론적이며, 신학적이며, 형이상학적이다; 우리는 여기서 존재론적이며 합리성에 대한 인식론적 토론에 궁극적이고 종교적인 뿌리를 보고 있다. 합리적이라고 보는 것은, 적어도 질문에서라도 형이상학적이며 종교적 입장에 따라 좌우된다. 이는 당신의 철학적 인류학에 의존한다. 사람이 어떤 종류의 생물인지에 대한 당신의 관점은 전체적이거나 부분적으로 무엇이 합리적이며 무엇이 비합리적 믿음인지에 대한 당신의 관점을 결정할 것이며; 이러한 관점은 당신이 믿음에 대한 존중감을 갖고 자연스럽고 정상적이며 건강하도록 이끌어줄 것이다. 그러므로 무엇이, 누가 이성적이고 비이성적인지에 대한 논쟁은 인식론적인 고려를 한다고 바뀌지 않는다; 이것은 근본적으로 인식론적 논쟁이 아니라 존재론적 또는 신학적인 논쟁이다.[4]

전통적인 진리성 및 합리성(조화, 내적 일관성 및 외적 일관성)의 테스트와 세계관에 대한 판단(뒤에서 살펴보겠다)으로 보면 하나님에 대한 가정은 매우 합리적이다.

하나님의 증거

하나님의 존재를 가정한다고 해서 그것에 대한 증거가 전혀 없다는 말은 아니다. 당신은 아마도 "나는 신의 존재에 대한 증거를 보지 못했다"고 말하는 불가지론자나 무신론자를 만나 보았을 것이다. 이에 대해 나는 당신이 "반대로 나는 신 존재의 증거를 모든 것에서 볼 수 있다. 모든 나무와 꽃, 모든 사랑의 행위와 정의를 위한 노력 그리고 모든 아이들의 웃음 속에 있다."고 말할 수 있기를 바란다. 또한 "매일 그분과 동행하는 삶 안에도 있다."고 덧붙일 수 있다. 그러나 문제의 핵심은 증거불충분이 아니라 아무것도 볼 줄 모르는 그 사람의 세계관에 있다. (당신은 종종 질문할 것이다. "무엇이 당신을 위한 신의 증거가 되겠는가?") 무엇이 증거로 정의되며 무엇이 증거로서 허용되는지는 개인의 세계관과 종종 연결되어 있는 중요한 질문이다.

철학자 마이클 레아(Michael Rea)는 "무언가를 탐구하기 위해, 우리는 이미 무엇을 증거로 받아들이기 위한 성향이 있어야 한다." 이러한 "특정 경험들과 논쟁들을 증거로 취하는" 성향을 그는 방법론적 성향이라고 하는데 이는 각자에 의해 더 큰 존재론적 집합의 일부로 선택된 것이다. 레아는 또한 "요컨대 우리는 다양한 주제들에 관해 특정한 정보 습득 방법을 신뢰하며 다른 방법들은 불신하는 경향이 있다. 비록 그렇게 하는 것이 가끔은 우리의 의식적이고 반성적 활동의 결과이지만 흔히 그렇지는 않다."고 덧붙인다.[5] 다른 말로 하면, 우리는 무엇에 대해 왜 그런지 잘 모르면서 어떤 것은 증거인 것처럼 생각하고, 어떤 것은 아닌 것처럼 생각한다. 우리가 증거라고 부르고 그렇게 인식하는 것은 우리가 선택한 틀 안에서 그런 것이다.[6] 따라서 자연 세계에서나 자신의 마음 안에서 하나님의 증거를 찾지 못한 물질주의자들의 실패는 그리스도인들이 증거물로 보는 특정한 현상들의 부재보다는 물질주의적 틀의 오류에 기인한다. (또는 방법론적 성향) 그리하여 무엇이 증거로 사용될 수 있는 지에 대해 일치하지 않는 의견이 나타나고 있다.

유신론에 대한 가정

철학가 앤소니 플루(Anthony Flew)는 신의 존재에 대한 질문은 "무신론에 대한 가정에서 시작되어야 한다."고 주장하는데 이는 하나님을 믿는 자들에게 증거의 부담을 주는 것이다. 그의 논리는 우리가 그런 주장을 하기 전에 "믿음의 건전한 기반을 갖추어야 한다."는 것이다.[7] 이와 비슷하게, 철학가 마이클 스크리븐(Michael Scriven)은 "우리는 무신론을 정의하기 위해 하나님이 존재하지 않는다는 증거를 댈 필요가 없다. 무신론은 신 존재의 증거물이 없을 때 의무적으로 주어진다."고 말한다.[8] 지금쯤 당신은 이러한 논쟁들의 오류를 볼 수 있을 것이다.

첫째로, 출발점으로서의 유신론이나 무신론의 선택은 증거와 관련이 없는 형이상학적 선호라는 것이다. 이는 어떤 증거 제시 이전에 그것과 상관없이 편애와 경험과 마음과 정신에 영향을 주는 다른 요소들에 의해 기반이 되는 전이론적 헌신(pre-theoretical commitment)이다. 이는 하나의 기본적인 가정일 뿐 결론이 아니다.

둘째로, 하나님의 증거가 없다는 주장은 더 많은 질문을 낳는 논쟁인데 (논리적인 오류) 왜냐하면 하나님의 존재에 대한 증거들을 제외하는 증거의 정의 자체가 무신론자/물질주의자의 틀에서 나오기 때문이다. 다른 틀에서 바라보면, 많은 증거들이 있다.

셋째로, 상식은 모든 아름다움, 드러난 디자인, 의미, 반향으로 세계를 보고, 하나님이 존재하지 않는다는 분명한 증거가 드러나지 않는 한 하나님께서 존재한다고 가정하는 중립적인 목격자로 만드는 경향이 있다. (이것이 바로 로마서 1장 20절에 바울이 지적한 것이다.) 물질주의자들은 종종 이 이슈로 씨름하고 창조의 디자인을 무시하려고 노력하는 것 자체가 이 주장을 뒷받침하는 것이다. 심지어 광신적인 진화론자 리처드 도킨스(Richard Dawkins)조차도 "생물학은 목적이 있는 것처럼 설계된 것으로 보이는 복잡한 것들에 대한 학문이다."라고 말한다.[9] DNA 헬릭스 공동 발견자 프랜시스 크릭(Francis Crick)은 "생물학자들은 자신들이 보고 있는 것들이 설계된 것이 아니라 진화된 것임을 지속적으로 자신에게 상기시켜야 한다."고 말한다.[10]

그리고 네 번째로, 인간성에는 신성에 대한 감각, 즉 경배에 대한 내재적 믿음과 욕구가 있다. 세상 사람들 중 95%는 마치 창조주가 심어 놓은 것과 같이 하나님이나 어떤 초월적 존재를 믿는다. 이는 관심을 가지고 조사할 가치가 있는 점임을 분명히 보여 준다. 만약 하나님의 존재에 대한 가정이 있다면, 그것은 무신론보다는 유신론에 대한 가정이어야 한다.

요컨대 하나님을 기본적으로 가정하는 것은 완전히 합법적이고 합리적이어서 비록 좋은 논쟁들과 증거들이 있음에도 불구하고 그 어떤 증거나 확인도 필요하지 않다. 물질주의자들이 그 증거를 분별하기는 힘들 수도 있지만 우리가 주장하고자 하는 바는 이것이다: 기독교 세계관은 세상이 실제로 존재하는 방식에 더 적합하므로 우리가 이 세상을 보다 더 잘 볼 수 있도록 도와준다.

5.4 하나님의 배제

그러므로 기독교 세계관은 모든 경험을 합리적이며 수용 가능한 방식으로 설명하기 위해서 하나님이 필요하다고 보지만 물질주의자/자연주의자의 세계관은 신이 필요하지 않다고 생각한다. 하지만 반드시 그런 것은 아니다. 물질주의자들은 하나님을 단지 불필요하다고 보는 것이 아니라 가능성에서 아예 철저히 배제되어야 한다고 믿는다. 그들에게 있어 신은 단지 일부 사람들의 믿음에서 피상적 존재일 뿐만 아니라 달갑지 않고 위험한 요소이다. 신에 대해 인정하는 것은 부작용을 낳을 것이다. 완전함, 도덕적 규칙, 죄의식, 죄, 겸손과 용서의 필요성, 행동의 규제 및 기타 많은 함의들이 있을 것이다.

생물학자 세드릭 데이번(Cedric Davern)은 진화와 유신론을 화해시키려 했던 사람들을 놀라게 만드는 점을 지적하였는데 즉 그것은 하나님이 속해 있지 않다는 것이었다: "진화론자들은 그들의 설명에서 기회의

범위를 인정하였으나, 오늘날의 진화론에는 신을 위한 공간은 전혀 마련되지 않았다."라고 하였다.[11]

하버드의 유전학 교수 리처드 레원틴(Richard Lewontin)은 신을 제외한 세계관의 우수성과 그 어떤 대가를 치르든 "과학적" 지원을 필요로 함을 분명히 했다:

> 우리는 명백한 일부 구성에 있어 잠재적인 불합리성에도 *불구하고*, 비록 건강과 삶에 대한 많은 원대한 약속들을 지키지 못했음에도 *불구하고*, 물질주의라는 우선순위에 대한 헌신이 있기 때문에 학문 공동체에서 입증되지 않은 그저 그런 이야기를 관용하면서 과학의 편을 들어주려고 한다. 과학의 방법들과 기관들이 우리들로 하여금 현상계에 대해 물질적 설명을 받아들이도록 강요하는 것이 아니라, 그와 반대로, 우리는 아무리 직관에 반하고, 신비적으로 보여도 조사의 도구와 물질적 설명을 낳는 개념들의 집합을 만들도록 하는 물질의 원인들에 *선험적*으로 집착하도록 강요받는다. 더구나 물질주의는 절대적이다. 왜냐하면 우리는 절대자의 발이 문 안으로 들어오게 할 수 없기 때문이다.[12]

과학의 정보가 어디로 향하던 신적 개입이 없는 한, 하나님과 관련될 수는 없다.

자연주의자 토마스 나걸(Thomas Nagel)은 더 직접적이고 적극적으로 신을 제외하려는 욕구를 가지고 있다:

> 나는 무신론이 사실이었으면 좋겠고, 몇몇 내가 아는 가장 지적이고 많은 정보를 지닌 사람들이 종교적 신앙인들이라는 사실에 불편

했다. 나는 신이 없기를 바란다! 나는 신을 원치 않는다. 내 추측에 이러한 우주적 권위의 문제점은 특이한 상태가 아니라 우리 시대의 과학주의 및 환원주의에 책임이 있다.[13]

아래에서 세부적으로 더 보게 되겠지만, 일부 학자들에게 있어 과학의 목표는 신의 가능성에 대해 적극적으로 거부하는 것이다.

과학적 자연주의자들의 글에 신을 배제한 것이 종종 확실히 나타나 있고, 대학의 거의 다른 분야에서도 나타난다. 과학에서 (또는 과학주의, 즉 과학만이 진리를 가지고 있다는 주장) 사회과학으로 관심을 돌려 보면 여기서도 신을 배제하거나 물질적인 설명으로 대체하려는 비슷한 시도들을 볼 수 있다. 20세기 초, 정신분석에 대해 호소하는 글에서 프레더릭 크루즈는 다음과 같이 말한다:

프로이드의 초기 실수들과 사기 행위들, 그의 오점 가득한 논리와 신뢰할 수 없는 실습 이야기들을 공부하면서 우리는 심리분석이 환자들을 치료하거나 과학적 타당성을 입증하는 방식으로 세상에서 성공하지 못했다고 자신 있게 말할 수 있다. 그러나 어떻게 그의 이론이 성공적일 수 있었던가? (많은) 사람들은, 정신분석은 오늘날 우리 시대의 사상과 분위기에 깊게 관여하여 적어도 이 사회의 종교를 기반으로 한 전통주의를 배척하여 신부와 목사를 심리의사들로 대체하려고 했다. 그리고 분명히, 정신분석은 비전적인 사명을 가지고 아방가르드적 태도를 가지고 이 이론을 처음 접하는 많은 사람들에게 강력한 만족함을 주었다. 프로이드적 치료는 치료할 수도 있고 못할 수도 있지만, 분명한 것은 많은 환자들의 세계관에 획기적인 변화를 가져왔다.[14]

비록 프로이드는 전통 종교를 비하했지만 그의 사상은 종교적 매력이 있었다.[15] 심리학자 풀러 토레이(E. Fuller Torrey)는 정신 분석 이론은 성적 자유를 강조함으로 종교를 세속적으로 대체하였다고 말한다.

> 프로이드 이론의 종교적인 어필은 20세기 초 미국에 수용된 특별
> 한 이유로 볼 수 있다. 이러한 반발은 빅토리안 도덕관뿐만 아니라
> 전통적 기독교에도 반대하는 것이었다.[16]

기독교를 거부한 사람들도 여전히 하나님께서 주시는 영적인 노력을 느꼈는데 그중 일부는 영적인 구원을 위해 정신분석으로 방향을 돌렸다.

후에 (제 7장) 분명히 보겠지만 전통, 권위, 진리(따라서 최고 권위에 대해서는 매우 적대적인)를 공격적으로 거부하는 포스트모더니즘과 유사하게, 이 세계관도 신을 배제한다. 이 해체적 문학 이론이 포스트모던 작가들의 두드러진 도구들 중의 하나다. 가장 두드러진 해체주의자 힐리스 밀러(J. Hillis Miller)는 한때 "그의 주요 프로젝트는 '서양 형이상학의 엔진을 수리하려는 희망을 제거해 버리는 것'"이라고 밝혔다.[17] 확실히 "서양의 형이상학 엔진을 … 파괴"하려는 욕망은, 한 개인의 세계관에서 단지 다른 기본 가정들의 집합을 채택하는 것 이상으로 적대적인 입장이다.

포스트모더니스트들은 믿는 사람이 자신의 믿음을 절대적이라고 주장하지 않는 한, 일반적으로는 반드시 종교를 거부하지는 않는다. 절대적이라고 하면 용납할 수 없게 되며, 관용은 포스트모더니즘의 주요 신념 중 하나이다. 이 입장은 기독교를 거부함을 뜻한다. 보편적 진리를 믿는 사람들(포스트모더니스트들이 "진리 주장"이라고 말하는)은 "총체적인 관점" 또는 거대 담론(metanarrative)을 다른 집단들에게 강요

하려 하며 그런 입장은 용납할 수 없다는 것이다. 관용의 철학에서, 그 것만은 관용되지 안 된다.[18] 그리스도인들은 기독교가 객관적으로 진리 이며, 단지 주관적 느낌이나 개인적으로 디자인한 종교가 아니라고 믿 는다. 포스트모더니스트들은 종교를 여러 선택들 중에 하나의 임의적 인 선택이라고 보므로 모두가 평등하게 "진리"라고 보지만, 그리스도 인들이 단 하나의 진리만 주장하고 신앙은 검토되고, 논증되며 평가되 어야 한다고 말하는 것은 오만하고 따라서 반대해야 한다고 보는 것이 다.[19]

포스트모더니스트들은 종교가 단지 개인의 경험이나 감정만을 의미 한다면 매우 호의적이다. 그들은 영성을 매우 강조하며, 때때로 이를 교리와 예배 장소들을 갖춘 전통 종교들과 분리시키기 위해 "비종교적 영성"이라고 묘사한다. 그러나 다른 사람들을 위한 암시들을 주장하는 어떤 종교도-신이 그들로부터 무언가를 요구할 때-포스트모던적 사상 에서는 환영받지 못한다.

그리고 페미니즘에서 하나님을 여성(여신, 어머니이신 하나님)[20]으 로 재정의하지 않는 작가들은 하나님과 기독교를 억압적이고 편파적인 것으로 거부한다. 페미니스트인 질 존스턴(Jill Johnstone)은 "모든 형태 의 종교는 정부의 법적 도구와 함께 이중행위자로서 편파적인 사회 질 서를 유지하고 남성 위주의 말과 행동들을 통해 우리의 '고등 성질'에 호소함으로 여성들을 계속 억압한다." 그 결과, "가정, 교회, 국가는 성적 해방의 적들이다."[21]

이같이 하나님은 어떤 사람에게 문제인 것이다.

5.5 하나님을 멀리함

물질주의자들이 얼마나 하나님을 제외시키려고 하는지 보여 주기 위해 몇몇 구체적인 예들을 살펴보자.

로버트 재스트로우(Robert Jastrow)는 그의 저서 『신과 천문학자들 (*God and the Astronomers*)』에서 모든 질문에 답하기 위해 "우리는 우주의 탄생이 창조주의 작품인지, 과학의 영역 밖에 있는 어떤 힘인지, 아니면 자연 법칙의 일부인 물리적 힘의 산물인지 과학적 방법들로는 말할 수 없다."[22]라고 제안함으로써 자연주의의 절대성을 부인하는 범죄를 저질렀다. 그 결과, 아이삭 애시모프(Isaac Asimov)는 재스트로우를 조롱하는 서평에서 "성경에 모든 해답이 있다."고 하였다.[23] 재스트로우는 "인정하든. 인정하지 않든 그들의 견해에 따르고 있는 많은 사람들은 창조주의 존재에 대한 나의 개인적인 믿음을 은밀한 방법으로 표현하고 있다. 최근 내가 출판한 책에 대한 서평에서 스티븐 제이 굴드 (Stephen Jay Gould)은 '신학적인 결론을 발견하는가?'[24]라고 물었다." 신의 존재 가능성에 대해 심지어 매우 적거나 희미한 인정도 즉각 공격을 받는다. 그러나 재스트로우는 그 비평들이 틀렸다고 말한다. 그는 진화를 "그럴듯한" 것으로 보지만, 그 사상은 "성경에서 말하는 인간의 기원만큼이나 기적적이다. 그러므로 나는 현재 종교적인 주제들에 대해 불가지론적인 태도를 가지고 있다."라고 말한다.[25]

당신은 제 3장에서 우리가 다룬 주디스 후퍼의 책 『나방과 인간』을 기억하고 있을 것이다. (케틀웰의 후추나방과 관련된 실험이다.) 후퍼는 세속적인 저널리스트로서 케틀웰의 실험이 가진 약점들에 관해 과학자들이 격렬하게 논쟁하는 것을 흥미진진하게 추적했다. 하지만 문제는 후추나방의 실험 이야기는 진화론의 예시들을 모아 놓은 것 중,

거의 신적인 권위를 가진 것이다. 그 이야기의 문제점들을 대외적으로 알린다는 것은 거의 생각조차 할 수 없었다. 후퍼는 "그 이야기 뒤에는 마치 다섯 살짜리 어린아이의 침대 밑에 어슬렁거리는 괴물처럼, 창조론이라는 도깨비가 있었다. 걱정하는 친구들이 내게 묻기를: '너는 창조론자들의 손 안에서 놀고 있지 않은가?'"라고 말한다.[26] 이것이 정말 흥미로운 걱정이라 생각되지 않는가? 왜 그녀의 친구들은 "굉장해. 네가 진리를 앞당기고 과학이 오류를 수정할 수 있도록 도왔다는 점에서 축하받아야 해."라고 말하지 않는가? 명백한 걱정은 그녀가 하나님의 걸음이 문 앞에 닿을 수 있도록 조금이라도 돕는다는 것이다. 후퍼는 더 나아가 "기록하자면 나는 창조론자가 아니다. 그러나 과학에 대해 무비판적인 것은 그것을 교리화 하는 것이다."라고까지 주장한다.[27]

그녀의 책 마지막 부분에서, 후퍼는 왜 많은 과학자들이 후추나방에 대한 연구에 관한 많은 문제들을 인정하는 데 인색한지 심도 있게 논의한 후 이 문제를 다시 한 번 제기한다. 그녀는 "현대의 문화 냉전 속에서 많은 생물학자들은 단합하지 않으면 창조주의자들의 손에 다 넘어갈 것 같은 우려를 가지고 있다. 너무 많은 의심을 표명하는 과학자들은 배신자들이나 변절자들이 되었다는 오명을 쓸 위험에 처해 있다."고 말한다.[28]

변호사 노먼 맥베스(Norman Macbeth)는 『다윈 재검토(*Darwin Retried*)』의 저자로서 그가 그의 동료와 함께 인구 유전학의 배후에 있는 수학을 검토했던 인터뷰를 회상한다.

> … 나는 [인구 유전학의 한계에 관한] 이 논문을 라마포 대학 생물
> 학과의 다른 교수에게 가져가 의견을 물었다. 며칠 후 그 교수는
> "나는 인구 유전학이 정말 쓸모없는 것이라는 것에 전적으로 동의

하지만, 당신은 이 논문을 발표할 수 없다. 만약 당신과 에디가 이 논문을 발표한다면 창조론자들이 읽고 우리들에게 반격할 것이고 우리는 그것을 용납할 수 없다."라고 대답하였다. 그러므로 여기 내 책의 기본 주제에 관한 다른 예, 즉 살아 있는 예가 있다 - 대중들에게 접근할 때 그들은 카펫 아래에 있는 먼지까지는 공개하지 않는다는 것이다. 그들은 자신들의 대중적 위신에 금이 가지 않고, 창조론자들에게 반박할 여지를 주지 않으려고 최악은 감추어 두어야 한다고 느낀다.[29]

맥베스는 창조론자가 아니었지만 다윈의 진화론을 비판했다. (그는 리처드 골드슈미트(Richard Goldschmidt)가 주장한 진화론의 "상상적 괴물" 이론을 좋아하는 듯했다.)

1995년 초, 과학 작가 리처드 밀턴(Richard Milton)은 영국의 「타임즈 고등교육 부록(*Times Higher Education Supplement*)」에 진화론을 비판하는 논문을 쓰도록 요청 받았다. 그가 이 계획을 알게 되었을 때, 옥스퍼드 대학의 리처드 도킨스는 이 논문을 출판하지 못하도록 압박하기 위한 성공적 캠페인을 펼쳤다. 밀턴은 이 부록의 편집장에게 편지를 써서 그를 비난하는 글들에 대해 논평을 하였다.

… 몇몇 과학자들 사이에서 나는 종교적인 이유로 신-다윈주의에 반대하는 은밀한 창조론자라고 불리고 있다. 나는 창조론자가 아니며 신-다윈주의에 대한 나의 비판은 순전히 과학적 반대이며 이는 나의 논문에 분명히 나타나 있다.[30]

그 편지 끝에 그는 말한다:

만약 이 논문이 다른 주제-재정, 정치, 경제-를 다루었다면, 비록 그 주장이 논쟁의 여지가 있음에도 불구하고 나는 사람들에게 잘 쓰인 글로, 생각하게 만드는 논문으로 환영받았을 것이다.

하지만 이 논문이 단지 신-다윈주의에 대한 것이고 이에 대해 일부 생물학자들이 불안해하고 매우 민감해하는 주제이기에 많은 의문점들이 제기되는 것이다.[31]

밀턴은 즉시 「지구과학 교육 잡지(*Journal of Geoscience Education*)」에서 한 지구과학자로부터 "창조론자 동맹(creationist ally)"이라고 공격받았다. 밀턴은 이에 대해 다음과 같이 답변한다:

나 또한 확실히 말하지만 창조론자가 아니며 어떤 종교적 믿음도 가지고 있지 않다. 누구에게나 그리고 어디에서나 내가 창조론자, 은밀한 창조론자, "창조론자 동맹"이라거나 그와 같은 비열한 단어를 사용하는 것은, 공적으로 제기한 과학적 반대 의견들에 답할 수 없는 사람들의 지성적으로 정직하지 않은 행동이다.[32]

누군가를 창조론자라고 공격하는 것은 당연히 경멸적인 행동이다. 리처드 도킨스(그의 유명한 말, "다윈은 지적 무신론자가 가능하도록 만들었다"[33])도 밀턴을 "미치광이", "바보", "심리학적 상담이 필요한 사람"이라고까지 말했다.[34]

무슨 일이 여기서 일어나고 있는가? 여기서 그 누구도 기독교인이거나 창조론자로 비판 받는 것이 아니다. 그러나 그들은 모두 세상에 대한 유신론적 관점을 선호할 수 있도록 도움을 주는 것으로 비판 내지 경고를 받았다. 만약 대학에서 지식에 대한 주장과 해석들이 당신의 신앙과 상반된다면, 그것들은 고의적으로 제외되고 있기 때문이다.

5.6 통합을 위한 함의들

대학에서 당신은 철학적 물질주의가 합리성 또는 과학 또는 양자의 명백한 결과라는 관점을 대할 확률이 높다. 어떤 이들은 "당신이 이성을 어떻게 사용하는지 알게 된다면 당신은 물질주의자가 된다." 또는 "당신이 과학이 무엇을 아는지 배운다면, 당신은 세상이 무의미하고 신도 없음을 알게 될 것이다."라고 말할 것이다. 이 관점은 단지 당신을 불신자로 만들기 위한 욕망에서 기인한 것이 아니라 (몇몇 학부에는 이것이 강한 동기부여이기도 하다) 세계관과 이성과의 관계를 잘못 이해하였기 때문이다. 많은 사람들에게는 세계관을 선호하는 것이 이 선호 항목들을 지지하는 합리적 지원보다 앞선다. 즉, 많은 사람들은 세계에 관한 믿음에 대해 철학적 선입견을 가지고 있는데 그것을 논쟁들과 증거의 조합으로 지원하는 것이다. 그들의 세계관은 피할 수 없는 논리의 필수 결과물이라기보다 전이성적(pre-rational)이다. 합리주의는 한계를 가지고 있다.

이 이념을 명확히 하려면 우리는 앨더스 헉슬리(Aldous Huxley)가 자신의 여행에 대해 말하는 것을 볼 수 있다. 헉슬리는 생물학자 토마스 헨리 헉슬리(Thomas Henry Huxley)의 손자였는데 토마스 헉슬리는 다원주의의 초기 추종자 중 한 명으로 *불가지론적(agnostic)*이라는 용어를 만든 사람이다. 그의 손자 앨더스는 『용감한 신세계(*Brave New World*)』와 『원숭이와 본질(*Ape and Essence*)』이라는 책을 포함하여 몇 권의 소설을 썼다. 그의 논픽션 책인 『목적들과 방법들(*Ends and Means*)』에서 그는 물질주의자가 된 경위와 세상을 덧없는 곳이라고 생각하는 이유를 이야기한다. 그는 세상이 덧없음을 "당연시하는데" 그 이유는 "과학적 세계관"이 지배적이기 때문이며 "다른 비지성적 이유들"로서는: "나는 세상이 의미가 없기를 바라는 의도가 있었다; 따라서 세상은 의미가 없다고 가정하였고 이 가정에 만족스러운 이유들을 쉽게 찾을 수 있었다."[35] 그가 뒷받침하는 이유들은 의미 없는 세상을 바라는 욕망의 *결과*였다고 말한 것을 주의 깊게 보라.

헉슬리는 그 후 그의 경험을 일반화한다: "세상에서 그 어떤 의미도 찾지 못하는 사람들은 여러 가지 이유를 들어 자신들의 책에서 세상이 무의미하다는 것을 드러낼 것이다."[36] 다른 말로, 한 세계관을 다른 세계관보다 선호하는 것은 개인적 관심 요소가 들어 있기 때문이다. 세계관은 함축적이다. 한 개인이 세상을 있는 그대로 들여다보기 위해 지적으로 생각하는 것보다 선호하는 관점에 맞추려는 유혹이 있다. 헉슬리는 계속해서 "세상에서 의미를 찾지 못하는 철학자는 순수 형이상학의 문제에도 관심이 없다. 그는 왜 개인적으로 하고 싶은 것을 해서는 안 되는지에 대한 타당성 있는 이유가 없음을 찾으려고 노력한다."[37] 우리가 원하는 대로 행동하게 하는 세계관은 우리가 죄책감을 느끼지 않게 하고, 강력한 매력이 있다: "물질주의적 교리들을 계속해서 주장하는 자발적인, 그리고 지성과 상반되는 이유들은 가령, 압도적으로 선정적이거나 … 또는 정치적이다."[38]

아래의 이유들은 헉슬리 자신이 언급한 이유들이었다:

나에게 있어, 나의 시대에서는, 의심할 바 없이 무의미의 철학은 해방의 도구였다. 우리가 갈망하는 해방은 동시에 특정 정치와 경제 시스템으로부터의 해방과 특정 도덕 체계로부터의 해방이다. 우

리가 도덕에 반대한 이유는 그것이 우리의 성적 자유를 간섭했기 때문이다.[39]

여기서 당신은 왜 물질주의가 인기 있는 세계관이고 대안적인 기독교 세계관은 왜 강한 저항을 받는지 이해할 수 있을 것이다. 우리가 단지 무의미한 동물들이라면, 책임져야 할 신적 존재가 없이 무의미한 동물처럼 사는 것이 맞다. 현대의 관점은 모든 종교는 거짓이고, 제멋대로 선택된 것이라고 본다. 따라서 당신은 자신의 도덕적 행동과 충돌하지 않는 것을 선택해도 된다.

흥미로운 것은 미국인본주의협회는 무작위적이고 방향성 없는, 신 없는 세상에서 삶은 무의미하다는 당연한 결과를 위장하기 위해 물질주의의 함의들을 잘 묘사했다. 협회의 웹사이트에 의하면, "인본주의는 진보적인 삶의 방식으로 초자연주의가 없고, 우리의 책임감과 능력을 키워 의미 있고 도덕적 인도주의적 삶을 살아 보다 낳은 인류의 선에 공헌할 수 있도록 이끌어 준다."고 한다.[40]

헉슬리는 이렇게 관찰한다,

> 완전히 이해관계를 초월한 철학은 존재하지 않는다. 진리에 대한 순수한 사랑도 항상 주어진 개인적 및 사회적 행동의 형태를 정당화하고, 한 사회의 계층 또는 공동체의 전통적 편견들을 합리화하려는 필요와 어느 정도 혼합되는데 의식적 또는 무의식적으로 가장 현명하고 고상한 철학가들이 이를 인지한다.[41]

기독교적 관점에서 모든 종교는 다 같지 않고 다 거짓도 아니며 임의적으로 선택되거나 개인의 취향에 맞게 설계된 것도 아니다. 우리는 진리와 절대 진리를 추구하는 사람들이다. 또한 하나님과의 믿음의 여정이 올바른 길이라 확신한다. 우리의 행동을 변호하는 세계관 대신에 이 행동을 인도하는 세계관에 헌신한다. 이러한 방향성 있는 삶을 사는 것은 누군가에게는 불쾌할 수도 있으며, 그들은 그러한 "운명"으로부터 벗어나기 위해 다른 세계관을 선택할 수도 있다. 그러나 그러한 세계관들은 통합적 관점, 완전함, 그리고 기독교세계관이 제공하는 객관성이 결여되어 있다.

그러므로 철학적 물질주의를 요구하는 과학이나 이성적 주장에 영향받지 말라. 그것이 답이 아니다.

요약

세계관은 성향, 신념 그리고 한 개인이 세상과 경험을 이해하려고 했던 가정들로 이루어져 있다. 기독교 세계관이 대부분의 모더니스트들의 세계관과 많은 요소들을 공유하지만, 하나의 분야에서 결정적인 차이를 보이는데, 이는 하나님을 인정하는 것이다. 스티븐 슈워츠(Stephen D. Schwarz)는 말한다:

하나님이 있다고 믿는 유신론과 없다고 믿는 무신론 이 두 가지는 단지 두 개의 다른 믿음이 아니다. 이 둘은 전체를 보는 두 가지 기본적인 관점들이다. 유신론은 존재 자체에 의미를 두고, 초월적 의미를 받아들이지만, 무신론은 존재 그것을 초월하여 다른 의미는 없다고 본다.[42]

불행하게도, 대학의 많은 교수들과 그들이 사용하는 교과서들은 기독교 세계관에 적대적인 주장을 하고 있다. 모더니스트들과 포스트모더니스트들은 모두 초월적인 영역을 거부하며 비록 그들의 인식론은 서로 상충되지만, 기독교적 지식 주장은 함께 거부한다. 그리스도인들은 이러한 세계관들이 지적 설득력이 있기보다는 다른 이유들에 의해 종종 선택됨을 알아야 할 것이다.

사고와 토론을 위한 질문들

1. 그리스도인들은 하나님과의 개인적인 관계에서 때로 그의 존재에 대한 질문을 제기하는 것은 누군가 왜 당신은 부모가 존재한다고 생각하느냐고 묻는 것처럼 이상하게 보일 것이다. 그 이슈에서 잠깐 벗어나서 하나님의 존재를 믿지 않는 사람들과 함께 토론하는 것에 대한 당신의 관점은 무엇인가? 당신은 케네스 보아와 로버트 바우먼의 『하나님의 존재를 증거하는 20개의 강력한 증거들(*20 Compelling Evidences That God Exists*)』과 같이 하나님의 존재에 대한 증거를 다루는 변증학을 선호하는가? 아니면 이 단원에서 논한 것처럼 하나님의 존재에 대한 가정의 합리성에 대해 논하는 것을 선호하는가? 당신의 입장을 옹호해 보라.

2. 이 단원은 지식과 교육의 영역에서 하나님을 배제하려고 노력하는 학자들의 몇 가지 예를 보여 준다. 그 이유는 무엇 때문이라고 생각하는가? 그 몇 가지 가능한 이유를 말해 보라.

3. 당신이 과거에 내린 중요한 개인적, 영적, 관계적 결정을 회상해 보
라. 이 결정에 있어 어떠한 가정(믿음, 가치, 진리, 기대 등등)이
영향을 주었는가? 그때 당시 이 가정들을 인지하고 있었는가? 당신
의 생각 뒤에 가리워진 이 가정들을 발견하는 것이 얼마나 쉬운가?
아니면 얼마나 어려운가?

4. 다음에 비그리스도인이 그리스도인을 비이성적(또는 기독 신앙을
비합리적이다)이라고 비난할 때 어떻게 답변하겠는가? 설득력 있게
진술해 보라.

주

1. Blaise Pascal, *Pascal's Pensées*, tr. Martin Turnell (New York : Harper & Row. 1962), p. 51.
2. William J. Bennett, *The De-Valuing of America: The Fight for Our Culture and Our Children*, (New York: Summit, 1992), p. 27.
3. 이 이념에 대한 유익한 논의로는 다음을 참조하라. Alvin Plantinga, "Advice to Christian Philosophers," *Truth Journal*. Retrieved from<http://www.leaderu.com/truth/1truth10.html>.
4. Alvin Plantinga,"Theism, Atheism, and Rationality," *Truth Journal*. Retrieved from http://www.leaderu.com/truth/3truth02.html.
5. Michael Rea, *World Without Design: The Ontological Consequences of Naturalism* (New York: Oxford University Press, 2002), p. 2.
6. Ibid., p. 6.
7. Ronald H. Nash, *Faith and Reason : Searching for a Rational Faith* (Grand Rapids: Zondervan, 1988), p. 17에서 인용.
8. Ibid., p. 17.
9. William Dembski, *Intelligent Design: The Bridge Between Science and Theology* (Downers Grove: InterVarity, 1999), P.125에서 인용.
10. Ibid., p. 125.

11. *Genetics: Readings from Scientific American, With Introductions by Cedric I. Davern* (San Francisco: W. H. Freeman, 1981) p. 239.

12. Phillip E. Johnson, *Objections Sustained* (Downers Grove, IL: InterVarsity, 1998), pp. 71-72에 인용.

13. J. P. Moreland, "Academic Integration and the Christian Scholar." *The Real Issue.* Jan/Feb 2000, P. 9에서 인용.

14. Frederick Crews, Ed., *Unauthorized Freud: Doubters Confront a Legend* (New York: Viking Penguin, 1998), p. 215.

15. Ibid, p. 232.

16. E. Fuller Torrey, M.D., *Freudian Fraud: The Malignant Effect of Freud's Theory on American Thought and Culture* (1992, rpt., New York: Harper Perennial, 1993), pp. 255-256.

17. Dinesh D'Souza, *Illiberal Education: The Politics of Race and Sex on Campus* (New York: The Free Press, 1991), pp. 182-183.

18. Dennis McCallum, ed., *The Death of Truth* (Minneapolis: Bethany House, 1996), pp. 199-203에 있는 토론을 참조하라.

19. Ibid., pp. 202-203.

20. Paul C. Vitz, *Faith of the Fatherless: The Psychology of Atheism* (Dallas: Spence Publishing, 1999), p. 119.

21. Ibid., p. 120.

22. Roy Abraham Varghese, ed., *The Intellectuals Speak Out About God* (Chicago: Regnary Gateway, 1984), p. 19에서 인용.

23. Ibid., p. 18.

24. Ibid., p. 19.

25. Ibid., p. 20.

26. Judith Hooper, *Of Moths and Men: An Evolutionary Tale* (New York: W. W. Norton, 2002), p. xix.

27. Ibid., p. xix.

28. Ibid., p. 310.

29. "Darwinism: A Time for Funerals," *Contrast* 2:2 (March-April, 1983), p. 4.

30. Richard Milton, "THES and Darwin: The Open Society and Its Enemies," 26 June 2002, available at <http://www.alternativescience.com/thes_and_richard_dawkins.htm>.

31. Ibid.

32. Ibid.

33. Phillip E. Johnson, *Darwin on Trial* (Washington, D.C.: Regnery Gateway, 1991, p. 9에

서 인용.

34. Milton, op. cit.

35. Aldous Huxley, *Ends and Means* (New York: Harper, 1937), p. 312.

36. Ibid., p. 312.

37. Ibid., p. 315.

38. Ibid., p. 315.

39. Ibid., p. 316.

40. <http://www.americanhumanist.org>를 보라.

41. Ibid., pp. 314-315.

42. Roy Abraham Varghese, ed., *The Intellectuals Speak Out About God,* p. 98에서 인용.

제 6장
과학 및 과학적 자연주의

자연과학은 비방자들에게조차 이론적이고 실용적이라는 것을
인정받아 막대한 특권을 누리고 있다.
때로 과학자들은 정당화되지 않은 우월감을 나타냄으로써 이 특권을 남용한다.
또한 유명한 과학자들은 인기 있는 저술들에서 자신이 증명한 영역 이상의 결과들을
마치 증명된 것처럼 사변적인 생각들을 주장하곤 한다.
> — 알란 소칼(Alan Sokal)과 진 브릭몬트(Jean Bricmont)[1]

과학이 합리적 증거를 사용한다는 이유로,
과학만이 사회에서 지성을 합리적으로 사용하거나
적어도 최고의 권위를 가진 유일한 것으로 잘못 해석되어져 왔다.
어떤 과학자들은 공적인 자리에 나타나
비합리적인 대중들을 해방시키는 이성의 사제들처럼 행동하곤 한다.
이는 아마도 과학은 인간 지성이 활동하는 여타 학문들과
다르다는 편견을 나타내는 것이다.
> — 윌리엄 브로드(William Broad)와 니콜라스 웨이드(Nicolas Wade)[2]

6.1 과학 예찬

불행하게도 과학을 지배하고, 신을 지식의 영역에서 배제하도록 압력을 가하는 철학인 과학적 자연주의를 논하기에 앞서, 과학 자체와 기독교 세계관과의 관계에 대해 몇 마디 하겠다. 사람들은 자신이 귀중하

게 생각하던 사상이나 사고방식이 위협받을 때 두려움으로 인해 가끔 온갖 생각을 하게 되고, 모든 종류의 좋지 않은 시나리오들을 떠올리기 마련이다. 과학자들은 과학주의(과학만이 유일한 지식을 얻는 방법임을 주창하는 사상)에 대해 질문을 받거나, 과학이 물질주의적 형이상학과 분리되어야 한다는 주장을 접하거나, 아니면 과학이 궁극적으로는 인간을 신에게 이끈다는 이야기를 들었을 때 공포를 느끼게 된다. 이러한 진술들은 가끔 앞서 제시된 사상들은 "반과학적"이며, 신을 인정하는 것은 과학의 정체를 불러오게 되어, 결국 모든 과학적 질문의 답이 종교적 교리에 의해 이루어질 것이라는 두려운 반응을 불러 일으킨다.

이러한 두려움을 잠재우기 위해 기독교 세계관이 과학의 적이 아니라 오히려 가장 좋은 친구라는 점은 짚고 넘어갈 필요가 있다.

과학과 기독교

현대 과학이 가능하게 된 배후에는 이교적 세계관이 유신론, 그중에도 기독교 사상으로 대체되는 것이 필수적이었다는 점은 오랜 기간 주장되어 왔다. 찰스 텍스턴(Charles Thaxton)은 기독교화된 유럽에서 과학에 대한 우호적인 분위기를 이렇게 적었다:

> 근대 과학이 유신론적 문화인 유럽에서 탄생했다는 점은 이제 잘 문서화되어 있다. 이 학문이 보여 주듯이 창조자에 대한 믿음은 근대 실험 과학의 환경뿐만 아니라 중요한 하나의 원인으로 작용했다.[3]

스텐리 자키(Stanley Jaki)는 1330년 존 버리던(John Buridan)에 의해 발견된 관성의 법칙이 얼마나 중요한지 강조하면서 근대 과학의 탄생을 이 법칙의 중요성을 인정한 것과 동일시하고 있다. 자키는 말한다.

> 아무 근거도 없이 현재에 창조를 믿는 것은 이교도 사상과 정반대
> 가 되는 것이었다. 그리고 마침내 중세 시대에 창조론에 대해 문화
> 적 합의가 이루어짐에 따라 관성에 대한 사상은 매우 자연스러운
> 것이 되었다. 이러한 광범위한 교리적, 신학적 합의가 기독교의 작
> 품인 한, 과학은 서구적인 것이 아니라 기독교적인 것이다.[4]

자키는 "이교주의의 본질은, 옛날이나 지금이나, 우주가 영원하며
그 움직임들은 시작과 끝이 없다는 것"이라고 기록한다.[5] 세상에 시작
과 질서 있는 연속성이 있다는 가정만이 과학적 탐구의 이론 및 실험을
가능하게 한다. 사실, 사회학자 로드니 스타크(Rodney Stark)는 기독교
가 과학의 발전에 긍정적인 역할을 했다고 주장한다:

> 과학은 자연 현상을 설명하려는 조직적인 노력으로 구성된다. 그렇
> 다면 왜 다른 곳이 아닌 유럽에서 이러한 노력이 이루어졌을까? 왜
> 냐하면 기독교는 신을 이성적이고, 응답적이며, 의지할 수 있는 전
> 능한 존재이며 우주는 그의 창조물이라고 보았기 때문이다. 따라서
> 자연 세계는 합리적이고, 질서정연하고 안정적인 구조를 가지고,
> 인간의 탐구를 기다리는 것으로 이해되었다.[6]

스타크는 "그리스도인들이 과학을 발전시킨 것은 그들이 과학이란 발
전될 수 있으며, 또한 발전되어야 한다고 생각했기 때문이었다"라고 말
했다.[7] 과학은 신의 마음을 이해하는 도구였고 지금도 그러한 셈이다.
기독교 세계관은 탐구, 실험, 이성 및 귀납적 사고를 포함한 과학의

방법들을 지지한다. 그리스도인들은 적절한 방법들을 사용하고 열린
마음으로 접근한다면, 진리를 알 수 있거나 적어도 접근될 수 있다고
믿는다. 객관적 지식이 가능하다. 따라서 기독교 세계관은 이성과 논
리의 전통적 형태들을 부정하며 진리의 객관성을 부인하는 포스트모더
니즘보다 과학에 더 가깝다.

6.2 과학주의의 흥망

과학주의의 대두

과학주의는 "과학만이 실재에 대해 진정한 설명을 제공한다는 교리"
라고 정의되어져 왔다.[8] 즉, "과학적 사실들만이 유일한 사실들"이며,[9]
그 외의 다른 진술들, 즉 철학적, 도덕적, 종교적 진술들은 지적이지
못하고 인식론적으로 무의미하다는 것이다. 과학주의는 1920년대와
30년대의 논리 실증주의로 거슬러 올라갈 수 있으며 알프레드 아이어
(Alfred J. Ayer), 칼 포퍼(Karl Popper) 및 콰인(W.V.O. Quine) 등 영향력
있는 과학철학자들에 의해 주창되었다.[10] 그러나 1940년대와 50년대
를 거치면서 과학과 과학주의가 혼동되기 시작했고, 과학주의가 과학
그 자체로 잘못 간주되었으며, 과학과 기술의 발견들이 인류에게 보다
나은 미래를 약속하는 것처럼 보였다. 과학은 마치 질병으로부터 건강
을 가져오듯이, 전통 종교가 제시하던 약속들의 일부를 제공하기 시작
했다. 육체적 건강을 위해 항생제를 개발하고 즐기기 위해 라디오와 텔
레비전을 생산하며 좀 더 만족스러운 삶을 위해 풍성한 음식을 제공하
며 진동 칫솔을 개발하듯이, 과학은 인류를 질병과 죽음으로부터 구하
고 모든 물질적인 욕구를 채워 주는, "모든 좋고 완전한 선물"을 가져

다주는 것으로 인식되었다. 과학은 언제나 새롭고 향상된 것들을 제공해 왔으나, 전통 종교는 점점 더 구식이고 "전과학적"인 것으로 보였다.

나아가, 과학은 진화론적 형태로 우리에게 인류의 기원과 삶의 목적에 관한 질문들에 답변하는 근대적이고 대체적 종교이다. 1943년 프린스턴 대학의 생물학 교수 에드윈 콘클린(Edwin Conklin)은 "많은 생물학자들에게 유기체 진화론은 최고의 통합 원리로 간주되었기에, 매우 높은 찬사를 받았으며 이는 진정한 종교적 헌신의 대상이었다."고 기술했다.[11] 많은 사람들은 과학에 의해 자신들이 자유로워졌으며, 향상되었고, (심지어는 "구원받았다")고 생각한다. 앨더스 헉슬리 같은 사람은 (앞장에서 언급했지만) 도덕적 구속으로부터 구원받기를 원했기에 이러한 과학에 의해 약속된 형이상학적 자유를 근대적 구세주로 환영했다.

많은 과학자들은 자신들이 새로운 제사장으로, 무지한 대중에게 확신에 찬 목소리로 권위 있게 진리를 설파하는 것을 즐겨왔다. 과학적 답변은 신뢰성이 있었다. 과학자들은 믿을 만하고, 객관적으로 정확하게 진리를 전달하는 사람으로 인정받았다. 비과학적 영역의 학문이 과학적 발견들에 비해 신뢰성, 의미성 나아가 사실성을 다소 상실한 가운데, 타영역의 학문들은 좀 더 과학적이 됨으로써 과학이 주는 후광 효과를 얻게 되었다. 가령 사회 과학이 정량화 및 통계를 강조하게 된 것을 예로 들 수 있다.

과학주의의 몰락

그러나 역사의 소용돌이 속에서 새로운 사건이 일어났다. 과학의 약속들이 지켜지지 않기 시작한 것이다. 과학의 진보에 강한 타격을 입힌 사건은 1950년대 유럽에서 수면제와 입덧 치료제로 개발된 탈리도마이드가 10,000건 이상의 심각한 기형아를 출산하게 된 재난이다. 비록 이 약품이 미국 내에서는 사용 허가된 적이 없으며 1961년에 금지되었지만, 이 사건이 일으킨 파장은 전 세계적이었다.[12] 역사학자 로버츠(J.M. Roberts)는 지난 30년 동안 서구에서는 과학에 대한 적대감이 대두되었음을 관찰했다.[13] 로버츠는 1970년대 초반부터 "과학에 대한 새로운 회의주의가 서방 국가들에서 분명하게 드러났으며,"[14] 이러한 회의적 태도와 적대감은 계속해서 확대되었다고 말했다. 그 외에도 많은 사람들로 하여금 과학이 자신들의 삶을 부정적인 방향으로 이끌어 가고 있다고 믿게 만든 사건들이 발생했다. 로버츠는 쓰리 마일 아일랜드 및 체르노빌에서 일어난 원자력 사고와 심지어 챌린저 우주왕복선 폭발 사건이 "다수의 사람들에게 처음으로 첨단 기술 문명의 한계와 잠재적인 위험성을 깨닫게 해 준" 결정적 사건들이었다고 말한다.[15]

과학에 대한 태도 변화가 잘 나타나 있는 책으로 토마스 쿤의『과학 혁명의 구조』가 있다. 이 책에서 쿤은 과학이 더 이상 "각각의 발견들 과 발명들의 축적"[16]에 의한 직선적인 진보가 아니라 세상을 보는 방식과 과학으로 허용되는 방식의 일련적인 변화를 다루는 것이라고 주장했다. 쿤이 "정상적인 과학," 즉 혁명들 간의 과학의 과정(또는 "패러다임 쉬프트")이란 "자연을 전문적인 교육에 의해 만들어지는 개념적 상자들에 집어넣으려 하는 집요하고도 헌신적인 노력"이라고 설명했다.[17] 더구나, 이러한 개념적 상자들은 관찰과 실험만을 통해 이루어져 있다. 쿤은 "개인적이고 역사적인 사건의 조합인 매우 모호한 요소는 언제든지 일정한 시간에 학문 공동체에 의해 조장된 믿음의 요인들로 작용할 수 있다"고 주장했다.[18] 많은 이들에게 과학은 더 이상 진리 자체를 추구하는 순수 객관적인 이상적 학문이 아니라, 철학이나 정치와 접목되는 것으로 보이게 되었다.

1975년 과학철학자 폴 파이어아벤트(Paul Feyerabend)는 『방법론에 반대하여(*Against Method*)』를 발간하여 과학적 방법론과 인식론을 분석하고 "과학과 미신은 놀라울 정도로 유사점을 가지고 있다."고 결론지었다.[19] 그는 과학에 대한 태도들과 가르침들을 비판하면서, *공상, 전체주의적 위장, 동화 속 이야기*라는 단어들을 사용했다.[20] 그는 미국 정치에서 교회와 국가가 분리되는 것이 중요하듯이, 과학과 국가 역시 엄격히 분리되어야 하는데 이는 과학이 종종 종교처럼 실행되기 때문이라는 것이다: "유일하게 올바른 방법과 유일하게 수용 가능한 결과들을 소유하고 있다고 주장하는 과학은 이데올로기이며 국가, 특히 교육과정으로부터 분리되어야 한다. 이러한 과학 교육은 이 특별한 미신을 자기 것으로 받아들이겠다고 결심한 사람들에게만 이루어져야 한다."[21] 쿤과 마찬가지로 파이어아벤트 역시 과학의 객관적 분석에도 주관적인 요소가 포함되어 있음을 보았다:

> 사실들 그 자체만으로는 우리가 과학적 이론들을 받아들이거나 거절하기에 충분하지 않는데 왜냐하면 이것들은 우리의 사고방식에 너무나 큰 여백을 남겨 놓고 있으며; 논리 및 방법론은 너무나 협소하기 때문이다. 이 극단적인 양자 사이에 계속 변하는 인간의 사상들과 소원들이 놓여 있다.[22]

파이어아벤트의 사상은 쿤과 같이 과학과 과학적 과정을 철학적 관점에서 비신화화하는 데 큰 영향을 미쳤다. 나아가 이 기간 동안 일어난 실질적인 사건들 또한 과학 연구에 대한 일부 사람들의 태도를 변화시키는 데 일조했다.

    1980년 미국 식약청은 "약 10퍼센트의" 약품 임상 실험 업체들은 "정직하다고 말할 수 없다."고 보고했다.[23] 1981년 봄, 미 의회는 사상 최초로 과학 연구에 대한 사기 문제를 조사하기 시작했다.[24] 1982년, 미국 최대의 약품 실험실 중 하나인 산업바이오실험연구소(Industrial Biotest Laboratories: IBT)는 "다양한 약품의 만성적 효과를 검증하는 1200건 중 약 900건에서 환경보호국(Environmental Protection Agency: EPA) 검사관들은 대부분의 보고서가 유효하지 않다고 결론 내렸는데" 그 이유는 실험의 부적절성과 사기성 때문이었다.[25] 인기 있는 책들인 『진리의 배신자들: 과학에서의 사기 및 기만(*Betrayers of the Truth: Fraud and Deceit in the Halls Science*)』(1982년에 출판) 및 『거짓 선지자들: 과학 및 약품에 나타난 사기 및 실수(*False Prophets: Fraud and Error in Science and Medicine*)』(1986년 및 88년에 편집됨)는 과학자들이 과학이 어떻게 작용하는지 말하는 것과 실제로 그것이 종종 어떻게 작용하는지의 격차를 잘 드러내었다.

    아마도 이러한 과학의 후광에 동일한 피해를 끼친 사건은 이 책들에 나오는 닫힌 마음을 가진 과학자들이 현재 인정되어지는 대륙 이동설, 옴의 법칙, 멘델의 유전법칙, 질병의 세균 이론, 산욕열 예방제 사용 등을 수년간 완강히 거부해 왔다는 역사적 기록들이다.[26] 일부 과학자들은 현실을 거부할 뿐만 아니라, 상상하는 것을 사실로 주장하는 경우도 종종 있다. 실제로는 존재하지 않는 것으로 밝혀진 "N선(N-rays)"은 "1903년에서 1906년까지 최소한 40명 이상에 의해 관찰되었고, 100명의 과학자들 및 의사들이 약 300건의 논문에서 이를 분석했으며"[27] 존재하지 않는 "미토지닉 선(mitogenic rays)"은 "1920년대와 30년대에 500편의 출판물들"을 낳았고[28] 또한 존재하지 않는 "폴리워터(polywater)"는 1962년부터 1971년 사이에 "수백 편 논문들"의 주제가

되었다.[29]

(과학자들과 의사들이 헌신적으로 신봉해 온 잘못된 이론, 심지어 그것이 잘못되었다는 확실한 증거가 밝혀진 이후에도 그것을 얼마나 맹목적으로 고집하는지에 관한 사실들을 알려 준 놀라운 연구로는 『치명적인 약품: 수만 명의 심장병 환자들이 미국에서 최악의 약품 사고로 죽은 이유(*Deadly Medicine: Why Tens of Thousands of Heart Patients Died in America's Worst Drug Disaster*)』를 참고하라.[30] 이 책은 새로운 약품들을 개발 및 시험하는 과정에서 정치, 경제, 자기 이해관계, 편견의 힘이 얼마나 큰지를 잘 드러내는 책이다.)

그러나 과학주의는 과학이 아니다

이러한 일련의 사건들은 과학자들도 우리와 마찬가지로 평범한 인간임을 믿는 이들에게는 그다지 충격적인 소식이 아니다. 윌리엄 브로드와 니콜라스 웨이드가 관찰한 바와 같이, "과학자들은 다른 사람들과 다르지 않다. 다른 사람들과 마찬가지로, 실험실에서 흰색 가운을 입는다고 해서 다른 사람들처럼 열정, 야망, 실수들이 없는 것이 아니다."[31] 그들의 믿음, 욕망, 세계관들은 다른 이들과 마찬가지이다. 그들은 자기기만에 빠질 가능성이 높은데 그 이유는 "인간의 본성이, 보기 원하는 것을 볼 가능성이 높으며, 특히 과학자가 결과물에 대해 어떤 개인적인 선호를 가지고 있을 경우, 자료를 해석하는데 있어 의도하지 않은 편견"에 빠질 수도 있다.[32] 그러나 대중들은 흔히 과학자들이 인간적으로, 그리고 학문적으로 완벽하다고 믿는 경향이 있으므로 이런 사람들에게 앞서 말한 사건들은 큰 혼란을 불러 일으킬 것이다. 분명히, 과학은 인류의 모든 문제와 필요를 충족시키는 데 최고의 해결책이라고 말하기 어려우며 과학이 오만하게 내걸었던 약속들도 지켜지지

않았다. 브로드와 웨이드는 요약한다:

> 과학이 모든 사회와 물질적 진보에 공헌했으며 무지와 어둠을 밝히는 이성의 선구자라고 주장했던 역사학자들은 과학이 근대 사회에서 일어난 모든 문제들에 대해서도 책임을 가지고 있다는 것을 부정할 수 없다. 과학은 아마도 과도하게 종교를 대신하여 근대 사회의 진리와 가치의 원천이 되었다.[33]

다시 말해서 사람들이 모든 좋은 것을 과학의 공으로 돌렸다면, "과학"의 발전으로 인해 생겨난 기술, 약품, 행동 양식에서 오류가 발견되었을 때, 과학은 비난으로부터 자유로울 수 없다.

이러한 반과학주의적 태도는 많은 포스트모더니스트들이 이성과 논리를 거부하고 전통 약품들 대신 약초와 신비적인 방식을 사용하는 것을 설명하는 데 도움을 주며, 입법, 사법 등에서 경험적 증거에 대항하여 권력과 정치적 영향력을 강화하는 이유를 설명해 준다.

그리스도인들은 과학의 몰락을 슬퍼해야 할 이유가 있다. 철학적 물질주의자들이 반기독교적 의도를 가지고 과학을 폄하하는 것은 잘못이며 수정할 필요가 있다. 왜냐하면 과학 자체와 과학적 방법론의 유용성은 인정받아야 하기 때문이다. 과학의 문제 중 한 가지는 사실과 가치(실제로는 가치들)을 완전히 분리하려는 것인데 실제 과학 영역에서 사실과 가치는 항상 함께 있기 마련이다. (어떤 실험을 할 것인가 선택하는 것도 과학자의 가치 판단을 반영하는 것이다.) 기독교적 가치를 과학 과정에 접목하는 것은 실제로 과학에 도움을 줄 수 있다. 가령, 과학이 인간 복제와 생명 공학에 대해 윤리적인 질문들을 제기할 때, 강력한 가치 체계는 매우 유용하며; 실제로 인류의 유익을 위해 과학자들을 바른 방향으로 인도하는 데 결정적인 도움을 준다.

과학의 혜택들

과학에 반대하는 사람들은 종종 선택적인 예들만 제시하곤 한다. 편견에 사로잡혀 한 면만을 보기를 고집하며, 과학이 인류에게 가져온 불행들만을 나열한다. "과학은 우리에게 핵무기, 유해물질, 대기와 수질 오염을 가져왔다. 과학은 우리를 구원하겠다고 약속했으나 그 약속을 저버렸기에 실패한 것이다." 그러나 이들은 에어컨이 가동되는 사무실에 앉아 컴퓨터 자판을 두드리며, 수입된 커피를 마시면서, 경비행기를 타고 케냐 또는 자메이카로 날아다니곤 한다. 그들은 안정된 치과와 건강 보험에 의해 보호 받고 있으며, 휴대폰으로 차에서 피자를 주문하곤 한다. 물론, 그들이 타고 있는 차는 백여 년 전만 해도 3일 걸려 걸어가야 할 길을 1시간 이내로 도착하게 만들어 준다.

의사였던 부친은 과학에 의해 항생제와 첨단 의료 진단기기와 현대화된 치료방법들이 도입되기 전 1930년대 초, 의약품 수준이 어떠했는지를 생생히 기억하고 있다.[34] 가령 폐렴이나 결핵에도 치료약이 없어 질병이 퍼져나가는 모습을 단지 "관찰"할 수밖에 없었던 시절을 상상해 보라. 그러므로 과학이 낳은 모든 의료 및 기술의 진보들, 즉 아스피린, 무선 진동 드라이버, 디지털 복사기, 그리고 세상에 대한 풍부한 지식에 나는 깊이 감사하며 이것을 축복이라고 부른다. 또한 과학적 방법, 조사 도구들, 법정에서 과학 증거의 사용 등의 이 모든 것들은 과학의 위대한 혜택들이다. 과학은 정말 위대하다. 과학은 내 자동차 타이어가 20년 전에 사용하던 타이어보다 훨씬 오래가게 할 뿐 아니라, 신의 창조물에 대한 신비(쿼크에서 DNA에 이르기까지)도 밝혀 준다.

그리스도인들은 몇 가지 이유들로 인해 과학의 이러한 장점들을 보아야 한다. 첫째, 우리는 과학이 우리를 구원할 수 없음을 항상 알고 있었다. 우리의 구원은 다른 방법으로 이루어진다. 우리는 과학이 삶의 모든 질문들에 대한 해답을 주거나, 진리의 유일한 원천이거나, 삶의 철학을 제공한다고 믿지 않았다. 우리는 다수의 과학자들이 주창하는 인식론이나 존재론보다 더 나은 믿음을 가지고 있다.

둘째로, 우리는 과학자들이 옳은 방향으로 가고자 노력하지만, 편견, 자만, 욕심, 세계관적 선입견에 좌우되기 쉬운 불완전한 인간임을 믿는다. 우리는 과학자들이 실험할 때 부정한 방법을 사용하거나, 빈약한 증거를 기초로 이론적 진리를 거창하게 선포하는 일 등을 접했을 때보다는, 경찰이 뇌물을 받거나 마약을 거래하는 대신 법을 지키기 위해 헌신했다는 뉴스를 들을 때 더 놀란다. 심지어 성직자들이나 사제들도 가끔 그들의 소명에 맞는 삶을 살지 못한다. 그러므로 과학자들 전체 나 과학 자체를 비난하는 것은 그 자체가 거짓이고 정직하지 않은 것이다. 실험적 실수와 의도하지 않은 편견들-자신의 사상이 경험적으로 지지되는 증거를 보고자 하는 강력한 소원-이 존재할 수 있으나, 그것이 반드시 비정직을 의미하지는 않는다. 만일 과학이 그것을 왜곡시키는 요소들, 즉, 어떤 이론들을 채택하도록 하는 물질주의적 세계관, 경제 및 정치적 압박, 사회적 집단의 압력 등으로부터 자유로워지면 질수록 과학과 과학자들은 훨씬 더 나은 모습을 보일 것이다.[35]

세 번째로, "과학"의 잘못으로 비난받는 대량 살상무기, 오염, 독성 폐기물 등은 사실 과학의 실패가 아니라, 세속화된 세상의 실패로-하나님을 배제하면서-사람들은 매우 어리석은 공공 정책을 만들고, 잘못된 사회적, 정치적 결정들을 내림으로써 그에 연관된 과학적 노력들을 잘못된 방향으로 이끌었고 올바르게 관리하지 못했던 것이다. 하지만 이것은 다른 주제이다.

따라서 우리가 비판해야 할 것은 과학이 아니다. 우리 그리스도인들이 반대해야 할 것은 사람들이 과학에 부여하는 종교적 의미를 포함하고 있는 물질주의 철학이다. 이러한 것들은 과학을 "형이상학적으로 옳은" 것으로 해석하도록 강요된 해석의 결과를 낳는다. 따라서 과학과 물질주의를 혼동하는 것("과학은 물질주의이다.")-나아가 양자를 동일시하는 것-은 잘못이며 배제되어야 한다. 세상의 모든 질문에 대한 답이 자연에서 나온다는 것은 과학이 아니라 형이상학이며, 하나의 신앙고백이다. 진리는 그것이 이끄는 방향과 관계없이 추구되어져야 하며, 설혹 신에게 도달하더라도 추구해야 한다.

과학자들의 민감성

많은 과학자들이 "과학적 발견들"이나 이론들에 대한 반박에 쉽게 분노하고 적대적인 이유는 그들이 과학적 이상과 완전하지 못한 실제를 혼동했기 때문이다. 브로드와 웨이드에 의하면, "연구자들은 오랜 시간 동안 과학이 사고의 영역이며, 논리와 객관성에 의해 철저히 지배되고 있다고 배운다. 그들은 과학이 (논리 실증주의) 철학자들이 말하는 대로 움직인다고 배운다. 그들은 이상이 마치 실제인 것처럼 교육 받는다."[36] 대부분의 과학자들은 그들 자신과 그들의 학문이 객관적이며 편견에 치우치지 않고, 진리를 향해 분명히 가고 있다고 믿는다. 가령, 인류학자인 글린 커스트레드(Glynn Custred)는 과학이란 "개방된 시스템으로 다양한 가설들이 세워지고, 그에 대한 증거들이 지속적으로 검증되며, 다양한 이론들이 열린 토론을 통해 경쟁하는" 곳이라고 주장했다.[37] 물론 이것은 과학에 대한 이상적인 관점이며, 과학이 어떻게 이루어져야 하는가를 말하지만, 종종 현실은 그렇지 않다.

다수의 과학자들이 이러한 이상적 견해를 가지고 있기에 과학적 과
정들이나 결론들에 대한 어떤 비판이나 문제 제기는 "반과학적"이라고
치부되거나, "과학을 이해하지 못하는" 것이라고 비판받게 된다. 과학
자들의 객관성에 대한 문제 제기는 개인적인 공격으로 간주되어 분노
와 적대감을 불러 일으키게 된다. "당신은 어떻게 감히 내가 부정직하
고, 거짓말쟁이이며, 조작자라고 말할 수 있는가?"라고 어떤 과학자들
은 말할 것이다. 그러나 실험자의 영향들(연구자의 기대가 결과에 영
향을 주는 경향), 무의식적인 편견, 이론을 믿고자 하는 정직한 욕구가
부정직을 의미하는 것은 아니다. 어떤 과학자가 한 가지 해석을 주장할
때, 그는 그 결론을 아마도 순전히 확신하고 있는 것이다. 이것은 거짓
말이나 속임의 문제가 아니다(아마도 의도하지 않은 자기 기만은 예외
일 것이다).

과학주의는 여전히 건재하다

대중들이 과학에 대해 냉소적이 되었음에도 불구하고(포스트모더니
즘이 이러한 태도의 원인이거나 영향을 미쳤는지는 논의해 보아야 할
문제이다), 다수의 과학자들은 여전히 과학만이 진리의 원천이라고 믿
는다. 이러한 태도는 과학적 자연주의와 결부된 것이다. 그러나 이것
은 과학 자체를 왜곡시키고 이미 결정된 관점들을 강요한다. 위에서 언
급한 책보다 더 최근에 출판된 책에서 과학철학자 파이어아벤트는 과
학이 미국 교육 제도에서 이데올로기적이며, 강압적이고 독단적이 되
었다고 말한다. 그는 말한다.

초창기에 과학적인 "사실들"은 단지 백 년 전에 종교적 "사실들"이
가르쳐지던 것과 똑같은 방식으로 가르쳐졌다. 학생들이 사물을 올

바른 관점에서 볼 수 있도록 하기 위해 그들의 비판적 능력들을 일깨우려는 어떤 의도도 없었다. 대학들에서 상황은 더 악화되어, 훨씬 더 조직적인 방법으로 세뇌가 이루어졌기 때문이다. 비판이 전혀 없지는 않았다. 가령 사회와 그 기관들은 가장 심각하게, 때때로 가장 불공평하게 비판을 받았고, 이것은 이미 초등학교 수준에서 일어났다. 그러나 과학은 비판으로부터 제외되었다. 대부분의 사회에서 과학자의 판단은 얼마 오래되지 않은 과거에 주교들이나 추기경들의 판단과 같은 존경을 받으며 수용되었다.[38]

십여 년 전에, 물리학 교수 마틴 에거(Martin Eger)는 과학 교육에서 지식에 대한 회의적 접근과 대안들을 추구하는 것에 대해 동일한 거부 반응을 보이는 것을 주시했다. 에거 박사는 모든 영역에서 학생들이 지식과 결론들에 대해 조심스럽게 접근하도록 하면서 왜 과학에서는 그렇지 않은지에 대해 의문을 제기했다. 교육의 목적이 사고하는 방식을 배우고 사상이나 주장들을 비판하는 능력을 기르는 것인데, 왜 과학 교육만큼은 이토록 독단적인가? 그는 묻는다:

만일 합리성의 핵심이 "비판성"과 "대안들"이라는 두 요소라면, 과학이 다른 영역들에게 떳떳할 수 있는가? ⋯ 도덕, 정치, 사회 문제들 속에서 – 비판성과 대안들은 능동적 이성의 근간이다. 그렇다면, 이성의 자부심이라고 불리는 자연 과학은 왜 그럴 수 없는가?[39]

에거가 생각하는 문제점은 진화론에 집착하여 그에 대한 질문이나 검증 없이 수용되어야 한다는 독단적인 주장이다. 그는 왜 이래야만 하는지 묻는다.

> 아무리 도둑질, 속임수, 친구들을 배신함이 모순된다고 하더라도
> 비판적 이성과 자율성을 발전시키기 위해 어린 아이들이 도덕적 결
> 정을 함에 있어서, 모든 종류의 대안들을 고려하게 하는 것이 좋은
> 일이라면, 왜 진화론에서만큼은 *정답들*을 배우는 것이 비판적으로
> 생각하는 것보다 더 중요한가? 왜 *이 부분에서만* 대안적 접근들은
> 금기가 되고, 토론의 주제조차 되지 못하는가? – 생명의 기원들에
> 관한 과학적 이론이 잘못된다면 개인의 도덕관도 잘못되는 심각한
> 결과를 낳게 되는데도 말이다.[40]

물론 정답은, 진화론은 현재 물질주의를 지지하는 유일한 기초석이며 신의 가능성을 배제한 세상에 대한 유일한 설명이기 때문이다. 이점에서도 물질주의에 집착하는 사람들에게는 진화론은 어떤 일이 있어도 보호되어야만 하며 유신론은 단호히 배척되어야 하는 것이 분명해진다. 과학주의를 따르는 이들에게 과학은 모든 해답을 가지고 있다. 파이어아벤드는 아래와 같이 그의 논평에 대해 결론지었다:

> 가령 "비신화화"하려는 움직임은 기독교와 과학적 사상들 사이의
> 충돌을 피하려는 의도가 다분했다. 만일 양자 간에 충돌이 일어난
> 다면, 과학은 확실히 옳고 기독교는 틀린 것이다. 그러나 조금 더
> 자세히 들여다본다면, 과학은 그 자신이 한때 싸워 오던 이데올로
> 기들 못지않게 압박을 행사하고 있음을 발견하게 될 것이다.[41]

따라서 그리스도인들이 신앙을 가지고 통합적인 과학을 공부할 때

부딪치는 문제는 진리의 상충이나 기독교와 과학 중 어느 것이 "거짓" 인가에 대한 것이 아니다. 문제는 과학의 특정 관점(과학주의)으로 과학만 진리의 원천이라고 주장하며, 과학이라는 이름으로 제시되는 철학적이고 해석적인 주장들인 것이다.

6.3 과학적 자연주의의 정의

이 책에서 물질주의와 과학적 (또는 철학적) 자연주의를 동일시한 경향이 있으며, 과학주의는 두 가지 사상과 모두 연관이 있음을 암시했다. 그 이유는 이 세 사상들이 서로 중복되는 부분이 있어 구분이 명확하지 않기 때문이다. 사실, 한 가지 사상은 다른 사상들을 암시하곤 한다. 철학자 마이클 레아는 아래와 같이 밝힌다:

> 자연주의는 때로는 물질주의, 때로는 경험론, 때로는 과학주의와 동일시된다; 그러나 이 세 입장 모두 명확히 정의하기 어려우며, 따라서 동일시하는 것도 문제가 있다. 그러나 이들은 모두 존재하는 것은 자연뿐이며, 초자연적인 것은 없다는 점에는 동일하다.[42]

따라서 자연주의는 알 수 있는 모든 지식은 자연 세계의 관찰이나 해석으로부터 나온다는 철학 또는 형이상학적 입장이다. 이러한 가정 하에서는, 과학적 지식과 경험적으로 관찰된 정보만이 사실이다. 종교적 원칙들과 같은 다른 지식, 선과 악에 대한 도덕적 개념들, 미에 대한 사상들, 정의와 자비에 관한 윤리적 관념 – 이 중 어떤 지식도 현실적 관점에서 의미가 없으며, 주관적 믿음이거나 "사회적으로 합의된" 선호들에 불과하다. 철학적 자연주의는 세상에 대한 모든 설명을 물질적으로 한다. 영혼은 없으며, 단지 뇌의 전자, 즉 화학적 작용만 있을 뿐이다. 정교하게 디자인된 자연물들(나비의 양 날개, 크리스탈, 변형, 눈)은 디자이너의 생각이 비물질적 설명이기 때문에 단지 그렇게 보일 뿐이다. 따라서 초자연적인 세상이 존재하지 않는다고 생각하는 자연주의자들이 물질적 인식론을 갖는 것은 당연하게 보인다. 레아는 말한다:

> 자연주의는 언제나 고대로부터 전해지는 두 가지 프로젝트와 함께 연관되어 있다. 첫 번째 프로젝트는 자연과학의 방법들과 결과들에 본인의 철학적 이론을 접목시키려는 것이다. 두 번째는 세상을 물질주의적 가정들 하에서 이해하려는 것이다.[43]

방법론적 자연주의

과학에 대한 자연주의적 접근에는 두 가지가 있다는 주장이 있다. 철학적 자연주의는 초자연적인 것이 존재하지 않는다는 형이상학적 관점으로, 모든 진리는 유물론적이다. 그러나 어떤 과학자들은 그들의 형이상학적 선호를 제외하고 그것과 관계없이 과학을 할 수 있다고 본다. 과학은 이전과 같이 보이지만 단지 방법론적 자연주의에 의해 인도된다. 이것은 당신이 신을 믿고 있는지 여부와 관계없이, 과학을 연구하는데 있어서는 모든 해답들이 자연으로부터 나오는 *것처럼* 가정하는 것이다. 때때로 어떤 사람들은 어려운 문제에 부딪칠 때, "신이 이렇게 만드셨을 거야."라고 가정할지도 모른다. 그리고 방법론적 자연주의를 주창하는 사람들은 가끔 신을 과학적 영역으로 데리고 들어오는 것은 설명할 수 없는 모든 영역을 신의 역사로 치부하려 하기 때문에 과학적으로 문제들을 해결하려는 것을 중단할 것이기 때문에 "과학적 정체"를 불러 일으킨다고 주장한다.

하지만 우리가 보았듯이, 과학은 중세 기독교 시대에 시작되었으며 자연주의가 발생되기 수백 년 전부터 발전되어 왔다. 기독교가 과학의 발전을 저해한다는 주장은 언뜻 보기에 옳은 듯하나 얼마 가지 않아 그 실상은 거짓임이 드러난다.

6.4 자연주의의 난점들

어쨌든 철학적이고 방법론적인 자연주의는 동일한 비판들로부터 자유로울 수 없다.

임의적임

자연주의는 자연 세계에 대한 과학적 지식이 꼭 필요하지 않은 부분의 진리에 대한 탐구를 임의적으로 제한한다. 윌리엄 해스커(William Hasker)는 아래와 같이 표현했다.

> 철학적 *자연주의*는 자연 세계가 그 자신으로 완전하며 자충족적이라고 주장한다. 자연주의에 따르면 모든 존재하는 것과 일어나는 것들은 자연적 과정들의 영역 내에 있다. 그 어떤 것도 자연 외부로부터 오거나 영향을 주지 않는다. 사실 "외부 세계"는 존재하지 않는다; 자연은 전부이다.[44]

그러나 "자연은 전부이다."라는 주장은 증명되지 않은 가정에 불과하다.

한계

자연 세계에 대한 설명만으로 진리를 국한하는 것은 실재에 대해 단편적인 관점만 제공한다. 해스커의 말을 다시 한 번 인용하자면,

> 반면에 비자연주의자들에게 인간의 삶은 자연주의적 개념들로는 볼 수 없는 풍부한 증거들을 가지고 있음에도 불구하고 자연주의는 제한되고 고착된 개념의 틀 안에서 인간의 삶을 해석하는 것이 명백하다.[45]

자연주의는 우리가 알고 경험하는 광범위한 비물질적 실재에 대해 만족스럽게 설명할 만한 도구들이나 사상들을 가지고 있지 않다. 또한 자연주의의 도구들만으로 설명하기 어려운 (초자연적인) 영역의 실재를 부정하는 것은 다소 오만하다. 또한 진리의 원천이 자연이라는 임의성과 자연주의적 모델의 한계들은 프로크루터스의 침대처럼 모든 증거를 멋대로 자르거나 늘려야 한다. 필립 존슨에 의하면,

> 물론 과학을 물질적인 설명들을 추구하는 것으로 생각하는 사람들은 언제나 그런 설명들이 있다고 가정하는 것이 유익할 것이다. 그러나 이러한 철학적 선호가 하나의 아끼는 이론을 정당화할 수 있다고 가정하는 것은 "과학"이 편견을 뒷받침하는 방법이라고 정의하는 것이다.[46]

윌리엄 브로드와 니콜라스 웨이드는 과학의 사기에 관한 그들의 책에서 방법을 통제하는 철학에 헌신하는 것은 객관성의 이상에도 불구하고 결국 오류를 범할 수 있다고 지적한다:

어떤 과학자들에게 객관성이란 허울만 쓰는 것으로서, 세상을 대하는 진지한 자세가 아니다. 이런 태도 하에, 과학자는 그의 독단적 신념을 평범한 선동정치가보다 훨씬 더 쉽게 세상에 떠맡길 수 있다.[47]

자신의 규정들로부터 제외됨

마이클 레아는 철학적 자연주의에 대한 연구 도서를 저술하면서 자연주의 실험자들이 일관성을 잃었다는 사실을 발견했다. 자연주의자들은 모든 사상들이 잠재적으로 틀릴 가능성이 있다고 가정하지만, 자신들은 그럴 가능성이 없다고 가정한다:

내가 관찰한 바로는 스스로를 자연주의자라고 부르는 사람들은 최소한 한 가지 점에서 일치하는데 그것은 그들의 방법론이 과학의 향후 발전에 의해 문제시되거나, 과학의 발전으로 인해 자연주의가 거부당할 수 있다는 점을 망각하고 있다는 것이다.[48]

레아는 "결국 모든 것이 과학의 혜택 하에 있다면, 자연주의는 왜 아니겠는가?"라고 결론짓는다.[49] 우리는 자연주의가 과학의 경계선에 서 있는 철학으로 임의적인 헌신이며, 과학이나 과학적 방법의 본질적인 면이 아님을 다시금 알 수 있다.

반종교적 편견을 가짐

하나님과 초자연적 존재를 분명하고도 확실히 배제하는 철학은 그를 거부하는 사람들에게 매력적으로 다가가 하나의 피난처나 대안적 종교로 주목받고 있음은 놀랄 일이 아니다. 하나님을 향한 적대감에 대해서는 이미 논의했기에 여기서는 간단히 다루겠다. 리챠드 레윈틴은 종교에 반대하는 것으로 분명히 "**과**학(Science: 대문자 S)"을 언급하며 다음과 같이 주장한다.

> (과학을 공적으로 가르치는 데 있어서) 문제는 세계에 대한 비합리적이고 초자연적인 설명들과 그들의 상상 속에만 존재하는 귀신들을 거부하도록 하고, 사회적이고 지적 장치로서 과학만을 유일한 진리의 근원으로 수용하도록 하는 것이다.[50]

여기서 우리는 다시금 과학주의가 과학이라는 이름으로 가장하여 철학적 자연주의의 가정들에 의해 양자가 혼돈되게 함을 본다.

심리학자 폴 비츠는 무신론의 심리학에 관한 그의 책에서 도발적인 분석을 제공한다:

> 인간에게 하나님은 무엇보다 세상에서 정의와 질서의 원리로 작용하는 것처럼 보이며 – 단지 그 다음에 사람이 관계를 가질 수 있는 인격으로 보인다. 달리 말해, 하나님의 법과 섭리적 통제는 인간의 믿음에 중심적인 면들인 것처럼 보인다. 그러므로 우리는 무신론자가 되는 사람들이 세계에 질서를 부여하는 새로운 원리를 발견할 것으로 기대한다. 따라서 우리는 남성 무신론자들이 분명히 무신론적으로 하나님의 지적 자리를 취하는 새로운 "신성"을 가질 것으로 기대하며 … 오늘날의 많은 무신론자들은 과학 신봉자들이다: 그들은 과학을 단지 중요한 방법론이나 지식의 형태일 뿐만 아니라 세계관이나 개인적 철학으로 간주한다.[51]

하나님을 배척하고 과학적 방법 또는 일련의 잠정적 가정들(자연주의와 같은)을 선택하는 것과 과학을 하나님의 자리로 높이는 것은 객관성에 대해 매우 문제가 많은 방식으로서 영향을 끼칠 것이다.

철학적 비합리성

철학자 앨빈 플랜팅가는 지성의 근원에 대한 자연주의자들의 설명은 자연주의 그 자체를 비합리적으로 만든다고 주장한다. 철학적 자연주의자들은 우리의 지성이 좋은 생각들이나 진리나 믿음과 실재 간의 정확한 대응과 같은 것이 아니라 생존과 재생산이 지고의 가치인 우연과 자연도태를 통해 기계적으로 진화해 왔다고 믿는다. 그러므로 플랜팅가는 우리의 지성과 그것이 낳은 신념의 신뢰가능성에 대해 의심할 이유가 있다고 주장한다. 그는 리처드 로티(Richard Rorty)를 인용하며 진화한 인류가 진리를 향해 "방향 지워진다"는 생각은 "비다윈적"이며 다윈 자신도 인간 지성의 신뢰성을 의심했다고 말한다. 플랜팅가는 결론 맺기를: "따라서 진화론적 자연주의는 그것을 받아들이는 사람들에게 과학적 신념을 꺽고, 과학이 사실상 우리를 진리로, 또는 진리 가까이로 인도하는지 인도하지 않는지 의심할 이유를 제공한다."[52]

6.5 자연주의에 의해 초래된 과학에 대한 혼돈들

우리는 기독교적 세계관을 가진 과학자이든 단지 과학적 자연주의(특히, 진화론을 기초적 신조로 하는 경우)를 반대하는 과학자이든 그들의 태도와 반응을 이해하기 위해서 그들이 어떻게 생각하는지 알아야 한다. 여기 몇 가지 혼란스러운 점들이 있다.

1. 물질주의/자연주의와 합리성 간의 동등성

이성은 물질주의적-자연주의적 인식론의 틀 안에서만 찾을 수 있다는 믿음은 그 지지자들에게 몇 가지 장점들을 제공한다. 첫 번째, 이성은 정의상 그들의 편에 있기 때문이다. 이성이 뒷받침하고, 특히 이성만 그 뒷받침이 된다고 하는 형이상학적 입장을 가진다는 것은 얼마나 근사한 느낌인가? 물론 이것은 포스트모더니스트들이 와서 "이성이라고? 젠장!" 이렇게 말하기 전에는 훨씬 더 강력한 모습이었다. 그렇지만 이성은 유용하고, 종종 신뢰할 수 있는 것이라고 생각하는 대부분의 사람들에게 이성은 여전히 영향력이 있다. 높은 교육을 받은 사람들일수록 합리적인 것에 관심이 있고 합리성이라는 렌즈를 통해 세상을 본다. 그래서 '이성은 물질주의를 암시한다.'는 전략이 과거에 그렇게 효과적이었던 것이다.

두 번째로, 만약에 물질주의자들이 이성을 가졌으면, 그 정의상, 그들의 반대자는 비이성적이다. 모든 초자연적인 것은 비합리적이다. 신에 대한 모든 말들도 비합리적이다. 만약 한 사람이 반대 입장을 불합리하다고만 말할 수 있다면, 그 반대자를 심각하게 받아들일 필요가 없다. 어떤 논리적이거나 합리적인 논쟁들은 경청할 수 없고, 모든 것은 그저 비합리적이고, 맹목적이며, 미신적인 넌센스다. 묵살되기 쉽다. 우리는 앞장들에서 이러한 생각이 이미 잘못되었고, 기독교적 세계관이 물질주의적 세계관보다 더 합리적임을 보았다. 또한 우리는 제 5장에서 누구는 합리적이고 누구는 아니라는 것은 사실상 가장 깊은 형이상학적 가정들에 기초한 존재론적인 논쟁이지, 이것은 논리나 생각이나 논쟁의 깊이의 문제가 아니라는 것을 짚어 보았다. 그러나 이 합리성에 대한 물질주의자들의 소유욕은 무서울 정도로 강해서 이성적인 논쟁을 하는 것 자체만으로도 그들에게 엄청난 두려움을 줄 것이다.

그 결과로, 당신이 물질주의자/자연주의자들과 대화를 시도하면, 그들은 초기 전략으로 당신을 비합리적이라고 규정하려 할 것이다. 즉, 그들은 몇 가지 미끼가 될 질문들을 던져서 그 답변이 비합리적이거나 미신적인(단지 주관적일 뿐만 아니라) 사람으로 만들어 당신과 당신이 가지고 있던 작은 증거나 주장도 무시할 것이다. 당신의 신앙에 대해서 이유를 잘 설명할 수 있다면, 당신은 이 분야에서 더 강력한 증인이 될 것이다.

만약에 당신이 동네 서점에서 물질주의자나 반종교 잡지들을 보면, 이성이 그들 편인 것처럼 보일 것이다. 그 이유는 이성만이 그들의 안내자이고, 이성은 그들이 철학적으로 선호하는 것을 요구하거나 적어도 그것을 지지하게 하는 이유가 된다. 가령 「더 스켑티컬 인콰이어러 (*The Skeptical Inquirer*)」사의 모토는 "과학과 이성를 위한 잡지"이다. "이성이 우리의 편이다."는 물질주의자들의 꾸준한 신조인데, 이것은 그리스도인들이 더 강력하게 제지해야 할 도그마이다.

2. 과학과 물질주의의 동등성

물질주의자들은 그들의 형이상학적 입장을 과학과 이성이 지지하는 것처럼 보이길 간절히 원한다. 왜냐하면 첫 번째로 이성와 과학은 여전히 진리를 위한 강력하고 객관적인 도구들이고, 두 번째로 물질주의자들은 이성과 과학을 그들이 비합리적이고 비과학적인 종교적 유형들과 구별하는 것으로 보기 때문이다.

수년 전, 미국의 인본주의 협회의 잡지인 「더 휴머니스트(*The Humanist*)」에 흥미로운 의견교환이 있었다. 토마스 클라크(Thomas Clark) 교수는 포스트모더니즘이 이성과 과학 자체를 불안정하게 만들었으며, 그 지지 세력도 이미 힘을 잃었다고 주장했다. 그러나 그는 이렇게 덧붙인다. "인본주의자로서, 우리의 선호를 정당화시키기 위해 이성이나 과학을 들먹일 필요가 없다. 그 대신, 우리는 이러한 선호들이 우리가 가질 수 있었거나 필요한 모든 기초라는 사실을 깨닫는 것이 더 중요하다."[53] 그는 말하기를 인본주의자들은 "종교에 대해 자신들을 변호하기 위해 단지 이성, 과학, 인간 본성에 단순하게 어필하는 것을 중지해야 한다."[54] 진정한 포스트모더니스트 형태로 (철학자 리차드 로티를 따라) 클라크는 선언한다:

> 그러므로 우리의 개념 체계, 과학, 합리성, 윤리적 신념은 전통적인, 철학적 이념이 제공하길 기대했던 절대적이고 객관적인 기초가 부족하다. 그것들 중 우리의 선택은 주어진 목적을 위한 그들의 상대적인 유용성의 문제이지 ― 세상의 진정한 모습을 보여 주는 것을 발견하는 문제가 아니다.[55]

따라서 클라크는 이렇게 말한다. "우리가 바라는 선호도와 가치, 신념들이 우리가 할 수 있는 (또는 필요한) 만큼 깊이 있는 것을 보면 합리주의는 쉽게 뒤쳐지게 된다."[56] 그리고 과학에 대해 "우리는 인본주의자들이 과학이야말로 최종적으로 모든 것을 '올바르게' 하며 따라서 이에 동조하지 않는 사람은 인식적 결함이 있거나 고의적으로 반항하는 것이라고 주장할 수 없다."[57] 이성과 과학 모두 "우상들"이므로 그들은 인본주의를 지원하는 것으로 신뢰할 수 없다. 클라크는 결론을 맺는다:

> 신이 주신 확신을 상실하고도, 보편적 합리성, 궁극적으로 객관적인 과학, 또는 고정된 인간 본성과 인본주의적 의제는 여전히 동일하게 유지됨을 발견할 것이다: 즉 인간이 처한 곤경에 대해 지지자

들의 소원들과 열망들, 기술들이 허락하는 최상의 해결책을 창조하
는 것이다. [58]

클라크는 이 포스트모던의 "반근본주의적" 세상에서 인본주의는 결
국 기독교만큼이나 근거 없고, 주관적이며, 비합리적인 것임을 암시한
다. 물론 인본주의자들에게 이것은 정말 두려운 생각이다. 만약 인본
주의자들이 객관적 근거를 위해 이성과 과학을 신뢰할 수 없다면, 그들
의 철학도 결국 단지 하나의 형이상학적 선호일 뿐이다.

물론 이 논문은 잡지 다음 호에서 반응을 얻었다. 노만 호니스(Norman
Haughness)는 아래와 같이 밝혔다. "인본주의자들과 종교적 근본주의
자들은 모두 우리의 감정적인 믿음에 좌우되는데 … 인본주의의 믿음
은 … 과학에 근거하고 있다."[59] 호니스는 이러한 기초가 없다면 인본
주의는 신뢰를 얻기 힘들 것이라고 말한다. 사실, "우리는 변덕스럽고
무지한 공포와 도그마에 기초한 사람들의 명령과 다를 바가 없어지는
것이다. 이것은 우리 주장의 독창성을 새롭게 하여 주의를 끌고 우리의
충동에 대한 정당화를 가속화하는 것이다."[60] 그는 이렇게 결론을 내렸
다. "인본주의의 독특하고 특유하며 온전히 건전한 주장을 과학의 기초
로 하지 못하게 됨으로 전 세계 인본주의 운동의 미래—더 안전하거나
인류의 동지를 위한 불가능한 경쟁을 더 잘 대처하지 못해—가 위협받
고 있다 ."[61]

이것만 봐도 얼마나 인본주의자들과 다른 물질주의자들이 과학과 이
성이 자신들의 철학과 형이상학을 뒷받침한다고 집착하는지 이해할 수
있다. 만일 과학과 이성이 중립적이거나, 더 나쁘게 말해서 과학과 이
성이 신의 존재를 나타내고, 유신론의 타당성을 나타낸다면, 인본주의
라는 배는 침몰하고 있는 것이다. 그들은 이것을 알고 있다.

첫 번째 기억해야 될 것은 과학과 물질주의 사이의 혼란은 의식적인 것이지 돌발적인 것이 아니라는 것이다. 물질주의자들은 과학이 그들의 편에 있다고 믿기를 강력히 원하며 그 생각에 지나치게 집착한다. 과학의 위신, 기술의 이점(적어도 모더니스트 관점에서), 이성과 경험을 매우 중요하게 생각하는 계몽주의의 유산 등은 모두 강력한 요소들로서 물질주의자들은 이것들이 자신들의 믿음을 뒷받침해 줄 수 있기를 바란다. (그리고 그들의 신념들은 종종 많은 사람들의 본능과는 달리, 신뢰를 얻기 위해 보다 드라마틱한 지원을 필요로 한다.)

두 번째로 중요한 점은 이 물질주의자/자연주의자 진영의 의식적 혼란 속에서도 결국 이성과 과학은 기독교적 세계관을 더 잘 지지한다는 것인데, 왜냐하면 기독교는 물질주의 같은 환원론이 아니기 때문이다. 우리는 가령 물질적 설명으로 정신적인 질문에 답변하려고 하지 않는다. 이러한 논쟁이 때때로 잘 경청되지 않는다고 해서 잘못된 것이라는 의미는 아니다.

3. 모든 과학과 진화론의 융합

어떤 과학자들은 진화론에 대해 비판하는 것은 과학 자체, 과학적 방법, 또는 "과학이 어떻게 작용하는지"를 비판하는 것이라고 믿는다. 이 철학과 경험 과학 사이의 융합에 관해서 어떤 과학자들은 마치 신약이 개발되거나 새로운 TV가 나타난 것처럼 말하지만, 사실 이것은 눈속임에 불과하다. 물리학자이며 철학자인 마틴 에거(Martin Eger)는 아래와 같이 말한다.

창조론을 반대하는 학자들은 만약 진화론이 전적으로 지배적인 패러다임의 형태 내에서 가르쳐 지지 않고, 대신 낡은 이론으로 주의를 산만하게 하며 불필요한 비교들에 의해 방해받는다면 과학적인 암흑기가 도래할 것이라는 두려움을 자주 제기한다. 종종 이러한 경고는 그렇지 않으면 우리는 "불가피하게 문명의 '역행'을 불러 일으킬 우려가 있으므로" 모든 과학이 전방에 서야 한다는 보다 더 일반적인 탄원과 결합되었다. "미국의 과학은 시들 것이다. 우리는 무지하며 제대로 준비되지 못한 세대가 내일의 산업을 운영하도록 할 것이다."[62]

그러나 이렇듯 진화론과 과학을 동일시하는 사람들은 마치 물질주의와 과학의 연결을 유지하는 것에 관심이 있는데, 왜냐하면 진화론은 불가지론적이거나 무신론적 실재관을 지지하는 기초적 창조 신화이기 때문이다. 아마도 여기에는 많은 진리가 있을 것이다. 그리고 분명한 연결 관계가 없을 때조차도 진화론을 모든 과학의 영역에 결부시키려는 노력이 있는 것으로 보인다. 거의 모든 "과학" 방송 프로그램에는, 그 주제가 진화론과 특별한 관계가 없음에도 불구하고 진화론이 거의 초반에 언급되고 있다. 결과적으로, 우리는 많은 추종자들에게 진화론이 종교적 중요성을 지니고 있다고 생각할 수 있다.

그러나 진화론을 강력히 추종하는 것은 과거에 다른 이론들을 추종하던 것과 크게 다르지 않다는 것도 지적해야 한다. 많은 과학자들은 실재에 대해 호소력 있는 하나의 관점으로 특정한 이론을 수용하게 되면 그것을 비판하거나 대체하려는 모든 노력을 매우 분노하면서 저항한다. 수용한 진리를 거부하는 것은 수년간의 과학적 진보를 던져 버리는 것이며 과학에 종말을 고하는 것이라고 주장한다. 토마스 쿤은 과학의 역사에서 그런 사건들을 상기시켜 준다:

다시금, 필드의 기본 신조들이 흔들리던 혁명 기간 중에, 만약 반대되는 패러다임이 채택될 경우 계속적인 진보의 가능성에 관해 많은 의심이 반복적으로 표현되었다. 뉴톤주의(Newtonianism)를 거부한 사람들은 내적 힘에 의지하는 것이 과학을 흑암기로 돌이키게 만드는 것이라고 주장했다. 라보아지에(Lavoisier)의 화학을 반대하던 사람들은 실험실 요소들을 선호하여 화학적 "원리들"을 거부하는 것이 단지 이름만으로 피난처를 삼으려는 사람들에 의한 화학적 설명을 거부하는 것이라고 주장했다.[63]

현재 이론이 없으면 "어떤 것도 말이 안 된다."는 사상은 따라서 새로운 것이 아니다. 나중에 우리가 제 10장에서도 보겠지만, 생명의 물질적 기원을 주장하는 자연주의자에게는 진화가 유신론자보다 더 확률이 높은데 그 이유는 단지 좋은 대안적 설명이 없기 때문이다. 한 번 창조주의 가능성이 제거되면 진화론만이 대세가 되는 것으로 보인다.

4. 진화론을 과학과 종교 사이의 논쟁으로 비약

자연주의적 혼동의 근원은 대학의 역사와 맞물려 있다. 대부분의 대학은 신앙과 지식의 증진을 위하여 그리스도인들에 의해 설립되었다. 가톨릭과 개신교도들은 많은 대학을 설립했다. 그러나 특히 19세기에 경험주의와 철학적 물질주의가 대두되면서 대학의 많은 연구자들은 학문의 자유를 명분으로 교회의 권위에서 벗어나 스스로 독립과 권력을 쟁취하는 데 성공했다. "알프레드 러셀 왈라스(Alfred Russel Wallace)는 실제적으로 따돌림 당한 반면 찰스 다윈이 영국 과학계에 의해 그렇게 선전된 한 가지 이유는 왈라스가 "보이지 않는 영의 세계"에 대해 말한 신자였던 반면 다윈은 강의실을 흥분한 혼란 상태로 만든 불가지론자

였기 때문이었다."라고 그렉 이스터브룩(Gregg Easterbrook)은 적고 있다.[64]

19세기에 일어났던 학문적 논쟁은 여전히 계속되고 있다. 이스터브룩 박사는 아래와 같이 덧붙인다:

삶을 우연한 사고로 치부하는 것이 객관적인 과학으로 보였으며, 이는 현대의 지적 정통의 중심이다. 그러나 삶이 의미가 없다는 것은 하나의 의견이며, 치우친 귀결이다. 또한 이 의견은 한때 신앙이 과학을 대했던 것처럼, 과학이 신앙을 애써 무시하려는 많은 사상가들의 소원에 의한 것이 분명하다.[65]

이러한 태도의 목적은 한때 신앙이 과학과 학문의 세계에 행사해 왔던 권력이나 영향력을 제거하기 위함이다. 때로는 막대한 재정 지원을 잃는다는 두려움이 제기되었다. 그리고 외부의 간섭에 대한 두려움도 컸다.

필립 존슨은 종교를 단순한 믿음으로 격하시키기 위해 과학적 성취를 자극한 다른 이유가 있다고 주장했다. 과학은 현재 진리의 유일한 원천일 뿐만 아니라, 문화적 규범을 책정하는 최고의 명성을 누리고 있다. (모더니스트들 가운데) 최상급 진화 단계인 인간의 위치는 원대한 도덕과 사회적 함의들을 낳았으며, 이 모든 것들은 과학적 사실에 의해 뒷받침되었다. 이러한 독점을 유지하기 위해 과학자들은 상호 갈등을 불러 일으키는 논쟁들을 제기하는 종교적 진리를 거부해야 했다. 따라서 "신에 대한 참된 지식"을 가지고 있다는 종교적 사상들이나 학자들을 수용하는 것은 "문화적 권위를 가진 위험한 과학자들의 라이벌"로 만들 것이다. 존슨은 계속해서 "이러한 문제가 일어나지 않도록 하기 위해 자연주의 철학이 가진 전략은 자연주의를 과학으로, 유신론을 종교로 간주하는 것이다. 전자는 지식으로, 후자는 단순한 믿음으로 분류된다."고 말한다.[66]

과학과 종교 간에 논쟁이 없다면, 누가 갈등되는 사상들이나 비판을 강의실로부터 법정으로 가지고 갈 수 있었겠는가? 진화론이 공립학교에서 진화론의 약점들과 그 대안들에 대해 토론하는 것을 막기 위해 노력하는 것처럼, 지배적인 이데올로기를 반대하는 이념들을 배제하기 위해 법정을 이용하는 다른 종류의 지식은 무엇인가? 다른 한편, 존슨은 우리의 논쟁은 종교와 과학 사이에 논쟁이 아니라, 자연주의와 유신론 간의 논쟁임을 밝히고 있다: "우리는 이 갈등을 두 가지 종교 간, 그리고 과학에 대한 두 가지 정의 간의 갈등이라고 말하는 것이 더 정확할 것이다."[67]

6.6 사실과 해석

만일 당신이 거짓된 사상을 믿을 만한 것으로 생각하게 하는 것이 무엇인지 고민해 봤다면, 당신은 어느 정도의 진리나 신뢰할 만한 부분이 도시의 전설에서부터 포스트모더니즘 주장에까지 거짓된 사상에 일부 포함되어 있다는 사실을 알 수 있을 것이다. 완전한 거짓보다, 10퍼센트의 진리가 섞여 있는 경우가 훨씬 믿음을 얻게 될 경우가 많은데 대부분의 사람들은 10퍼센트의 진리만 보고 그것을 정확하다고 생각할 수 있기 때문이다. 이와 비슷하게, 과학에서의 사변을 믿을 만한 것으로 만드는 기술들 중의 하나는 과학을 종종 사실적 기초에 연결하는 것이다. 물론 어떤 의미에서는 추론의 법칙이 작용한다: 많은 사실들을 검토한 후 합리화하는 과정을 거치는 것이다. 그러나 이러한 귀납적 비약이 자연주의적 형이상학에 나타나 사실들을 일반화하는데 있어 정당한 범위를 넘어서기도 한다.

확정된 사실과 이론적 추론의 혼동

과학적 저술에서 흔히 일어나는 오류 중 하나는 분명한 사실과 확정되지 못한 사실을 분명히 밝히고 차이를 설명하지 않은 채 양자를 혼합하는 것이다. 경험적으로 관찰 가능한 것과 논쟁 가능한 이론이 어떻게 마치 동등한 것처럼 제시되는지 두 물리학자들의 예를 인용해 보겠다:

> 너무나 설득력이 있어 그 이론을 의심하는 것은 마치 유아론을 믿는 것처럼 거의 비합리적으로 보이는 하나의 이론을 선호하는 증거를 가지고 있을 수 있다. 가령, 혈액이 순환하며, 생물학적 종들은 진화했고, 물질은 원자들과 다른 성분들로 구성되어진다는 것을 믿을 충분한 이유들이 있다.[68]

먼저 혈액 순환은 17세기에 윌리엄 하베이(William Harvey)에 의해 처음으로 관찰되고 증명되었다. 이것은 "이론"이 아니다. 또한 원자는 전자현미경으로 관찰할 수 있다. 따라서 원자들도 더 이상 이론이 아니다. 그러나 진화론은 아직까지 합리적인 의심을 제거할 만한 명확한 증거를 가지고 있지 않은 이론의 범주에 속해 있다. 즉, 위와 같은 방식으로 확정된 사실과 이론을 혼합하여 사용하는 것이 일부 과학자들에 의해 발견되어지고 있다. (물론, 이들이 "진화된 종들"이 "시간이 흘러 변화한" 것을 의미한다면 – 이것은 *진화*의 여러 정의들 중 하나인데 –문제는 해결될 것이다. *진화*의 의미 문제에 대해서는 제 9장을 참고하라.)

진화론만이 사실인 것처럼 제시된 이론은 아니다. 내가 대학생이었던 1960년대 말, 70년대 초반, 교수들 사이에서 가장 뜨거운 정치적 이슈는 세계 인구 과잉 문제였다. 폴 엘리히(Paul Ehrlich) 박사에 의해 1968년에 출판된 『인구 폭탄(*The Population Bomb*)』은 적어도 내가 들은 두 강의에서 필독서였다. 엘리히는 세계가 과잉 인구와 산아 제한 정책의 실패로 세계적 재앙이 올 것을 예견했다: "모든 인류를 먹이는 전쟁은 끝났다. 지금부터 시행하는 어떤 지원 프로그램에도 불구하고 1970년대와 80년대 수억의 인구가 굶어 죽을 것이다."[69] 교수들 간에 낙태의 권리를 포함한 산아 제한의 필요성에 대한 광범위한 논쟁이 있었다. 당신은 아마도 1973년에 시행된 루 대 웨이드(Roe Vs. Wade)에 대한 미 연방 대법원의 낙태 합법 판결을 기억할 것이다. 따라서 인구 문제는 대학생들에게 합법적 낙태의 필요성을 설득시키는 전쟁에서 매우 편리한 선전물이었다.

그러나 몇십 년이 지난 후에 이 책에서 예견된 대량 기아 사태는 일어나지 않았다. 엘리히는 틀렸으며 그의 책은 오늘날 거의 잊혀졌다. 그러나 당시에는 이 이론이 논박이 불가능한 "사실들"로 여겨졌다.

이와 같이, 과학이 가지고 있는 가장 큰 문제점 중 하나는 경험적으로 증명된 과학적 사실과 매우 그럴듯한 이론적 결론들을 혼돈－또는 분별하지 못－하고 선호하는 결과물에 기초한 추론들에 도달하는 엄청난 귀납적 비약이다. 필립 존슨은 말한다:

> … 다윈주의를 가르치는 사람들은 학생들이나 대중들에게 한편으로는 데이터나 검증 가능한 과학 이론들과 다른 한편 과학의 이름으로 이루어진 철학적이거나 종교적인 주장들 간의 구별이 있다는 것을 인정할 수 없다. 모든 다윈주의자들의 선전은 이 구분을 모호

하게 하여 대중들이 철학적 자연주의/물질주의가 "과학"의 정의에 이미 내재되어 있는 것처럼 가르친다.[70]

허구로서의 과학

또 다른 문제점 중 하나는 가정적 역사적 사실 및 있었을 법한 허구적 사건을 마치 실제 사실인 것처럼 묘사한다는 것이다. 알려진 사실에서 상상의 세계로 은밀히 옮겨가는 것은 종종 분별하기가 쉽지 않다. 이것은 과학적 생각들을 제시하면서 사실들과 추론들의 조합을 이야기 형태로 해석하여 역사적 사실들과 사건들을 실제보다 더 잘 나타내는 것처럼 보인다. 다시 말해서 일어났을 법한 사건과 가능한 경우를 실제로 일어났던 일인 것처럼 제시하는 것이다.

물리학자인 윌리엄 로메이(William Romey)는 "과학은 허구인가 실제인가?"라는 자신의 논문에서, "이제 모든 과학의 허구적 차원을 발견해야 할 때가 되었으며 우리가 '순수'하다고 말하는 것이 사실상 허구와 실제가 섞인 부분으로서 역사나 전기 그리고 소설들과 다름이 없다."[71]라고 말한다. 또한 우리는 이야기를 만들면서 각각의 부분들을 연결하고 그 간격들을 메워 주는 보충 정보를 덧붙이고 싶은 유혹을 느낀다. 데이터에 기초한 일반화 작업은 증거 이상의 미지적 차원을 향한 도약을 필요로 한다. 로메이가 말하듯, "추론은 그 정의상 … 알지 못하는 차원의 간격을 넘는 도약을 통해 결론을 맺는 것이다. 따라서 어떤 추론도 상상의 비약으로부터 멀지 않다."[72] 그는 계속해서 말한다:

지질학 서적이나 공학 논문들에서 우리가 과거에 인류가 존재하기도 전에, 그리고 가장 희소하고 부분적인 증거만 존재하는 기간에 무슨 일이 일어났는지 자세한 기록들을 볼 때, 우리는 거의 허구의

나라에 매우 근접해 있음을 알게 된다.[73]

이러한 종류의 글로 매우 충격적인 예는 인류학자 레이몬드 다트
(Raymond A. Dart)가 일부 화석 뼈들을 검토하여 그림을 그린 것인데 그
는 이렇게 적고 있다:

> 유인원은 확실한 살인자라는 점에서 원숭이와 달랐다; 육식을 먹으
> 며 폭력을 사용하여 사냥감을 잡아, 때려 죽인 후, 그것을 갈기갈
> 기 찢어 내장을 분리하여 그 뜨거운 피를 마심으로 지독한 갈증을
> 없앤 후 남은 살을 게걸스럽게 먹어 치운다.[74]

다트의 논평은 순수한 상상이지만 사실과 이론적 해석을 혼합한 것
은 매우 흔한 것으로 보통 이보다는 덜 드라마틱한 방법으로 이루어졌
지만 독자가 실제로 알려진 것과 결론지어지고 믿어진 것을 구별하는
데에는 많은 어려움이 있었다. 추론이나 심지어 창조적 사변이 적어도
그것들이 실제 사실들과 분명히 구별된다면 나쁠 것이 없다. (우리가
본 바와 같이, 가끔 사실은 충분히 해석과 은밀히 혼합되지 않아 문제
가 된다.)

컴퓨터 그래픽은 이제 이러한 허구를 훨씬 더 현실감 있게 한다. 당
신이 "*쥬라기 공원*(Jurassic Park)" 또는 텔레비전에 나오는 과학 프로그
램을 보았으면 잘 알 것이다. 다양한 공룡들의 애니메이션 동작들, 음
향들, 태도들, 행동들은 모두 기존의 화석들로부터 추론하여 (상상으
로) 만들어진 것이다. 동물은 공격적인가 수동적인가? 서 있는가 굽어
져 있는가? 얼마나 빨리 움직일까? 이와 비슷하게 재구성한 모델들은
오래 전에 멸종한 동물들이 마치 3차원적으로 다시 실물이 된 것 같은

느낌을 준다.

과학적 발견 또는 이론에 대한 잘못된 해석

마지막으로 살펴볼 사실과 해석에 대한 혼동의 문제는 과학 이론들을 정치적, 사회적 목적을 위해 잘못 해석하고 적용하는 경우이다. 오늘날 거의 모든 새로운 이론은 삶이 의미가 없고 우연한 것임을 강조하는 방향으로 밀고 가는 경우가 많다. 이미 나와 있는 허무성에, 또 하나의 "증거"를 덧붙이는 것이다. 이것을 자세히 다룰 공간이 없지만, 당신은 아인슈타인의 상대성 원리가 도덕적 상대성을 의미하며, 혼돈 이론(Chaos theory)이 "삶의 무의미성에 대한 과학적인 증거"[75]로, 하이젠베르크(Heisenberg)의 불확정성 원리(물리학에서)가 우리는 아무 것도 확실히 알 수 없다는 것을 의미한다고 주장되고 있음을 알 것이다. 이는 모두 과학적 사상들을 문화적, 사회적 세계에 잘못 적용하려는 시도들이다. 여기에서도, 과학이라는 이름이 존경을 받아 (포스트모더니스트들은 예외) 많은 사람들이 사회적이고 정치적인 명분들에 잘못 이용하고 있음을 알 수 있다.

6.7 통합을 위한 함의들: 시조새(Archaeoraptor): 사례 연구

1999년 11월, 「내셔널 지오그래픽(*National Geographic*)」은 "새로운 공룡 화석에서 조류와 유사한 골근 및 깃털 발견"이라는 기사를 실었다.[76] 이 잡지는 이 화석이야말로 조류와 공룡 사이의 중간 화석이라고 주장했다. 이 기사를 작성한 크리스토퍼 슬론(Christopher Sloan)은 "이로써 우리는 인간이 포유동물이라는 사실 만큼이나 분명하게 조류가 공룡으로부터 진화했다는 사실을 알 수 있다. 이제 이 새로운 발견은 모든 사실을 바꾸어 놓을 것이다."[77] 이 기사에는 *시조새(Archaeoraptor)* 라고 명명된 화석과 입체 재현물이 함께 실려 있었다. 이 화석은 철저히 검증되었다: "「내셔널 지오그래픽」의 재정 지원을 받은 과학자들은 *아르카이오랍토르 리아오닌겐시스(Archaeoraptor liaoningensis)*라는 동물을 자외선 빛 아래(위) 연구했고 CT 스캔을 사용하여 바위에 의해 흐릿해진 그 동물의 일부를 살펴본 후," 다음과 같은 결론을 내렸다. "진화되었거나 진화되지 못한 형태의 깃털이 혼재하는 것은 과학자들이 그동안 공룡이 비행하기 위해 필요할 것으로 짐작한 그대로였다."[78]

우리는 이곳에서 필요한 모든 증거를 찾을 수 있다: 분명한 화석, 설득력 있는 재구성물, 또한 CT 촬영을 포함한 과학적 분석, (컴퓨터가 수많은 X-레이를 이미지들로 조합하는 토모그라피(tomography)), 그리고 객관적이고 논란의 여지가 없어 보이는 결론들이다.

그러나 이 이야기에 덧붙일 것이 있다. 스미소니언 박물관 내 국립자연사박물관에서 조류 큐레이터로 일하는 스톨스 올슨(Storrs Olson)은 이 같은 해석에 정면으로 반박했다. 올슨은 「내셔널 지오그래픽」에 항의 편지를 보내, "「내셔널 지오그래픽」이 센세이션 중심으로, 근거 없이 언론 조작을 주도하고 있다."고 비판했다.[79] 올슨은 화석 사진들이 출판되기 전에 이미 확인했으며, "「내셔널 지오그래픽」이 제시하려고 의도한 관점들과 다른 해석의 가능성에 대해 충분히 주장했으나 그럼에도 불구하고 「내셔널 지오그래픽」은 조류가 공룡에서 진화되었다는 독단적 믿음을 버릴 생각이 전혀 없는 것이 밝혀졌다." 올슨은 그 자신역시 진화론자이기는 하지만, 조류는 다른 진화 과정을 거쳤을 것으로 주장한다. 올슨은 계속해서 말한다:

슬론의 논문은 편견을 기반으로 하였고, 증명될 수 없고 정리되지 않은 정보를 사용함으로써 사실을 보도하는 것이 아니라 뉴스를 "만들어 낸" 것에 불과하다. 슬론이 "우리는 이제 조류가 공룡으로부터 진화했다는 것을 인간이 포유동물이라는 것만큼이나 분명히 알 수 있다"고 표현한 것은 특정 과학자나 일단의 과학자들의 관점을 반영하는 것이 아니며, 따라서 이는 편집적인 선전과 별반 다르지 않다. 이 멜로드라마 같은 주장은 이미 최근의 발생학과 비교형태학 연구에 의해 오류임이 밝혀졌지만 이것은 물론 전혀 언급되지 않고 있다.

아이러니컬하게도 창조론자들이 종종 하는 불평과 같은 것을 다른 진화론자들도 하고 있는데, 이 불평은 반대하는 관점들이나 대안적인 해석들은 전혀 언급하지 않는다는 것이다.

올슨은 사실들로 제시된 해석들에 대해 할 말이 많았다:

더 중요한 것은, 슬론의 기사에 적혀 있는 깃털의 구조에 대한 설명은 합당하지 않다. 사실 실제로 표현된 것보다 그렇기를 바라는 마음이 더 크다고 말할 수 있다. 103페이지에 나타난 진술, 즉 "비어 있고, 머리카락 같은 구조들이 깃털의 원형들"이라는 것은 깃털의 원형들은 단지 이론에서만 존재하는 것이므로, 내적인 구조는 훨씬 더 가정적이다.

올슨은 그의 편지에서 공룡이 조류로 진화했다는 생각 전부가 하나의 "거짓"이요 "신앙"에 불과하다고 결론지었다.

깃털이 달린 공룡들이나 수각류 공룡(theropod)이 조류의 기원이라는 생각은 스스로 매우 편견을 가진 신앙의 변절자들이라고 솔직하게 말하는 「네이쳐(*Nature*)」와 「내셔널 지오그래픽」의 특정한 편집자들과 협력하고 있는 일련의 열심 있는 과학자들에 의해 적극 옹호되고 있다. 진리나 증거에 대한 조심스러운 과학적 무게는 그들의 프로그램에 있어 최초의 약점들이 되어, 급속하게 우리 시대에 가장 큰 과학적 거짓이 되고 있다-고생물학에서 말하는 상온 핵융합(cold fusion)과 동일하다.

이러한 사례의 두 번째는 「내셔널 지오그래픽」의 샘플과 다른 화석을 비교해 본 후 "*시조새는*" 조류의 신체 일부 화석들과 공룡의 꼬리를 붙인 "합성이라고 결론 내렸던" 중국의 고생물학자 주 징(Xu Xing)이 「내셔널 지오그래픽」에 쓴 한 편지에서 시작된다.[80] 이러한 사기 가능성의 폭로는 많은 거짓 화석들이 특별히 중국에서 시작으로 유입되었기에 별로 놀랄 일이 아니다. 「새로운 과학자(*New Scientist*)」에 의하면 "대부분의 아름다운 중국의 판매용 조류 화석은 실제로는 이런 저런 방법으로 조각된 것이다. 어떤 사람은 부서진 여러 화석 조각들을 조립하기도 했고 다른 사람들은 없어진 깃털을 붙이기도 했다."[81] 그는 계속해서 "어떤 합성물들은 전문가들까지도 속아 넘어갈 정도"라고 하면서 캔사스 대학의 래리 마틴(Larry Martin)의 말을 인용한다: "나는 엑스레이를 보기 전까지는 어떤 화석 표본들도 신뢰하지 않는다."[82]

그러나 *시조새는* 어떤가? 전문가들에 의해 컴퓨터 엑스레이로 검사하지 않았는가? 물론 그렇다. 그러나 이제, 주 징의 편지에 답변하면서 「내셔널 지오그래픽」은 "우리가 출간할 때 미국의 연구자들은 화석들의 씨티 촬영은 그의 편지에서 인용한 관찰들을 확증하는 것처럼 보인다."

[83]고 말했다. 이전에 화석이 이 잡지의 이론적 선호를 지지하는 것처럼 보였을 때, 컴퓨터 단층 촬영 분석은 표본이 원본임은 보여 주었으나 그것이 거짓으로 판명되자, 동일한 엑스레이 기술과 심층 분석은 그 거짓을 "확증하는 것 같았다." 동일한 기술들을 사용한 다른 관점은 다른 해석을 낳았다. 이것은 과학자들이 원하거나 발견하기를 기대하는 것을 발견하는 좋은 실례이다. 『금지된 고고학(*Forbidden Archeology*)』의 저자들이 말하기를 (인간 화석들을 논의하면서),

> 과거에 대한 직접적 지식이 없는 상황에서 고생물 인류학적 증거를 논의하는 것은 항상 어느 정도 애매하여, 논쟁을 포함할 수밖에 없는데 이는 논쟁에 참가하는 사람들의 선입견들이나 분석 방법들이 다르기 때문이다. 따라서 경험주의는 사고의 사변적 양식들과 복잡하게 얽히는데 깊은 감정적 편견들을 가지고 있다. 대부분의 경우, 사변과 편견은 사실이라는 얇은 가면으로 조심스럽게 위장되어 있다.[84]

세 번째 예는 미디어의 취소들이다. 연합 통신(Asociated Press)의 한 기사 "과학자들이 실수를 확증한다."는 일련의 과학자들이 화석은 거짓이고 합성물임을 결론적으로 인정한 발견들을 발표했다.[85] 「내셔널 지오그래픽」은 "이번 주의 결론에 상관없이, 조류가 육식의 작은 공룡으로부터 진화되었다는 것은 대부분의 과학자들이 확신한 사실이다."라고 발표했다.[86] 이에 대해 AP 기사는 "과학자들은 조류가 작은 육식 공룡에서 진화된 것이 아니라는 많은 증거가 있음에도 불구하고 기존의 입장을 바꾸지 않는다."고 주장했다.[87] 따라서 전 세계의 진화론자들은 그들의 이론이 안전하다고 재확인했을 것이다. 그러면 공룡에서 조류가 나왔다는 이론을 반대하는 진화론자들은 어떻게 되는가? 한 뉴스 기사에 의하면 "알란 페두시아(Alan Feduccia) 박사는 공룡에서 근대 조류가 나왔다고 믿지 않는 소수이지만 자기 목소리를 내는 과학자들 중 한 명으로 그의 이야기"를 싣고 있다.[88] "소수이지만 자기 목소리를 내는" 이란 표현은 언론인들이 배척하는 관점을 의미하는 일반적 표현이다. 이는 과학에서 "합의"가 어떻게 일어나는지를 보여 주는 극명한 예이다. 다수의 막강한 집단은 더 약한 집단의 주장을 묵살시킨다. 곧 반대하는 "소수"들은 벽에 쓰인 글자를 인식하고 계속하여 반대하다가는 연구 지원금도 끊기고 원하는 잡지에 논문을 실을 수도 없기에 점점 침묵하는 것이다.

우리는 이번 예시에서 어떤 점을 유추해 낼 수 있을까? 아래 몇 가지 점을 요약해 보겠다.

1. 뉴스 리포트나 심지어 과학적 분석도 때로 완전히 객관적이지는 않다. 뉴스 보도나 분석에는 찬반에 대한 다양한 견해가 존재한다. 유명한 언론인들의 낙태에 대한 공개적 찬성이 한 예이다. 앞서 말한 시조새 사례의 경우, 화석은 이미 수용된 믿음을 지원하는 잡지를 위해 제시되었으므로 절대적 환영을 받았으나 다른 진화론자들은 반대했다. 다른 해석들(스토르 올슨이 언급했듯이)은 언급되지 않았으며 원래 주장들을 선포하는 것보다 가짜를 인정하는 것이 훨씬 더 조용하게 진행되었다.

2. 가끔 증거에 대한 이중적 기준이 명백히 나타난다. 과학자들에 의해 선호되는 이론을 지지하는 것처럼 보이는 화석이나 다른 증거는 그 선호하는 이론과 상충되는 증거에 대한 까다로운 검증보다는 종종

쉽게 받아들여진다. 반면에, 과학자들이 반대하는 이론을 뒷받침하는 증거는 까다로운 검증을 거치지만, 선호하는 증거는 거의 서둘러 수용된다.

이 사실에 대한 예로 화석을 살펴보았지만 화석들과 관련된 예도 도움이 될 것이다. 현재 진화론적 해석들을 지지하는 화석들은 지표면에서 발견되든 아니면 농부들이나 아마추어들에 의해 제출되든, 쉽게 수용되지만 현재 해석들과 상충되는 화석들은 지층에서 발견되지 않았고 아마추어에 의해 지표면에서 발견되어 제출되었기 때문에 종종 거부된다.[89] 현재 예를 보면 *시조새* 화석은 미국의 보석이나 광물 전시회에서 "발견되었지", 원산지인 중국의 지층에서 발견된 것이 아니다. 그럼에도 불구하고 「내셔널 지오그래픽」은 이것을 중간 단계로 보도하는 것을 주저하지 않았다.[90] 당신이 고고학, 역사학, 사회학을 공부한다면, 이러한 이중적 기준을 조심하라. 많은 사람들은 자신의 입장과 상충되는 주장들이나 증거는 쉽게 무시하는 경향이 있다. 실제로 이러한 주장들과 증거는 고려할 만한 충분한 가치가 있을 수도 있다.

3. 시간이 지나면 많은 "사실들"은 버려지거나 적어도 진정한 평가를 받는다. 우리가 앞에서도 보았듯이, 많은 학생들은 마가렛 미드나 지그문트 프로이트로부터 오는 "사실들"을 접하지만, 몇 년 후 거짓으로 드러난다. 성경적 가르침과 상충되는 것으로 보이는 정보에 대해서는 나중에 그 정보가 틀린 것으로 판명될 수 있으니 주의하는 것이 좋다. 따라서 나의 조언은 어떤 정보가 당신의 믿음과 충돌을 일으킬 경우, 그 정보를 검증할 때까지 궁극적 판단을 유보하라는 것이다. 모든 사상이 즉시 성공적으로 통합될 수는 없다. 왜냐하면 어떤 사상들은 단지 선전, 잘못된 해석, 거짓이기 때문이다. 따라서 "나는 잘 모르겠다"

라고 말하는 것이 특정한 주장을 수용하거나 배척하는 것보다 낫다. *시
조새*는 겨우 몇 개월 전에 그 거짓이 드러났지만 많은 다른 거짓들은
드러나는데 여러 해가 걸렸고 지금도 지속되고 있다. 당신의 신앙과 학
문을 통합할 때 진정한 학문이나 진리와 통합해야지 적대적인 해석들
이나 거짓 사상들과 통합해서는 안 됨을 기억하라.

4. 거짓말은 완전히 사라지지 않는다. 나는 비판적인 사고를 하는
학생들에게 도시형 전설이 거짓으로 판명난 후에도 오랜 시간 동안 영
향력을 행사하는 능력에 대해 말하곤 했다. 즉 "거짓된 정보는 죽지 않
고 거리를 배회한다."는 것이다. 어떤 것이 거짓으로 드러났음에도 불
구하고 여전히 영향을 줄 수 있다. 「내셔널 지오그래픽」이 이미 발간한
잡지는 수백만 부나 되며, 거짓된 정보를 가지고, 미래에도 영향력을
행사할 것이다.

5. 사진은 때때로 설명보다 훨씬 더 효과적이다. *시조새*의 재현물은
입체적이며, 총천연색으로 구성된 강력한 이미지였다. 우리 눈으로 그
실체를 확인할 수 있기 때문에, 이는 훨씬 더 큰 효과를 가져 왔다. 하
지만 재현물들, 컴퓨터 시뮬레이션, 축소판과 같은 것들은 실제로 알
려진 것들보다는 그것들에 대한 해석일 수 있음을 명심해야 한다. 눈에
보이는 이미지 정보들을 우리가 다른 모든 정보들을 다루는 것처럼 신
중하게 다루어야 한다.

요약

과학을 인류의 구세주로 간주하지는 않지만, 그리스도인들은 과학의 진보와 과학적 방법, 실험 방법이 세상에 가져다준 지식은 환영한다. 신앙인으로서 우리에게 주어진 도전은 일부 학자들이 과학주의와 철학적 자연주의를 과학 그 자체와 혼동하는 것이다. 또한 많은 과학자들이 이러한 혼동을 유지하려 하기 때문에, 양자를 구분하는 것은 어려울 것이다. 자연주의자/물질주의자 진영이 계속 본인들의 철학-종교-이 *과학*이라고 주장하는 한, 과학의 진리들을 창조나 창조자와 연관시키는 것은 부인되고 억압될 것이다.

사고와 토론을 위한 질문들

1. 당신은 *과학*을 어떻게 정의하겠는가? 당신의 전공에서 *과학*의 정의는 무엇인가? 당신이 내린 과학의 정의와, 전공에서의 정의에 차이가 있다면 그 이유에 대해 설명해 보라. 주요한 차이점이 있다면 무엇인가?

2. 당신의 전공에서 *과학*의 정의가 지식을 결정하는데 미치는 영향은 무엇인가?

3. 당신의 전공 서적이나 다른 책을 읽던 중에 증명 가능한 사실들과

해석들 사이의 구분이 불명확한 적이 있는가? 만일 그렇다면, 당신은 이 문제를 어떻게 해결했는가?

4. 적대적이거나 제한된 세계관들로부터 온 정보와 지식을 가장 유용하게 사용할 수 있기 위한 당신의 전략은 무엇인가?

주

1. Alan Sokal and Jean Bricmont, *Fashionable Nonsense: Postmodern Intellectuals' Abuse of Science* (New York: Picador USA, 1998), p. 193.
2. William Broad and Nicholas Wade, *Betrayers of Truth: Fraud and Deceit in the Halls of Science* (New York: Simon and Schuster, 1982), pp. 218-219.
3. Charles B. Thaxton, quoted in Roy Abraham Varghese, ed., *The Intellectuals Speak Out About God* (Chicago: Regnery Gateway, 1984), p. 2. 탁스톤은 그의 결론을 뒷받침하는 수십 개의 제목들이 있는 참고도서를 제공한다. 그의 책 12페이지에 있는 미주 1, 2번을 보라.
4. Stanley L. Jaki, "Science: Western or What?" *Intercollegiate Review* 26:1 (Fall 1990), p. 8.
5. Ibid., p. 8.
6. Rodney Stark, "False Conflict," *The American Enterprise* 14:7 (Oct./Nov. 2003), p. 30.
7. Ibid., p. 30.
8. Avrum Stroll, "Twentieth-Century Analytic Philosophy" in Richard H. Popkin, ed., *The Columbia History of Western Philosophy* (New York: MJF Books, 1999), pp. 648-649.
9. Ibid., p. 649.
10. For a helpful discussion, see Stroll, pp. 621-651.
11. Quoted in Norman Macbeth, *Darwin Retried: An Appeal to Reason* (Ipswitch, MA: Gambit, 1971), p. 127. 맥베스(창조론자가 아니다)는 제 14장 "역전된 종교"에서 종교로서의 진화에 대해 매우 흥미로운 설명을 하고 있다.
12. 흥미롭게도 탈리도미드는 나병에 의해 생긴 일부 피부병에 대한 효과적인 치료제로 다시 돌아왔다. 가령 다음을 참고하라. "Thalomid (Thalidomide): Balancing the Benefits and the Risks," at <http://www.celgene.com/images/pdf/$FILE/Balancing.pdf>.

13. J.M. Roberts, *Twentieth Century: The History of the World, 1901 to 2000* (New York: Viking, 1999), pp. 575-583.

14. Roberts, p. 578.

15. Ibid., pp. 578-579.

16. Thomas Kuhn, *The Structure of Scientific Revolutions*, 2nd. ed. (Chicago: University of Chicago Press, 1970), p. 4.

17. Ibid., p. 5.

18. Ibid., p. 4.

19. Paul Feyerabend, *Against Method* (London : NLB, 1975), p. 298.

20. Ibid., pp.300, 307-308.

21. Ibid., pp. 307-308.

22. Ibid., p. 303.

23. Broad and Wade, p. 83.

24. Ibid., p. 11.

25. Alexander Kohn, *False Prophets* (New York: Barnes and Noble, 1998), p. 180.

26. Broad and Wade, pp. 134-137.

27. Ibid., p. 113.

28. Kohn, p. 23.

29. Kohn, pp. 28.

30. Thomas J. Moore, *Deadly Medicine: Why Tens of Thousands of Heart Patients Died in America's Worst Drug Disaster* (New York: Simon and Schuster, 1995).

31. Broad and Wade, p. 19.

32. Broad and Wade, p. 85.

33. Ibid., p. 219.

34. See Trester S. Harris, *Patients Are People, Too*, on my website at <http://www.virtualsalt.com/pp/>.

35. 내가 이 부분을 집필할 때 지방 신문에 두 기사가 방금 나왔다. "산업체의 후원을 받는 연구에 편견이 있는가?"라는 기사는 "대학이 받는 의학 연구 기금 중 약 4분의 1이 마약 회사들로부터 온다."고 하면서 그 결과 "산업체가 후원하는 연구는 산업에 유리한 결론들을 내려고 한다." (*Orange County Register*, January 22, 2003, News 11), 그리고 "공무원들은 실험실에서 사기가 증가하는 것을 본다."는 기사는 테스트하는 실험실들이 "잘못된 시험 결과들을 내는 경우들이 증가하고 있다."고 보도한다. (*Orange County Register*, January 22, 2003, News 13).

36. Broad and Wade, p. 127.

37. Glynn Custred, "The Forbidden Discovery of Kennewick Man," *Academic Questions*,

Summer 2000, p. 24.

38. Paul Feyerabend, Paul K. *Feyerabend: Knowledge, Science, and Relativism, Philosophical Papers*, Volume 3, ed. John Preston (Cambridge: Cambridge University Press, 1999), p. 182.

39. Martin Eger, " A Tale of Two Controversies: Dissonance in the Theory and Practice of Rationality," *Zygon* 23:3 (September 1988), p. 303.

40. Ibid., p.300.

41. Feyerabend, *Knowledge, Science, and Relativism*, p. 182.

42. Michael C. Rea, *World Without Design, The Ontological Consequences of Naturalism* (New York: Oxford University Press, 2002) p. 21.

43. Ibid., pp. 22-23.

44. William Hasker, *Metaphysics: Constructing a World View* (Downers Grove, IL: InterVarsity, 1983), p. 108.

45. Ibid., p. 109.

46. Philip Johnson, *Objections Sustained: Subversive Essays on Evolution, Law, and Culture* (Downers Grove, IL: InterVarsity, 1998), p. 73.

47. William Broad and Nicholas Wade, *Betrayers of the Truth: Fraud and Deceit in the Halls of Science* (New York: Simon and Schuster, 1982), p. 193.

48. Michael Rea, *World Without Design: The Ontological Consequences of Naturalism* (Oxford: Clarendon, 2002), p. 51.

49. Ibid., p. 52.

50. Quoted in Johnson, *Objections Sustained*, pp. 69-70.

51. Paul C. Vitz, *Faith of the Fatherless: The Psychology of Atheism* (Dallas: Spence Publishing, 1999), pp. 109-110.

52. Alvin Plantinga, "Darwin, Mind, and Meaning," Retrieved from UCSB Faculty-Staff Christian Fellowship, http://id-www.ucsb.edu/fcsf/library/plantinga/dennett.html.

53. Thomas W. Clark, "Humanism and Postmodernism: A Reconciliation," *The Humanist* Jan-Feb 1993, pp. 18-23. Gayle Group reprint, p. 1.

54. Ibid., reprint p. 1.

55. Ibid., reprint p. 2.

56. Ibid., reprint p. 4.

57. Ibid., reprint p. 5.

58. Ibid., reprint p. 6.

59. Norman Haughness and Thomas W. Clark, "Postmodern Anti-foundationalism Examined, *The Humanist*, July-August 1993, pp. 19-22. Gayle Group reprint, p. 1.

60. Ibid., reprint, p. 2.

61. Ibid., reprint, p. 3.

62. Martin Eger, "A Tale of Two Controversies: Dissonance in the Theory and Practice of Rationality" *Zygon* 23:3 (September 1988), p. 313.

63. Kuhn, p. 163.

64. Gregg Easterbrook, "Science Sees the Light." *The New Republic* 219:15 (Oct. 12, 1998), pp. 24-30. Gayle Group reprint, p. 1.

65. Ibid., reprint page 2.

66. Johnson, *Objections Sustained*, p. 28.

67. Phillip E. Johnson, *The Right Questions: Truth, Meaning, and Public Debate* (Downers Grove, IL:InterVarsity Press, 2002), p. 60.

68. Alan Sokal and Jean Bricmont, *Fashionable Nonsense: Postmodern Intellectuals' Abuse of Science* (New York: Picador USA, 1998), p. 70.

69. Quoted in "Paul Ehrlich," *Overpopulation.com*, Retrieved from http://www.overpopulation.com/faq/people/paul_ehrlich.html>.

70. Johnson, *Right Questions*, p. 33.

71. William D. Romey, "Science as Fiction or Nonfiction?: A Physical Scientist's View from a General Semantics Perspective," *Et Cetera*, 37:3 (Fall, 1980), p. 201.

72. Ibid., p. 205.

73. Ibid., p. 205.

74. Quoted in Michael A, Cremo and Richard L. Thompson. *Forbidden Archeology: The Hidden History of the Human Race*. Rev. Ed.. Los Angeles: Bhaktivedanta Book Publishing, 1998, p. 672.

75. Easterbrook, reprint, p. 6.

76. Christopher P. Sloan, "Feathers for T. Rex? New Birdlike Fossils Are Missing Links in Dinosaur Evolution," *National Geographic*, November 1999, p. 99.

77. Ibid., p. 102.

78. Ibid., pp. 100, 101.

79. Storrs L. Olson, Letter to Dr. Peter Raven, November 1, 1999. Retrieved from <http://www.answersingenesis.org/docs/4159.asp?vPrint=1>. 올슨이 이하에서 인용한 모든 것들은 이 편지에서 온 것이다.

80. Xu Xing, "Feathers for T. Rex?" in the Forum(letters) section of *National Geographic*, March 2000, n.p.

81. Jeff Hecht, "F is for Fake," *New Scientist*, Feb. 19, 2000, p. 12.

82. Ibid., p. 12.

83. *National Geographic*, March 2000, Forum, n.p.

84. Cremo and Thompson, *Forbidden Archaeology*, p. 112.

85. Randolph E, Schmid, "Scientists Confirm Mistake: 'New' Dinosaur a Combination of 2 Mismatched Fossils," Associated Press, April 7, 2000. Retrieved from <http://abcnews.go.com/sections/science/DailyNews/dino_mistke000407.html>.

86. Quoted in Carl Wieland, "National Geographic Backs Down-Sort Of," *Answers in Genesis*. Retrieved from <http://www.answersingenesis.org/docs2/4273news4-11-2000.asp?vPrint=1>.

87. Schmid, op. cit.

88. "Piltdown Bird," EXN.ca. Retrieved from <http://exn.ca/Templates/webisode.asp?story_id=20001033054>.

89. 크레모와 톰슨은 여러 예를 들면서 이 점을 반복해서 강조하고 있다. pp. 182-188를 보라.

90. Sloan, p. 102.

제 7장
포스트모더니즘의 세계관

사람은 비록 이성을 포기해야 하더라도
언제나 신을 잊을 방법을 찾고 있다.
– 필립 존슨(Phillip Johnson)[1]

세상에 싫어할 것들이 있는지를 찾는 혁명적인 영은
'푸코'에게서 새로운 문학적 공식을 찾아왔다.
그는 독자들에게 모든 곳에서 권력을 찾으면
그것을 발견할 것이라고 말한다.
권력이 있는 곳에 억압이 있다.
그리고 억압이 있는 곳에 파괴할 권리가 있다.
– 로저 스크루튼(Roger Scruton)[2]

7.1 포스트모더니즘이란 무엇인가?

아마도 당신은 마치 진리가 개인에게 상대적인 것처럼 "좋아, 그것이 너에게는 진리일지 몰라. 그러나 내겐 아니야."라고 말하는 사람을 만나 보았을 것이다. 또는 방금 죽은 남편의 미망인을 산 채로 불에 태우는 문화가 있더라도 다른 나라의 문화적 관행을 비판해서는 안 된다고 들었을 것이다. 당신이 만약 문학 수업을 들었다면, 주어진 문학 작품이나 한 특정한 단락이 하나의 의미만 아니라 다양한 의미로 해석될 수 있다고 들었을 것이다. 이 모든 것이 포스트모더니즘적인 태도의 반영이다.

포스트모더니즘은 근대 문화에 광범위한 영향력을 갖고 있다. 심지어 자신을 포스트모더니스트라고 생각하지 않는 대부분의 사람들이 포스트모더니즘 교리를 채택하고 그 영향을 받고 있다. 모더니즘을 대체하는 것으로 추정되는 이 세계관을 어떻게 정의할 수 있을까?

어떤 이들은 포스트모더니즘이 모든 것에 대해 철저히 상대적이기에, 포스트모더니즘을 강경한 스테로이드를 맞은 상대주의라고 생각하려 한다. 절대적인 것은 없고 모두에게 진리인 것은 없으며 그저 특정 문화와 사회와 개인에게 상대적인 "진리들"이 있을 뿐이다. 짐 레펠(Jim Leffel)이 다음과 같이 언급하듯 말이다.

> 상대주의는 진리가 외부 현실에 고정되어 있지 않고, 어떤 무리나 개인으로부터 그들을 위해 결정된다고 말한다. 진리는 발견되는 것이 아니라 만들어지는 것이다. 진리는 단지 중요하지 않은 취향이나 패션에서 뿐만 아니라, 중요한 문제인 영성, 도덕성, 실재 자체에 대해서도 가변적이다.[3]

옳고 그름, 좋고 나쁨이 환경과 상황, 심지어 개인 취향에 따라 달라진다. 당신은 포스트모더니즘이 과학적 진리가 보편적이라는 모더니즘에 대해, 그리고 영적 진리가 보편적이라는 기독교에 대해 적대적이라는 것을 이미 볼 수 있었다.

상대주의가 포스트모더니즘에만 특유한 것은 아니다. 왜냐하면 모더니스트들과 물질주의자들도 오랫동안 문화와 도덕적 가치의 상대주의를 주장했기 때문이다. 상황윤리는 모더니즘의 반형이상학적 성향으로부터 나온 상대주의적 사고의 좋은 예이다. 신이 없으면, 고정된 도덕적 판단이나 객관적인 도덕적 평가의 기준이 없다는 것이다.

그러나 포스트모더니즘은 더욱 더 정교하고 그것이 암시하는 바는 더 많은 문제들이 있다. 우리는 우리가 사용하는 언어에 갇혀 있고 그것이 우리의 사고를 조종하며 따라서 이성 자체는 신뢰할 수 없고 단지 말장난일 뿐이라고 포스트모더니스트는 주장한다. 나아가, 언어는 우리가 생각하는 방식을 조종하기에, 실재에 대한 우리의 관점은 우리와 같은 언어를 쓰는 주변 사람들에 의해 개인적으로나 문화적으로 형성된다. 그 결과, "올바른" 관점이나 "권위 있는" 관점이란 존재하지 않는다. 객관적인 권위는 없으며 문화적으로 상대적인 기준 이외에 다른 객관적 기준들도 없다. 다른 언어들은 다른 실재들을 형성하기에 한 문화는 다른 문화를 이해할 수 없다.

우리 중 여전히 이성이 유용하다고 믿는 자들은 포스트모더니스트의 사고에 문제가 있다고 본다. 언어의 영역과 구성된 현실에 관하여 우리는 흥미로운 몇 가지 질문들을 던질 것이다. 언어가 우리의 현실을 구성한다면, 한 가지 이상의 언어를 아는 사람은 두 가지 현실을 가진다는 말인가? 어떻게 많은 작품들이 성공적으로 한 언어로부터 다른 언어로 번역될 수 있는가? 한 문화가 다른 것을 이해하지 못한다고 하였는데 어떻게 국제 비즈니스가 성공할 수 있는가? 그리고 포스트모더니스트의 언어와 문화에 대한 관점이 맞다면 그리스도인으로서 어떻게 복음전도가 가능한가? 어떻게 기독교가 전 세계로 퍼질 수 있었는가? 참으로 어떻게 미국에 있는 우리가 지역적으로 연대적으로 먼 문화들의 사상들에 반응하여 그리스도인이 될 수 있었는가?

반대에 초점

포스트모더니스트들은 좋게 들리는 말 하기를 좋아하고 긍정적으로 행동하려 한다. 그들은 언제나 공평, 정의, 평등, 권리, 관용, 존중에 대해 쓰고 말하는 것으로 보인다. 그러나 현실에서는 이 용어들은 희생당하며 하찮게 여겨지는 사람들이라고 그들이 생각하는 특정 집단에 대해 매우 한정되고 특별한 방식으로 적용된다. 실로, 포스트모더니즘의 가장 두드러진 특징 중 하나는 긍정적인 말이 아니라, 서양 문명의 일반적이고 전통적인 가치들에 대한 가차 없는 반대이다. 포스트모더니즘은 반전통, 반기초, 반중산층, 반보편주의, 반개인주의, 반형이상학, 반권위주의, 반가부장제, 반순수예술, 반유럽중심, 반서양으로 묘사될 수 있다.

권위와 전통, 보편적 가치들에 대한 반대를 확장함으로써, 포스트모더니스트들은 또한 반기독교적이다. 포스트모더니스트들은 인간 본성에 관한 관점들이나 모든 사람에게 해당하는 신에 관한 주장 같은 포괄적 관점들을 거부한다. 그들이 말하기를, 그런 주장들은 "전체주의화"(그리하여 억압)한다. 사실, 모든 종류의 "거대담론들"은 버려져야 한다. 토마스 루델(Thomas Rudel)과 쥬딧 져슨(Judith Gerson)에 의하면, 거대담론을 포스트모더니스트들이 반대하는 이유는 "거대 이론들은 포스트모더니스트들이 보편성과 진리와 객관성의 잘못된 주장을 만드는 것으로 반대하는 주제의 종합적인 설명을 제시하기" 때문이다.[4] 당연히 모든 거대담론의 제일은 보편적이고 초월적인 진리와, 고정되고 폭넓은 인간 본성, 모든 사람에게 유일한 하나님의 주권 등을 제시하는 기독교이다. 포스트모더니스트들은 사람들을 집단 정체성에 의해 불가피하게 얽히고 정의된 것으로 보는 반면(주로 성, 인종, 종족 등), 기독교는 "유대 사람도 그리스 사람도, 종도 자유인도, 남자와 여자 모두가 그리스도 예수 안에서 하나"(갈 3:28)라고 주장한다.

잠시 여담으로 말한다면, 과학적 자연주의가 (기독교는 종교이고 믿음이지 과학과 사실이 아니라고) 정의함으로써 기독교의 영향을 파괴하려 시도해 온 반면, 포스트모더니즘은 진리와 보편성에 관한 근본적인 개념들을 파괴함으로써 동일한 효과를 가져오려 했다는 사실은 흥미롭다. 포스트모더니스트 세계관에서 기독교는 단지 다른 하나의 미신적이고, 지역적이며, 하위문화와 종족의 말장난일 뿐이다. 모더니스트들과 기독교는 이성과 진리에 대한 믿음이라는 공통분모를 가져서 어느 정도 증거를 제시하거나 최소한 철학적 주장들이 일어날 수 있었던 반면 포스트모더니즘적인 관점에서는, 보편성의 기반들 자체가 상대주의의 산(acid)에 의해 녹아져 왔다. 모더니스트들은 기독교 세계관이 틀렸다고 말하는 반면, 포스트모더니스트들은 기독교가 순진하거나 심지어 도덕적으로 반대할 만한 것이라고 말할 것이다.

스테로이드에 과장

무엇이 포스트모더니즘을 그럴 듯하게 만드는가? 이제까지 묘사된 바, 거의 어리석게 보이고 합리적인 자세를 가진 사람은 포스트모더니즘을 반대할 것으로 보인다. 그러나 대학의 많은 사람들이 포스트모더니스트들이다. 그리고 포스트모더니즘적인 사상이 문화와 (평범한 사람들) 뿐만 아니라 심지어 많은 그리스도인들과 기독 교수들에게도 깊은 영향을 주었다. 왜 그런가?

제 6장에서 거짓을 그럴듯하고 타당하게 만드는 것에 대해 논한 것을 기억해 보라. 거짓 사상은 참이라고 여겨지는 것들에 기초하여 그 일부로 받아들여진다. 다시 말해서 포스트모더니즘의 많은 개념들은 모든 실재를 넘어 과장된 진리의 핵심 위에 세워지며, 그것은 거의 풍

자수준이다. 그러나 그 핵심은 포스트모더니스트들의 사상들을 불합리성으로 인도하는 미끄러운 비탈에 놓이게 한다. 사람들이 그 타당하게 보이는 핵심을 볼 때, 전체 사상을 받아들이기 쉽다.

이 논지를 분명히 하기 위해서 몇 가지 예를 살펴보자. 여기에 몇 가지 반대할 수 없는 진술들 또는 심지어 포스트모더니스트들에게 과장된, 명백한 진리들이 있다. (만약 철학 수업을 들었다면, 그것들을 명제들이라고 불러도 좋다.)

진리 #1: *당신의 문화가 당신의 믿음에 영향을 미친다.*

포스트모더니즘의 과장: *당신의 문화가 당신의 믿음을 조종하고 결정한다. 당신의 모든 실재에 대한 관점이 당신의 문화와 언어에 의해 결정된다. 사실, "우리의 모든 생각은 사회적 구성체이다."*[5] *우리는 우리의 방식대로 믿고 생각하도록 사회에 의해 길들여져 왔다.*

논평: 명백하게, 우리가 가능하다고 생각하는 선택들은 (소비할 제품들과 사상들 모두) 우리의 결정에 영향을 미친다. 매체에서 다루어진 것이나 우리가 읽은 것은 우리가 생각하는 것에 영향을 준다. 우리 주위에 있는 사람들의 태도와 가치들은 어쩔 수 없이 우리의 사고에 영향을 끼친다. 지금까지는 좋다. 그러나 우리는 이 영향을 인지하고 그것에 반응할 수 있다. 우리는 다양한 사상과 의견들을 조사하기 위해, 다른 선택할 수 있는 것들을 찾기 위해, 심지어 우리 자신의 문화를 개발하기 위해 우리 문화에 대해 생각하는 – 비판할 수 있는 – 능력이 있다. 더욱이 우리가 "우리 문화"의 산물이라고 주장하기는 힘들다. 왜냐하면 오늘날 우리는 엄청나게 많은 국내와 국제적인 문화적 영향들에 노출되어 있기 때문이다. 철학 교수인 휴 머써 커틀러(Hugh Mercer Curtler)가 아래에서 언급하듯, 우리가 실제로 어떤 문화에 속했는지 말

하는 것도 어렵다.

플라톤의 시대에도, 다른 문화들에 있는 관점들을 알았던 도시적이
고 교양 있는 사색가와 특히 여행했던 사색가는 그들이 여러 문화
들의 산물이 될 것이라고 들었을 것이다. 이것은 특히 오늘날에도
사실이다. 만약 어떤 젊은 여성이 노동자 계층인 아이오와 집에서
자랐으나, 엘리트 동부 학교에 다니고, 유럽에서 일하며 시간을 보
내며, 한 교파에서 다른 교파로 개종하고, 그녀와 전혀 다른 남자
들과 여자들로 구성된 몇몇 동호회에 속해 있다고 하자. 정확히 무
엇이 그녀의 문화이겠는가?[6]

우리의 언어에 있어서도 동일하다. 언어가 사고를 표현하는 데에 영
향을 주는 것이 사실인 반면, 우리의 사고들은 우리가 사용하는 언어에
선행한다. 많은 사람들이 표현할 적절한 언어를 찾으려 노력하면서,
"이것은 내가 의미한 바가 아니야, 이것을 지금 어떻게 말해야 할지 모
르겠어."라고 말했던 경험이 있을 것이다. 그러므로 언어가 우리 사고
에 영향을 끼치기는 하지만, 우리는 어떤 개념을 나타내기 위해, 외국
어를 배우기 위해, 외국말을 쓰기 위해, 다른 문화에 속한 사람들의 글
을 읽기 위해 몇몇의 단어들이나 구절들(또는 완전히 새로운 문장들)
을 살펴봄으로써 이 문제를 초월할 수 있다. (임의적인 라벨로서) 단어
들의 영향을 인지하는 것은 단지 비판적 사고의 한 부분이고, 우리 모
두는 그런 영향에 저항하는 것을 배울 수 있다. 언어가 "철저히 사고를
조종한다."라고 주장하는 포스트모더니스트들은 그야말로 틀린 주장을
하는 것이다.

진리 #2: *개인적 경험은 우리가 사물을 해석하는 데 영향을 끼친다.*

포스트모더니즘의 과장: *우리는 "우리의 관점에 갇혀" 성, 문화, 언어가 "필연적으로 우리가 사물을 이해하는 방식에 영향을 끼친다."*[7]

논평: 제대로 교육 받지 못한 몇몇 사람들이 하나의 개별적 사건으로부터 일반화하는 경향과 오직 그들의 제한된 경험의 관점에서 세상을 보는 경향이 있는 것은 사실이다. 그러나 교육의 목적들 중 하나는 우리를 제한된 관점에서 벗어나게 해 주고 다른 사람들의 경험뿐 아니라 그들의 관점을 배우게 해 주는 것이며 나아가 더욱 믿을 만한 일반화를 형성하고 더 넓은 관점들을 제공하는 경험적 연구까지 배우게 하는 것이다. 그리고 포스트모더니스트의 주장을 반복해서 보면, 이 특정한 진술은 자기모순처럼 보인다. 만약 외부 요인들이 "필연적으로 우리가 사물을 이해하는 데에 영향을 끼친다"면, 이 주장은 전혀 옳지 않고 그 대신 그저 성, 문화, 언어의 결정적 효과의 결과물일 것이다. 다시 말해서 이 주장이 옳다는 믿음은 우리의 제한된 관점에 의해 결정되는 것이다. 따라서 객관적인 진리가 아니다. 지식에 대해 반대의 주장을 믿을 사람이 있을 가능성이 얼마든지 있다. 왜냐하면 그 주장 역시 개인적 관점에 의해 결정되었기 때문이다.

진리 #3: *어떤 텍스트의 일부분은 여러 가지로 해석될 수 있다. 모든 해석된 것들은 나중에 수정 또는 검토를 받아야 할 수도 있다.*

포스트모더니즘의 과장: *모든 텍스트의 모든 문단들은 무한히 해석할 수 있다. 한 해석만 "옳다"고 하는 것은 그 해석에서 "특권"을 가지려는 것이다. 모든 해석들이 수정의 대상이기에, 모든 해석은 옳지 않고("잘못 해석함") 언제나 잠정적으로 남아 있어야 한다.*

논평: 문학, 법, 역사든 아니든 주어진 문서에서 어떤 구절들은

분명하지 않고 여러 가지로 해석되고 심지어 여러 의미를 가지기도 한다. (시는 의도적으로 다중 의미를 가진 좋은 예이다). 이것은 대부분의 경우, 본문들이 거의 명백한 의미를 가진다는 사실과 먼 거리에 있는 것이다. 비록 어떤 특정한 행동이 도적질인지 아닌지 우리가 논쟁할 수는 있어도 "도적질하지 말라"는 것은 상당히 그 의미가 명백하다. 모든 본문이 모순, 회피, 불일치로 여겨지는 해체의 문학적 해석 과정은 포스트모더니스트들에게 언어와 본문과 문화를 불안정하게 만드는 도구를 제공해 준다. (더 명확한 설명을 위해 아래 부문을 보라.)

진리 #4: *작자가 의도하여 말한 것이 해석의 최종 기준일 필요는 없다.*
포스트모더니즘의 과장: *작자의 의도는 해석에 있어서 전혀 상관없다.*

논평: 어느 시에 대한 그 누구의 해석도 다른 해석만큼 좋을 수 있기 때문에 "작자의 죽음"과 작자의 의도를 거부하는 것은 고등학교 영어를 더욱 재미있게 만들 수 있을 것이다. 그러나 문서의 의미를 이해하는 데 있어서 작자의 의도가 명백하게 중요한 미국 헌법, 법, 성경, 유언장, 또는 다른 문서와 같은 것을 해석하는 경우를 생각해 보라.

진리 #5: *한 단어가 하나 이상의 것을 언급한다; 즉, 한 사물에 대해 한 단어 이상이 사용될 수 있다.*
포스트모더니즘의 과장: *단어와 사물 간의 관계는 너무나 무한하여 모든 언어의 의미는 규정할 수 없다.*

논평: 만약의 모든 언어의 의미가 규정될 수 없다면 이 주장의 의미도 언어로 표현되었기에 유효하지 않다. (우리가 제 9장에서 살펴보면 알겠지만 많은 포스트모더니스트의 주장들은 자기 모순적이다.) 말장난을 좋아하는 사람이나 의미론을 공부한 사람들은 언어가 얼마나

유연하며 많은 의미를 포함할 수 있는지 알 것이다. 그러나 단어가 임의적인 상징들이라는 사실은 우리가 그것을 가지고 꽤 명확한 의사소통을 할 수 있다는 사실을 없애지는 않는다.

진리 #6: *권위가 분석에 있어서 마지막 말은 아니며 오히려 의심되어야 한다.*

포스트모더니즘의 과장: *권위는 전체화하고 억압하는 것이므로 철저하게 거부되어야 한다.*

논평: 제 3장, 3.4부분에서 언급되었듯이, 권위는 지식의 주요 원천이다. 우리가 믿는 것의 대부분은 권위에 근거하거나 권위에 의해 뒷받침된다. 때때로 권위는 틀리거나 그 자신의 편견에 빠지기도 하지만 그러나 이것이 권위들을 모두 거부하는 이유는 아니다. 아이러니컬하게도, 포스트모더니스트들은 진정으로 모든 권위를 거부하지는 않는다. 그들은 단지 몇몇의 권위만 거부하고 그들의 기호에 맞게 다른 것들로 대체할 뿐이다. 다시 말해서 포스트모더니스트들은 (신, 성경, 아리스토텔레스, 플라톤 같은) 전통적 권위는 "중심에서 분산"시키고 그들의 이데올로기를 지지해 주는 사람들(마르크스, 데리다, 그람시, 푸코)에게는 "특권"을 준다.

진리 #7: *완전히 객관적일 수는 없다.*

포스트모더니즘의 과장: *모두 편견이 있기 때문에 자신의 편견과 이데올로기를 원하는 만큼 확장시키는 것이 허용된다.*

논평: 순수한 객관성을 지키기는 어렵지만 그것은 여전히 우리의 사고의 목표일 수 있다. 우리는 편견을 인지하고 그것에 저항하기 위해 노력할 수 있으며 이것은 사고와 행동에 있어서 가장 당파적이고 이념

적으로 과도해지는 것에 항복하는 것보다 더 나은 선택이다. 고등 교육을 정치 문화적 세뇌 시스템으로 바꾼다는 것을 합리화하려고 순수한 객관성이 불가능하다고 주장하는 것은 포스트모더니즘이 주는 영향에 있어 더욱 비극적인 동향들 중 하나이다.

이러한 목록들을 나열해 본다면 더욱더 많을 것이다. 하지만 이 정도만으로도 포스트모더니즘이 어떻게 간단하고도 평범한 진리들을 과거 자신의 터무니없는 왜곡들로 부풀게 하는지 충분히 알 수 있을 것이다. 그러므로 이제 포스트모더니스트의 주장들에 부딪칠 때, 당신은 그 전체를 받아들이지도 말고 모두 버리지도 말아야 할 것이다. 그것들에게서 작더라도 어떤 지혜나 진리를 찾아보고 (그것은 어쩌면 매우 작은 것일 수 있다) 그것을 취한 후 그 나머지 지나친 주장들은 거부하라.

아마도 다음으로는 이런 질문을 할 수 있을 것이다. 왜? 그리고 어디서 이 모든 것이 왔으며 무엇이 포스트모더니스트의 사고인가? 포스트모더니즘의 발흥 배후에 있는 역사적 요인들을 살펴보는 것은 현 상황을 명료하게 하는 데 도움이 될 것이다.

7.2 역사적 맥락

19세기로 거슬러 가서

1950년 또는 60년대에는 과학주의의 발흥, 경험론, 이성의 출현과 함께 미국에서는 낭만적인 이상이 어느 정도 감소하였다. 계몽주의적인 태도가 부활하였던 것이다. 당신이 보았을 50년대의 (낙관적이나 진부한 음악이 담긴) 그 오래된 뉴스 영화는 "과학의 행군"을 자랑스럽게 알렸고 하얀 실험실 가운을 입고 세상을 구원하기 위해 모든 종류의 놀라운 발견들을 하는 사람들을 보여 주었다. 그 후에 우리가 제 6장에서 다루었듯이 (자연과학을 제외한) 과학주의가 빛을 잃기 시작했다. 모더니즘에 반대하는 움직임이 시작되었고 낭만주의 시대(반항, 개인의 자율성, 권위에 대한 불신)에 대한 새로운 관심이 인기를 끌기 시작했다.

포스트모더니즘을 상황적으로 설명하는 방법 중 하나는 19세기의 낭만주의가 17, 18세기의 계몽주의에 대한 반항이었듯이 포스트모더니즘도 20세기 초, 중반의 계몽주의적인 베이컨의 경험주의에 대항한 새로운 표현이다. 이 순환되는 역사를 생각해 보면 운동들이 차례대로 서로를 대체하고 포스트모더니즘은 낭만주의로 되돌아갔다. 이 상황을 묘사하는 다른 방법은 포스트모더니즘이 19세기의 절정으로 볼 수 있다는 것이다. 19세기의 낭만주의는 산업혁명에 의해 방해받았다. 현재 우리는 산업화를 지났고 정보화 시대로 진입하여 낭만주의 시대의 작업이 계속될 수 있다.

포스트모던 또는 초근대적(Hypermodern)?

포스트모더니즘의 출현을 살펴보는 다른 방법은 우리가 진정으로 보고 있는 것이 모더니즘에 대한 반항이나 대체가 아니라 모더니즘의 논리적 극단으로 보는 것이다. 달리 말해, 포스트모더니즘의 특성들은 사실 많은 모더니스트적 태도들의 연장들이거나 완성들이기 때문에 포스트모더니즘은 초현대주의나 극단적 모더니즘이라고 말하는 것이 낫다.[8] 이것에 동의하는 사람들은 포스트모더니즘이 "회의론과 도덕적 권위를 경멸함으로 모더니즘의 가정들을 새로운 극단으로 내모는"[9] 것에 주목할 것이다.

　　모더니즘과 초근대주의라 불릴 수도 있는 포스트모더니즘 간에는 반형이상학에 초점을 맞추는 것을 포함하여 몇몇 공통점들이 있다. 그리고 사실, 1950년대에 이미 아널드 런(Arnold Lunn)은 그의 책 『이성에 대항한 반란(*The Revolt Against Reason*)』에서 우리가 포스트모더니즘의 사상으로 보고 있는 것의 가닥을 과학과 사회 과학 자체까지 거슬러 추적했다. 그는 19세기 말로 거슬러 철학적 물질주의자들의 논리적 귀결은 "정신적 작용은 물리적 작용에 영향을 끼치지 않으며", "자유 의지와 자유로운 사고 같은 것은 없고", "진리는 얻을 수 없다"고 말했다.[10] 런은 "우리의 사고가 유효하다고 믿을 근거가 전혀 없으며", "우리는 진리에 관심이 없다"고 말하는 과학적 자연주의자들의 입장을 논한다. 그는 사람의 "기원, 성장, 그의 소망과 두려움, 그의 사랑과 믿음이 원자들의 우연한 배열의 결과에 기인한다"고 말한 버트런드 러셀(Bertrand Russell)의 말을 인용하고, 1920년대와 30년대에 인기가 많았던 행동주의 심리학파가 우리의 믿음이 "비논리적인 힘, 우리의 본능, 또는 성적 콤플렉스, 권력에 대한 욕망 등에 의해 강요된다"고 가르치는 점을 언급한다.[11] 런은 행동주의 주창자들 중 하나인 제임스 왓슨(James Watson)이 "행동주의는 의식이 분명하지도 않고 사용 가능한 개념도 아니라고 주장한다."라고 말한 것을 인용한다.[12]

　　런의 논평들과 결론은 우리로 하여금 포스트모더니즘은 아마 모더니즘의 원리들로부터 번성하였으리라고 생각하게 만든다. 그는 말한다.

> 행동주의는 지적 문제의 해결점으로서가 아니라 객관적인 코드의 용액으로서, 귀찮게 여겨지는 도덕적 통제로서 환영 받는다. 내가 이 책 전체를 통해 주장했듯이, 이성에 대한 저항의 본질은 객관성 전반과 생각과 도덕의 객관성에 대한 저항이다.[13]

런은 초월적 가치가 없는 물리적 우주만을 진정 일관성 있게 믿는 물질주의자는 모든 "도덕적 제한"은 비합리적이라고 믿어야 할 것이라고 결론짓는다. 과학주의를 진정으로 따르는 자는 오직 "모든 도덕률을 거부하고 비도덕적인 행동을 정죄할 권리를 버린다면"[14] 한결 같을 수 있다. 그리고 포스트모더니스트 정신의 이중 기준 안에 예리한 통찰력으로 나타나는 것으로, 런은 "회의론자가 붙드는 교리가 언제나 있고 그의 상대성에 감염되지 않은 완전한 행동의 기준이 있다."[15]고 언급한다. 이 사실은 선언된 문화적 도덕적 상대주의 안에 엄중한 스피치 코드와 정치적 사고 개혁에 초점을 둔 세미나들이 있는 현재 캠퍼스 환경을 잘 설명하는 것으로 보인다.

그래서 런이 오늘날 살아 있다면 1950년대와 그 이전 모더니즘의 발흥기 때, 또는 심지어 산업혁명 동안 마르크스주의가 출현할 때 포스트모더니즘의 씨앗을 보았다라고 말할 것이다.

그러나 동시에 모더니즘의 많은 옹호자들은 (과학적) 권위, 이성, 지식의 진보에 대한 개념들을 지지하는 것으로 보였다. 그런 점에서 이 이념에 대한 포스트모더니즘의 반항은 그것을 단순히 모더니즘의 연장과는 다르게 만든다. 사실, 많은 포스트모더니스트의 목표는 근대 세계 그 자체를 파괴하는 것이다. 그것의 상대주의라는 논리적인 결론으로 가면서, 우리의 뇌가 신뢰할 수 없는 기계보다 나을 것이 없다는 이념은 포스트모더니즘의 발흥에 오직 한 요인이다. 정치 또한 큰 역할을 한다. 이것을 가장 분명히 보기 위해서 우리는 좀 더 시대를 거슬러 가야 한다.

전통적이거나 정통적인 마르크스주의자들은 혁명적인 사회 변화를 위해 경제와 계급투쟁의 중요성을 강조했던 역사 이론에 헌신했다. 이 마르크스주의의 본래 추종자들은 그것이 자본주의 사회에 사는 노동자가 첫째로 그들의 억압에 통찰력을 얻고, 나아가 그들의 억압자들에게 반란을 일으켜 전복하고 마침내 공산주의 유토피아를 만들기 위한 멈출 수 없는 역사적 진보("역사 결정론"의 결과)라고 믿었다. (마르크스는 낭만주의와 산업화가 상호 충돌하던 19세기에 글을 썼다는 것을 기억하라. 연기 나는 공장에서의 삶의 현실과 공산주의라는 낭만적이고 가상적인 노동자의 낙원을 대조하기는 쉬웠다.) 자본주의의 붕괴와 무산 노동자 계급의 발흥은 둘 다 불가피한 사건들로 보였다. 그러나 마르크스는 또한 노동자들의 착취에도 불구하고 혁명이 일어나지 않는 것에 대해 설명했다. 노동자들이 반란을 일으키지 않고 있는 것은 그들의 진정한 상황을 이해하지 못했기 때문이라는 것이다. 오늘날의 말로 하면, 그들은 자본주의 시스템에 의해 세뇌당해 왔다고 말할 수 있을 것이다:

『독일의 이데올로기(*German Ideology*, 1845)』에서, 마르크스와 엥겔스는 자본주의 아래에서 우리 사회의식은 현재 사회 상황을 변화시키기보다는 보전하려는 경향이 있는 잘못된 의식을 낳아, 개인 자산의 기관에 의해 왜곡된다고 주장한다; 이런 식으로 근대 산업 사회에 내재하는 모순을 감춘다는 것이다.[16]

이 이념이 그릇된 의식인 것은 20세기 후반에 다시금 유용하게 입증되었다. 수많은 사람들의 생명과 수백만 명의 경제적 복지를 잃은 후에 공산주의의 전 세계적인 붕괴와 새로운 혁명들의 실패, 그리고 이전 공산주의 국가들이 서양 자본주의 시장 구조를 모방하려는 급한 움직임 후에, 마르크스주의는 경제적으로, 사회학적으로, 역사적으로 실패한 것이 명백히 보였다. 그러나 정치적 이데올로기로서, 모든 인류를 적대적인 계층, 인종, 성별, 그리고 특별히 피해자와 억압자의 두 범주로 나눔으로써, 마르크스주의는 – 아마도 이것이 마지막 재탕일지도 모른다 – 여전히 대학에서 회자되고 있다. 그리고 이 그릇된 의식의 개념은 이론과 현실 사이의 단절을 설명하는 것으로도 지금 더욱 유용하다.

문화를 공격함

전 세계적 공산주의 문명의 실패로 의기소침해 있기보다는 안토니오 그람시(Antonio Gramsci)를 비롯한 신 마르크스주의자들은 자본주의 사회의 문화를 바꾸는 것은 "계급의식의 출현"과 궁극적인 혁명에 필수적인 예비 조건이라고 주장하기 시작했다.[17] 데이비드 호로비츠(David Horowitz)가 언급하듯, 그람시는 자본주의 국가의 문화적 지적 핵심을 탈취하기 위해 논쟁했고, 이것이 왜 미국 대학들이 정치적 정확성과 마르크스 이데올로기의 중심이 되었는지 설명한다.

이데올로기적 순응을 위한 구조적 지지는 명백한 정치적 의제들의 도입에 의해 강화된다. 이 의제들은 원래 이탈리아 출신의 마르크스주의자인 안토니오 그람시라는 사람에 의해 의식화된 제자들로 자처하는 급진파들의 행동에 의해 대학에 도입됐다. 1930년대 스탈린주의자로서 그람시는 생산수단을 장악하고 자본주의 지배계급을 전복시키기 위해 노동자를 동원하는 공산당의 역사적 무능력을 숙고했다. 그람시의 새로운 사상은 급진주의자들의 주목을 사회적 변화의 새로운 지렛대로서 지적 생산수단에 초점을 맞추려고 했다. 그는 급진주의자들을 강력히 권고하여 '문화적 헤게모니'를 쟁취하도록 하였는데 이것은 사회의 지배적인 사상을 생산하는 기관들을 장악하는 것을 의미했다. 이것이 사회 자체를 조종하고 변혁시키는

열쇠가 될 것이다.[18]

그러므로 진 에드워즈 비스(Gen Edward Veith, Jr.)에 의하면 그람시는
다음과 같이 믿었다.

> 문화적 변화는 사회주의에 선행해야 한다... 미국의 가치들을 바
> 꾸는 것은 사회주의 유토피아의 도래를 위한 최선의 수단으로 보인
> 다. 이것이 오늘날의 좌파가 전통적인 도덕적, 문화적 가치를 서서
> 히 쇠퇴시키는데 지지하고, 좌익 사상가들이 교육, 예술, 미디어
> 같은 문화를 형성하는 제도들에 끌리는 이유이다.[19]

그람시는 ”당신이 나라를 점령하기 원한다면 정부를 공격하지 말고
그 문화를 장악하라”고 주장했다.[20] 사회 변혁보다 항상 시민 사이의
가치 변혁이 선행되어야 한다. 그람시는 "하위 그룹에 가해지는 권력의
진정한 이동이 이루어지기 전에 기존의 질서가 그 시민들에 의해 지적
으로, 도덕적으로 거부되어져야 한다”고 주장했다.[21]

"미국의 문화적 기관의 회복(Restoring American Cultural Institutions)"
이라는 논문에서 제리 마틴(Jerry L. Martin)은 당신의 캠퍼스에서 진행
중일 수도 있는 그람시의 계획을 설명한다.

> 그람시는 세 가지 전략을 제시했다. 첫째, 기존의 규범들과 제도들
> 을 불법화하라. 둘째, 기존의 제도에 잠입하고 선취하라. 셋째, 대
> 안적인 제도를 만들어라.
> 첫 번째 일은 파괴적이다 – 전통적 가치들과 제도들을 불법화하기
> 때문이다. 이 일은 문화와 그 규범들에 대한 끊임없는 비판을 요구

한다. 우리 사회에서 이것은 어빙 크리스톨(Irving Kristol)이 "적의
적 문화"라고 부른 것으로-종교로부터 자본주의와 가부장제까지
모든 것을 비판하는 지식인의 집단이다. 일부일처제는 자본주의의
음모라는 그람시의 주장이 이러한 비판의 한 예이다.[22]

서양 문명과 고전 작품들을 공격하고, "고등 예술"을 엘리트주의라
고 비판하며, 보편적 진리들을 거부하고, 인종차별주의자와 억압자로
서 "유럽중심의 문화"를 정죄하는 등은 문화를 파괴하려는 그람시의 계
획을 고려할 때 이해가 된다. 마틴은 다음 단계를 계속 설명한다:

두 번째는 "문화적 침투", 즉 존재하는 제도들에 잠입하여 선취하
는 것이다. 그는 "전통적 지식인을 동화시키고 '사상적'으로 정복하
는 것이 필수적"이라고 말했다. 적대적인 문화의 지성인들은 종교
와 전통적인 사회 규범을 파괴시키면서 이데올로기적 정치에 근거
한, 새롭고 도덕적으로 높은 근거를 정의해야 할 위치에 있다. 이
새롭고 도덕적으로 높은 근거는 소위 정치적 정확성이다.[23]

그러므로 체제 전복적인 이데올로기는 도덕으로 가장하여 우리는 공
평, 정의, 관용, 존중 등의 이름으로 가장 불공평하고, 불의하며, 편
협하고, 수치스러운 언어규범과 분열시키는 인종 정책, 이중 잣대, 그
리고 그와 같은 것들을 가지고 있다. 나아가, 이데올로기가 도덕적 관
점으로 보이기 때문에, 그것에 대한 어떤 반대도 본질적으로 비도덕적
인 것처럼 보인다. 반대할 어떤 동의도 없고 다른 관점을 가질 수도 없
다. 누구든지 이 정책 노선에 반대하면 인종차별주의자, 성 차별주의
자, 동성애 반대자이자, 편협하고, 무감각하며, "진화되지 않은", 또

는 도덕적으로 부패한 자로 여겨진다. 그리고 그들은 처벌을 받거나 개혁되어야 하고 둘 다 받아야 할 수도 있다. 작가이자 이전에 좌파였던 해리 스타인(Harry Stein)은 이렇게 기록했다. "진보적인 사고방식에는 근본적인 무엇인가가 있다: 정치는 거룩한 전쟁이라는 사상, 대적들은 잘못 판단한 것이 아니라 악이며, 정치는 이해도 관대함도 없다는 것이다."[24]

다른 맥락

19세기 말 철학자인 프리드리히 니체(Friedrich Nietzsche) 또한 "모더니즘 사상의 기초"를 거부했는데 그 이유는 그것이 사고에 합리적 기초를 제공하는 헬라와 기독교 사상에 근거하여 형성되었기 때문이라고 말한다. 니체는 이것에 반대했는데 합리성에 근거를 둔 사고는 인간의 발전을 제한한다고 믿었기 때문이다. 루이스 두프레(Louis Dupre)에 의하면, "소크라테스 이래로 지속되었고, 성육신 교리에서 신격화된 로고스(이성)의 우위성은 그에게 삶의 깊은 충동의 거부와 후기 모더니즘 문화의 허무주의에서 폭발한 거부를 암시했다."[25] 개인 자율성의 낭만주의, 모든 제한되고 상속된 진리들을 벗어버리는 것은 포스트모더니스트 사상으로 직접 인도하는 가닥으로 보일 수 있다. 니체가 "사실이란 존재하지 않으며 오직 해석들만 있을 뿐이다."라는 포스트모더니스트의 교리를 옹호했다는 사실 또한 흥미롭다.[26]

포스트모더니스트 사상에 영향을 주었던 19세기의 다른 철학자들 중 세계에 대한 우리 경험의 주관성을 강조했고 현실은 사실 단지 사회적 구성이라는 주장으로 이끈 사상을 가진 에드문드 훗설(Edmund Husserl)이 있다.[27] 마틴 하이데거(Martin Heidegger)는 과거의 제한들로부터 우리를 자유롭게 하기 위해 역사와 전통의 해체를 주장했다.[28] 하이데거는 미셸 푸코(Michel Foucault)나 쟈끄 데리다(Jacques Derrida) 같은 포스트모던 사상가들에게 상당한 영향을 주었다.[29] 한스 게오르그 가다머(Hans-Georg Gadamer)는 "어떤 텍스트의 의미는 저자에 의해 의도된 의미로 환원 불가능하나 언제나 저자가 원래 의도했던 것을 초월한다."고 주장하는 철학적 해석학의 이론을 사실로 상정했다. 사실, "본문의 의미가 그 자체로는 대단한 것이 아니고 읽는 행위, 계속 새롭게 일어나는 행위인 계속 진행되는 사건의 형태로 존재한다."[30]

허버트 마르쿠제(Herbert Marcuse)

포스트모더니즘에 영향을 준 다른 맥락은 20세기의 마르크스주의 철학자 허버트 마르쿠제로부터 온다. 그는 신 마르크스주의의 주장을 옹호했는데 그 주장은 권력의 중심에 있는 사람들이 "보통 사람들로 하여금 '그들의 주인의 의견'" 즉 허위의식적인 사상의 메아리를 "'앵무새처럼 따라 하게 하기 위하여' 인구를 '조작하고 세뇌'시킴으로써 그들의 통제를 유지했다는 것이다."[31] 1960년대에, 마르쿠제는 "자유케 하는 관용"의 교리를 주창했는데, 이는 오직 일부 사상만 관용되어야 함을 의미했다. 그는 행동은 물론이고 말을 포함하여 자유롭게 하는 관용이란 "억압적인 관용"과는 대조적으로 "우익의 운동에 대해서는 비관용적이고, 좌익의 운동에 대해서는 관용"이라고 말했다.[32] 권력자로부터 사람들이 겪어 왔던 세뇌를 극복하기 위해서 학생들은 현재 교육적 실행의 거의 반대에 이르는 재교육을 받아야 할 것이다. 그릇된 사상들에 대한 조직적 검열이 있어야 할 것이다. (그는 이 사상들을 "퇴행적이고 억압적"인 것으로 표현했다.)[33] 만약 당신이 왜 다양성의 캠퍼스 옹호자가 종교적이거나 정치적인 다양성을 언급하지 않았는지 의문을 가진 적이 있다면 – 그리스도인과 보수주의자들은 캠퍼스에서 환영 받는

다는 보장 아래, 마르쿠제는 억압적 관용이라는 개념으로 답변할 것이
다.

역사적 요약

포스트모더니즘을 단기적으로 보면 그것이 "부르주아의 강박적인 모
욕"과 20세기에 변화의 원천이 되어 온 프랑스 지식인들 간에 인기 있
는 모든 형태의 권위에 대한 오만한 혐오를 계승한다는 점이다.[34] 장기
적으로 보면 포스트모더니즘이 "한계의 혐오에 의해 통일된 좌익 절충
주의"의 장기적 전통에서 나온다는 것이다:

> 좌익 절충주의자는 성격과 감정의 독특한 방향을 가지는데, 그것은
> 불가항력적으로 그들을 같은 성질의 새로운 징후인 적절하고 새로
> 운 사고방식으로 이끈다. (19세기의) 루소주의가 자코뱅주의를 낳
> 았고, 낭만주의적 범신론은 자연주의, 물질주의, 마르크스주의를
> 촉진시켰으며, 급진적인 페미니즘과 성적인 해방뿐만 아니라 정신
> 분석학의 다양한 형태는 혁명적인 이유로 얻어질 수 있었고, 게이
> 연구와 괴상한 학설은 성적인 해방에서 나왔으며, 니체주의와 하
> 이데거주의뿐만 아니라 모든 낭만주의 혁명이 포스트모더니즘에서
> 정점에 달한다는 것은 전혀 신비로운 것이 아니다.[35]

과학을 향한 적대감

이제 포스트모더니즘이 어느 정도는 17, 18세기의 계몽주의인 베이
컨의 경험주의 세계에 대항한 낭만주의 반란의 연장선이라고 이해했기
에 우리는 또한 왜 포스트모더니즘이 그렇게 과학에 대해 적의를 가졌
는지 이해할 수 있다. 과학은 낭만주의가 대항한 경험주의 세계관과 모

더니즘의 한 부분이다. "포스트모던 운동의 진정한 아버지"[36]로 불리는 프리드리히 니체는 과학을 단지 종교와 철학을 파괴하는 도구로 보았지, 진리의 형태로서 궁극적으로 가치 있는 것으로 보지 않았다.

> 『인간적인, 너무나 인간적인(*Human, All too Human*, 1878)』에서, 니체는 과학의 영을 찬양하는데, 그것이 종교와 철학과 예술의 환상을 우리로 하여금 깨닫게 해 주었기 때문이다. 그는 과학이 전통적인 종교의 그릇된 믿음을 대체하는 참된 결과물을 제시한다고 보지는 않지만 "궁극적 진리를 믿는 믿음의 뜨거운 흐름"을 식히기에는 유용하다고 본다.[37]

마틴 하이데거는 "자연에 대한 우리의 과학적 이해는 단지 하나의 해석에 불과하고" 그러므로 객관적 진리라고 주장할 것이 없다고 제안했다. 사실, 그는 세계가 진정으로 존재하는 방식을 드러내는 어떤 이론도 없다고 믿었다.[38]

그러나 "진정한 결과"를 낳기를 실패했을 뿐만 아니라 과학은 신 마르크스주의자가 보기에 자본주의의 협력자였다. 왜냐하면 그것은 "자본주의 엔진을 가동시키는 혁신과 기술을 낳는 학문적 이데올로기"이기 때문이다.[39] 포스트모더니스트는 학문과 기술과 소비자 제품과 문화의 상품화를 그들이 파괴하려 열중하고 있는 자본주의 체제에 결합시킨다.[40] 자본주의 시장 체제를 영구화시키면서, 학문은 사람들이 사는 그 상품들과 나아가 소위 모든 자본주의의 악들도 발명한다.

그러므로 포스트모더니즘은 "근대 과학적 기업과 진리, 객관성, 과학적 업무의 가치에 대한 그것의 주장에 대해 회의적이다."[41] (포스트모더니스트 의제를 발전시키기 위해) 진리를 불안정하게 만드는 것에 관한 포스트모더니스트의 관심과 자본주의에 대한 전통적인 마르크스주의의 반대는 이와 같이 그 학문의 주장들과 생산품에 대항하기 위해 결합된다. 엄청나게 많은 기술적 안락함이 있는 사회는 혁명을 견딜 것인데 왜냐하면 살기가 너무 편하기 때문이다.

7.3 반근본주의적 포스트모더니스트

엘리엇(T. S. Eliot)이 그의 에세이 "기독교 사회의 이념(The Idea of a Christian Society)"에서 반세기 넘게 관찰해 왔듯, (그가 자유주의라고 부른) 좌익의 경향은 옛것을 새로운 것으로 대체하는 것이기보다는 "요소들의 진보적인 폐기'이다." "왜냐하면 그것은 에너지를 축적하기보단 발산하는 것이고 강화시키기보다는 긴장을 풀도록 하는 것이기 때문이다."[42] 이 경향은 대체적인 가치 구조를 제공하는 것보다는, 과거의 (제약이나 시대에 뒤떨어진 관점으로 보이는) 이념과 사상과 전통을 비판하고 반대하며 거부하려는 것이다. 엘리엇은 말하기를, 그 결과 초래된 허무주의는 순수한 권력의 도래를 위한 길을 닦는다. 다르게 말해서 가치가 파괴되면 전체주의가 뒤따른다는 것이다:

사람의 전통적이고 사회적인 습관을 파괴시키고, 그들의 자연스런 집단의식을 개인적인 요소로 녹이며, 가장 바보 같은 의견을 허가해 주고, 교육을 지시로 대체시키며, 지혜보다는 영리함을 장려하고, 자격이 있게 하기보다는 갑자기 잘된 사람이 되도록 격려하며, 희망 없는 냉담만이 대체물인 성공의 개념을 촉진시킴으로써, 자유주의는 정반대의 것을 위해 길을 예비할 수 있다: 즉 그 혼란의 절망적

치료제인 인위적이고, 기계적이며, 야수 같은 통제인 것이다.[43]

엘리엇은 히틀러가 유럽에서 권력을 장악할 즈음인 1939년에 이 말을 했다. 그러나 그때 이 말은 오늘날 포스트모더니즘 운동의 기저가 되는 반근본주의의 상징이었다. 포스트모더니즘은 그람시의 세 양상 중 첫 번째 즉, 현재 문화를 파괴하는 양상에서 특히 활동적으로 작동하고 있다. 포스트모더니즘의 어휘를 보면 우리는 이것을 더욱 분명히 볼 수 있다.

포스트모더니스트 담화는 포스트모더니즘에게 노골적인 닉네임인 포모버블(pomobabble)을 준 상당한 양의 은어에 의해 방해 받는다. 그러나 이러한 용어들을 연구함으로써, 우리는 이 담론이 무엇을 뜻하는지 볼 수 있다. 포스트모더니즘의 반근본주의적 성향, 즉 가치, 기준, 전통, 보편성, 절대적인 것 등에 대한 끊임없는 적의는 기존 제도들과 그 이상들을 공격하는 캠페인서 볼 수 있다.

헤게모니

다른 나라에 대한 한 나라의 지배적인 영향을 의미하던 이 말(가령 "아메리카 식민지에 대한 영국의 헤게모니")이 이제는 거의 억압과 같은 동의어로 쓰인다. 우리는 자본주의 헤게모니, 유대교와 기독교의 헤게모니, 백인 남성의 헤게모니, 심지어 "전체주의의 헤게모니"(당신은 보편을 믿는 사람들에 의해 억압받고 있다.)에 대해 읽고 있다. 흥미로운 것은, 누구도 대학의 인문학부에서 포스트모더니즘의 헤게모니를 언급하지는 않는다는 것이다. 이것이 뜻하는 바는 대안이나 반대되는 목소리가 지배적인 사상, 특히 가치에 대한 전통적인 사상에 의해 침묵 당한다는 것이다. 전통적인 믿음은 가치들이 해방적 기능을 가지고 있음에도 불구하고, 포스트모더니스트들은 전통적인 가치들이 무언가를 희생시킨다고 믿는다.

문제화하기

"법 아래 평등한 공의"같은 오랫동안 좋은 가치로 가정된 것을 가지고 그것의 의미가 사실은 그렇지 않다는 것을 제시해 보라. 그것을 문제로 만들라. 슬로건 뒤에서 권력을 유지하려는 자들의 위선을 드러내보라. 이상적인 진술이 모든 점에서 실현되지 않았다는 것을 보여 주어라. 몇몇의 이상만 완전히 성취되기에, 이러한 문제화는 영리함을 요구해서도 안 된다.

포스트모더니스트 담론에 대한 불평 중 하나는 이러한 문제화가 그 자체로 목적이 된다는 것이다. 한번 어떤 개념이 문제가 있는 것으로 보이면, 저자는 글쓰기를 멈출지도 모른다. 대안이나 해결책은 필요 없다. 결국 이 단계에서 근본적인 목적은 문화를 개선하기보다는 파괴하는 것이다.

탈 중심화하기

진리의 이념이나 전통적 문학 경전 같이 오랫동안 중요하게 여겨진 것을 예로 들어, 그것을 권력이나 제 3세계 마르크스주의 소설 같은 다른 개념으로 대체해 보라. 다르게 말해서 한때 문화적으로, 또는 다른 식으로 중심이었던 것을 변두리로 밀어내 보라. 포스트모더니스트는 셰익스피어나 철학자 아리스토텔레스 같은 고전은 "특혜"를 받아왔다고 믿는다. 왜냐하면 그것들은 억압자들의 권력을 유지시켰기 때문이다. 억압자들은 탈 중심화시킴으로써 전복될 수 있다.

비합법화하기

단지 개념의 중요성이 아니라 유효성에 대한 주장을 공격하라. 포스트모더니즘이 자주 사용하는 기술은 어떤 사상이 실제로는 억압적이고 악한 개념이나 의도를 위한 "암호"라고 주장하는 것이다. 그러므로 가령, 미국화의 전통적인 목표 중 하나인 "문화적 융합"은 포스트모더니스트에 의해 인종차별적 이데올로기의 암호라고 정죄 받았다.[44] 이 개념 자체가 불법으로 거부된다.

해체하기

본문을 분석하고 외견상으로 의미하는 것 대신에 그것이 진짜로 의미하는 것은 반대라는 것, 또는 다양한 의미를 가지고 있다는 것, 또는 자체 모순이라는 것, 또는 어떤 인식 가능한 의미도 거부한다는 것을 보여 주어라. 기대된 결과는 일에 대한 혼란을 만들고 그 효과를 약화시키며 따라서 힘없게 만드는 것이다.

독일어 교수인 존 엘리스(John Ellis)는 그의 책 『해체주의 비판(*Against Deconstruction*)』에서 그 기술을 다음과 같이 묘사한다.

> … 해체 비평은 어떤 작용을 하는데, 그것은 약화시키고 전복시키고 폭로하고 무효로 만들고 위반 또는 비신화화 하는 것으로서 다양하게 묘사된다. 그리고 그것은 전통적인 사상, 전통적인 한계, 전통적인 논리, 권위 있는 독서, 특권을 가진 독서, 객관성의 환상들, 우세 또는 공감, 참고적 의미를 가진 본문, 본문이 주장하고 말하고자 하는 것에 작용한다.[45]

해체 비평은 공격, 비평, 거부와 같은 단어들을 사용한다. 이것에는 불안정화, 비신화화, 비합법화, 비신비화 등을 포함한다. 포스트모더니스트 작가는 그 주제에 대한 적개심을 나타내는 용어를 자주 쓰는데 그들의 주장은 급진적으로 약화시키고, 전복시키며, 붕괴시키고, 제외시키며, 단락시킨다고 말한다. 그들이 공격하는 사상은 모욕적인 용어로 특징지어 지는데 그것들로는 *탄압적인, 억압적인, 가부장적인, 특권을 가진, 헤게모니의, 자민족 중심주의의, 권위주의의* (어떤 종류의 권위에 대한 유사어로 사용되든), *로고스 중심주의의* 등의 표현이 있다. *위계서열* 그리고 *보수적*과 같은 단어 또한 모욕적인 용어로 사용되는데, 이는 그 개념이 어떤 사상들이나 업적들이 다른 것들보다 낫고 전통이나 과거의 어떤 요소가 반드시 보존되고 다음 세대로 전달되어야 한다는 점을 의미하기 때문이다. 전통적인 사상들이나 해석의 방법들이 여전히 가치가 있다고 주장하는 사람들은 *순진하거나 지나치게 단순하다고* 멸시 받거나 심지어 *인종차별주의자, 성차별주의자, 동성애 반대자*라는 낙인이 찍힌다. 로저 킴벌(**Roger Kimball**)은 그의 책『종신 급진파(*Tenured Radicals*)』에서 "이 지적 풍조를 고려할 때, 비판이라는 어떤 것도 제대로 이해되지 않는 냉소주의의 한 종류로 퇴보해야 한다는 것은 거의 놀랍지 않다. 그것이 타락하고 불성실하며, 위선적인 것으로 드러날 때까지"라고 말한다.[46] 그는 포스트모더니즘적 학문의 목적은 "전통적인 인문학의 가치와 방법과 목표를 파괴"하는 것이라고 주장한다.[47]

포스트모더니즘이 고급문화의 개념을 파괴하고 있으며 반면에 인기 있는 문화는 (종종 탈 식민지화, 평등주의, 평등 또는 주류에 편입시키기 등의 이름으로) 높이고 있다는 사실은 크나큰 아이러니이며 동시에, 포스트모더니즘은 제국주의적 서구 문화의 악을 공공연히 비난한다. 정확히 말해서 인기 있는 서구 문화는 – 전 세계에 흘러넘치는 폭력적

이고 성적인 할리우드 영화, 음란한 언어와 도발적인 농담으로 가득
찬 TV 대담프로들, 적당히 노골적인 포르노 소설들, "소녀들을 위한
섹스 팁들"을 담은 대중 패션 잡지들 등 – 악들로 가득 차 있다. 세상
이 원하는 것은 아리스토텔레스나 셰익스피어가 아니라 「코스모폴리탄
(Cosmopolitan)」 같은 잡지나 올리버 스톤의 "킬러(*Natural Born Killer*)"
같은 영화이다.

7.4 포스트모더니즘과 기독교

어떤 그리스도인은 포스트모더니즘에 긍정적인 부분이 없는 것은 아
니며 기독 신앙에 어느 정도 도움이 된다고 생각한다. 그들은 다음과
같은 것들을 지적한다:

- **종교적 관점들에 대한 관용.** 종교에 적개심을 가진 모더니즘과
  달리, 포스트모더니즘은 종교를 환영한다.
- **과학주의를 비판함.** 포스트모더니스트는 과학이 그릇된 구원자였
  다는 사실과 지식을 위한 다른 방법들이 있다는 사실을 지적한다.
- **지식 주장의 특정 이론에 준거한 특징의 인식.** 지식의 주장들이
  선입관들의 기초에 세워진다고 이해하는 것은 특히 포스트모더니
  스트들에 의해 강조되어 왔다.

하지만 불행하게도, 분명히 모순이 없어 보이는 이러한 양상들은 사
실 양립 가능한 것이 아니며 그리스도인들에게 포스트모더니즘을 택하
는 것은 어리석은 행위이다. 종교적 관점들에 대한 관용은 다음과 같
은 상황에서만 이해된다. (1) 진정한 초자연적 현상들이 없는 문화적,

사회적 표현들, (2) 동등하게 "유효"하고 진리의 내용 없이 동등한 모든 관점에서만 말이다. 게다가 포스트모더니스트들이 과학주의나 철학적 자연주의를 첫 번째로 비판한 것이 아니다. 특정 이론에 준거한 지식 주장들의 질은 오랫동안 알려져 왔다. 얼마나 오랫동안 말인가? 아래의 글은 주전 4세기에 아리스토텔레스가 쓴 것이다:

> 순수 과학이나 과학적 지식이 우주적이며 필수적 진리에 관한 기본 신념이기 때문에, 그리고 입증할 수 있는 모든 것과 순수 과학이 기본적 원리들로부터 시작하기에, (과학은 합리적으로 진행되므로) 과학적 지식의 기본 원리나 출발점은 그것 자체로 과학, 예술, 실용적인 지혜의 목적이 될 수 없다.[48]

포스트모더니즘이 이 사상들을 우리에게 상기시키고 계속하여 강조하면서, 그 세계관의 기원이 된다고 믿도록 하는 것은 잘못된 일이다.

더욱 중요하게도, 우리가 살펴본 포스트모더니즘은 이성, 권위, 기본 진리를 거부함으로써 철학적으로 반기독교적이다. 포스트모더니즘은 구조적으로도 반기독교이다. 즉, 포스트모더니즘의 많은 목적들이 실천적 적용에서 기독교 사상들을 거부한다. 이것과 관련해 두 가지 양상만 살펴보자.

다문화주의

기독교와 (모든 종교개혁자들의) 이상(理想)의 중심에는 진리와 최고의 미덕이 모든 문화 밖에 있다는 것과 현명하고 사려 깊은 사람들은 (인도주의와 종교적 기초 위에서) 각 문화의 혜택들과 책임들을 평가한다는 사상이 있다. 즉, 기독교가 서양과 미국 문화를 포함한 모든 문화의 죄와 불의를 책망하며 판단한다는 것이다. 복음주의의 핵심 주장은 "여기에 더 좋은 사상이 있다. 그것은 당신의 삶을 더 좋게 할 것이고, 당신을 온전하게 하고, 당신에게 있는 해로운 것들을 제거해 준다"이다. 기독교는 아담과 하와로부터 온 공동의 유산과 모든 사람 안에 있는 하나님의 형상에 근거하여, 모두가 그리스도의 형제자매가 될 수 있다는 구체적인 가르침에 근거하여 보편적인 인류의 본질과 보편적 구원을 가르친다. 다시 한 번 이 구절을 인용하겠다: "유대 사람도 그리스 사람도 없으며, 종도 자유인도 없으며, 남자와 여자가 없습니다. 여러분 모두가 그리스도 예수 안에서 하나이기 때문입니다."(갈 3:28) 포스트모더니즘의 만트라인 "인종, 계층, 성"과 조금 반대되게, 기독교는 인종적, 계층적, 성적, 문화적 차이를 처음부터 초월한다. 이 세상에 끝에는, 모든 신자는 함께 하나가 될 것이다.

> 그 뒤에 내가 보니, 아무도 그 수를 셀 수 없을 만큼 큰 무리가 있었습니다. 그들은 모든 민족과 종족과 백성과 언어에서 나온 사람들인데, 흰 두루마기를 입고, 종려나무 가지를 손에 들고, 보좌 앞과 어린 양 앞에 서 있었습니다. (계 7:9)

반면, 다문화주의는 이 이름이 암시하는 것이 아니다. 이것은 문화적 다원주의[01]와 같은 것을 의미하지는 않는다. 본래 문화의 개인적 양상을 유지하며 많은 나라와 민족으로부터의 사람이 함께 와서 미국적 가치에서의 공통성을 찾으려 하는 곳 즉, 민족이나 문화 따위의 도가니(melting pot)인 미국의 이상도 의미하지 않는다. 이것은 또한 애미타이

---

01) 소수자 집단이 그 고유문화를 유지하면서 전체 사회에 참여하는 것 (역자 주)

에치오니(Amitai Etzioni)가 '백인과 백인이 아닌 자들이 그들을 나누는 자들과 다르게 그들 모두 함께 공유하는 더 많은 믿음, 꿈, 관점이 있는 사회'인 『흑백의 사회(The Monochrome Society)』에서 표현한 공산주의 이상과도 같지 않다.[49]

포스트모더니스트들에게 다문화주의는 사람이 개인으로 정의되지 않고 인종적, 민족적, 성적, 집단의 구성원으로서 정의되는 정체성 정치를 의미한다. 다문화주의는 새로운 부족주의의 한 종류인데, 현재의 사회를 파괴시키는 포스트모더니즘의 의제에 불화를 일으킴으로써, 그룹 권리와 협업의 가치에서의 희생과 동화와 공동의 목표를 주입시킴으로써 발전시킨다. 이것은 각 그룹에게 정치적으로 옳은 믿음의 집합을 강요하려 노력하고 어떤 그룹 구성원이 독립적인 사상을 가질 것이라는 사실을 부정한다.

다문화주의에 중심에는 문화적 상대주의가 있는데, 이것은 모든 문화는 동등한 가치가 있으므로 어떤 문화가 다른 문화를 비판할 수 없다는 뜻이다. 사실, 마르크스주의자는 인간 본성의 유연성을 꿈꾸고, 다문화주의는 우리가 신에 의해 창조된 공유된 본성을 가진 것이 아니라 우리 문화의 산물이기 때문에 공동의 인간 본성이 있다는 사실을 부인한다. 문화적 상대주의는 모든 가치가 주어진 문화에서 상대적이기 때문에 한 문화는 그 가치를 다른 문화에게 강요할 수도 그것을 판단할 시도도 할 수 없다는 것을 암시한다. "당신은 다른 문화를 비판할 수 없다. 왜냐하면 그 문화만의 해결점이 그들에게 작용하기 때문이다." 물론 이것은 인도주의적인 관점에서는 터무니없는 말이다. 물론 우리는 타문화의 해로운 관행을 비판할 수 있다. 이것이 실패한다는 것은 끔찍한 비인간적 관행을 허용하는 것을 의미한다. 디네시 디수자(Dinesh D'Souza)가 다음과 같이 말한다:

모든 규범과 관행의 적응성이나 기능성을 강조하면서, 문화적 상대주의는 다른 문화를 평가하는 비판적 평가를 거부한다. 이런 접근 방식은 가끔 요술, 절단, 고문, 여성 음핵 제거, 파괴적인 터부, 전족(纏足), 신부 불태우기, 혈수(血讎), 질병의 신성화, 끔찍한 위생 관행과 같은 관습들을 외면하기를 요구한다. 정당화할 수 없는 습관들을 합리화하려고 노력하기보다는, 서구 학자들은 부적응의 가능성이나 역기능적 관행들을 고려해야 한다고 로버트 에드거튼(Robert Edgerton)은 항변한다.[50]

미국 문화 밖에 있는 이들이 우리 미국인들이 역사적으로 행했던 노예 제도, 원주민들에게 했던 행동, 현대의 엄청난 양의 포르노, 폭력적 영화들, 강박적인 세속주의 등을 비판할 권리가 있는 것처럼 우리 미국인들도 "낯선 이들을 사냥하여 참수"[51]함으로써 고뇌를 덜어버리는 일룽고족의 관행을 확실히 비판할 수 있다.

노예제도, 카니발리즘, 에이즈 거부, 종족 대학살, 예비 신부를 곤봉으로 때려눕히기 같은 것들은 비인간적 관행이고 사회의 안녕과 발전을 막는다. 삶에 대한 더 나은 문화적 해결책을 가진 자들이 그렇지 않은 자들과 그것을 공유할 수 있어야 할 것으로 보인다. 로스앤젤레스 캘리포니아 대학교(UCLA)의 인류학자인 로버트 에드거튼은 그의 책 『병든 사회(Sick Society)』에서 "사람들의 건강, 행복, 생명을 위협한 전통적인 믿음과 관행들"에 관한 많은 예들을 제공한다.[52] 그는 원시 사회나 민속사회가 잘 적응한 반면 근대 서구 사회는 그렇지 못했다는 생각을 강력히 비판하면서, 우리가 자유롭게 모든 문화의 적응성과 비적응성 둘 다 확인할 수 있는 "평가적 분석의 형태"에 찬성하여 문화적 상대주의를 거절한다.[53] 루소주의적 개념이자 원시인이 행복하게 문화적으로 잘 적응한 것을 뜻하는 "고귀한 야만인(noble savage)"은 넘쳐나는 신화들의 쓰레기통에 버려질 필요가 있다.[54]

그리고 이것은 우리에게 다문화주의와 함께 또 다른 어려움을 준다. 문화는 정적이며 희석되거나, 선임되며(co-opted), 손상을 입거나, 서구 문화에 의해 소멸되지 않도록 그 자체로 보존되어야 하는 것으로 보인다. 그러나 토머스 소웰(Thomas Sowell)이 지적하듯이 "문화적 특성은 우리가 감정적 애착을 가진 '신분'의 증표로 존재하는 것이 아니다. 필요한 것들을 충족시키며, 인간의 삶의 목적들을 성취하기 위해 존재한다." 그가 말하기를, 상호작용하는 모든 문화의 습성들은 현재의 것들보다 더 잘 작동하는 해결책들을 가져오기 위함이다: "문화적 진보들을 역사적으로 공유하는 것은, 인류의 공동 상속이 될 때까지, 문화적 다양성보다 더욱 많은 것들을 암시한다. 이것은 어떤 문화적 특성들은 다른 문화들과 다를 뿐 아니라 더욱 나을 수 있음을 암시한다." 그와 내가 함께 좋아하는 예는 로마숫자를 아라비아 숫자로 바꾸는 것이다. 서구인들이 아리비아 숫자 사용의 이점들을 보았을 때 로마숫자는 지구상에서 저 뒤로 밀려났고 그 결과 어떤 진지한 목적으로도 거의 사용되지 않는다.[55]

요점은 모든 문화는 변한다는 것이다. 한 문화가 다른 문화와 더 많이 교류할수록, 삶의 문제들에 대해 더 나은 해결책들을 속히 찾아 적응하며 더 빨리 변화한다. 소위 서양 문명이 더 우월한 문화를 발전시킨 이유는 그것이 다른 많은 문화들로부터 가장 좋은 사상들을 가져왔기 때문이다. 소웰이 언급하듯, "서양 문명의 일부분이 된 많은 문화들이 외부에서 왔는데, 종종 중동과 아시아로부터 왔다." 그가 말하기를, "사실, 고립된 상태로는 어떤 문화도 위대하게 자랄 수 없다."[56] 이런 사실은 우리 미국의 하위문화들을 다른 것으로부터 고립시켜 새로운

"다문화적" 부족주의로 만들려는 사람들에게 경고를 하는 것이다. 이러한 고립은 삶의 문제들에 대한 더 나은 해결책들을 자유롭게 교환하지 못하게 하고, 자유롭게 새로운 사상들을 받아들이는 하위문화들이 변하지 않고 그대로 유지하려는 문화들보다 성공함에 따라 많은 분노와 분열을 초래한다.

아마 설명의 요점은 여기 정연하게 있다. 다른 문화나 우리 안에 있는 하위문화들에 있는 역기능적 요소를 비판하는 것은 문화 전체나 그 안에 있는 사람을 비판하거나 비난하는 것이 아니다. 이것은 또한 비판하는 사람의 문화가 비판 받는 사람의 문화보다 우월하다는 것을 암시하지도 않는다. 사실, 비판하는 사람은 그 비판을 자기 문화와 비교한 것을 근거로 비판하는 것이 아니라(자기 민족 중심주의), 초월적이거나 인도주의적이거나 실용적인 가치들을 근거로 비판한다.

포스트모더니즘의 많은 양상들과 함께, 우리는 다시금 논리적 문제들에 부딪친다. 첫째로, 우리가 다른 문화들을 판단할 수 없다면 우리는 모든 문화들이 동등하다고 판단할 수도 없다. 모든 판단은 측정하는 어떤 기준에 따라 해야 하며 측정하는 기준이 없다면, 동등하다고 선포할 어떤 근거도 없다. *자신의 문화 내에서 판단하는 문화 동등성이라는 사상이나 모든 문화는 받아들일 수 있는 특징들이 있다는 사실은 합리적 지지를 상실한 이데올로기적 가정이 된다.* 둘째로, 만일 모든 문화들이 동등하고 우리가 다른 문화들에 대해 판단할 수 없다면 다문화주의자가 어떻게 서구와 미국 문화를 비판할 수 있겠는가? 이것은 일관성이 없어 보인다. 셋째로, "개혁"이 시도됨에도 불구하고, 사회가 계층 없는 사회라는 신 마르크스주의 이상(理想)을 향해 진보할지는 알 수 없는데 그 이유는 내일의 문화가 오늘의 문화보다 나을 것이라고 말할 수 없기 때문이다. 디네시 디수자가, "엄밀히 말해, 상대주의는 사회의 진보를 허락하지 않는다. 왜냐하면 새로운 문화는 정의상 그것을 대체한 것보다 낫지 않기 때문이다."라고 말한다.[57]

그리고 마지막으로, 다문화주의는 무엇보다도 다른 문화들과 사람의 가치들을 강조하고, 또한 우리가 즐기는 인간성과 정의의 동일한 혜택들을 부정하기 때문에 비논리적이거나 위선적인 것으로 보인다. 다시 한 번 디수자는 말한다:

나아가, 레스젝 콜라코프스키(Leszek Kolakowski)가 지적하듯이 도둑질한 자의 팔을 잘라 처벌하는 이슬람의 관행이 그들을 위한 정당한 재판의 선택이라고 말하는 것은 가부장적이다. 우리는 민주주의와 인권을 누릴 자격이 있으나 다른 이들은 그렇지 않다는 것을 암시하는 이러한 주장들은 이기적이게 보이며 수많은 제 3세계 사람들의 현대적 열망을 파괴하는 것일 수 있다.[58]

다문화주의 의제가 기독교와 관련하여 중요한 점은 기독교는 포스트모더니스트 목표들과 구조적 갈등을 겪으므로 반드시 거부되어야 한다는 것이다. 기독교는 (헤어스타일, 바디 페인트, 옷 등)과 같은 많은 문화적 산물들은 중요하지 않고 한 지역에 주어진 문화들에 국한되는 반면, 다른 관습들은 개혁을 필요로 하고 있다는 것을 인지한다. (가령 카니발리즘) 악령이 숭배 받거나 달램 받는 문화들의 구성원들은 복음의 형태로 영적 계몽이 필요하다. 세계 각지에 있는 기독교 선교사들은 언제나 잔인한 관습들을 가진 문화에 대해 인도주의적 개혁을 실행하려 노력해 왔다. 포스트모더니스트들은 이 모든 개혁적인 생각들을 거부한다.

급진적 페미니즘

급진적인 페미니스트는 포스트모더니즘 이론을 몇 가지 이유 때문에 아주 매력적으로 본다. 현실의 사회적 구성이라는 포스트모더니즘의 주장과 사람들이 자유 의지를 행사한다는 결과로 초래된 환상[59]은 페미니스트로 하여금 왜 많은 여성들이 페미니스트적 이데올로기와 그들이 행복하다는 주장을 했는지, 또는 결혼이 나쁜 제도가 아니라 매우 좋은 것이라는 주장을 거절했는지에 대해 설명하게 해 준다. 급진적인 페미니스트는 위에서 논의한 마르크스의 "잘못된 의식"이라는 개념을 이용하여 많은 여성들이 억압받고 희생당하면서도 행복하고 성취감을 느꼈다고 믿게 만드는 자기기만을 설명한다. 노동자들이 자본주의 억압자들 밑에서 고통당하는 것처럼 여성은 남성의 압제 하에 고통을 겪는다: "여성과 그들의 남성 억압자들 사이의 투쟁은 마르크스주의에서 부르주아와 프롤레타리아 계급 간의 투쟁과 유사하다."[60]

과학의 포스트모더니즘 거절은 이 페미니스트들의 영향권 아래서 반기독교적 목소리로 나타난다. 크리스티나 호프 소머즈(Christina Hoff Sommers)에 의하면, 과학 수업을 변혁시키기 위한 페미니스트 컨퍼런스 세션에서 한 발표자는 "과학이 제국주의와 사실상 구별되는 신빙성 없는 '부르주아' 기독교 유산의 한 부분이 되었고, 그 인식의 핵심은 성차별주의와 인종차별주의에 의해 더럽혀졌다고 발제했다."[61] 과학은 기독교와 같아서 억압적이다: 여성학 교과서는 "과학은 이 사회의 권력의 중심에 밀접히 묶여 있고 자본주의와 가부장적 제도들과 연결되어 있다."고 주장한다.[62]

『페미니즘 이슈들(*Issues in Feminism*)』이라는 책에 다음과 같은 말이 있다.

심지어 더 완벽한 노예제도 형태가 있는데, 여기서 노예들은 그들
의 조건이나 그들이 통제 당하고 있다는 것을 모르며 오히려 그들
이 자유롭게 그들의 삶과 상황을 선택했다고 믿는다. 가부장제에
의한 여성의 조종은 믿음 형성의 모든 매개체들을 관리하여 믿음과
태도들을 지배함으로 이루어진다.[63]

그리고 물론, 일반적인 종교와 특정한 종교인 기독교는 이 억압하는
"믿음 형성의 매개체"이다. 같은 책은 "치명적인 인종차별과 종교적, 정
치적 권리의 여성 혐오"를 언급하며, 가정을 옹호하는 남성들의 운동인
프라미스 키퍼스(Promise Keepers)를 "가부장주의 숭배"[64]라고 말한다.

기독교가 신성하고 일생 동안의 언약으로 보는 결혼 제도를 급진적
인 페미니스트들은 "여성의 정체성이 사라지는"[65] 감옥과 같은 것으로
간주한다.

페미니즘은 또한 고급문화가 포스트모더니즘적으로 붕괴되고 저급
문화가 오히려 매력적임을 발견하게 되는데 이러한 수준은 이전에 가
치가 덜한 것으로 여겨지던 예술과 문학 작품에 관심을 갖게 하기 때문
이다. 역사의 저술과 예술과 문학에 여성을 강조하는 것을 포함하여 변
화를 시도한 사람들은 변혁자이다. 자신을 "공평한 페미니스트"라고
말하는 크리스티나 호프 소머스는 "성(性) 페미니스트들"에 의한 예술
적 기준의 비판을 묘사하면서 그들이 "예술에서의 걸작품이라는 개념
과 그리스-유럽-미국 기준의 '헤게모니' 따위를 반대한다."고 말한다.
그녀는 계속해서 "예술에서처럼 문학에서도 성(性) 페미니스트는 탁월
하다는 남성적 개념들에 전면적인 공격을 가했다."고 말한다.[66] 그녀가
결론짓기로는, 탁월함이라는 개념이 없이는 우리는 진리의 개념을 잃
어버린다고 한다:

만약에 누가 모든 지식이 권력에 봉사하기 위한 사회적 구성물이
며, 더 구체적으로 말해 만약 누가 우리가 가르치는 학문과 문화가
기본적으로 "남성 헤게모니"를 지지하기 위해 설계된 "가부장적 구
성물"이라고 믿는다면, 원칙상, 지식과 이데올로기, 진리와 교리,
현실과 선전, 객관적 가르침과 일련의 믿음의 집합을 가르치는 것
의 중요한 차이를 부정하게 되는 것이다.[67]

급진적인 페미니스트는 결혼, 가정, 성도덕, 일반적인 남성, (매우
많은) 가부장적 제도와 같이 보이는 전통적인 제도를 공격하지만 기독
교 자체도 기독교 세계관에 대해 포스트모더니즘적인 영향을 받은 이
운동에 대해 적대감을 나타낸다.

7.5 통합을 위한 함의들

포스트모더니스트가 진리와 이성을 거부한 것은 자아도취적 사회의
이기적인 욕망들에 대해 올바른 공헌을 했다. 데이비드 맥컬럼(David
McCallum)은 "포스트모더니스트는 사람들이 자신들이 이성적이라고
생각할 때 그들은 사실 단지 그들의 계몽주의 문화의 개인적 *경험*을 표
출하는 것이라고 주장한다. 그러므로 *경험*은 우리가 아는 모든 것 또는
우리가 알 수 있는 것이 된다. 우리 *경험*은 우리의 현실이 된다."고 말
한다.[68] 어떤 것에 대해 사색하고 추론하는 것보다 느끼고 경험하는 것
이 쉬우므로, 경험을 강조하는 것은 방종을 조장하므로, 이 교리는 강
력한 호소력을 지닌다. 그러나 경험은 진리가 아니며 우리의 감정들은
쉽게 속여진다.

더욱 문제가 되는 것은, 만일 기독교 자체가 진리보다 경험을 더 강조하기 시작한다면 더 흥미로운 대안적 경험을 위한 경쟁의 위치에 처하게 될 것이다. 이것은 1960년대에 일어났던 문제와 똑같은데 그때 순진한 그리스도인들이 돌아다니며 말하기를 "예수는 헤로인보다 나아," "예수로 인해 취해 보자."라고 했다. 이렇게 그들에게 말했을 때, "나는 예수도 시도해 보았고, 헤로인도 시도해 보았어. 그런데 헤로인이 훨씬 더 나를 취하게 해."라고 말했는데 이 경우에는 어떤 주장도 불가능하다. 우리는 경험이나 느낌이나 기쁨의 우월성을 보장할 수 없다. 신약 성경은 그러한 약속들을 하지 않고 있다. 우리가 기독교와 함께 가진 것은 "취미로서의 신"이라고 표현할 수 있는 많은 활동들 중 선택 가능한 하나가 아니라, 진리의 도전이다. 우리는 우리 자신과 남에게 볼링과 신 중 어떤 것이 더 재미있는지를 근거로 선택하라고 하지 않는다. 내가 보기에, 단지 경험적 종교를 강조하는 포스트모더니즘적 교회는 잘못된 길을 추구하는 것이다.

심지어 철학적 자연주의보다 더욱, 포스트모더니즘은 범주적으로 반기독교적이다. 권위를 거부하므로 신, 권위를 거절하며; 안정된 원문의 의미들과 특정한 해석들을 거부함으로 성경의 유용성과 안내를 거절하고 진리를 거부함으로 그리스도의 주장을 단지 참조 정도의 수준으로 만들었다 ("진리 없는 기독교 그 자체는 없어져 버리거나 주관적 종교 경험의 대양 속으로 빠져 버릴 것이다."라고 데니스 맥컬럼이 말한다).[69] 포스트모더니즘이 계층, 인종, 성, 문화적 노선의 불화를 초래하는 것은 크리스천 선교학에서의 통합적 가르침에 어긋난다. 인류의 통합을 향한 비전 (유대인이나 헬라인이나 남자나 여자나) 대신에 이들은 "세계를 부족상태로 복귀시키는"[70] 운동을 한다.

포스트모더니스트들은 그들의 이념을 제시하며 종종 ("존중," "관용," "사회적 정의"와 같은) 숭고한 도덕적 용어를 사용하는데 이것은 그들이 매력적으로 보이거나 적어도 반대할 것이 없어 보이기 위함이다. 그러나 완곡어법 아래 기독교와 인간 행복에 정반대가 되는 의제가 놓여 있다. 양의 탈을 쓴 늑대를 조심하라.

요약

포스트모더니즘은 권위와 도덕적 제약들을 벗어버릴 목적을 가진 철학적 사상들의 집합이 만개한 것을 대표한다. 이성과 객관적 진리와 판단의 기준이라는 실재를 부정함으로써, 포스트모더니스트들은 권력이야말로 그 사상들이 지배하게 하는 유일한 결정 요인이라고 주장한다. 포스트모더니즘이 개인주의를 거절하는 것 또한 전체주의적 형태의 정부가 발흥하게 되는 전조가 된다. 진리, 믿음, 가정 등을 거절-악마화-한 것은 포스트모더니즘이 기독교와 직접적으로 갈등하게 만든다.

사고와 토론을 위한 질문들

1. 어떤 포스트모더니즘적인 사상이나 영향을 당신의 강의, 특히 인문이나 사회과학에서 찾을 수 있는가?

2. 당신 주위에 있는 문화적 가치와 관행들에서 포스트모더니즘적인

영향들을 찾을 수 있는가?

3. 포스트모더니스트들은 미국 문화를 공격하는 것을 좋아한다. 미국 문화의 양상들 중 어떤 것이 가치 있는가? 또한 어떤 것이 비판 받을 만한가?

4. 만약 당신이 교과서나 기사에서 기독교 진리에 어긋나는 포스트모더니즘적 사고(가령, 결혼을 가부장적 억압의 도구 정도로 보는 관점)를 발견했을 때, 당신은 이 사상에 어떻게 대응할 것인가? 몇몇 일반적인 전략들을 발전시켜 보라.

주

1. Phillip Johnson, *The Wedge of Truth* (Downers Grove, IL: InterVarsity, 2000), p. 38.
2. Roger Scruton, "Why I Became a Conservative," *The New Criterion*. Retrieved online from <http://www.newcriterion.com/archive/21/feb03/burke.htm>
3. Jim Leffel, "Our New Challenge: Postmodernism." in Dennis McCallum, ed., *The Death of Truth* (Minneapolis: Bethany House, 1996), p. 31.
4. Thomas K. Rudel and Judith M. Gerson, "Postmodernism, Institutional Change, and Academic Workers: A Sociology of Knowledge, *Social Science Quarterly* 80:2 (June 1999), pp. 213ff. Page 1 of InfoTrac reprint.
5. Leffel, p. 35
6. Hugh Mercer Curtler, "The Myopia of the Cultural Relativist," *The Intercollegiate Review* 38:1 (Fall, 2002), p. 40.
7. Roger Kimball, *Tenured Radicals*, Rev. ed., (Chicago: Ivan R. Dee, 1998), p. 91.
8. Peter Augustine Lawler, "Conservative Postmodernism, Postmodern Conservatism," *Intercollegiate Review* 38:1 (Fall, 2002), p. 17.
9. Gene Edward Veith, Jr., *Postmodern Times*, (Wheaton: Crossway Books, 1994), p. 41.

10. Arnold Lunn, *The Revolt Against Reason* (London: Eyre and Spottiswoode, 1950), pp. 173, 175.

11. Ibid., pp. 176, 177, 189.

12. Ibid., quoted on p. 193.

13. Ibid., p. 194.

14. Ibid., pp. 180, 181.

15. Ibid., p. 181.

16. Tom Rockmore, "Karl Marx," in Richard H. Popkin, ed., *The Columbia History of Western Philosophy* (New York: MJF Books, 1999), p. 554.

17. David Ingram, "Continental Philosophy: Neo-Marxism," in Richard H. Popkin, ed., op. cit., p. 721.

18. David Horowitz, "Missing Diversity on America's Campuses," *FrontPageMagazine. com*, Sept. 3, 2002. Available from <http://www.frontpagemag.com/articles/Printable. asp?ID=1003>.

19. Veith, p. 161.

20. Jerry L. Martin, "Restoring American Cultural Institutions," *Society* 36:2 (Jan-Feb 1999), pp. 35-40. Gale Group reprint, p. 2.

21. John Fonte, "Why There Is a Culture War," *Policy Review* (Dec. 2000-Jan. 2001), p. 17.

22. Ibid., Gale Group reprint, p. 2.

23. Ibid., Gale Group reprint, p. 2.

24. Harry Stein, *How I Accidentally Joined the vast Right-Wing Conspiracy,* (And Found Inner Peace), (New York: Delacorte, 2000), p. 33.

25. Louis Dupre, "Postmodernity or Late Modernity? Ambiguities in Richard Rorty's Thought," *The Review of Metaphysics* 47:2 (Dec. 1993), pp. 277-296. Gale Group reprint, p. 1.

26. Rudolf A. Makkreel, "The problem of Values in the Late Nineteenth Century," in Richard H. Popkin, ed., op. cit., p. 562.

27. David Carr, "Husserl and Phenomenology," in Richard H. Popkin, ed., op. cit, pp. 677-681.

28. Tom Nenon, "Martin Heidegger," in Richard H. Popkin, ed., op. cit., p.684.

29. Ibid., p. 690.

30. G. B. Madison, "Hermeneutics: Gadamer and Ricoeur," in Richard H. Poplin, ed., op. cit., p. 708.

31. Alan Charles Kors and Harvey A. Silverglate, *The Shadow University* (New York: HarperCollins, 1998), p. 68.

32. Quoted in Kors and Silverglate, p. 70.

33. Ibid., pp. 70-71.

34. John M. Ellis, *Against Deconstruction* (Princeton, NJ: Princeton University Press, 1989), pp. 84-85.

35. Jan Olof Bengtsson, "Left and Right Eclecticism: Roger Kimball's Cultural Criticism," *Humanitas* 14:1 (2001), p. 32.

36. Louis Dupre, op. cit., Gale Group reprint, p. 8 참조.

37. Rudolf A. Makkreel, op. cit., p. 561.

38. Joseph J. Kockelmans, "Continental Philosophy of Science," in Richard H. Poplin, ed., op. cit, p. 695.

39. Kenneth Allan and Jonathan H. Turner, "A Formalization of Postmodern Theory," *Sociological Perspectives* 43:3, p. 366.

40. 이 부분들과 관련한 논의로는 Kenneth Allan and Jonathan H. Turner, op. cit., 특히 pp. 367 and 369 참조.

41. Rudel and Gerson, op. cit. Gale Group reprint, p. 2.

42. T. S. Eliot, "The Idea of a Christian Society," in *Christianity and Culture* (1939; rpt., San Diego: Harcourt Brace, 1976), p. 12.

43. Ibid., p. 12.

44. Dinesh D.Souza, *The End of Racism* (New York: Free Press, 1995), p. 136.

45. John M. Ellis, op. cit.., p. 69.

46. Roger Kimball, op. cit,. p. 95.

47. Ibid., p. 1.

48. Aristotle, *Nicomachean Ethics*, 7.6.d, tr. Martin Ostwald. New York: Bobbs-Merrill, 1962.

49. Amitai Etzioni, *The Monochrome Society* (Princeton: Princeton University Press, 2001), p. 7.

50. Dinesh D'Souza, *The End of Racism* (New York: The Free Press, 1995), p.154.

51. Ibid., p. 155.

52. Robert B. Edgerton, *Sick Societies* (New York: Free Press, 1992), p. 24.

53. Ibid. See his conclusion on pp. 202-209.

54. Ibid. 제 6장에 에드거턴이 대부분의 문화들은 그 문화에 만족하지 못하는 많은 사람들을 가지고 있다는 점을 지적한 것을 참조하라.

55. 이 문단은 Thomas Sowell, "Cultural Diversity: A World View"에서 인용했으며 이것은 아래 소웰의 웹사이트에 있다. <http:/www.tsowell.com/spcultur.html>. 잠시동안 헐리우드 영화들은 그 영화들이 얼마나 오래되었는지를 숨기기 위해 저작권에 로마

숫자들을 사용했지만 최근에는 그것마저 대부분 없어진 것으로 보인다.

56. Ibid.

57. D'Souza. p. 207.

58. Ibid., pp. 383-384.

59. Allan and Turner, p. 376.

60. Tom Dixon, "Postmodern Method: History," in Dennis McCallum, ed., *The Death of Truth* (Minneapolis: Bethany House, 1996), p. 133.

61. Christiana Hoff Sommers, *Who Stole Feminism?* (New York: Simon % Schuster, 1994), p. 83.

62. Christine Stolba, "Lying in a Room of One's Own: How Women's Studies Textbooks Miseducate Students." *Independent Women's Forum*, 2002, p. 12. Retrieved from http://www.iwf.org/pdf/roomononesown.pdf.

63. Stolba, p. 18에서 인용.

64. Stolba, p. 25에서 인용.

65. Phyllis Schlafly, *Feminist Fantasies* (Dallas: Spence Publishing, 2003), p. 78.

66. Christina Hoff Sommers, pp. 63, 64.

67. Sommers, p. 97.

68. McCallum, *Death of Truth*, p. 239.

69. McCallum, p. 249.

70. Roger Kimball, *Tenured Radicals* (1990, rpt.: Chicago: Ivan R. Dee, 1998), p. 236.

제 8장
기독교 세계관

세상에서 우리가 이성적이라고 말할 수 있는 사람은 오직 두 종류밖에 없다.
하나는 하나님을 발견하고 온 마음을 다하여 그분을 섬기는 사람이고,
다른 하나는 하나님을 아직 발견하지 못해
온 마음을 다하여 그를 찾는 사람이다.
　　　　　　　　　　　－ 블레이즈 파스칼(Blaise Pascal)[1]

학자인 우리들에게 있어서 이것은 우리 문명의 다원론적이고 지적인 삶에 있어서
우리의 의제가 우리의 원리들과 일관성이 있으면서도
견고한 우리의 공동체를 세우는 데 맞추어져야 함을 의미한다.
우리 세계관이 지적 생명력을 확립하도록 돕는 것과
대안의 결점들을 지적하는 것은
우리 공동체에 중요한 봉사가 될 수 있고
세상을 향한 우리의 증거로서 중요한 차원이 될 수 있다.
　　　　　　　　　　　－ 조지 마스던(George Marsden)[2]

8.1 기독교와 기독교 세계관

제 5장에서 우리는 세계관의 본질에 대해서 논했다. 더 구체적으로
말해서 세계관은 모든 것에 대한 개인적 이론이며, 믿음의 집합이고,
세상을 이해하게 도우며 우리의 경험을 일관성 있게 도와주는 가치들

이라고 논의했다. 기독교 세계관은 몇 개의 요소들로 구성된다.

- **성경.** 하나님에 대한 우리의 지식, 삶에 대한 목적, 일상적인 삶의 선택에 대한 안내, 그리스도의 복음-우리의 세계관에서 이 모든 요소들은 우리가 받은 말씀으로부터 온다. 우리가 나중에 보겠지만, 이 책을 이해하는 것은 단지 정확한 세계관을 세우는 것뿐 아니라 통합 작업을 바르게 하기 위함이기도 하다.
- **역사.** 하나님께서는 역사 가운데 자기 백성들과 교제하셨기에 우리의 신앙은 역사적 차원들을 가지고 있다고 말할 수 있다. 어떻게, 왜 하나님께서 일해 오셨는지 그의 길들을 우리가 이해하는 데 있어 역사는 매우 중요하다.
- **철학과 이성.** 우리는 이미 우리가 진리와 실재와 믿음과 목적에 대한 합리적 관점을 발전시키도록 도와주는 철학의 역할을 보아 왔다. 철학과 이성은 우리로 하여금 성경적 진리를 지식의 일반 영역으로, 구체적인 문제로, 지식과 실재에 대한 생각으로 확장시키게 도와준다.
- **경험.** 하나님, 기독 공동체 내의 다른 사람들, 세계 각처에 있는 다른 사람들과의 개인적 경험과 우리 모든 활동의 총체는 우리가 어떻게 세계관을 형성하는지에 지대한 영향을 미친다.
- **배움.** 우리가 듣는 것, 읽는 것, 사고하는 것, 우리가 얻는 모든 지식(가령 물리시간에 쿼크[02]에 대해 배우는 것)은 더욱 신중하고 일관성 있는 세계관을 형성하는 것을 도와주고 나아가 창조주 하나님을 더욱 경외하게 만든다.

---

03) 원자의 일부분이며 지금까지 알려진 것 중 물질을 이루는 가장 작은 입자. (역자 주)

이 중 세계관 형성에 대한 마지막 세 요소는 그 사람이 누구냐에 따라 달라질 것이며 일생이 걸릴 것인데 이것은 사실 "기독교 세계관들"이 많다는 것을 드러내며 그것은 많은 부분에서 공통될 것이나 개별적 요소들은 다를 것이다. 기독 신앙의 최고 특징들 중 하나는 그것이 너무나 간단하여 가장 단순한 사람도 이해하고 따라오기에 충분한 동시에 위대한 철학자들에게도 그들의 심오한 질문들에 대해 이해와 답을 주기에 충분하다는 것이다. 그래서 어떤 이들은 그들의 기독교 세계관을 실천하기 위해 철학이나 학문을 시도하지 않는다. 반면에, 고등 교육을 받은 그리스도인들은 사상의 세계를 탐구하여 "모든 생각을 사로잡아 그리스도에게 복종하게 한다"(고후 10:5).

물론, 기독교 세계관은 앞장들에서 이미 보았듯이 많은 공통 요소들을 가지고 있다. 아마도 기독교 세계관을 더욱 분명히 하고 우리가 이미 본 두 세계관들(자연주의와 포스트모더니즘)과 구별하는 가장 좋은 방법은 몇 개의 중요한 이슈들에 대해 서로 입장을 비교해 보는 것이다. 이 세계관들의 공통점과 차이점을 면밀히 검토함으로써, 우리는 이들을 더 잘 이해할 것이다. 나의 원래 계획은 박스와 함께 도표를 그려 각 세계관들의 이슈와 입장을 기술하려 했으나, 그것은 많은 페이지를 차지할 것이고 매우 비좁고 갑갑할 것 같아 하지 않기로 했다. 그 대신, 요점 대 요점을 기술하며 비교하는 방식을 취하겠다.

이 비교의 특정한 주제는 특별히 통합의 목표를 염두에 두고 선택되었다. 왜냐하면 이 세계관들 사이에 갈등이 제일 많이 일어나기 때문이다. 각각의 세계관에 신이 한 부분이냐 아니냐는 사실에 관한 각 세계관의 결론에 가장 큰 영향을 준다. 그러나 인간 본성에 대한 각 세계관의 관점은 (하나님에 대한 질문과 연관하여) 각 세계관이 문제들(가령 사회적, 심리적, 역사적, 정치적, 경제적 문제들)을 진단하고 해결책을 제시하는 데 매우 깊은 영향을 줄 것이다.

8.2 신

자연주의

신은 존재하지 않거나(무신론), 그가 존재하는지 아닌지 알 수 없거나(불가지론), 신의 존재에 대한 질문은 의미가 없거나 이해 불가능한 것이다(실증주의). 신과 초자연적인 것에 대한 질문은 인류의 삶과 배움에 전혀 관계가 없다. 오직 유일한 진리는 과학적 진리이기에 신에 관한 어떠한 진술도 진리가 될 수 없다. 신이 존재하지 않기에 종교 그 자체나 그와 비슷한 모든 것은 수상하고 기만적이며 어쩌면 해로운 것이다.

포스트모더니즘

모든 실재와 같이 신에 대한 이념은 객관적인 존재에 대한 참조가 없이 언어적 수준에서 형성된다. 신과 종교는 강자에 의한 억압의 도구로 만들어진다. 철학자 마이클 피터슨은 다음과 같이 말한다. "포스트모더니스트들에게 신에 대한 진정한 지식은 명백히 불가능하다. 왜냐하면 모든 지식은 언어에 국한되고, 언어는 문화에 국한되며, 문화는 다양하며 다르기 때문이다. 이 신에 대한 거대담론은 다른 거대담론과 함께 버려져야 한다."[3] 어떤 종류의 종교는 사회적 위로로는 괜찮다. 하지만 진리 주장이나 독단적 주장("이것이 유일한 참 종교이다.")을 시도하는 것은 적대감과 함께 거절된다.

기독교

하나님은 무한하시고 인격적인 분으로서 우주와 인류를 창조하시고 자신을 우리에게 계시하셨다. 그는 인류의 삶과 행동에 의미를 주시고 모든 창조를 통일하신다. 그는 자연 세계와 성경을 통하여 자신을 우리에게 계시하신다. 그는 심지어 개인적으로 우리에게 찾아오셨는데, 그의 아들 예수 그리스도를 통해서이다. 하나님에 대한 객관적인 지식은 가능하다. 하나님의 존재는 삶에 있어서 목적과 방향을 주며 우리에게 지식과 가치들에 대한 객관적인 기초를 제공해 준다. 우리가 하나님에 의해 창조되었고 그의 형상으로 지음 받았다는 것은 (비록 타락으로 인해 제한되지만) 우리의 이성을 신뢰하게 해 준다.

논평

하나님에 대한 신앙은 기본적이고, 합리적이며, 자연스럽다. 또한 이 것은 이성과 증거와 개인적 경험에 의해 지지된다. 사실, 하나님에 대한 신앙으로부터 멀어지게 하기 위해서는 상당한 양의 "교육"이 요구된다. 계몽주의가 이성과 과학을 높이면서 신앙에 대한 오랫동안의 집요한 거절은 자연주의/모더니즘 세계관의 근저가 되며; 심지어 요즈음에는 동일하고도 심각한 적개심이 포스트모더니즘 세계관에 존재한다. 그러나 하나님이 그들을 간섭하지 않게 하려는 시도 가운데 이 세계관들은 포괄성과 정합성을 잃어버렸다. 이 중 어떠한 세계관도 우리가 경험하는 하나님에 대한 고유한 갈망을 적절히 설명하지 못한다.

어떤 세계관도 하나님에 대해 중립적이지 못하다는 것을 이해하는 것은 매우 중요하다. 로널드 내쉬(Ronald Nash)가 설명하듯, "인류는 단 한 번도 신에 대해 중립적인 적이 없다. 우리가 하나님을 창조주와 주님으로 예배하든, 그에게서 돌아서든 말이다. 우리의 마음은 하나님께로 향하거나 아니면 그 분을 대항하기 때문에, 이론적인 사고도 많은 이들이 생각하듯이 결코 순수하거나 자율적일 수 없다." 나아가 그는 덧붙인다. "기독교를 이성과 이론적 근거들로 거절한 듯 보이는 일부 사람들도 사실은 비합리적인 요인들의 영향 아래 행동하는데 그것은 그들의 마음의 보다 궁극적인 헌신이다."[4] (이 궁극적 헌신은 종교에 대한 주장이 왜 보통 아무 소용이 없는지를 설명하는 데 도움이 된다. 불신앙에 이미 헌신한 사람들에게는 어떤 주장도 설득력이 없다.)

8.3 실재 (존재론)

자연주의

물질적 세상이 존재하는 모든 것이다. 어디에도 초자연적 영역이 없으며 또한 어떤 방법으로도 자연 세계에 관계하는 초자연적 존재는 없다. 그러므로 정의, 아름다움, 선과 악, 영적 성취 따위는 단지 주관적으로 개인적인 것이거나 사회적 선호에 따르는 것이다. 모든 실재는 관찰 가능한 세계를 과학적 방법을 통해 시험해 보고 검토해 봄으로써 발견될 수 있다. 물질적 세상이 실재의 모든 것을 포함하기 때문에 느껴지는 현상이나 관찰된 모든 것에 대한 설명은 정의상 자연 세계로부터 온다.

포스트모더니즘

실재에 대한 모든 사람의 관점이 우리의 인지와 이해를 조종하는 사회적, 개인적, 언어적 허구들에 의해 왜곡되기 때문에 객관적 실재에 도달하기란 불가능하다. 모든 그룹이나 하위문화는 나름대로 고수하는 "실재"를 가지고 있다. 그러한 모든 "실재들"은 동등하게 타당하지만 어느 하나도 절대적 관점에서 진리는 아니다. 사람들이 실재라고 생각하는 것은 사실 낱말 놀이에 비유할 수 있는 언어에 근거하여 세워진 정신적 구성물이다. 단어가 실재적인 어떤 것을 대표한다고 믿는 것은 너무나 순진한 것이다.

기독교

실재는 물질적 세상과 영적 세상 모두를 포함한다. 두 세계 모두 인간의 결정이나 주관적인 선호와 상관없이 객관적인 방법으로 존재한다. 실제 세계가 존재하며 우리는 그것을 알 수 있다. 비록 그것에 대한 우리의 지식이 완벽하지 않더라도, 참 실재는 여전히 있다. 우리는 외부적으로 독립적인 실재에 살고 있으며; 우리가 우리의 상상력으로 그것을 만들어 내는 것이 아니다.

논평

실재의 대부분이 자연주의와 포스트모더니즘에 의해 단지 상실되거나 주관적인 선호 정도로 설명되곤 한다. 자연주의는 포스트모더니즘과 다르게 물질적 실재를 인정한다. 그러나 두 세계관 모두 합리적으로 영적 실재, 감성적 실재, 윤리적 가치들, 미덕, 인간 본성과 같은 것들을 설명하지 못한다. 이 실재적인 것들을 단지 감정, 물리적 과정, 언어적 구성("명예란 단어에 불과할 뿐이다.")으로만 간주하는 것은 그것들의 존재론적 지위를 인정해 주는 것보다 덜 적절하게 보인다.

8.4 지식과 진리 (인식론)

자연주의

물리적 자연을 관찰하는 것이 모든 진리의 원천이다. 지식은 과학적 지식을 의미한다. 어떠한 질문에 대한 대답도 그것이 오직 자연적 세계를 참조한 것이 아니면 궁극적으로 진리일 수 없다. 그러므로 만약 어떤 증거를 검토한 것이 초자연적 설계자로 이끈다면 그 대답은 물리적 세계에 국한되는 것이 아니기에 거부되어야 한다. 초자연적인 것을 포함하는 어떠한 과학적 발견이나 해석은 *정의상* "사이비 과학"이다.

포스트모더니즘

진리는 주관적이고 개인적이며 문화적으로 묶인 믿음으로, 때마다, 사람마다, 문화마다 다르다. 절대 진리란 없고 초월적인 진리도 없으며 어떤 진리도 한 그룹, 사람, 문화로부터 다른 것으로 적용될 수 없다. 다른 방법으로 이것을 살펴보는 방법은 세상에 아주 많은, 심지어 무한한 "진리"가 있다고 말하는 것이며 그것 중 어느 것도 보편적이거나 모두에게 적용 가능하다고 말할 수 없다.

기독교

하나님의 존재와 창조, 절대주권으로 말미암아 가능해진 절대적이고 초월적인 진리가 있다. 지식은 과학적 관찰, 성경적 계시, 세계와 경험에 대한 추론으로부터 온다. 진리와 지식은 자연과 물리적 법칙과 도덕법과 영적인 법을 만드신 창조주에게서 그들의 고정된 기초를 찾는다.

논평

자연주의와 포스트모더니즘 둘 다 인식론적 어려움을 겪는데 왜냐하면 양자 모두 그들의 가정과 논리적으로 모순되는 주장들을 하기 때문이다. 가령, 모든 진리는 관찰이나 실험으로부터 와야만 한다는 자연주의의 주장 자체는 관찰이나 실험으로부터 올 수 없는 것이다: 이것은 형이상학적인 가정이다. 또한 모든 진리는 상대적이고 주관적이라는 포스트모더니즘의 주장은 그 자체로 상대적이고 주관적이어서 일반적으로 참되지도 객관적이지도 못하다는 것을 스스로 암시한다. 다음 장에 이 자체 모순에 대한 논의가 더욱 상세하게 설명되어 있으니 참고하라. 기독교만이 이 세 세계관들 중에 유일하게 인식론적 기초에 있어서 논리적 일관성이 있다.

8.5 이성

자연주의

이성은 오직 물리적 세계를 검토한 것에 의해, 수학에서와 같은 논리적 추론에 의해 제공된 정보에 작용할 수 있다. 이성과 관찰(또는 실험)은 우리에게 세계와 우리에 관해 알려진 모든 것을 말해 줄 수 있다.

포스트모더니즘

객관적인 이성이란 것은 단순히 서양 문화적 미신인 정도가 아니라 이성에 대한 믿음은 해로운 미신이며 백인 유럽 남성의 사고방식의 힘을 유지시키는 것이다. 그리하여 대안적이고 동등하게 유효한 사고방식을 희생시킨다. 이성과 논리는 자가당착적 진리를 믿는 것 같이 더 넓게 생각하는 자유를 방해한다. 이성은 많은 가능한 형태 중 오직 하나의 낱말 게임 형태이다. 결국 이성은 어떤 종류의 궁극적인 진리나 지식의 인도자가 될 수 없다.

기독교

역사적 타락으로 인해 이성은 그 힘의 일부를 잃었고 이것이 우리를 모든 진리로 이끌 수는 없지만, 이성은 여전히 강력하고 유용하며 대체로 세계를 이해하는 데 믿을 수 있는 도구다. 사실, 이성은 우리가 결정하는 것을 돕고, 하나님의 창조에 대한 통찰력을 얻고, 새로운 지식을 배우는 데 필수적이다. 이성이 실재에 대한 온전한 지식을 얻기 위해서는 계시에 의해 보충되어야만 한다. 그래서 이것은 신앙과 친구이며 동맹이다.[5]

기독교 세계관에 있어서 이성의 역할은 한때 논란의 대상이었으나, 일반적으로 기독 사상가는 신앙에 있어서 이성의 가치와 특성을 인지해 왔다. 가령, 나다니엘 컬버웰(Nathaniel Culverwell)은 1652년에『자연의 빛의 담화(*A Discourse of the light of Nature*)』라는 책을 썼는데, 이 책에서 그는 기독교적 삶에 있어서 이성의 가치와 역할에 대해 주장했고 이성과 신앙에 밀접한 관계에 대해 자주 언급했다:

> … 이성과 신앙은 서로 입 맞춘다. 둘로부터 타오르는 쌍둥이 빛이 있고 그 둘은 빛의 같은 기초로부터 나온다. 그리고 그 둘은 다정하게 끝까지 협력하며 그들이 비추는 영광까지 함께 한다. 그러므로 이성을 신성 모독하는 것은 천국 자체를 비난하는 것이고, 이성을 만드신 하나님의 명예를 손상시키는 것이며, 그의 형상의 아름다움에 대해 의문을 가지는 것이고 더 나아가 이상한 배은망덕으로 인해

우리 창조주의 이 위대하고 위엄 있는 선물을 무시하는 것이다.[6]

논평

자연주의는 이성의 개념 때문에 문제들에 부딪치는데 그 이유는 임의적으로 만들어진 뇌가 과연 세계를 이해하는 데 있어 믿을 수 있는 도구인가에 대해 종종 의심하기 때문이다. 심지어 다윈도 이 문제에 대해 걱정을 표했다: "그러나 나에게 있어서도 더 낮은 동물의 마음으로부터 진화된 인간의 마음의 확신이 어떠한 가치가 있고 신뢰할 수 있는 것인지에 대해 무시무시한 의심이 언제나 일어난다. 원숭이의 마음에 어떤 확신이 있다고 가정하더라도, 그것을 신뢰할 수 있는 사람이 한 사람이라도 있을까?"[7] 사고가 뇌 상태의 한 기능이라는 자연주의의 관점 또한 비슷한 문제가 있다. 윌리엄 해스커가 설명하듯, 사고가 물리적으로 결정된다고 믿는 것은 "합리적 사고가 불가능하다"는 것을 의미한다. 왜냐하면 어떤 사람의 "사고도 합리적인 통찰력에 의해 인도되지 않고, 물리적 법칙들이 발생시키는 사고 과정들이 건전한 추리의 원칙들에 일치하는지도 고려하지 않은 채, 뇌의 기능을 지배하는 물리적 법칙들에 의해 전적으로 인도되기" 때문이다. 그는 "만약에 모든 인간의 생각이 물리적으로 결정된다면 어느 누구도 합리적으로 생각할 수 없다."고 결론짓는다.[8] 또한 앞서 언급했듯이, 리처드 로티는 우리 종(species)이 다른 종처럼 진화한 것은 진리를 찾기 위함이 아니라 번식을 위해서라고 주장한다. 우리가 진리에 방향을 맞추고 있다고 믿는 것은 "비다윈적인 사상"이다.[9]

그리고 이성에 관한 포스트모더니스트의 관점대로 "문맥상으로 그룹의 관행에 의해 정의된 것 외에 어디에도 '합리성'이란 것은 없다."면 우리는 포스트모더니스트 이데올로기의 합리적인 주장들을 어떻게 이해해야 할 지 의문을 갖게 된다.[10] 포스트모더니스트들은 종종 서로 사리에 맞는 주장들을 쓰고, 그들 그룹 밖에 있는 이들에게도 그러하다. 우리는 이런 것들을 심각하게 받아들여야 하는가?

8.6 인간의 본성

자연주의

인간은 마음에 목표가 없고 방향도 없는 물질적 과정의 산물일 뿐이며 그들의 성질과 본성은 임의적인 분자 활동의 산물일 뿐이다. 많은 자연주의자들은 결정론자로서 우리의 행동이 생물학적 과정에 의해 결정되므로 우리는 실제로 결정할 자유의지가 없다고 믿는다. 자연주의자들이 좋아하지 않는 인간 본성에 관한 부분(선천적인 마음의 영적 갈구들과 같은 것)은 "진흙에서 심판자에게 이르기까지(from the sludge to the judge)" 잔존물로서 버려진다. 흔히 인간의 본성이라고 불리는 것은 유전적 결정의 조합이고 사회적 조건에 근거할 뿐이다.

포스트모더니즘

인간은 그들이 생각하는 것과 어떻게 행동할지를 결정하는 그들의 사회적 환경에 의해 좌우된다. 그러므로 포스트모더니스트들은 인간의 본성이란 유연하며 쉽게 바뀐다는 고전적인 마르크스주의 이론을 받아들인다. (그러므로 마르크스주의의 바람은 욕심과 이기주의와 범죄와 계급투쟁이 없는 공산주의 유토피아를 가져오는 것이다.) 다른 문화를 가진 사람은 다른 본성을 가질 것이다. 심지어 하위문화는 주어진 문화 안에서 너무나 달라서 서로를 이해할 수 없을 정도일 것이다. 이런 이유로 부족주의와 집단 정체성이 강조된다.

기독교

모든 인간은 모두 하나님에 의해 창조되었기 때문에 동일한 본성을 공유하고 동등하게 존귀하다. 사실, 인간은 하나님의 형상을 공유한다. 인간 본성은 생물학적(유전적) 구성요소 뿐만 아니라 영적인 것까지 포함한다. 가령, 우리는 영적 성취를 바라기 위해 창조되었기도 하지만 죄에 유혹되기도 한다.

논평

모든 인간이 하나님의 형상으로 창조되었기에 모든 사람은 공통된 본성을 공유한다는 기독교의 관점은 모든 인간이 동등하게 존귀한 하나님의 자녀라는 것을 드러낸다. 인간 본성이 변하지 않는다는 사실은 인간 문제에 대한 영원하고 전통적인 해결책이 현재에도 적용 가능한 것으로 남아 있다는 것을 의미한다. 그러므로 인간의 삶의 문제(위생, 인권, 자유)에 대한 많은 해결책은 문화를 넘어 적용가능하다.

철학 교수인 윌리엄 해스커는 말한다. "확실히 말해, 세계관에 대한 엄밀한 테스트들 중 하나는 인간의 본성에 대해 일관성과 정합성이 있으며 받아들일 만한 설명을 할 수 있느냐는 것이다."[11] 여기서 특히 자연주의와 포스트모더니즘 둘 다 명백히 실패한다. 자연주의에 관하여, 해스커는 언급한다.

> 자연주의는 전형적으로 자신을 행동주의, 심신 일원론, 과학적 결정론 같은 관점들을 통해 형이상학적으로 표현한다. … 자연주의자들은 어떤 어려움들이나 특정 논점에서의 모호함에도 불구하고 인

간에 관한 자연주의적 이해는 명백히 옳고 이것에 저항하는 것은
감상이나 미신에 빠진 것이라고 느끼려 한다. 반면에 비자연주의자
에게는, 비록 주제에 적절하지 않다는 아주 많은 증거들에도 불구
하고 자연주의자가 인간의 삶을 제한하고 엄격한 개념적 계획안에
서 해석한다는 사실은 동등하게 명백하다.[12]

우리 모두는 저급한 삶의 양식으로부터 나와 목적 없고 의미 없는 부
산물로서 단순히 발흥한다는 교리에 의해 부적절하게 설명되는 많은
경험, 믿음, 감정, 이상들을 가진다.

인간 본성이 사회적 산물이며 사회적 공학에 의해 지구상에 낙원을
건설할 수 있다는 포스트모더니스트의 관점은 우리 자신의 인간성의
경험에 명백히 반하는 것으로 보인다. 우리가 다른 사람들과 우리의 친
구들과 역사의 몇 페이지들을 검토하든 안 하든, 인간의 본성은 "매시
간의 경험에 의해 전복되는" 것으로 묘사되는 명백한 이데올로기보다
기독교 세계관에 의해 설명되는 것이 훨씬 낫게 보인다.[13]

8.7 윤리와 가치 (가치론)

자연주의

고정되고 영원하며 심지어 완전히 객관적인 가치란 없다. 자연주의
에서 발흥된 두 개의 기본적인 자연주의적의 윤리 운동은 실용주의("효
과가 있으면, 참된 것이다.")와 상황윤리("아마도 만약 당신이 구조선
에서 배가 너무 고프다면 인육을 먹는 것도 허용될 수 있을 것이다.")
이다. 도덕성은 개인적인 것이고 윤리적 행동은 사회적 합의로부터 나

온다. 변하지 않는 법들에 고정된 것은 어떤 것도 없다.

포스트모더니즘

다른 사상들처럼 가치들도 문화적으로 결정되고 문화에 묶인다. 모든 문화가 가치에 있어서 동등하며 어떠한 문화도 다른 것보다 낮지 않다는 문화 상대주의에서의 신념이 포스트모더니즘 윤리의 기초 원리이다. 그러므로 관용이 주요 덕목이다. 다른 문화의 가치에 대한 어떠한 비판도 억압적이고, 비관용적이며, 자민족중심주의로 정죄된다. 가치들과 윤리적 규칙들은 문화 내에서, 또는 문화를 넘어 집단 간에 차이가 있다. 마이클 피터슨은 포스트모더니스트의 태도가 가진 암시들을 설명한다: "이 교육 모델에 의하면, 포스트모더니즘적인 교육을 받고 그것이 어떻게 돌아가는지 아는 이는 충실함, 충성심, 믿음, 용기, 근거에 대한 헌신을 포기해야만 한다. 왜냐하면 이 한때 칭찬할 만한 특성들은 그저 지배적인 사회 그룹이 권력을 유지할 수 있도록 하는 허구일 뿐이기 때문이다."[14] 사실, 가치들과 도덕적 입장을 표현하는 문학이나 다른 글들은 단지 "선전"에 불과하다.[15]

기독교

윤리적 규칙들은 영원한 가치들로부터 온다. 가치들과 도덕들은 인간을 창조하신 영원한 하나님으로부터 나오고 성취된 삶을 위해 필수적인 가치들로부터 온다. 성경의 계시, 역사적인 경험, 철학적 추론은 모든 인간에게 적용 가능한 영원한 가치들을 확인한다. 이 가치는 "그것들의 진리가 인간의 선호나 바람과 관계없다는 점"에 있어서 객관적이다.[16] 즉, 우리가 단지 그것을 좋아한다거나 우리의 태도나 환경이 변한다고 해서 그것들을 변경할 수 있는 것은 아니라는 것이다. 인간 본성은 변하지 않기 때문에, 궁극적인 인간의 가치들도 변하지 않는다. 따라서 문화적 상대주의는 폐기된다. 우리는 다른 문화나 (우리 문화에 있는) 비인간적이고 위험한 요소들을 비판할 권리가 있으며 어쩌면 그것이 의무일지도 모른다. 가령, 죽은 남편의 미망인을 불에 태워 죽이는 관행(아내의 순사(殉死))은 어떤 문화가 이것을 하느냐에 관계없이 그릇된 것이다.

논평

믿을 수 있는 윤리적 체계를 갖는 유일한 길은 이것을 객관적이고 고정된 토대 위에 기초를 두는 것이다. 지금까지 다룬 세 가지의 세계관 중에 오직 기독교만이 가치들에 대해 안정된 기초를 제공한다. 다른 체계들은 오직 문화적, 사회적, 개인적 가치 체계만을 제공할 수 있는데 유동적이며 변덕스럽거나 정치적 권력에 영향을 받기 쉽다. 반면에, "기독교와 유신론적 입장은 도덕적 원리는 객관적으로 의미가 있고 완전하다고 말한다. 왜냐하면 그것들이 창조에 내재된 변함없는 도덕 실재를 반영하기 때문이다."[17] 심지어 일관성의 견지에서 휴 머써 커틀러(Hugh Mercer Curtler)는 문화적 상대주의는 "말도 안 되는 관점"이라고 말한다. 왜냐하면 "실제로 그 누구도(그의 문화적 배경과 상관없이) 그들이 도덕적으로 모욕적이라고 여기는 관행에 대해 정죄하는 것을 망설이지 않을 것이기 때문이다." 그는 덧붙인다. "만약에 우리의 문화에서 인간의 위엄을 훼손하는 것이 잘못된 것이라면, 이것이 확실하듯, 다른 어떤 문화에 하는 것도 동일하게 잘못이다."[18] 포스트모더니스트는 특별히 그들이 싫어하는 것을 정죄함에 따라 그들이 높은 도덕성에서 있다고 본다. 그러나 그들의 입장이 어떤 판단을 정죄한다면 도대체 어떤 기초에서 그들이 도덕적 판단을 할 수 있는가?

8.8 인류의 도전

자연주의

인류가 겪는 가장 큰 문제들은 무지, 미신, 기술적 부적절함이다. 규칙과 과학의 지배를 저항하는 것은 인류를 뒤로 물러서게 한다. 형이상학의 체계와 믿음은 인간 진보에 해롭다. 인류에 있어 최대의 도전은 과학이 더욱더 자연과 인류에게 지배권을 갖게 되도록 하는 것이다.

포스트모더니즘

인류가 겪는 가장 큰 문제는 자본주의 체계, 억압, 백인 헤게모니 등이다. 비서구 문화 사회에서 소외됨과 피해자 계층의 억압은 진정한 도전이다. 자본주의자 구조는 너무 왜곡하여 많은 사람이 그릇된 의식으로부터 고통을 받는다. 그리고 아마 그들이 행복하다고 생각한다. 왜냐하면 그들은 그들의 진정한 억압과 희생시킴을 인지하지 않기 때문이다. 그러므로 삶의 병들은 개인적 행동이나 도덕보다는 사회적, 경제적, 정치적 체계로부터 기인한다.

기독교

한 마디로 말해서 인류에게 가장 깊은 문제는 죄이다. 인류의 역사에서, 타락한 본성의 더 어두운 면인 자만심, 욕심, 이기심, 시기심, 증오심 등이 문제들이다. 다음 일곱 가지 치명적인 죄들이 좋은 목록이 될 것이다: 자만, 질투, 분노, 욕심, 음욕, 폭음, 게으름이다. 죄는 사람들이 집요하게 하나님을 거절함으로써 더욱 문제가 된다. 역사적 타락으로 인해 시작된 하나님으로부터의 분리는 오늘날 인류의 문제들의 원인이 되고 있다.

문제를 해결하는 데에 있어 첫 번째 규칙은 실제 문제를 확인하는 것이다. 만약 당신이 잘못된 문제를 풀려고 시도한다면, 실제 문제는 없어지지 않을 것이다. 더 많은 기술도 자만의 문제를 없애지는 못할 것이다. 자본주의를 파괴하는 것도 욕심을 없애지는 못할 것이다. 정치적 구조를 바꾸는 것 또한 음욕을 없애지는 못할 것이다. 그리고 신을 계속하여 거절하는 것은 행복을 가져다주지 않을 것이다.

8.9 인류의 도전에 대한 해결책

자연주의

이성과 과학이 질병과 미신과 배고픔과 고통으로부터 자유로운 더 나은 세계를 가져오도록 도움으로써 인류를 구원할 수 있다. 우리는 우리 고유의 해결책을 발명해 내야 한다. 스티븐 제이 굴드가 말했듯이, 우리는 "상상할 수 있는 우주의 가장 다양하고 흥미로운 것에서의 우리만의 길을 반드시 수립해야만 한다. 그것은 우리의 고통에 무관심하여 우리가 선택한 길에 있어서 번창하거나 실패할 최대의 자유를 제공한다."[19]

포스트모더니즘

주변화(marginalization)와 서구문화의 궁극적 파괴는 계급 없는 유토피아가 나올 수 있게 하는 혁명을 가져올 것이다. 인종, 계층, 성의 관점에서 투쟁을 강조하는 것은 사회에서 소외당한 그룹이 일어나서 현재 체제의 우세한 층을 제거할 권한을 준다. 그룹간의 차이를 축하하는 것은 억압을 없앨 것이다. 인간 본성이 고정되지 않고 경제적, 정치적 체제에 의해 주조되기 쉽기 때문에 자본주의와 모더니즘과 기독교를 파괴하는 것이 "인간이 하는 부정행위의 모든 역사적으로 알려진 형태들(범죄, 욕심, 이기심, 동정심이 부족함, 질투 등)을 '시들어 없어지게' 한다."[20]

기독교

한 마디로 말해서 인류의 문제에 대한 해결책은 화해이다. 개인적인 또는 어떤 경우에는 공동의 회개가 하나님께로 돌아서는 것과 함께 될 필요가 있다. 죄 용서함을 받고 그리스도를 통한 구원을 받는 것은 필수적이다. 새로운 태도와 믿음과 행동과 함께 가는 새로운 삶이 반드시 시작되어야 한다. 이 단계를 밟기 위해서는 겸손이 필요하다. (이 겸손에 대한 저항이야말로 자연주의와 포스트모더니즘을 아주 매력적으로 만드는 것이라고 주장할 수도 있다. 과학의 권위에서의 자만이나 문화적 비평가의 입장에서의 자만은 하나님께 복종하는 것에 서 있지 아니한 자들에게 매력적인 인센티브를 제공한다.)

논평

자연주의와 포스트모더니즘 모두 지구상에 낙원을 이루려는 비슷한 소망이 있다. 자연주의는 인류의 문제를 기술을 통해서 풀고자한다. 물론 기술은 우리를 도울 수 있고 우리가 더욱 건강하고 더욱 편안한 삶을 살 수 있도록 실제로 도와왔다. 포스트모더니즘은 마르크스주의 인간 본성과 사회에 대한 관점에서 더 나아가 인간 본성에 대한 변화를 통해 사회 조직을 가져오려 한다. 문화적 경제적 혁명을 통해서 말이다. 그러나 이 둘 중 어떤 것도 삶의 의미와 목적의 필요, 삶의 개인적 문제의 해결책, 영적 갈급함, 도덕적 인도를 위한 필요 같은 사람들의 실제적 필요를 적절하게 해결할 수는 없다.

8.10 통합을 위한 함의들: 통합의 해석학

성경이 기독교 세계관의 기초석이기 때문에 우리의 세계관을 공격하고자 하는 이들은 성경에서부터 시작한다. 그들은 "성경은 과학 교과서가 아니다."라고 말한다. 그 말은 맞다. 전화번호부 또한 과학 교과서가 아니다. 그러나 성경과 전화번호부 모두 세계에 대한 사실들로 가득차 있다. 그럼에도 불구하고, 성경을 제대로 이해하는 것은 효과적이고 정확한 해석에 있어서 아주 중요하다. 성경은 많은 장르들(시가서, 역사서, 법, 잠언, 예언서 등)을 포함하고 있고 몇 가지 표현 방법들(문자 그대로, 은유를 사용함 등)을 통해 다양한 문맥들(본문, 역사적, 신학적) 안에서 진리를 전달한다.

성경해석학(해석의 연구)은 진지한 연구로 받아들일 만한 아주 넓은 분야이다. 우리가 자연이나 인간의 행동이나 다른 사건들을 해석할 때 어려움을 겪는 것처럼 성경을 해석할 때에도 도전을 받는다. 삶은 해석의 문제이다. 스스로 설명하는 것이 아니다. **사실 통합은 종종 해석들의 통합을 의미한다.** 우리의 목적을 위해서, 해석 문제들에 직접적으로 유익을 주는 몇 가지 생각들에 대한 개요를 한번 제시해 보겠다.

성경적 틀

성경은 우리가 기독교 세계관을 세울 수 있는 실재의 기초적 틀을 제시한다. 이러한 사실에서 우리는 다음과 같은 것들을 이해할 수 있다.

- 성경적 진리와 어떠한 다른 진리 간에 갈등은 없다. 갈등인 것처럼 보이는 것은 해석에 있어서의 갈등이다. 성경에서든 외부적 사실에서든 말이다. 모든 진리는 하나님의 진리이며, 하나님은 자기 스스로에게 모순되게 행동하지 않으신다.
- 성경은 역사적, 신학적 진리를 제시하는 데에 주요 강조점을 둔다.
- 실재에 대한 성경적 골자는 창조주 하나님, 신에 의해 창조되었으나 스스로 타락한 인간 본성, 삶과 삶의 의미와 목적에 대한 성경적 원리 등을 포함한다. 가장 중요한 문제는 하나님은 누구시고 우리는 누구인가이며 어떻게 우리가 하나님께로 돌아갈 수 있는 지에 대한 것이다.

메시지 대 방법

성경 본문을 해석함에 있어서 우리는 저자들이 그들의 개념을 전달하기 위해 몇 가지 방법을 쓴다는 것을 반드시 기억해야 한다. 어떤 개념이 전달되고 있느냐와 함께 어떻게 개념이 표현되고 있는지에 대해 혼란을 겪지 않는 것이 중요하다.

- **현상학적.** 우리가 오늘날 일상적인 대화에서 하듯이 성경은 종종 현상학적인 접근을 통해 사건을 묘사한다. 즉 그 묘사는 상식과 명백하고 관찰된 삶의 현상과 들어맞는다. 가령, 우리는 성경과 마찬가지로 해가 뜨고 진다는 것을 언급한다. 비록 우리가 태양이 지구 주위를 도는 것이 아니라는 것을 앎에도 불구하고 말이다. 태양은 그러한 것처럼 보여서 우리가 그렇게 말하는 것이다. 성경은 그 자신의 첫째 독자들에게 접근이 가능하도록 쓰여졌고 이 방법은 옳았다. 그러나 이것은 성경이 우리에게 태양이 실제로 지구 주위로 움직인다는 현상학적인 묘사를 가르치고 있다는

것을 암시하지는 않는다. 비슷하게, 예수께서 겨자씨는 '땅에 심길 때에는 땅 위의 모든 씨보다 작은 것이로되'(막 4:31)같이 말했을 때, 그는 인식 가능한 상식적 관찰을 말씀하신 것이다. 만약 그가 "난초씨 같은 것들을 제외하고"라는 말을 더 했었더라면, 그는 멍한 시선을 받았었을 것이다.

- **유추.** 성경은 독자가 이해할 만한 개념을 사용한다. 왜냐하면 그 개념들은 그때에 일반적이었기 때문이다. 이 용법은 성경이 그 개념들을 아주 진리로 가르치고 있다는 것을 의미하지는 않는다. 가령, 예레미야는 독자가 그 감정을 이해할 것을 알고 하나님께서 우리의 신장(腎臟)을 감찰하신다고 말했다. 심지어 오늘날에도, 우리는 "내 마음이 행복해"라고 말하며 우리의 감정을 보여주기 위해 유추와 같은 것을 사용한다.

- **은유.** 성경은 아주 많은 은유적 표현을 사용하는데, 특히 하나님을 묘사할 때나 신학적인 개념을 제시할 때 그러하다. 왜냐하면 그러한 개념은 너무도 추상적이고 어려워서 우리 같은 인간은 파악하기 어렵기 때문이다. 그리고 우리는 그러한 표현들이 문자 그대로인 것이 아닌 것을 이해한다. 가령, 우리가 하나님의 손에 대해 언급하는 많은 성경 구절을 볼 때, 우리는 성경이 실제의 손이 있는 사람의 모습과 비슷한 하나님을 가르치고 있다고 믿지 않는다. 시편 17편 8절에서 "주의 날개 그늘 아래에 감추사"라고 말할 때, 그가 실제로 날개를 갖고 있다고 믿지 않는 것도 마찬가지이다.

- **수사학.** 성경은 또한 다양한 수사학적 장치들을 통해 의미를 전달한다. 예수께서 누가복음 14장 26절에서 자기 부모를 미워하지 아니하면 능히 그의 제자가 되지 못한다고 말씀하실 때, 그는

그의 논점을 분명히 하기 위해서 과장법을 쓰고 계신다. 그는 부모를 공경하라는 계명에 반하고 있지 않다.

우리는 진리가 절대론자나 "과학적인" 주장과 관계없는 몇 개의 "문학적인" 방법을 통해 전달될 수 있다는 것을 보았다. 바스티안 반 엘더런(Bastiaan Van Elderen)은 다음과 같이 요약한다.

> 유기적 영감설이라는 개념 아래, 우리는 성경이 성령의 영감으로 언어와 문화와 우주론과 사고 형식과 범주와 실재와 자연에 대한 인식과 이 모든 것에 환경과 시간을 사용했던 사람들에 의해 기록되었다고 암시한다. 어찌 되었건, 이 계시는 현대작가에게도 이해 가능한 것이어야 했다.[21]

통합과 규범들

신앙과 학문을 통합시키는 진정한 일은 성경적 규범을 학술분야와 연결시키는 것이다. 정의, 옳은 행위, 정부의 역할, 인간의 영적 필요 등등의 개념을 세속적이 아니라 성경적으로 이해하는 것은 매우 도전적이다. 부분적으로, 기독교 세계관은 많은 사고의 학파와 갈등하는 도덕적이고 심리적인 세계관이다. 이 부분에 대해 다음 장에 더욱 자세히 다룰 것이다.

요약

그리스도 중심의 '모든 것의 이론'으로서 기독교 세계관은 성경에 대한 바른 이해로 시작하여 철학적 탐구를 통해 모든 지식과 모든 삶을 포함하는 개념의 기획까지 확장한다. 이 세계관은 자연주의 세계관과 포스트모더니즘 세계관과 아주 구별되게 다르다.

사고와 토론을 위한 질문들

1. 당신이 생각할 때 기독교 세계관에 있어서 필수적 요소들이 무엇인지 설명해 보라.

2. 당신이 이해할 수 없는 구절을 성경에서 마주쳤을 때, 그것을 이해하기 위한 당신의 방법은 무엇인가?

3. 그리스도인은 가끔 신앙의 삶에 있어서 이성의 역할에 동의하지 않는다. 이것에 대한 당신 자신의 생각은 무엇이며 왜 그러한가? 이성은 믿을 만한 친구인가 아니면 다른 무엇인가?

4. 당신의 세계관과 이 책의 이 장에서 묘사된 일반적인 기독교 세계관은 어떻게 비교될 수 있는가?

주

1. Blaise Pascal, Pensees, tr. Martin Turnell (New York: Harper and Row, 1962), p. 40 (Lafuma 11).

2. George Marsden, "The state of Evangelical Christian Scholarship," *Reformed Journal* 37:9 (Sept. 1987), pp. 12-16, reprinted in *Discipleship and the Disciplines: Enhancing Faith-Learning Integration* (Coalition for Christian Colleges and University. 1996), Unit 1, p. 20.

3. Michael L. Peterson, *With All Your Mind: A Christian Philosophy of Education* (Notre Dame, In: University of Notre Dame Press, 2001, p. 90.

4. Ronald Nash, *Faith and Reason: Searching for a Rational Faith* (Grand Rapids: Zondervan, 1988), pp. 28-29.

5. For a charming point about the relation between reason and faith, see Samuel Johnson, "The Vision of Theodore, Hermit of Teneriffe," available online at http://www.virtualsalt.com/lit/theodore.htm.

6. Nathaniel Culverwell, *An Elegant and learned Discourse of the Light of Nature* (London: 1652. Reprint Toronto: University of Toronto Press, 1971), p. 13. 본인은 원문의 일부 철자와 인쇄상의 기능들을 현대적으로 수정했다.

7. Francis Darwin, ed., *The life and Letters of Charles Darwin* (New York: D.Appleton and company, 1888), p. 285.

8. William Hasker, *Metaphysics: Constructing a World View* (Downers Grove, IL: InterVarsity Press, 1983), p. 48.

9. Quoted in Alvin Plantinga, "Darwin, Mind, and Meaning." Retrieved from University of California at Santa Barbara Faculty Staff Christian Fellowship, http://id-www.ucsb.edu/fscf/library/plantinga/dennett.html.

10. Richard Rorty, quoted in Caro Iannone, "PC with a Human face," *Commentary* 96:6 (June, 1993), p. 48.

11. William Hasker, op. cit., p. 72.

12. William Hasker, op. cit., p. 109.

13. This is a phrase from Samuel Johnson, from another context, which I have forgotten.

14. Michael Peterson, op. cit., p. 90.

15. David M. Whalen, "'A little More than Kin and Less than Kind': The Affinity of Literature and Politics," *Intercollegiate Review* 37:1 (Fall 2001), p. 25.

16. Ronald Nash, op. cit., p.41.

17. Michael Peterson, op. cit., p. 103.

18. Hugh Mercer Curtler, "The Myopia of the Cultural Relativist," *Intercollegiate Review* 38:1 (Fall 2002), pp. 38, 39.

19. Quoted in Phillip Johnson, "The Religion of the Blind Watchmaker," *Christian Leadership Ministries*. Retrieved Feb. 21, 2003 from <http://www.clm.org/real/ri9203/watchmkr.html>.

20. Paul Hollander, "Marxism and Western Intellectuals in the PostCommunist Era," *Society* 37:2 (Jan-Feb 2000), p. 26.

21. Sidney Greidanus, "The Use of the Bible in Christian Scholarship," *Christian Scholar's Review* 11:2 (March 1982), pp. 138-147, reprinted in *Discipleship and the Disciplines: Enhancing Faith-Learning Integration* (Coalition for Christian Colleges and Universities, 1996), Unit 4, p. 18에서 인용.

제 9장
세계관 평가

고전 변증학에서 가장 결정적인 형태의 비판은
비기독교적인 믿음이나 이의가 논리적으로 자기 모순적이거나
자기 지시적으로 일관성이 없음을 보여 주는 것이다.
이 비판은 특별히 동시에 동양 종교와 철학
그리고 뉴에이지 운동과
포스트모더니즘에 드러나는 상대주의에 적용된다.
이러한 모든 운동들은 자기-반박적으로 여겨지기 때문에
표면적으로 일관성이 없다.
　　　　-케네스 보아(Kenneth Boa)와 로버트 바우만(Robert Bowman)[1]

자연주의자들을 단결시키는 것은
그들이 공유하고 있는 일련의 방법론적 성향들이다.
더 나아가 이러한 성향들은 자연주의자들이
그들의 연구 프로그램을 다른 사람들과 공유되어야 한다고
정당히 믿는 것과
그들의 연구가 정당화된 믿음을 제시한다는 견해를 배제한다.
이러한 것들을 생각하는 것은
과학적 추론의 인식론적 상황이 철학적 토론의 주제로 열려 있다는 것을
가정하는 것이다.
하지만 과학을 정당화시키기 위해서 철학을 사용하는 것은
자연주의자들이 거부한다.
따라서 방법론적 성향을 고려했을 때,
자연주의자들은 그들의 연구 프로그램에 대한 묘사들을 연구가
어떻게 실시되는가에 대한 논제로 변환시키는 자원들이 부족하다.
　　　　-마이클 레아(Michael Rea)[2]

9.1 비판적 사고로서의 통합

　신앙과 학문의 통합은 지식적 주장들, 가정들, 다양한 학문들, 학파들, 연구의 방법들과 함께 기독교적 세계관(기독교 지식)의 인식적 내용의 상호 비교와 분석을 포함하게 된다. 다시 말해서 단순히 암기하거나 공부하는 학습 과제가 아니라 평가하고 정합성을 높이는 작업, 즉 비판적으로 사고하는 작업이다. 제 5장에서 세계관 쟁점 토론에 관한 것을 상기시켜 본다면, 우리가 직면하는 가장 기초적인 존재론적 질문은 "세상이 이치에 맞게 돌아가게 만드는 것은 무엇인가?"이다. 우리가 경험하는 세상에서 어떠한 가정들과 결론들이 이치에 맞는가? 즉 논리적인 이해에 도달하게 되는가?

　비판적 사고는 우리 삶과 우주 세계의 이치를 이해시켜 주는 것을 허용하는 명제들, 결론들, 사고 체계들, 그리고 세계관을 발달시키는 것을 도와준다. 또한 비판적 사고는 여러 세계관들 중 하나를 선택할 수 있게 도와준다. 우리는 어설픈 사고방식이나, 논리적 오류가 없고 논리적 일관성이 있는 세계관을 채택하고 싶어 한다.

　이 장은 통합 이슈들과 관련하여 비판적 사고에 필요한 몇몇 특정한 도구들과 특정한 지식적 주장 및 세계관 자체들을 평가하는 도구들을 제공해 준다. 우리는 우리가 통합하려고 하는 사상들이 이치에 맞고 우리가 알고 믿는 것들을 적절히 묘사한다는 것을 확실히 하고 싶어 한다. 편견과 이데올로기는 너무나 자주 정보를 왜곡시킨다.

　기독교 세계관에서 비롯된 지식과 다른 세계관에서 비롯된 지식적 주장들을 통합시키는 것을 생각하기 시작할 때, 우리는 첫째로 세 개의 세계관들(기독교, 자연주의/물질주의, 포스트모더니즘) 전부의 특성과 타당성에 대해 생각해야 된다. 앞장에서 우리는 이 세계관들의 차이점들을 살펴보았다. 이 장에서 우리는 이 세계관들에 대한 구조적 분석을 좀 더 자세히 시도해 보겠다. 철학자들은 우리로 하여금 세계관들과 형이상학적 구조들을 평가하고 각 세계관이 어떻게 "모든 것들의 개인적 이론"으로 기능할 수 있는지 결정하도록 도와주는 여러 검사들을 개발했다.

윌리엄 해스커는 자신의 책,『형이상학: 세계관의 건설(*Metaphysics: Constructing a World View*)』에서 "형이상학적 이론들은 그들의 사실적 타당성, 논리적 일관성과 설명력에 기반을 두어 판단할 수 있다."[3]고 말한다. 이러한 것들에 대해서, 철학 교수인 로날드 내쉬는 사람들이 가지고 있는 철학의 실현 가능성인 "실행"이라는 검사를 추가한다.[4] 이러한 검사들을 통해서 우리의 세계관들을 검토해 보자.

9.2 사실적 적절성

세계관에 대한 첫 번째 검사는 세계관이 진리의 대응 검사(correspondence test)를 충족시켜야 한다는 것이다. 이 말은 세계관의 진리적 주장, 즉 세계관이 우리와 세계를 어떻게 묘사하느냐가 세계에 대한 우리의 개인적인 관찰이나 경험과 일치해야 한다는 것이다. 이것은 우리 세계관이 가끔 오해나 잘못된 신념(우리는 도로 앞에 진짜 물 대신 신기루를 보고 있다는 것을 인식할 때처럼)을 바로 잡아 줄 수 없다는 것을 의미하는 것은 아니다. 하지만 일반적으로 세계관 그 자체는 윌리엄 해스커가 말하는 것처럼[5] "다른 수단을 통하여 당신이 사실이라고 알고 있는 것들과 일치되어야 한다." 다른 수단으로 알게 된 것들은 관찰과 경험을 포함할 뿐 아니라 이성과 계시된 진리(가령 성경)도 포함하게 된다.

자연주의의 사실적 타당성

실험, 관찰, 이성, 상식적인 집합의 존재론적 가정(가령 외부 세계의 실재와 인과론의 존재)에 의존함으로써 자연주의는 어느 정도까지는 아주 높은 정도의 사실적 타당성을 가지고 있다. 하지만 철학자 로날드 내쉬는 사실적 타당성에는 "외부 세계"(세계관은 "우리가 무엇을 인지하는가에 대한 이해를 도와주어야 한다.")와 "내부 세계"(세계관은 "우리가 우리 자신에 대해서 알고 있는 것과 맞아야 한다.")에 대한 적절한 처방이 포함되어야 한다고 관찰하고 있다.[6] 초자연적인 것을 부정하고, 따라서 가장 중요한 삶과 경험의 의미들을 위한 형이상학적 상태를 부정함에 따라, 자연주의는 현실의 일부분에서만 사실적으로 적절하다. 더 나아가서 비물리적 영역들을 순전히 물질적인 방법으로 설명하려고 시도하면서, 자연주의는 도덕, 윤리, 영적 진리, 미학, 지혜와 같은 중요한 현상들에 대해서 뒤틀린 희화를 낳게 된다.

포스트모더니즘의 사실적 타당성

자연주의의 주요 사실적 타당성의 약점은 현실을 절단하거나 줄여서 보는 반면에 포스트모더니즘의 주요 사실적 타당성의 약점은 보통 사람들이 인지하고 살고 있는 현실과의 부합이 부족하다는 점이다. 포스트모더니즘의 기저에 있는 상대주의적인 모든 주장들은 주관적이고 일부에 국한되어 있어 지식에 대한 주장을 무기력하고 믿을 수 없게 만든다. 포스트모더니스트들은 견고하게 보이는 진리도 말장난으로 여기기 때문에 그들의 지식적 주장들을 진리 주장들로 적절히 묘사하기 힘들다. 상대적이고 일시적이며 문화적으로 얽매인 견해들은 사실적 타당성에 대한 필요를 충족시키지 못한다.

더구나 포스트모던한 사고들은 반직관적이고 경험적으로 터무니없이 보이는 현실에 대한 주장들을 설명하기 위해 정교한 억지논리 원리를 필요로 한다. 그릇된 의식의 예는 다음과 같다. "당신은 사실 행복하지 않다. 그저 행복하다고 생각하는 것이다. 실제로 당신은 억압받고 있다. 당신은 이 사실을 모를 뿐이며 따라서 우리는 당신을 위해 억압으로부터 해방시켜 줄 것이다." 이러한 주장들은 비합리적으로 보일 뿐만 아니라 개인의 자율성을 부정하고 사회적 통제를 부과하는 냉소적 변명들처럼 보인다.

기독교의 사실적 타당성

우리가 고려하는 세 가지 세계관 중에서, 유일하게 기독교만이 자연적 세계, 도덕적 우주, 이성, 인간 본성, 하나님에 대한 갈망을 포함한다 – 기독교만이 현실의 물리적, 도덕적, 감성적, 영적 차원들을 설명할 수 있다. 기독교 세계관은 지식의 원천이나 목적을 자의적으로 단일(자연주의적인) 영역으로 제한시키기보다는 지식이 어디에서 왔는지 어디로 이끌게 되든지 진리를 최고의 가치로 붙들고 있기 때문에 자연주의보다 우월하고 또한 합리적이고 객관적인 체계를 고수함으로 포스트모더니즘보다 우월하다. 비합리적인 신비주의에 귀속되거나 일상경험("육체적 질병은 환상이다.")을 반박하는 주장을 하는 일부 종교들과는 다르게, 기독교는 세상을 있는 그대로 묘사하며 따라서 기독교 세계관은 사실적 타당성에 대한 검사 기준을 매우 잘 충족시킨다.

9.3 논리적 일관성

한 개인이 세계(관)에 대해 어떻게 설명할지라도, 그 설명은 논리적이고 일관성이 있어야 한다. 비모순의 법칙(the law of non-contradiction)은 우리가 세상에 둥근 네모나 모두 흰 동시에 검은 물체들이 있는 우주가 존재한다는 사실을 합리적으로 믿을 수 없다는 것을 말한다. 이것을 믿는다는 것은 모순되는 전제조건들의 오류를 범하게 된다: "만약 정지하고 있는 동시에 무한대의 속도로 지나가는 물체가 있을 때, 물체가 그 자신과 만나려면 얼마의 시간이 걸릴까?" 이러한 질문은 꽤 흥미로울 수 있겠지만 논리적으로 모순이 된다. 두 개의 전제 조건들(정지해 있는 물체가 동시에 무한대의 속도로 지나간다.)은 동시에 사실일 수 없다.

자기 지시적 모순

진술이 만들어지고 그것이 자신에게 적용이 되어 논리적으로 불가능한 일이나 명백한 거짓을 초래한다면 유사한 문제가 발생한다. 가령 "참인 진술들은 없다."라고 말하면 로날드 내쉬가 말한 "논리적 넌센스"를 낳게 된다.[7] 이 주장의 진실 부정을 자체적으로 적용하면 거짓을 만들게 되고 이것은 참인 진술이 있다는 가능성을 열게 된다. 참된 진술이 없다는 진술이 사실이라면, 이 진술은 참이 되면서 주장하는 것과 모순이 된다. (머리가 헷갈리지 않는가?)

진술이나 이론들을 그 자체에 적용시키면, 이런 종류의 모순을 수반하게 되는 자기 지시적 불합리성이나 자기모순으로 알려진 논리적 오류를 범하게 된다. 이런 진술들은 내적으로 모순되거나 아니면 그 주장은 다른 거짓이나 모순된 주장을 포함하게 된다.

가장 고전적인 예는 논리 실증주의 철학이다. 실증주의자들(1930년대에 인기가 있던)은 참인 진술들은 정의가 합의된 용어들("모든 미혼남들은 싱글이다.")이나 실험으로 증명될 수 있는 것들이라고 주장했다. 실증주의의 창립자들은 과학자였기 때문에 "오직 과학의 사실적 명제들만이 이 조건을 만족시킨다."[8]라고 주장했다. 실증주의자들은 철학, 형이상학, 종교, 윤리, 가치들에 관한 진술들은 경험적으로 입증될 수 없기 때문에 아무런 의미가 없다고 말하는 것에 대해 매우 기뻐했다. "신이 존재하는가?"에 대한 질문 그 자체가 의미가 없기 때문에 "예." 또는 "아니요."로 답할 수 없다.[9]

이후에 어떤 사람은 실증주의의 중심 주장들 또한 정의에 의해서 사실이 아니고 실험적으로 증명할 수 없다는 사실을 지적했다. 이것은 "의미가 있는 문장은 경험적 확증이라는 검증을 통과할 것이다."[10]라는 문장 자체가 그러한 검증을 통과하지 못하기 때문에 의미가 없다. 이 진술이 참이라는 것을 입증하기 위해 가능한 실험이 없었다. 아놀드 런이 지적한 것처럼, "어떠한 철학(막시즘과 프로이드주의를 포함해서)도 참일 수가 없다는 마르크스나 프로이드 철학의 논리적인 결론처럼, 논리적 실증주의의 기본 전제도 논리적 실증주위를 반박하고 있다."[11] 실증주의자들은 모든 세계관들이 증명 불가능한 형이상적 가정들에 의지하고 있다는 것을 거부하면서 자신들의 철학을 파괴시켰다. 실증주의는 철학자들 사이에서 빠르게 사라졌다. 유감스럽게도 실증주의적 편견들이 많은 사람들 사이에 남아 있으며, 그 사람들은 자신의 주장들을 확립시켜 줄 실험이 없었음에도 불구하고 실험이 모든 진실을 검증한다고 주장한다. 그리고 이 사람들 중 다수는 자신들의 형이상학적 특성, 즉 본질적으로 종교적인 본성을 들여다보기를 거부한다.

자연주의의 논리적 일관성

본래 실증주의적 이론으로부터 지지를 받는 철학적 자연주의는 아직도 실증주의의 오류에 시달리고 있다. 자연주의는 모든 진리는 실험이나 이성(관찰과 분석에 기초한 귀납적 과정)으로부터 발견된 과학적 진리라고 주장한다. 하지만 이 주장 자체가 어떠한 종류의 실험적 분석의 대상이 되지 않고 증명 불가능한 형이상학적 가정이다. 이와 같은 주장은 제 5장에서 논의된 다른 자연주의에 대한 가정들에도 똑같이 적용된다. 진리가 존재한다거나, 또한 외부 세계가 실재한다든지, 지금 당신이 꿈에서 이 책을 읽기보다는 실제로 이 책을 읽고 있다는 것을 경험적으로 증명하거나 입증할 수 없다. 자연주의자들은 그들의 존재론과 인식론의 기초를 구성하는 가정들에 대해서 부정하거나 얼버무리려 한다. 왜냐하면 그들 세계관의 종교적인 또는 형이상학적인 기반을 받아들이기를 회피하고 싶어 하기 때문이다. 이러한 부정은 논리적 비일관성의 형태로 보아야 한다. 일관성 있게 하려면, 자연주의자들은 그들의 체계도 경험적으로 입증 가능한 진리에 기반하고 있지 않다는 것을 인정해야 한다.

철학자 마이클 레아는 그의 책 『설계가 없는 세계(*World Without Design*)』에서, 자연주의자들은 그들의 진리 이론을 적용시킬 때 모순을 보인다고 지적하고 있다. 레아는 한편 자연주의자들은 질문할 수 없고 새로운 과학적 발견으로 아마 거짓으로 증명될 수도 있는 어떠한 신념들도 거부한다. 그러나 다른 한편 어떤 자연주의자도 과학적 발견이 자연주의를 거부하게 유도할 것을 믿으려 하지 않는다. 하지만 레아는 "만약 모든 것이 과학에 의해 좌우된다면, 왜 자연주의는 예외일까?"[12]라고 묻는다. 레아는 계속해서 자연주의자들이 동의하는 것은 초자연적인 것을 거부하는 것이라고 지적했다. 그러나 그는 이것은 자의적이고 비과학적인 입장을 취하는 것이라고 말한다 :

이 세상의 존재와 그 방식에 있어 자연주의자들이 자연과학을 절대적 권위로 존중한다는 사실은 명백하다. 자연주의는 이러한 이슈들과 관련해서 과학이 어디로 인도하든지 따를 것을 요구한다... 하지만 자연주의는 무엇이던 간에 과학이 자연이나 초자연에 대해 이야기하는 것과 호환이 되어야 한다. 따라서 어떠한 자연주의에 관한 설명도 자연이나 초자연의 본성에 대한 실질적인 논지를 포함할 수 없다.[13]

자연주의에 이러한 논지가 필요하다는 것을 주장하는 것, 즉 초자연적인 것이 없다고 말하는 것은 자의적이며 논리적으로도 자연주의 자체의 전제들과 모순된다.

나아가, 마이클 피터슨은 자연주의에 따르면 우리의 정신 과정들은 곧 우리의 육체적 과정들이므로 우리의 정신 과정들은 육체적 과정들에 의해 일어난다고 하는 사상인 자연주의의 결정론적 암시들에 관해 주목한다. 그는 "만약 자연주의가 사실이면, 자연주의가 사실이라는 신념은 합리적으로 유지될 수 없다. 왜냐하면 자연주의자들은 함축적으로 그의 신념이 자유에 의해 일어나는 것이 아니라고 주장하기 때문이다."[14] 다시 말해서 자연주의는 우리가 믿는 것들을 믿도록 강요되거나 결정되어졌고 우리 자신이나 생각을 바꿀 수 없음을 암시한다. 만약 우리의 신념들이 주의 깊은 이성에 의한 자유로운 결론들이 아닌 육체적 과정들에 의한 산물이라면, 이러한 신념들은 객관적 면에서 참일 수 없다.

포스트모더니즘의 논리적 일관성

포스트모더니즘을 상대주의에 기초하려 하면 많은 논리적인 어려움에 당면하게 되기 때문에 포스트모더니스트들이 전통적인 이성과 논리를 거부하는 것은 전혀 놀랄 일이 아니다. 그들의 체계는 우리 대부분이 생각하는 명백한 사고와는 양립할 수 없다. (이것은 왜 수많은 포스트모더니즘 책들이 이해할 수 없게 쓰였는지 설명해 준다.)

이론적인 수준에서, 포스트모더니즘은 모순들을 가득 담고 있다:

- 진리는 국한적이고, 사회적으로 구성되며, 권력을 가진 사람들의 도구이고, 말장난이다. 그러나 이러한 견해들은 절대적이지는 않지만 넓은 범위에서 진리들로 제시된다.

- "사실들은 없고 오직 해석들만이 존재한다"(니체로부터 차용)[15]는 주장은 사실 주장이므로 자기 지시적 모순을 포함한다.

- 전통적 이성은 늙고 신빙성이 없는 가부장제의 산물로 거부되지만, 이성을 거부하는 이유를 제시할 때 이성적 논거에 근거하고 있다.

- 포스트모더니즘은 세계나 진리 또는 인류에 관해 일반화하는 총체적 관점이나 거대담론적 주장들을 거부하지만, 포스트모더니즘 그 자체가 크고 종합적인 거대담론이다.

- 우리가 우리 문화에 대해 잘 알지 못하기 때문에 다른 문화들을 판단할 수 없게 된다면, 우리는 우리 문화가 결함이 있다거나 모든 문화는 동등하다고 말할 수 없다. 이 말을 할 수 있지만, 이 사실을 알기 위해서는 판단이 수반되기 때문에 이 사실도 알 수가 없다.

- 포스트모더니즘은 권위를 독단적이고 억압적으로 여기며 거부한다. 하지만 포스트모더니즘 지지자들은 루이 알뛰세르, 쟈끄 데리다, 미셸 푸코, 안토니오 그람시, 허버트 마르쿠제와 같은 작가들을 존경하며 그들이 쓴 작품들을 마치 성경처럼 여긴다.[16]

윌리엄스 대학의 학생 웬디 샬리트(Wendy Shalit)는 2학년이 끝날 무렵 자신이 수강한 포스트모더니즘 과목 경험을 요약했다. 대학에서 요구되는 공부를 "새로운 경전(New Canon)"이라고 지칭하면서, 그녀는 포스트모더니스트 이론이 가진 실질적 모순들을 밝히고 있다.

> 새로운 경전을 배우기 위한 전제 조건들은 다른 것들에 비해서 더 벅차고, 헌신적이어야 하며 모순들을 간과할 수 있는 재능을 가지고 있어야 한다: 경전을 배우기 위해서 흑인이거나 여성이 아닌 한 인종차별주의자, 성차별주의자, 자민족 중심주의자가 되어서는 안 된다; 성, 인종, 성적 취향의 다양성에 대해 긍정적으로 공감해야 하지만, 사상들의 다양성에 대해 공감해서는 안 된다; 개인은 학대 코드(harassment code)에 나와 있는 진리를 제외하고 결코 진리에 대한 헌신을 인정하면 안 된다; 역사적 사실에 대한 "개념"은 조롱해야 하지만 다른 그들만의 "생존 이야기들"에 대한 사실들에 의구심을 가지면 안 된다; 포스트모더니스트들의 글 이외에 텍스트의 고정된 의미에 대해 정절에 대한 죄책감을 씻어내야 한다.[17]

제 7장에서 언급한 것처럼, 해체란 누가 봐도 알 수 있는 의미가 단지 자의적으로 특혜를 받은 의미라는 것과 어떠한 글도 정확한 의미나 정해진 해석을 가지고 있지 않다는 것을 보여 주기 위해 문학과 문장을 분해하는 모스트모더니즘의 한 방법이다. : "모든 해석들은 오역이다." 그러나 비평가와의 논쟁 도중에 해체의 주창자이자 실천가인 쟈끄 데리다는 자기를 오해하고 그가 말하려는 것을 파악하지 못한 비평가를 비난했다.[18] 만약 저자가 의도한 의미가 드러낸 의미와 관련이 없다면, 해체주의자들이 주장하는 것처럼 그들의 의도된 의미가 이해되지 않았

다고 주장하는 것은 터무니없고 비논리적이다. 만약 해체이론이 텍스트 해석을 위한 유효하고 가치 있는 방법이라고 한다면, 이 이론은 전통적 경전과 해체주의자들의 텍스트들에 평등하게 적용되어야 한다. (놀랍게도, 해체론자들은 막스주의자들이 작성한 텍스트들이나 동료 해체론자들의 텍스트들에 대해서는 분해하지 않는다.)

그렇다, 포스트모더니즘은 비일관성의의 혼란을 야기한다. 포스트모더니스트들은 우리 문화가 가치들을 결정하고 모든 가치들은 문화적으로 상대적이라고 주장한다. 우리는 이러한 억압적 규범들에 묶여 있다. 하지만 이것들이 억압적이라는 것을 어떻게 알 수 있을까? 진 에드워드 비스는 다음과 같이 본다: "포스트모더니스트들은, 다른 누구보다, 다양한 권력 구조들이 불공평한 것에 대해서 불평하면서 언제나 세심함과 관용과 정의를 요구한다. 하지만 왜 그들은 자기네가 초월적이고 권위적인 도덕적 절대 원칙들에 호소하는 것을 알아차리지 못할까?"[19] 우리가 우리 문화 속에 갇혀 있다면, 포스트모더니스트들은 문화의 억압적 가치들에 갇혀 있으면서 어떻게 비판할 정도의 통찰력을 가지고 있을까? 그리고 만약 절대적 가치가 없다면 어떠한 기준으로 불공정성이나 부당성을 측정하게 되는가? 그리고 만약 권위를 거부한다면, 상황을 해결하기 위해 어떤 조치가 이루어져야 한다는 주장은 무슨 권위로 말하는가? 만약 변화를 위한 촉구 뒤에 있는 "권위"가 단순히 정치적 권력이라면, 그 정치적 진영에 있지 않은 사람들에게는 그것이 얼마나 설득력이 있을까?

포스트모더니스트들은 진리와 선전의 차이는 단순히 의미론의 차이라고 주장한다. 우리가 본 것처럼 포스트모더니스트들은 *진리*와 같은 단어들을 둘러싸기 위해 조롱조의 인용구들을 사용하기를 좋아한다: "진실"에 관심 있는 당신은 매우 독특하다. "사실은," 진 에드워드 비스가 지적하는 것처럼, "포스트모더니즘 이데올로기에 따르면, *모든 것은 허구다; 모든 진리는 사회적 관습들이 창조한 환상이다.*"[20] 여기에 또 다른 자기 지시적 모순이 나타난다. 만약 모든 것이 허구라면, 포스트모더니즘의 주장들이나 해석들이나 철학도 허구가 되며, 허구란 우리가 원하지 않으면 진지하게 받아들이지 않아도 되는 단순한 유흥일 뿐이다. 마이클 피터슨이 말한 것처럼 "포스트모더니즘이 자신의 신조들을 따르는 한, 자기반박적이라는 사실을 피할 수 없다."[21]

기독교의 합리성

로날드 내쉬는 "기독교를 거부하는 대부분의 사람들이 기독교를 이성에 적대되는 것들의 도피처라고 여기지만, 사실 인류의 역사에서 기독교 세계관만큼 논리의 법칙이 중시되는 세계관은 없을 것이다."[22]라고 말한다. 기독교는 논리적으로 일관성 있는 세계관을 제시하기 위해서는 물리적, 합리적, 형이상학적 영역들이 협력해야 함을 인식하고 있다. 기독교의 중심은 그리스도와의 개인적 관계이고, 신앙의 어떤 측면들은 이성이 접근할 수 없지만 (이성으로는 너무 복잡하다고 말할 수 있다.) 우리의 신앙은 꽤 합리적이다. 신앙은 논리적으로 일관성 있고, 모순적이지 않으며 자기반박적이지 않은 존재론적이고 인식론적인 전제들을 포함하며 이것들은 기독교적 진리를 검토하고 확립하기 위한 견고한 기초들을 제공해 준다. 기독교는 객관적이고 변하지 않은 초월적 진리(당신 팔꿈치 가까이에 있는 성경)의 근원으로부터 정보가 제공되며, 항상 비성경적 견해에 빠지는 인간의 문제에 대해 도전하고 교정할 준비가 되어 있다.

데니스 맥칼럼은 그림을 감상하는 것에 대한 유추를 제공한다. 당신은 그림이 아름답다고 증명할 수 없음에도 불구하고 그 그림을 보면서 아름답다고 믿을 수 있다. 하지만 당신의 믿음이 비합리적인 것은 아니다. 당신의 믿음은 직접적인 개인적 경험에 기반을 두기 때문에 이성과 완벽히 양립할 수 있다.[23] 사실, 당신의 실험적 지식은 이성으로 그림에 대해 알 수 있는 것들을 보충해 준다. 17세기 철학자이자 수학자인 블레이즈 파스칼은 "신앙은 감각들이 말해 주지 못하는 것을 참으로 말해 주지만, 감각들의 발견과는 모순되지 않는다. 신앙은 감각들을 초월하지, 모순되지 않는다."라고 썼다. 그는 또한 이성은 이성으로 발견될 수 없는 진리들이 존재한다는 것을 인식한다고 말한다.[24]

기독교는 앞뒤가 맞다. 기독교는 모든 것이 논리적으로 연결되어 있다. 기독교는 세계도 이해되도록 만들어 준다. 기독교는 우리도 이해되도록 해 주며 (이것은 상당한 성과이다), 이것 때문에 자주 바울은 그의 청중들에게 논증을 한 것이다(가령, 사도행전 17~19장을 보라). 우리가 세계관에 대해 인식적으로 믿는 것은 우리가 얼마나 확고히 그것을 고수하는가에 영향을 미친다. 우리는 일관성 있을 뿐만 아니라 물리적, 정신적, 영적 등 현실의 모든 영역들을 포함하는 지식의 구조가 필요하다. 데니스 맥칼럼이 말하는 것처럼 하나님을 포함하는 세계관만이 "그것이 가진 전제들과 일관성이 있다."[25] 무신론적 세계관은 현실의 묘사를 제한하거나 왜곡하면서 논리적 문제들에 직면하게 된다.

9.4 설명력

수사관들이 범죄 사건을 조사할 때, 그들의 목표는 사건들의 자초지종ー즉 이야기ー을 확증하여 증거의 여러 세부 사항들을 가능한 가장 타당한 방법으로 설명한다. 다르게 말해서 수사관들은 사실을 포함한 가설을 설정한다. 이와 비슷하게, 세계관도 세계, 인생, 경험에서 관찰되는 여러 현상들을 고려하여 가능한 한 일관성 있고 통일된 방법으로 발전시킨 하나의 가설이라고 할 수 있다. 더 많은 현상들이 합리적이고 타당하게 설명될수록, 그 가설의 설득력은 더 커진다. 철학자 윌리엄 헤스커는 세계관의 설명력은 이상적으로 통일성, 인과관계, 포괄성, 단순성이라고 묘사한다.[26]

제 5장 서두에서 말한 것처럼, 세계관은 개인적 이론의 모든 것, 즉 우리가 믿고 경험하는 모든 것을 포함하는 설명이다. 우리가 참이라고 알고 있는 것의 일부분만 설명하는 세계관은 더 많은 것을 설명하는 세계관보다 설득력이 더 적다. 수사관에게 최상의 가설은 가장 많은 증거를 설명하는 것이듯, 실재의 대부분을 가장 잘 설명하는 세계관이 최상의 세계관이다. 로날드 내쉬는 다음과 같이 말한다.

경쟁하고 있는 다른 세계관들의 기본 명제들을 선택해야 하는 상황에 부딪쳤을 때, 우리는 전체 현실에 적용하여 세계에 대한 일관적인 그림을 가장 잘 제공해 주는 세계관을 선택해야 한다. 결국, 고든 클락(Gorden Clark)은 다음과 같이 설명한다. "만약 한 체계가 여러 문제들에 대해 타당한 해결책을 제시하는 반면 다른 체계는 많은 문제들을 해결하지 못하고, 한 체계는 덜 회의적이며 삶에 더 많은 의미를 주고 일관성이 있는데 다른 세계관들은 자기모순적일 때, 우리가 선택해야 한다면, 더 나은 첫 번째 원칙을 선택할 권리를 누가 부정할 수 있겠는가?"[27]

자연주의의 설명력

일반적으로 자연주의는 생물적, 물리적 세계에 있어서는 큰 설명력을 가지고 있으며 초자연적인 설명은 고려 대상에서 배제해야 한다고 주장하는 사람들에게 인기가 있다. 비록 많은 문제들이 있어도(어떤 사람들은 치명적 문제들이라고 말한다), 진화론은 생물 세계에 대해 포괄적이고 통일된 설명을 제공해 주는 반면에, 이론 물리학, 지질학, 그리고 화학의 일부 측면은 우리가 관찰하는 물리적 세계에 대한 설명을 해 준다. 자연주의를 홍보하는 사람들은 화학적 과정, 금속학, 기술, 그리고 과학적 방법과 같은 것들을 입증할 수 있는 과학적 사실들로 결합시키려고 시도한다. 자연주의가 제공하는 해석과 설명은 포괄성을 가지고 있다. 그러나 자연 세계 자신의 영역에서도, 이 세계관은 모든 것들이 최초에 어디서 왔는지 적절히 - 즉, 자신의 비형이상학적인 제약들 내에서 - 사물의 목적을 - 설명하지 못한다. 그렉 이스터브룩은 다음과 같이 설명한다.

> 우주의 기원에 관해 빅뱅 이론을 받아들인다고 가정해 보자. … 당신은 … 400억 은하들의 잠재력이 … 한 때 양성자보다 작은 점들로 포장되어 있었다는 것을 믿고 있다. … 다음에, 당신은 은하계가 1초 이내에 아주 작은 점에서 우주의 사이즈로 확장되고 - 그 우주는 광속의 1조배나 되는 속도로 우주 밖으로 돌진하고 있는 것을 믿는다. … 더 나아가 당신은 … 우리 우주가 오늘까지도 존재하는 것은 빅뱅이 약간 비대칭적이었으며, 그 산물은 10억 중 하나의 부분으로 반물질보다 물질을 선호했기 때문이라고 믿고 있다.[28]

이스트브룩은 이 시나리오가 현재 받아들여지고 있지만, "표면적이고 과장되며 타당하지 않은 이론을 고려했을 때, 신학이나 형이상학에서는 그 어느 것도 빅뱅이론을 지지할 수 없다. 당연히 우주 기원에 대한 묘사가 매사추세츠 공과 대학이 아닌 성경이나 코란으로부터 나왔더라면, 이것은 터무니없는 신화로 여겨졌을 것이다."[29] 이 이론은 "첫 번째 입자는 어디에서 왔나?", "무엇이 빅뱅을 일으켰는가?", "우주는 안정된 물리 법칙 속에서 어떻게 자기 자신을 결합시켰는가?", "어떻게 우주는 자기 지속적이고 생명에 우호적인 상태에 그냥 도달했는가?"와 같은 질문들에 대해서는 답변을 못하거나 이 불편한 질문들에 장난치듯 답변한다.

자연주의의 끝, 즉 물리학 수준에서, 우리는 다른 도전을 발견할 수 있다. 조지 길더(George Gilder)는 다음과 같이 쓰고 있다:

> 과학자들은 모든 물질의 기초를 더 이상 비활성화하고, 눈에 보이지 않으며, 관통하기 어렵고, 속이 빈 입자로 보지 않는다. 오히려 물리학자들은 이제 물질이 파동들, 자기장들, 확률성에서 기원한다는 것에 동의한다. 자연을 이해하기 위해, 우리는 세계를 기본적으로 물질적으로 생각하지 말고 정보 에너지의 스파크와 함께 퍼진 의식의 현현이라고 그려보기 시작해야 한다.[30]

수많은 원자 구성 입자들 뒤에나 아래에 우리가 물질이라 부르는 것들이 있지 않고, 사상, 지능, 정신이라고 불리는 것들이 있을 것이다. 그리고 자연주의는 정보의 기원을(가령 **DNA**에 암호화 된 것들) 설명할 수 없는 것처럼 보인다.[31]

그러나 더 문제가 되는 것은, 자연주의가 자신의 세계관에 비물질적인 실재를 추가하는 데 실패했다는 것이다. 자연주의가 모든 실재를 물질주의와 자연 과정의 측면에서 설명하려는 시도는 비경험적 세계에 대한 설명을 생략하거나 왜곡시키게 된다. 마이클 피터슨은 다음과 같이 말한다. "형이상학, 신학, 윤리학, 미학과 같은 분야들은 경험적으로 측정되거나 전송할 수 있는 정보를 포함하고 있지 않기 때문에 자연주의자들이 폄하하고 묵살해 왔다. 이것은 연구가 이루어지는 분야들에서 한 특정 분야의 기준에 순응할 수밖에 없게 강요하는 일종의 지식 제국주의를 만드는 데 기여했다."[32] 그리고 그 특정 분야의 기준들에는 그 분야의 형이상학이 포함된다.

따라서 전체적으로, 자연주의의 설명력은 자연계 자체의 영역까지만 제한되어 있으며 그 타당성에 의문을 제기할 수 있는 여지도 있다.

포스트모더니즘의 설명력

정치, 철학, 문학 비평에서 포스트모더니즘의 기원은 과학의 거부와 함께 포괄적인 세계관으로서 아주 곤란한 위치에 놓이게 된다. 포스트모더니즘은 모든 것을 설명하려고 하지만, 정치권력이나 사람들이 자신들의 인종, 성별이나 사회경제적 계층에 갇혀 있다는 주장의 측면에서 설명하려고 한다. 포스트모더니즘이 객관성, 진리, 과학, 형이상학을 거부함으로써 세계가 어떻게 돌아가는지 설명하는 대안적 실재에 초점을 맞추려 하는 세속적 신비주의의 일종처럼 보이게 한다. 신 마르크스 이데올로기에 기반을 둔 포스트모더니즘은 모든 것들에 대해 별나고 비합리적인 설명을 제공해 주는 결론을 내려야 한다고 주장한다. 세상의 모든 문제들을 단순히 인종, 계층, 성별과 관련된 이슈들로 축소될 수 없다. 이러한 논리적 문제들(위에서 논의된) 뿐만 아니라, "거짓된 의식"에 사로 잡혀 세계를 정치적으로 올바른 이데올로기 측면에서 보지 못하는 사람들의 주장들에 의해서도 포스트모더니즘은 설명력과 신뢰성이 떨어지게 된다.

아마 포스트모더니스트들이 진리, 객관성, 사실, 논리, 이성과 같은 개념을 폄하시키는데 혈안이 되어 있다는 사실이 전혀 놀랍지 않을 것이다. 왜냐하면 이 같은 개념들을 척도로 측정했을 때, 포스트모더니즘은 설명력이 부족하기 때문이다.

기독교의 설명력

여기에서 논의된 세계관들 중에 기독교 세계관의 포괄성과 종합성은 가장 완벽하고 견고한 설명력을 제공해 준다. 기독교 세계관은 자연적 세계와 초자연적 세계 모두에 대한 설명을 포함하는 동시에 윤리, 가치들, 인간 본성 영역들의 기초에 대해서도 명확한 설명을 제공해 준다. 그리고 기원에 관한 설명을 제공하는데 -빅뱅 이론이 제안한 첫 번째 입자 이전에 하나님이 있었다고 말한다. 그리고 입자 물리학 아래에 뭐가 있는지, 물질의 기초가 되는 마음에 대한 해답도 제공해 준다. 기독교 세계관은 정보가 어디서부터 왔는지 설명해 준다. 기독교 세계관은 초월적 가치, 즉 진리의 존재, 인간 성의 안정성, (지금은 비록 타락했지만, 하나님의 형상으로부터 창조된), 합리적 사고가 가능하다는 믿음의 근거 등의 근원, 기초, 객관성을 설명해 준다

기독교 세계관의 장점은 진리가 어디로 인도하든지, 자연 세계나 초자연적 세계로 흘러가게 하든지, 아니면 인류에 겸손함이나 행복감을 주든지, 흘러가게 한다. 자연주의는 반초자연주의적 선입견에 의해, 포스트모더니즘은 이데올로기적 의제에 의해 제한되어 있다. 기독교적 세계관은 "진리가 다스리게 하라. 진리가 인도하는 곳으로 가게 하라."라고 기꺼이 말한다. 그리고 진리는 진리의 원천, 즉 하나님께로 인도한다. 진리를 따르기 위한 의지의 결과로, 기독교 세계관은 가장 종합적이고 타당한 세계관을 제공한다. 기독교 세계관은 과학의 사실들(과

학의 해석과 관련된 어떠한 문제들)과 과학이 접근할 수 없는 진리들의 지식 모두 환영한다.

9.5 지속성

로날드 내쉬가 관찰한 것처럼, "한 세계관이 특정 이론적 검사들(이성과 실험)을 통과하는 것이 한 가지 측면이고; 세계관이 중요한 실질적 검사, 다시 말해서 그 세계관을 주장하는 사람이 일관성 있게 그 세계관의 체계와 조화를 이루면서 살 수 있는가를 통과하는 것은 다른 한 가지 측면이다."[33] 세계관은 이론적으로 뿐만 아니라 실질적으로 세계와 경험을 이해하게 되어야 한다. 적절한 세계관은 지적, 철학적으로 설득력이 있어야 할 뿐만 아니라, 의사 결정의 근원이 되고 일상생활에서 의미의 발견으로 작용해야 한다. 제대로 설계된 세계관은 살 수 있는 신념들을 포함하고 있어야 한다. 우리는 "말한 것을 실천"해야 하고 신념에 따른 결과들을 받아들여야 한다. 다시 말해서 세계관은 단지 설명뿐만 아니라 안내서도 된다.

인간은 스스로 발전할 수 있고, 선을 위해 노력할 수 있고, 존재의 의미와 목적을 찾을 수 있는 선천적이고 문화에 묶이지 않은 의식을 갖고 있는 듯하다. 이 선천적 의식과 충돌하는 세계관은 이러한 이유들만으로도 의심을 받게 된다. 이것은 우리가 더 나은 삶을 살도록 도와줄 수 없는 세계관은 세계 주변이나, 내부든 위에든 우리 존재의 일부분을 적절하게 반영하지 못함을 의미한다. 우리는 너무 이상적인 세계관을 가지고 있어서 그 기준에 맞추기 어렵고, 더 나아지기 위해 분투하라고 계속 요구받을 수 있고, 너무나 완벽해서 가장 높은 목표에 도달하는 것에 실패할 수 있지만 그러한 세계관을 갖고 있는 것은 괜찮다. 이러한 세계관은 특별히 우리가 그 세계관에 합당한 삶을 살지 못하는 이유들(가령 인간의 결함, 타락, 죄)을 포함하고 있으면, 적절하다고 말할 수 있다. 하지만 논리적이고 일관성 있게 행동할 수 없는 세계관은 의심을 받아야 한다. 의사 결정에 도움이 되지 못하고, 지속 가능하지 못하며, 내적 삶에 관한 질문들에 대해 센스 없이 대답하는 세계관들은 회의적으로 보아야 한다.

대부분의 사람들은 자신들이 가지고 있는 세계관에 상관없이 의사결정을 내리는데 있어서 능동적인 판단 기준들을 유지한다. 이러한 대부분의 기준들은 도덕적 함의들을 가지고 있다. 다시 말해서 대부분의 사람들은 그들이 유혹이나 기회에 직면할 때, 즉 절도, 거짓말, 속이기, 궁핍한 사람들을 돕거나 관용을 베풀 기회가 있을 때, 자신들을 인도하는 일련의 원칙들을 가지고 있다. 지속 가능한 세계관은 (1) 개인이 실제 가지고 있는 기준들을 논리적으로 포함하고 (2) 적어도 기준과 개인의 행동이 일반적으로 일치해야 한다. 가령, 선택의 현실을 부정하는 세계관은 선택을 돕게 만드는 일련의 기준들과 모순된다. 그리고 도적적 판단은 단지 개인적이고 독단적이라고 믿지만 특정한 사회적 정치적 상황들이 객관적으로 잘못되었다고 주장하는 사람들은 정해진 세계관에 따라 살지 않는다. 사람들이 세계관 원칙들의 기준에 맞지 못하는 삶을 사는 경우, 그들은 이상과 변화의 요구를 충족하는데 실패했음을 기꺼이 인정해야 한다. 자신의 소득세를 속이거나 음악이나 컴퓨터 소프트웨어를 불법 복사하는 기독교인도 자신의 비일관적 모습을 인정하고 그릇된 행동을 멈추기를 원해야 할 것이다. 다른 한편, 도덕적 판단들의 객관성을 부정하면서 이러한 객관적 판단을 계속해서 내리는 사람은 궁극적으로 자신의 세계관이 지속가능하지 않다는 것을 밝히는 것이다.

자연주의의 지속성

만약 모든 사람들이 세계관에 따라 엄격하게 살려고 한다면 자연주의의 실질적 영향을 다루기 위한 항우울제나 자살 상담 서비스는 매우 부족하다. 일부 자연주의를 따르는 사람들은 자연주의와 의미 있는 삶 사이에 조화를 찾을 수 있다고 주장하지만, 이러한 조화는 엄격하게 비논리적이다. 아놀드 런이 지적한 것처럼, 자연주의의 첫 번째 문제는 우리는 아무것도 알 수가 없다는 것이다: "일관성 있는 물질주의자(또는 자연주의자, 철학적 측면에서 이 용어를 쓴다면)는 진리를 획득할 수 없다는 것을 인정해야 한다." 왜냐하면 우리 뇌의 전기화학적 과정이 유효한 생각의 결과들을 생성한다고 믿을 이유가 없기 때문이다.[34] 그러므로 우리에게 남은 것은 포스트모던 상대주의와 매우 유사하다. 그럼에도 불구하고 대부분의 자연주의자들은 진리의 사상, 특히 자연주의적 이론화에 집착한다.

하지만 더 중요한 것은, 만약, 버트런드 러셀이 말한 것처럼, 인간의 "근원, 그의 성장, 그의 희망과 두려움, 그의 사랑과 신념들은 단지 원자들의 우연적 결합의 결과물이라면,"[35] "가장 일관성 있는 물질주의자는 도덕적 규제들을 비논리적으로 여기고 행동하는 사람이다."[36] 자연주의를 따르는 많은 사람들은 신조에서 암시된 성적 자유를 (제 5장에서 본 올더스 헉슬리처럼) 즐긴다. 하지만 대부분의 사람들은 타인들이 자신들한테 도적질을 하거나, 거짓말을 하거나 부정을 저지르면 안 된다고 믿고 있다. 많은 사람들은 한 이유든 다른 이유든 간에 인권이나 동물의 권리를 주장하는 도덕 활동가이다. 하지만 왜 그런가? 러셀이 말한 것처럼 "영혼의 안식처는 흔들림 없는 절망이라는 견고한 기초 아래에 지어져야 한다."면 왜 정의나 권리를 추구하는 것이 중요한 가?[37] 그리고 의미 없고, 우연적인 우주에서, 우리는 애초에 정의를 주 장하기 위해 어떤 기준을 사용해야 하는가?

여기 한 물리학 교수가 자연주의적 세계관이 가지는 함축적 의미에 관해 논평한 글이 있다:

> 절정의 인간적 마무리가 수반되는, 전체적이고 믿기 힘든 빅뱅 이 야기는 단지 완전히 임의적이고, 우연적이며 의미가 없는 물리적이 고 화학적 과정들의 결과이다. 우리는 우리가 상당히 괜찮고 중요 하다고 생각하지만 맹목적이고 무의미한 사건에는 우리 존재에 대 한 최소한의 목적, 가치, 중요성을 제안하는 것은 전혀 없다.[38]

만약 그렇다면, 왜 이 사람은 자기의 삶이 목적이나 의미가 있는 것 처럼 살까? 그는 여러 권의 책을 썼고, 대학에서 물리학을 가르치며, 우주를 이해하고 싶어 한다. 개인의 이상들이나 철학적 원칙들에 미치 지 못하는 것은 한 가지 측면이고, 그것들과 모순되게 사는 것은 전혀 다른 측면이다. 삶은 의미가 없다고 주장하지만 의미가 있는 것처럼 살 거나 삶에 자유의지나 선택이 없다고 주장하지만 선택이 중요한 것처 럼 사는 것은 이 세계관의 지속성 면에서 약점을 드러낸다.

사실 자연주의를 추종하는 대부분의 사람들은 부분적으로 서구 사회 에 아직도 남아 있는 기독교 세계관과 유사한 세계관을 고수한다. 이 사람들은 아직도 실제적인 방법으로 정의와 불평등, 옳음과 그름, 공 평과 불공평, 삶의 의미와 목적과 방향을 제시하는 개념들을 믿고 있 다. 이러한 느낌의 일부분은 하나님이 만드셨고 인간 본성의 일부분이 며 어떤 것들은 유대-기독교 전통에 해당한다. 이러한 가치들을 자각

하는 것이 자연주의적 세계관에서는 비논리적이지만, 삶 자체를 위해
서는 필요하다. 요컨대, 어떤 사람도 자연주의 세계관을 가지고 현실
적으로 살 수는 없다.

포스트모더니즘의 지속성

상대주의를 포용하는 동시에 이성과 언어의 정확성을 거부하는 포스
트모더니즘은 세계관들 중 지속성이 가장 짧다. 이성을 거부하면 결국
논쟁, 이해, 판단, 의사결정이 불가능해질 것이다. 또한 포스트모더니
즘의 철학을 설명하거나 이해하려는 노력 또한 불가능하게 될 것이다.
그리고 텍스트에 대한 건전한 이해와 의미를 거부하면 의사소통의 종
말을 초래하게 되므로 사회의 존재 자체가 불가능해질 것이다.

가령 포스트모더니스트의 집에 불이 났다고 상상해 보자. 그는 보험
회사에 전화해서 "우리 집에 불이 났어요. 제가 든 화재보험으로 보상
(cover)해 주세요."라고 말한다. 그때 포스트모던 세계관을 가진 보험
회사가 "우리는 '보상(cover)'이라는 의미를 당신의 집에 지붕이 덮여 있
거나 덮여 있었다는 것을 말하는 것이지, 당신 집이 불탔을 때 피해를
보상(cover)한다는 의미는 아니었어요."라고 말한다. 모든 해석은 오역
이기 때문에, 그리고 모든 것들을 상대적인 관점에서 동등하게 "유효"
하다고 본다면, 집이 불탄 피해자는 "알겠어요."하고 전화를 끊을까?

더 복잡한 것은 포스트모더니즘의 상대주의이다. 규범과 수용 가능
한 가치 판단들(관용과 같은 어떤 이데올로기적 선호들을 제외하고)을
거부하는 반–근본주의는 일상생활에서 타협이 불가능하지는 않더라도
어렵게 만든다. 마이클 피터슨에 따르면, "상대주의는 어떤 것들에 대
해 견고한 진리가 없는 것처럼 삶에서 일어나는 중대한 선택 기회들을
동등한 가치가 있는 것으로 여긴다: 고귀한 인간의 삶을 살기 위한 기

준들, 절대적 가치들, 합리적인 타당한 지도가 없다는 것이다."[39] 이러한 경우에, 방향성을 가지고(도덕적, 영적, 지적으로) 개인적 진보를 이루면서 삶을 어떻게 합리적이고 의미 있게 살 수 있을까?

만약 내가 모든 윤리는 상대적이라고 주장하는 포스트모더니스트라면, 당신이 내 물건을 훔칠 경우, 당신의 윤리가 절도를 허용한다면 나는 그것에 대해 판단할 수 없기 때문에 그것에 대해 반대하지 않겠다고 말할 수 있을까? 당신이 포스트모더니스트로부터 물건을 훔쳤다면, 기독교인이나 자연주의자로부터 물건을 훔쳤을 때처럼 경찰이 바로 나타날 가능성은 동일하다. 하지만 경찰을 부르면서, 포스트모더니스트들은 자신들의 신념의 결과들을 받아들이는데 있어서 무능력함을 드러내게 된다. 즉 사회적으로 형성되었음에도 불구하고 절도에 관한 법규는 용인될 수 있다고 주장하면 이러한 법규를 거부하거나 "나는 다른 문화로부터 왔어."라고 말하는 사람들에게 반박할 수 없다. 요는 상대주의란 궁극적으로 삶의 견고한 기반을 부정한다는 점이다.

마지막으로 포스트모더니스트들은 진리가 개인들에게 상대적이라고 말하지만, 사실에 대한 문제들이 수반되면, 그들은 진리를 객관적으로 보게 된다. 가령, 비행기가 추락하여, 포스트모더니스트의 연인이 사망했다고 가정해 보자. 수사관들한테 추락의 원인이 무엇인가를 물어 봤을 때, 포스트모더니스트들은 "추락의 원인은 사람마다 각각 다르다고 믿고 있습니다,"[40] 즉, "당신이 진리라고 믿고 있는 것은 나한테는 진리가 아닐 수 있습니다."라는 설명을 받아 들일 수 있겠는가?

기독교의 지속성

많은 사람들이 기준, 권위, 가치, 원칙을 부정하고 싶어 하지만, 사실 도덕과 다른 구조들은 자유와 합리적 의사 결정을 할 수 있게 해 주는 체계를 제공한다. 가치에 대한 초월적 기반에 대한 믿음은 우리가 이러한 기준과 가치를 고수해야 할 이유를 제공해 준다. 다른 측면에서, 만약 우리의 신념들이 "비합리적인 힘, 우리의 본능, 성적 콤플렉스, 권력에 대한 욕망 등에 의해 우리가 강요를 받는다면,"[41] 자연주의를 포함하는 어떠한 신념도 받아들일 이유가 없고 만약 우리의 신념이 문화와 언어와 독단적 힘의 산물이라면, 우리는 포스트모더니즘(신념에 대한 이러한 믿음의 근원인)을 포함한 어떠한 신념도 받아들일 이유가 없다.

우리의 타락한 본성이나 우리를 지속적으로 둘러싸고 있는 유혹들 때문에, 기독교는 인간이 그 삶에 도달하기가 쉽지 않은 세계관을 주었다. 하지만 이 세계관은 삶을 의미 있고, 보상이 있으며, 목적이 있고, 기쁘고, 만족스럽게 만드는 기준과 목표를 제공해 준다. 하지만 행복을 위한 지름길이 이기적인 것보다는 비이기적인 것이라고 말할 때처럼 이 세계관은 반직관적으로 보일 수 있다. 우리의 본성은 만약 우리가 이기적임에도 불구하고 행복하지 않다면, 우리는 행복해지기 위해 더 이기적이어야 한다고 말한다. 하지만 기독교 세계관은 그 반대를 말한다: 행복은 타인에게 베풀고 배려할 때 찾아온다고 말하고 있다.

요컨대, 기독교는 합리적 삶의 추구를 위한 논리적이고 실질적인 구조와 가치를 제공해 주기 때문에 매우 지속성이 강한 세계관이다. 기독교적 가르침은 일상생활의 경험과 맞아떨어지고 우리의 모든 감성과 활동에 의미를 부여한다.

9.6 지식 주장과 이데올로기

대학에 갓 입학한 새내기로서, 나는 순수한 지적 능력이 차분하고 이성적으로 작동하는, 즉 더 나은 주장이 모두에게 즉시 인식되고 약한 주장은 기쁘게 버려지는 과정을 관찰할 것이라고 기대했다. 이러한 과정이 일어나는 경우도 있었지만, 나는 내가 생각했던 것이 매우 이상한 상황이라는 것을 발견했다. 종종, 한 학생이 어떤 견해에 대해 반대하거나, 그 견해는 의심받을 만하다고 암시하는 질문을 했음에도, 질문 받은 학생은 더 설명을 하거나 추가적인 논거를 제시하지 않고 오히려 그 견해에 대해 화를 내거나 경멸을 보였다. 지식 주장에 대한 이의를 제기하는 데 있어서, 이러한 행동들은 도가 지나쳤다. 하지만 왜 화를 냈을까?

파스칼의 두통

블레이즈 파스칼은 그의 책 『팡세(*Pensees*)』에서 다음과 같은 통찰력을 우리에게 제공한다. 그는 다음과 같이 썼다:

> 에픽테토스는 더 강하게 질문한다: "왜 다른 사람이 우리에게 두통이 있다고 말했을 때는 화가 나지 않고 다른 사람이 우리가 형편없게 논쟁을 벌인다든지 나쁜 선택을 하고 있다고 말했을 때는 화가 날까?" 그 이유는 우리가 두통이 없다는 것을 확실히 알고 있기 때문이다. … 하지만 우리는 언제나 옳은 선택을 내리고 있다는 사실에 대해서는 그다지 확신을 가지고 있지는 않다. [42]

동의하지 않는다고 해서 화를 내는 것은 견해에 대한 지적인 헌신보다는 감정적 헌신으로 보인다. 지적인 헌신에서는 만약 누군가 신념에 대해서 이의를 제기한다면, 그 이의는 신념에 대한 가능한 설명이나 오류의 수정으로 받아들여진다: "죄송해요, 하지만 미국에는 원래 12개가 아니라 13개의 식민지가 있었어요." 하지만 이데올로기에서, 헌신은 더 깊다. 이데올로기 신봉자는 종종 그들이 가진 견해에 감정적으로 헌신하게 되어 그 견해에 의문을 가지는 것은 그들의 헌신과 더불어 개인의 정체성까지 위협하는 것이 된다. 우리는 이러한 분노의 반응을 자연주의자들과 포스트모더니스트들에서도 찾아 볼 수 있다.

앞장에서 나는 나의 인류학 교수님이 1960년대 후반에 대륙 이동설을 비판할 때 조롱이나 비웃음이 가득한 감정적 폭발이 일어났다는 것을 언급했다. 철학적 자연주의자들은 특히 기원과 관련된 결론에 대해 의문을 제기할 때 화를 쉽게 낸다. 마이클 크레모와 리처드 톰슨(Richard Thompson)은 다음과 같은 사항을 지적한다.

> 변명하고 남의 의견을 바보거리로 만드는 행동들은... 확립된 인간 진화론에 우호적이지 않는 함의를 가지고 있는 증거들을 다룰 때 상당수의 과학자들이 아직도 선호하는 방법이다. 그들은 이례적인 증거들을 인정하려 하지 않고, 그 증거들이 가진 가치들에 대한 논의도 결코 하지 않으며, 그것들에 대해 논의하도록 압력을 받으면, 단지 그 증거들과 그것을 지지하는 사람들을 조롱한다.[43]

생물학 교과서에 나오는 많은 오류들(가령 후추나방 실험)을 지적하는 조나단 웰스(Jonathan Wells)의 책 『진화의 아이콘(*Icons of Evolution*)』에 대한 반응은 "격렬하고 격정적인 맹비난이었다; 분출되는 온기는 마치 비방의 불덩어리였다; 그리고 만약 최상급의 표현이 더 악의적이었다면 나는 증인 보호 프로그램을 신청해야 했을 것이다."[44]

경멸은 물론 반박이 아니며, 견해에 대한 논박보다 훨씬 못한 것이다.

이데올로기 검사

어떠한 주장이 견고한 기반을 가지고 있는지 아니면 이데올로기적 헌신에 너무 몰두하였는지 판별하는 방법은 다음과 같은 하나 또는 두 개의 질문을 하는 것이다. 너무 몰아붙이는 어조의 목소리가 아닌 참다운 흥미를 보이는 목소리로 질문한 후 어떤 반응을 보이는지 관찰하라. 만약 당신이 차분하고 사실에 기반을 둔 대답이나 괜찮은 설명을 듣는다면 그 견해는 꽤 합리적인 사유를 가지고 있을 가능성이 높다. 다른 한편, 상대방이 당신의 질문에 분노, 분개, 경멸의 반응을 보인다면, 당신은 이데올로기적이나 철학적 헌신을 찾아냈을 가능성이 높다.

- **당신은 그것을 어떻게 알 수 있나요?** (더 정중하려면, 그 사상을 받아들일 의지를 보이면서 "우리가 이것을 어떻게 알 수 있을까요?"라고 물어보라.)
- **이것을 주장하는 증거는 무엇입니까?** (답변이 얼마나 구체적인지 보라. 만약 대답이 "문헌에 다 나와 있다,"라고 하면 하나 또는 두 개의 구체적인 출처를 물어보라. 만약 대답이 "모든 사람들이 다 동의한다"고 하면, 조심하라.
- **이 주장에 반대하는 근거는 무엇입니까?** (대부분의 사실적 주장들은 실제로 추론들이고 적은 수의 추론들만이 모든 증거를 설명한다. 일반적으로 어떤 증거들은 주어진 지식적 주장들과 충돌하기도 한다.)

- **그 견해에 대한 다른 대안은 없는지요?** (다른 종류의 이론들이나 학파들이 있는가?)
- **그 견해에 반대하는 사람은 없는지요?** (이에 대한 대답으로 교수가 반대 의견을 어떻게 받아들이는지 알 수 있을 것이다. 가령 종교적 광신도는 물론이고 "오직 바보나 미치광이들만이 이 개념에 반대할 것이다."는 대답이 나올 수 있다.)

정치적 정당성

자연주의자나 포스트모더니스트들 간에, 특히 포스트모더니스트들 간에 학계의 가장 중요한 특징 중 하나는 정치적 정당성으로 공동체의 모든 구성원들이 수용된 일련의 사상들과 판단들을 지지해야 한다는 사상이다. 정치적 정당성의 기원과 역사를 이해함으로써 대학의 어떤 영역들의 이데올로기적 특징에 대한 통찰력을 얻을 수 있을 것이다.

역사학자 프랭크 엘리스(Frank Ellis)에 의하면, 정치적 정당성은 "막시즘-레닌주의의 이데올로기적 기준으로"[45] 1920년에 시작되었다. 초두에, "정치적으로 정당하다는 것은, 주어진 안건에 대한 기본 방침으로부터 일탈하지 않고 일관성을 지킨다는 것을 의미한다."[46] 정치적 정당성은 작은 집단이 더 큰 세계로부터 반대에 직면한 문제에 대한 적절한 해결책으로 보였다:

레닌에 따르면 작은 혁명적인 정당이 그들의 목적의식을 유지하고 권력을 잡기 위해서는, 그 정당과 관련된 내분과 파벌주의 그리고 단지 토론을 위한 포럼이 되는 것을 피해야 한다. 레닌은 오직 지식과 현실에 대한 물질주의적 설명부터. … 자유 언론이나 미래 공산주의 유토피아에서 여성의 역할에 이르기까지 모든 문제들에 대

해 견고하게 집행되는 당의 기본 방침에 의해서만 당의 규율과 목적의식이 유지될 수 있다고 말한다.[47]

여기서 우리는 이념과 이데올로기의 차이를 알 수 있게 된다. 이데올로기에서는 각 문제에 대해 이미 결정된 정확한 답이 존재한다. "객관적 지식이라고 불리는 것은 노동계급이 착취되도록 권력과 통제를 유지하기 위한 부르주아 음모의 일부분"[48]이기 때문에 수정된 진리(정치적 의제에 기반을 둔 진리)와 심지어 수정된 과학을 개발하는 것은 논리적이고 허용된다.[49] 추정된 이성과 증명에 대한 부르주아 개념들은 거부됐고, 이로 인해 이데올로기 신봉자들은 자신들의 사상이 가지고 있는 가치를 주장하지 않고서도 그것을 발전시킬 수 있도록 해방되었다. 엘리스는 "증명에 대한 부담으로부터 자유로워지면서, 레닌과 그의 후계자들은 우월한 통찰력을 가지고 있다고 주장하는 것이 허용되었다."[50]고 말한다.

근대 대학으로 인해 두 가지 중요한 결과가 발생했다. 엘리스에 따르면 첫 번째는 "절대 이론적 확실성은, ⋯ 새로운 사회를 이룩하기 위해" 검열과 열린 토론의 억압과 같은 "필요한 모든 수단을 정당화시켰다."[51] 관용과 범행을 피한다는 명분 아래 캠퍼스 연설 규정이나 특정 견해에 대한 금지 같은 것들이 이에 대한 예들이고 어떤 수업들에서는 오직 한 가지 관점만 허용된다. 두 번째로, "바르지 않게" 구성된 사회는 정당하게 해체되고 재건할 수 있다.[52] 현상 유지를 정치적으로 부적절하게 보는 관점으로 인해서 성냄, 도덕적 분노, 현재 가치들과 제도를 공격하는 입장을 취하는 자세 등과 같은 결과들이 예상될 것이다. 엘리스가 말하는 것처럼, "현대 정치적 정당성은 공개 담론을 지배하고 '부적절한' 의견을 표출하는 것은 불법이며, 극단주의나 인종차별주의와 같은 공포 분위기를 조성함으로써 (레닌주의자들과) 같은 정책을 추구한다."[53]

새로운 이데올로기적 견해를 시행하고 다양한 사안들에 대해서 사람들의 생각들을 바꾸기 위한 한 방법은 언어를 통제하는 방법인데 언어는 "무기로 쓰기" 위한 "일련의 이데올로기적 의례"로 간주된다. 현재의 용어들은 새로운 의미로 다시 정의되고, 새로운 용어들은 다른 용어들을 대체하기 위해 사용된다.[54] 가령 *성(sex)*이라는 용어는 버려지고, 성의 역할이라는 의미를 가지는 *성(gender)*이라는 용어로 대체되면서 용어들은 사회에 의해 변화, 논쟁, 이론 구성, 심지어 개인의 취향의 대상이 된다. 아니면 중립적 용어인 *동성애적 행동의 비판가*라는 용어는 절대 사용되지 않는다. 왜냐하면 동성애 혐오라는 경멸적 용어 때문에 동성애적 행동의 비판가들은 그들이 묘사될 때 항상 공격을 받을 수 있기 때문이다.

이데올로기적 압력은 학생들과 교수들에게 동시에 적용된다. 교수로서 엘리스는 다음과 같이 말한다.

> 미국대학교에서 가르쳐 본 사람은 대학이 교수들과 학생들에게 다문화주의, 인종, 페미니즘을 다루는 모든 이슈들에 관해 전반적 지침을 제출하라는 거대한 심리적 압력을 준다는 것을 말할 수 있다. 이런 분위기에서 엉터리 같은 질문을 하는 것은 도움이 안 된다. 이 분위기에는 강요가 느껴질 것이다.[55]

이데올로기적 입장에 직면했을 때 신앙과 학문을 통합하기를 원하는 사람이 당면한 문제는 이데올로기에 헌신하는 사람은 절대적 승인과 헌신을 요구한다는 것이다. 제시되는 것은 분석을 위한 견해도 아니고

한 가지 관점이나 해석이 아니라 *올바른 관점*을 제시한다. 하지만 통합적 질문을 떠나, 당신이 기억해야 할 것은 대학이란 이데올로기를 알기위해서가 아니라, 어떻게 생각해야 하는지 배우는 곳이다. 심지어 "올바른 관점"에 관해서도 자유롭게 질문할 수 있어야 한다.

9.7 약간의 오류들

그의 고전 『역사학자들의 오류(*Historians' Fallacies*)』에서 데이비드 해켓 피셔(David Hackett Fischer)는 역사학자들의 논의, 분석, 해석에서 문자 그대로 수많은 논리적 오류들을 발견했다.[56] (그런데 이 책은 어느 분야에건 가치 있는 많은 통찰력을 주므로 누구에게나 도움이 될 것이다.) 비판적 사고에 관한 수업에서, 가르쳐지는 오류의 수는 일반적으로 30-40개이다. 이 제한된 공간에서 우리는 가장 대중적인 오류에 대한 예를 들 수밖에 없다. 사고와 논의에 존재하는 오류들은 종종 이데올로기적 편견의 정도를 측정할 수 있는 지표가 될 수 있으므로 당신은 이 오류들에 대해서 숙지하고 있어야 한다.

대인 논증

이 오류는 사람의 견해나 논거에 대해 반응하는 것이 아니라 사람이나 사람의 평판을 공격하는 것을 수반하게 된다. 논거, 증거, 해석은 다른 논거, 증거, 해석을 대응하게 된다. 어떤 사람이 *대인 논증 공격*에 의지하게 된다면, 그 사람은 반박할 만한 적절한 논거가 없는 것처럼 보인다. 작가나 연설자가 상대방을 "괴짜", "자격이 없는 보잘 것 없는 사람", "명백한 것을 이해 못하는 것"이라고 칭할 때 당신은 대인 논

증 오류를 발견할 수 있을 것이다. 존 엘리스 박사는 *대인* 논증은 해체
주의 문학 이론을 따르는 포스트모더니스트들 사이에서 대중적이라고
한다. 그는 다음과 같이 관찰한다.

> 일반 상식을 가진 사람과 받아들여진 의견을 과장되고 격렬하게 비
> 난하는 것은 지적 성향(해체주의자들의)의 중요한 부분을 차지한
> 다. … 상대방이 해체주의를 토론할 만큼의 충분한 지적 교양을 가
> 졌는지 판단하는 방법은 상대방이 교양 있는 위치에 있는 해체주의
> 를 인정하느냐의 여부이다. 이 평가에 의문을 제기하는 사람들은
> 검사를 통과하지 못하고 멸시 받을 수밖에 없다.[57]

견해 대신 화자를 공격하는 다른 예는『지적 사기: 포스트모던 지
식인들의 과학의 남용(*Fashionable Nonsense: Postmodern Intellectuals'
Abuse of Science*)』의 저자들인 알랜 소칼(Alan Sokal)과 장 브리크몽(Jean
Bricmont)은 회의에서 "사회적으로 보수적인 마르크스주의자"라는 점
과 "러시 림보(Rush Limbaugh)의 가치들을 공유" 했다는 이유만으로 비
난을 받았었고, 소칼과 브리크몽이 자신들의 동료 교수들을 비평한 것
은 큰 파장을 불러 일으켰다.[58] 소칼과 브리크몽은 대담하게도 포스트
모더니스트들의 자기들의 견해를 지지하기 위해 부적절한 방법으로 과
학적 개념을 사용하는 것을 비판했다.

감정적 언어

감정적 언어의 오류는 논거를 말할 때 단어에 감정적 함축이 들어갈
때 발생하게 된다. 사람이나 사상을 지지하거나 공격할 때 긍정적이나
부정적인 어감과 감정적인 표현이 아주 많이 들어간 언어를 사용하게

된다. 작가나 연설자가 인증하는 견해들은 *관대한, 진보적인, 동정적인, 선진적인, 관용적인, 진본의, 포괄적인, 공정한, 공평한* 등의 긍정적 감정을 표현하는 단어들로 표기가 된다. **작가나 연설자가 싫어하는 사상들은** *반동적인, 가부장적인, 부르주아적인, 억압적인, 인종차별주의적인, 성차별주의적인, 엘리트 의식의, 동성애 혐오적인(이성애 혐오적인이 아니라), 단세포적인, 단순한, 모자랄 정도로 순진한, 탄압적인, 자기 민족 중심적인, 계층적인* 등의 부정적 감정을 표현하는 단어들로 표기가 된다. 대학에서는 *근본주의자*라는 단어처럼, *보수주의자*라는 단어는 경멸을 나타내는 용어로 사용된다. 감정적 언어를 사용하는 데 있어서의 문제는 많은 용어들의 적절한 사용에 혼돈을 야기한다는 것이다. 단어가 가지는 효과 때문에 어떤 사람을 보수주의자(아니면 공산주의자)라고 부르는 것은 불공평하다. 하지만 만약 지칭하는 사람이 진짜 보수주의자(아니면 공산주의자)라면 그 표현은 정확하다. 단어의 효과 때문에 상대방을 인종차별주의자, 성차별주의자, 반동자 등이라고 부르는 것 때문에 문제가 발생하게 된다.

나는 이 책에서 『금지된 고고학』이라는 책을 여러 번 인용했다. 내가 무관하다고 생각했고 그것 때문에 귀찮아서 당신에게 말해 주지 않으려 했던 것은 이 책이 사실은 여러 하레 크리슈나(Hare Krishna) 승려들에 의해서 지어진 책이라는 것이다. 이 책에 대한 비평을 「미국 자연 인류학 학회지(*American Journal of Physical Anthropology*)」에 기고한 조나단 마크스는 이 사실을 까먹지 않고 있었다. 마크스는 다음과 같이 썼다:

가장 최고로 말할 수 있는 것은 이 책에는 기독교적 창조주의 헛소리보다는 힌두교적 창조주의 헛소리가 더 많다는 것이다. 어쨌든,

바보 같은 대중 인류학을 따라가는 데 관심이 있는 사람들은 이 책을 꼭 읽어 보아야 한다; 900페이지가 넘도록 이 책에는 진정으로 쓰레기 같은 말들이 풍요롭게 있다.[59]

이 비평은 책에 있는 주장을 반박하기 위해서 어떠한 증거나 논거를 제시하지 않는다. (이 책은 많은 오류들이 있지만, 비평가는 반박을 불러 일으키는 이름을 선호한다.)

학계에서 *창조주의자*란 모욕적인 용어이며, 진화론에 반대하는 사람이나 견해는 즉시 창조주의자로 낙인찍히게 된다는 사실을 아는 것이 매우 유용하다. 지적 설계론을 공부하는 사람들은 "*지적 설계 창조주의자*"라고 불린다(창조론과 지적설계론의 차이는 뚜렷하지만, 지적설계론을 고수하는 일부 사람들은 진화론의 일부 측면들도 따른다.) 앞장에서 리차드 밀튼과 주디스 후퍼는 진화론의 일부 측면들을 비판했다고 해서 *창조주의자*라는 경멸적인 용어로 불려졌다. 밀튼과 후퍼는 둘 다 견고하고 명백하게 그들의 비판을 부정했다. 같은 맥락으로, 데이비드 벌린스키(David Berlinski)는 눈의 진화와 관련되어 적용이 잘못된 연구를 비판했는데, 어떤 저자들은 사용이 되지 않았음에도 불구하고 그 연구에 컴퓨터 시뮬레이션이 이루어졌다고 주장했다. 그러자 그도 창조주의자로 분류가 되었다. 그는 "내가 몇 번이나 말했던 것처럼, 나는 어떠한 창조주의적 의제를 가지고 있지 않고, 더 나아가서 종교들이 가지는 경고들은 존중하지만, 나는 항상 좋은 시간들을 갖고 싶기 때문에 종교적 원칙들을 가지고 있지 않다."[60]고 말했다. 신적 기원에 헌신하지 않는 사람들도 진화론의 오류를 발견할 수 있다는 사실을 인정하기보다는 비평가들은 감정적 효과 때문에 진화론을 비평하는 사람들을 *창조주의자*라고 부르고 그들의 비평을 무시한다.

얼버무리기

얼버무리기의 오류는 논거에서 한 단어가 두 가지의 다른 의미로 사용될 때 발생한다. 종종 논쟁 도중에 용어의 의미는 바뀌게 될 것이다. 이 대화를 고려해 보라:

"나는 UFO에 대해서 믿지 않아."

"어? 모든 사람들은 UFO에 대해서 믿어."

"진짜? 어떻게?"

"음. UFO는 하늘을 날지만 발견되지 않는 물체야. 너는 가끔 밤에 빛이나 다른 것들이 움직이는 것을 보았을 텐데 너는 그것이 무엇인지 몰랐을 꺼야. 그렇지?"

"응."

"그럼 넌 UFO들에 대해서 믿는 거야."

"아 알았어. 네가 그렇게 말을 하면 그렇게 되지."

"그럼 너는 외계인들이 우리를 정기적으로 방문한다는 사실에도 동의하는 거야."

"어?"

지식의 역사에서 단일적이고 가장 엄청난 얼버무리기가 일어나는 단어는 *진화*라는 단어를 쓸 때이다. 진화라는 용어를 처음 소개 받았을 때, 당신은 이 진화라는 뜻은 "시간에 걸친 변화"라고 들었을 것이다. 그러면, 내 머리 색깔은 갈색이었는데 지금은 회색이야, 따라서 내 머리 색깔은 시간에 걸쳐 변했기 때문에 나는 진화를 믿어. 아니면 당신은 진화는 "유전자 빈도의 변화"라고 들었을 것이다.

학부 시절을 회상해 보면, 나는 대학 신문에 진화에 관한 토론 글을 기고하는 것에 빠졌던 기억이 난다. 이것은 캐틀웰의 후추나방 실험이 신뢰될 수 없다고 밝혀지기 전이었다. 따라서 나는 캐틀웰의 실험을 액면 그대로 받아들였고, 대부분의 밝은 나방이 어두운 나방으로 변한 것은 유전자 빈도의 변화를 대표한다는 것을 발견했다. 내가 기고한 글에 답장을 한 학생은 나에게 답장을 하면서 나의 지능을 의심하면서 느낌표를 가득 담고 "유전자 빈도의 변화는 진화*입니다!*"라고 주장했다. 이 정의에 따르면, 우리는 강아지의 새끼들이 얼마나 다양한지 볼 수 있기 때문에, 우리는 모두 진화론자이다. 장미가 다양한 색깔을 생성하거나 박테리아들이 항생제에 내성을 가지는 것을 보면서 우리는 유전자들이 유연성을 가지고 있다는 것을 인식하게 된다. 하지만 그 다양성이 제한적으로 앞뒤로 일어나는 수평적인 변화이고, 이것이 *진화*를 의미한다면, 생명이 발생하고 분자에서 인류가 세워지는 이론, 즉 수직적 변화를 묘사하기 위해서는 어떤 단어를 써야 할 것인가? 왜 같은 단어를 써야 하는가? 당신은 문제를 볼 수 있다. 진화를 믿는가 안 믿는가? 이것은 당신이 진화를 어떻게 정의를 내리느냐에 따라 달렸다. 수평적 변화와 수직적 변화의 혼동, 발달의 복잡성을 증가시키는 것, 즉 다른 두 가지 것들을 의미하기 위해서 한 단어를 사용하는 것은 우리를 혼동시키기 위한 술책이다(제한적인 변화를 묘사하기 위해 소*진화(microevolution)*라는 용어를 사용하는 것은 정직하지 못하다.)

　학부생으로서 내가 진화론에 대해서 의심을 가지게 한 요소는 이와 같은 절차 때문이다. 진화론의 증거로 제시된 모든 증거: 집파리가 갖는 DDT 내성(DDT 사용을 중지했을 때 집파리들은 DDT 내성을 잃었다.), 다양한 부리들을 가지고 있는 다윈의 되새류(finches), 후추나방 등은 이와 같은 변형 때문이다. 이 변형의 작은 예시들이 발견되었기 때문에 사람들은 이것들이 대규모 진화의 증거이자 증명이라고 주장한다. 나는 이상한 생각이 들었다. "이것이 진화론자들이 가지고 있는 모든 증거들인가?"

논거에서 다른 단어들도 자주 얼버무려진다. 당신이 그 단어를 받아들이기 전에 한 가지 정의가 작용을 하게 되지만 그 이후에 그 단어는 당신이 의문이 가는 결론을 받아들여질 수 있게 하는 수단으로써 의미가 변하게 된다. 어떤 경우에는 단어의 의미는 많은 것들을 포괄하거나 전통적으로 용어에 의해 정확하게 표현되는 것이 고려되지 않은 사람들을 포괄하려고 끊임없이 확장된다. 피해자 집단이나 억압된 집단을 확장시키기 위해 종종 *장애를 가진*, *남용된*, *인종 차별*, *성 차별*과 같이 과장되고 의미가 확장되는 단어들을 주의해야 한다.

논점 회피

이러한 오류는 증명되려고 하는 요점이 나중에 논거를 입증하기 위한 증거로 사용될 때 일어난다. 이 용어를 달리 말하면 순환 논리다. 가장 단순한 예시는 "과학은 현실에 대한 자연주의적 설명을 찾는 것이다. 따라서 현실에 대한 초자연적인 설명은 없을 것이다." 이것은 정의가 그러한 방법으로 설계되었기 때문에, 논거의 결론은 필연적으로 참일 수밖에 없는 논점 회피적(순환 논리적)인 정의이다.

논점 회피적인 논거의 예시는 생물학 교과서에 상동관계가 묘사된 부분에서 볼 수 있다. 조나단 웰스는 "모든 생물학 교과서는 상동관계를 공통 조상에 의한 유사성이라고 정의하지만, 상동관계의 증거로 공통 조상을 들고 있다."고 지적하고 있다. 그는 최근 다섯 개의 생물학 교과서로부터 예시를 인용한다.[61]

다른 논문에서, 진화의 반대를 비과학적이라고 설정해 놓기 위해 웰스는 과학을 진화의 의미로 정의한 학술지를 예시로 든다:

[마이클] 베해가 다른 생물학 학술지에 논문을 제출했을 때 편집장
은 다음과 같은 답장을 했다: "당신이 의심하지 않고 잘 알듯이, 우
리는 처음부터 강한 진화론적 입장을 지지하고 표명했고 우리는 생
명의 모든 구조와 현상들은 진화적인 설명으로 가능하고 불가피하
다고 믿습니다. 따라서 과학적 기반 이외에 진화론에 반대하는 당
신의 입장이 담긴 논문을 우리 학술지에 실을 수 없습니다." 베해
의 논문은 자기 입장을 위한 증거를 다루었기 때문에(과학적 사유
의 특징) "과학적 기반 이외에"라는 어구는 이 학술지에서 "과학"은
"진화"와 동등하게 여긴다는 사실을 반영한다.[62]

9.8 통합을 위한 함의들

이 책의 다음 두 장들은 신앙과 학문의 통합을 하기 위한 실질적 전
략들을 제공한다. 당신은 이 일을 하기 위해 해야 할 준비와 이해의 종
류에 대해 숙지하고 있을 것이다. 당신의 개인적 통합을 발달시키면서
다듬어야 할 때 필요한 도구들의 간단한 요약을 제공하고자 한다.

- **세계관의 방향성과 인식론적 의식.** 앞장들에서 언급된 대부분의
  논의들은 지식적 주장의 본성, 다양한 주장을 하는 사람들의 방
  향성, 규율이 작동하는 방법에 대해서 이해할 수 있게 도와주는
  것에 기반을 둔다.
- **성경적 지식과 해석학.** 당신의 신앙과 학문을 통합하기 위해, 당
  신은 신앙이 무엇인지에 대한 명확하고 적절한 이해를 가지고 있
  어야 한다. 성경에 대한 풍부한 지식을 가지고 있어야 하고, 성경
  을 정확하게 해석할 수 있는 적절한 수단을 가지고 있어야 한다.

이러한 특징들은 당신의 개인적 기독교 세계관처럼, 오랜 시간에 걸쳐 발전하게 된다. 초기에 당신은 성경에 대한 완벽한 이해를 갖고 있지는 않을 것이다.

- **폭넓은 일반 상식과 당신의 전공에 대한 신중한 관점.** 문맥에 대해 더 나은 감각을 가지고, 정보가 어디서부터 오는지, 비평가들이 뭐라고 말하는지, 다른 어떤 입장들이 있는지, 큰 그림에 어떻게 들어가는지를 알기 위해서 책, 논문, 웹사이트 등 전공 밖의 정보를 가지고 교과서와 강의노트에 있는 내용을 보충하라.

- **비평적 사고.** 어떻게 분석하고, 사유에서 논리적 오류를 발견하며, 편견과 과장을 알아내는지 배우라. 어떻게 언어가 사용되고 남용되는지 이해하기 위해 의미론을 좀 배우라. 어떻게 용어들이 정의되는가? 작가나 연설자가 *다문화주의, 다양성, 페미니즘, 인종차별주의, 가장제 정치 철학(patriarchalism)*을 말할 때 그것은 무엇을 의미하는가? 그리고 그것이 정의가 되었으면, 그 용어는 정의에 따라서 일관성 있게 사용되는가?

- **철학적 문맥.** 특정 견해들이 현재 세계관에 어떻게 영향을 끼쳤는지, 어떠한 개념들이 사용되고 논의되며, 논쟁거리가 되었고, 억압되었는지 알아보기 위해서 철학의 역사, 특별히 19세기와 20세기 동향에 관한 책을 읽어라.

요약

논의되고 있는 세 가지 세계관을 사실적 타당성, 논리적 일관성, 설명력, 지속성, 이데올로기적 헌신의 주관적 본성에 기반을 두어 비판적 분석을 했을 때, 이 비판적 분석은 통합을 위해서 넘어야 할 도전들이 있다는 것을 밝힌다. 정보의 질에 관한 질문에 혼동하지 않고 통합에 접근하기 위해서 좋은 사고 습관과 지식적 주장들에 대한 조심스러운 분석은 꼭 필요하다.

사고와 토론을 위한 질문들

1. 세계관들은 겹쳐질 수 있을까? 기독교적 포스트모더니즘이나 자연주의적 기독교(순수하게 역사적인 예수님과 함께)가 존재할 수 있을까? 이 겹침에 대한 성격은 무엇일까? (가능한 결과들: 혼합주의, 다른 요소들의 혼합; 양립주의, 공통성의 발견; 순응, 한 세계관의 요소들이 다른 세계관에 종속적으로 들어가는 것; 희석, 한 세계관을 구성하는 요소의 주장이 약해지는 것; 두 가지 영역, 작동하는 분리된 영역들의 분별이나 각 세계관의 유사성.)

2. 프랑크 엘리스는 위에서 언급한 것처럼, 대학에서 학생들(교직원들을 포함해서)은 몇 개의 안건들에 대해 적절한 정치적 입장을 취하도록 압력을 받는다. 그는 "엉뚱한 질문을 하는 것이 도움이 안 되는 분위기"라고 말한다. 학점이 걸린 강의나 보고서 과제에서 강압

적인 이데올로기를 제시 받고 그것에 동의하는 것이 예상된다면 기
독교인은 어떻게 반응해야 하는가?

3. 편협하지 않은 기독교인이란 어떤 의미를 갖는가?

4. 반지성적인 그리스도인 친구에게 학계와 사회를 지배하고 있지만,
   당신이 거짓이라고 믿는 견해나 지식적 주장을 배우는 것이 왜 중
   요한지 설명해 보라.

주

1. Kenneth D. Boa and Robert M. Bowman, Jr., *Faith Has Its Reasons: An Intergrative Approach to Defending Christianity* (Colorado Springs: NavPress, 2001), p. 136.
2. Michael C. Rea, *World Without Design: The Ontological Consequences of Natrualism* (Oxford: Clarendon Press, 2002), pp. 72-73.
3. William Hasker, *Metaphysics: Constructing a World View* (Downers Grove, IL: InterVaristy Press, 1983), p. 26.
4. Ronald Nash, *Worldviews in Conflict* (Grand Rapids: Zondervan, 1992), p. 62.
5. Hasker, p. 26.
6. Nash, pp. 58-59.
7. Nash, p. 84.
8. Avrum Stroll, "Twentieth-Century Analytic Philosophy," in Richard PopKin, ed., *The Columbia History of Western Philosophy* (New York: MJF Books, 1999), p. 623.
9. Nash, p. 85.
10. Stroll, p. 623.
11. Arnold Lunn, *The Revolt Against Reason* (London: Erye& Spottiswoode, 1950), p. 222.
12. Michael Rea, *World Without Design* (Oxford: Oxford University Press, 2002), pp. 51,52.
13. Rea, p. 55.
14. Michael L. Peterson, *With All Your Mind: A Christian Philosophy of Education* (Notre

Dame: University of Notre Dame Press, 2001), p. 37.

15. Roger Kimball, *Tenured Radicals*, rev. ed. (Chicago: Ivan R.Dee, 1998), p. 181 참조. 또한 his discussion of "The New Sophistry" on pp. 185-190도 참조하라.

16. For a discussion of the pose of rebellion belied by the desire for authority among postmodernists, see Frank Ellis, "Political Correctness and the Ideological Struggle: From Lenin and Mao to Marcuse and Foucault," *Journal of Social, Political, and Economic Studies* 27:4 (Winter 2002), p. 428.

17. Wendy Shalit, "A Ladies' Room of One's Own, Commentary 100:2 (August, 1995), p. 33.

18. John Ellis, *Against Deconstruction* (Princeton: Princeton University Press, 1989), pp. 13-14에 나와 있는 토론을 참조하라.

19. Gene Edward Veith, Jr., *Postmodern Times* (Wheaton, IL: Crossway Books, 1994), p. 62.

20. Veith, p, 95.

21. Michael L. Peterson, *With All Your Mind: A Christian Philosophy of Education* (Notre Dame, IN: University of Notre Dame Press, 2001), p. 89.

22. Nash, p. 74.

23. Dennis McCallum, *Christianity: The Faith that Makes Sense* (Wheaton: Tyndale House, 1992), p. 10.

24. Blaise Pascal, *Pensees*, tr. Martin Turnell (New York: Harper and Row, 1962), p. 141.

25. McCallum, p. 38.

26. William Hasker, *Metaphysics: Constructing a World View* (Downers Grove, IL: InterVarsity Press, 1983), p. 28.

27. Ronald Nash, *Faith and Reason: Searching for a Rational Faith* (Grand Rapids: Zondervan, 1998), p. 51.

28. Gregg Easterbrook, "Science Sees the Light," *The New Republic,* 219:15(Oct.12, 1998), pp. 24ff; Gale Group reprint, p. 1.

29. Easterbrook, Gale Group reprint, p. 1.

30. George Gilder, "The Materialist Superstition," *Intercollegiate Review*, 31:2 (Spring, 1996), p. 8.

31. Stephen C. Meyer, "The Origin of Life and the Death of Materialism," *Intercollegiate Review*, 31:2(Spring, 1996), p. 39.

32. Peterson, p, 38.

33. Nash, *Worldviews in Conflict*, p. 62.

34. Arnold Lunn, *The Revolt Against Reason* (London: Eyre & Spottiswoode, 1950), p. 176.

35. Quoted in Lunn, p. 177.

36. Lunn, p. 180.

37. Lunn, p. 177에서 인용.

38. Roger S. Jones, *Physics for the Rest of Us* (1992). Reprint New York: Barnes and Noble, 199, p.131.

39. Peterson, p. 115.

40. 이러한 이념과 문단은 Kenneth D. Boa and Robert M. Bowman, Jr., *Faith Has Its Reasons: An Intergrative Approach to Defending Christianity* (Colorad Springs: Navpress, 2001), p. 185에서 인용.

41. Lunn, p. 189.

42. Blaise Pascal, *Pensees*, tr. Martin Turnell (New York: Harper and Row, 1962), pp. 86-87 [Lafuma 188].

43. Michael Cremo and Richard Thompson, *Forbidden Archeology: The Hidden of the Human Race* (Los Angeles: Bhaktivedanta Book Publishing, 1998), p. 114.

44. Johnathan Wells, "Critics Rave Over Icons of Evolution: A response to Published Revies," *Center for Science and Culture*, June 12, 2002, Retrieved from http://www,discovery.org.

45. Frank Ellis, "Political Correctness and the Ideological Struggle: From Lenin and Mao to Marcuse and Foucault," *Journal of Social, Political, and Economic Studies* 27:4   (Winter 2002), p. 409.

46. Ibid., p. 418.

47. Ibid., p. 411.

48. Ibid., p. 413.

49. Ibid., p. 414.

50. Ibid., p. 415.

51. Ibid., pp. 415-416.

52. Ibid., p. 415.

53. Ibid., p. 423.

54. Ibid., pp. 422-423.

55. Ibid., p. 434.

56. David Hackett Fischer, *Historians' Fallacies: Toward a Logic of Historial Thought* (New York: Harper & Row, 1970).

57. John Ellis, *Against Deconstruction* (Princeton: Princeton University Press, 1989), p. ix.

58. Alan Sokal and Jean Brickmont, *Fashionable Nonsense: Postmodern Intellectuals' Abuse of Science* (New York: Picador, 1998), p. 210.

59. Michael Cremo, *Forbidden Archeology's Impact*, 2nd ed. (Los Angeles: Bhaktivedanta

Book Publishing, 2001), p. 93에서 인용.

60. Commentary Web site, at http://www.commentary.org/berlinski.htm"에 있는 A Scientific Scandal? David Berlinski and Critics"의 편지를 보라.

61. Jonathan Wells, "Critic Rave Over *Icons of Evolution*: A response to Published Reviews," *Center for Science and Culture*, June 12, 2002. http://www.discovery.org에서 인용.

62. Jonathan Wells, "Catch-23," *Center for Science and Culture*, July 1, 2002. http://www.discovery.org에서 인용.

제 10장
신앙과 학문의 통합

통합은 전체로 혼합하거나 형성하는 것을 의미한다.
이런 점에서 보면, 통합은 주로 성경에 기반을 둔 한 사람의 신학적 신념이
다른 출처들에서 온 합리적이라고 판단되는 명제들과 혼합되고 통일되어
일관성 있고 지적으로 적절한 기독교 세계관을 형성했을 때 일어난다.
-J.P 모어랜드 및 윌리엄 레인 크레이그(William Lane Craig)[1]

예수 그리스도의 신성한 성육신에 대한 믿음은
자연과 초자연이 연결된다는 신념을 암시하며
초월적인 세상과 속세 사이에는
극복할 수 없는 큰 차이가 있다는 관념을 거부한다.
기독 학자들은 자연 현상들과 과정들을 무시하지 않는다.
참으로 기독 학자들은
자연, 예술, 문학, 인류 사회, 역사와 같이 학문의 일상적이고
경험적인 대상에 대한 하나님의 임재 방식에 관해 민감하다.
경험적 현실이 형이상학적들인 것들과 연결된다고 믿는 기독 학자들은,
의식적으로 영적으로 열린 세계에서 작업을 할 것이고
그들의 연구는 현실을 가장 잘 설명하는 것이
물질주의라는 통상적인 결론에 도전할 것이다.
기독 학자들은 영성을 포함한 그들의 연구를
더 넓은 맥락에서 관심을 가질 것이고,
의도적으로 그들의 영적 지각력에 의해 형성된
그들의 학문적 의제와 우선순위들을
표현하는 데 주력할 것이다.
- 제프 칠더스(Jeff Childers)[2]

10.1 통합의 의미

앞장들에서 논의했듯이, 당신은 사실과 종종 편향된 해석이 혼합되거나 (자연주의와 같이) 이성, 객관성, 증거를 거부하면서 공통된 기반의 가능성을 거부하는 (포스트모더니즘과 같이) 것을 포함하는 경쟁적 세계관들의 사상들과 지식적 주장들을 통합하는 것이 도전적인 문제라는 것을 이해할 것이다. 그리고 경쟁 관계에 있는 세계관들에 기반을 두어 만들어졌거나 영향을 받은 학문 분야들에도 여전히 많은 진리, 유용한 지식과 중요한 사상들이 포함되어 있어 많은 것들을 캐낼 수 있음을 이해했을 것이다. 분석과 여과에 대한 필요성 역시 중요한 도전적 문제다.

통합자들인 우리가 당면한 도전은 여러 학문들이 각각의 방법론을 가지고 어떤 경우에는 그들만의 인식론을 가지게 되면서 분리되고 편협한 특정분야로 구분되는 성향을 가지고 있다는 점이다. 가령 우리가 철학이라고 불렀던 학문은 지금 우리가 철학, 과학, 신학, 윤리라고 부르는 학문들을 다 포함했었다. 이 특정 분야들은 시간이 지날수록 나누어졌다. 보다 최근에는, 포스트모더니즘이 더 중요해지거나 여러 분야들(문학, 교육, 법, 사회 과학을 포함하는)에서 강력한 세계관으로 작용하였고, 이 분야들은 효과적으로 세계관을 변화시켰으며 지금은 과학의 사상과는 양립할 수 없는 견해들을 포함하고 있다.

세 번째 도전은 모든 종류의 인간 지식들은 우리가 잠정적이고 일시적인 것으로 받아들여야 하는 유동성을 가지고 있다는 점이다. 좋은 실험적 증거가 있는 오랫동안 믿어져 왔던 신념들도 더 나은 증거들에 의해 갑작스럽게 전복된다. 따라서 우리는 현재의 사상들에 필요 이상으로 헌신하지 않고 지식들에 대해서 신중하고 의심하는 습관들을 기르게 된다. 당연히 이러한 성향에 대한 위험은 있다. 최근 세대의 학생들은 교수들이 말하는 것들에 대해서 하나도 믿지 않고, 교수들이 원하는 것들을 냉소적으로 쓰는, 즉, 지식에 전념하지 않는다는 비판을 들어왔다. 하지만 학생들은 한쪽에 적용되는 것을 다른 쪽에도 적용한다고 말하면서, 교수들도 역시 지식에 있어서 비헌신적인 자세를 취한다. 어떤 교수는 "세계가 너무 복잡해서 아무 것이나 믿는 것은 너무 순진한 일"이라고 말한다. 당신은 이 말에 함정이 있다는 사실을 인지하고 평가할 시간이 더 필요하고 헌신할 가치가 있는 지식들을 분리하기 위해서 열심히 노력할 것이라고 믿을 것이다. 헌신 없이, 모든 지식들을 함께 종합하지 않고는 (기독교 계시를 포함해서) 통합도 없을 것이고, 전체적인 지식적 삶도 없을 것이며, 지혜도 없을 것이다. 현명하기 위해, 삶의 선택들에 대해 좋은 판단을 하기 위해서는 진리에 대한 헌신이 매우 필요하다.

통합은 신앙과 학문의 모든 면들을 통일시키려고 노력한다. 이 도전은 매우 크다. 이것은 신앙이 학문에 정보를 주고 학문이 신앙에 정보를 주는 쌍방향 과정이다. 아래의 논의에서, 우리는 모든 지식에 통일된 관점을 확립하는 데 필요한 실질적 접근 방법들에 대해 살펴보겠다.

10.2 통합을 위한 일반적 접근 방법들

기독교 세계관과 다양한 학문 분야들을 전체적으로 연결시키는 관점에서 통합을 볼 때, 여러 가지 가능한 접근 방법이 있고, 각 접근 방법은 통합이 의미하는 것이 무엇인지에 대해 기반을 두고 있다. 신앙을 학문에, 그리고 학문을 신앙에 포함시키거나 사용하기 위해 신앙과 학문을 관계시키는 대체 방법에 대해 알아보는 것은 유용하다. 이 항목에서는 사용 가능한 중요한 전략(들)인 일반적이거나 철학적인 수준의 통합에 대해 논의하겠다.

두 영역 접근법

제 2장에서 언급한 것처럼 두 영역 관점은 통합에 대한 접근 방법이 전혀 아니다. 왜냐하면 두 영역 관점은 본질적으로 상호배타적인 학문 분야 지식과 기독 신앙(신학)은 분리된 영역에서 존재한다고 주장하기 때문이다. 학문 분야들은 각각 그들의 규정과 인식론에 따라 학습되고 기독 신앙은 분리되어 있어 실질적으로 말하자면, 무관한 주제라고 말한다. 앨렌 샌디지(Allan Sandage)는 "과학과 종교 사이에 꼭 충돌이 있어야 하나요?"라는 질문에 대해 "각자 실재의 다른 면에 대해 다룬다면 반드시 충돌이 있어야 할 필요는 없다고 생각합니다."[3]라고 대답했다. 이 접근법에서는 현실의 다른 방면들을 연결하는 것은 미약해 보이고 이에 따라 기독교인들이 노력하고 있는 통일되고 일관성 있는 세계관이 존재하는 것이 불가능해 보인다고 말한다. 이 접근 방법은 학문적 주장들과 신학적 주장들 사이에 귀찮은 갈등을 제거한다는 이득이 있지만, 통합이 부족하고 현재의 학문적 주장들을 유지하는 것은 더 넓은 세계의 관념들과 관련하여 기독교 지식을 하찮게 만드는 효과가 있게 한다. 이에 따라 피할 수 없이 충돌되는 견해들을 가지고 있는 일관성 없는 세계관을 낳게 된다.

거짓 구분 접근법

거짓 구분 접근법을 따르는 사람들은 "모든 지식들은 하나"라고 믿기 때문에 통합은 굳이 필요 없다고 주장한다. 지식은 그 자체의 본성과 어떠한 근원에서 오던, 하나님의 주권에 의해, 그리스도인은 학문할 때 자동적으로 통합을 하게 된다. 변형과 같은 복합성을 배우면 하나님의 창조성에 관해서도 배우게 된다. 다시 말해 이 접근법은 갈등이 존재한다는 것을 부정하는 장점이 있다. 그러나 이러한 부정은 비현실적이다. 앞장들에서 보았듯이, 지식을 구성하는 것이 무엇인가에 대한 주장들이 서로 갈등을 일으키는 이유는 세계관들이 갈등을 일으키기 때문이다. 같은 사실에 대한 해석과 결론이 완전히 다르고, 주어진 사실이 정확히 무엇을 의미하는지 논쟁이 가능한 사상의 세계를 받아들인 사람에게 이러한 경험은 자동적인 통합은 없다는 것을 밝혀준다. 우리가 행동주의와 같은 이론에 대해서 배운다든지 줄기 세포 연구 윤리에 대해서 논의를 하든지 기독교 세계관은 이러한 문제들을 제기하는데 더 많은 관련성이 있다.

양립적 접근법

이 접근법은 기독 신앙과 학문 분야는 합의에 대한 공유점들이나 특정한 기본 가정(가령, 이성의 신뢰성, 증거의 방법, 진리의 존재 같은 것)들을 공유하고 있다고 강조한다. 또한 이 접근법은 최소한 일부 또는 대부분의 지식적 주장이 기독교 세계관과 양립이 가능하다고 믿고 있다. 통합은 따라서 공통점들을 확인하고, 연결하고 더 자세히 설명하는 것들을 수반한다. 양립론자들은 또한 학문적 지식들이 오직 부분적으로만 진리의 전체를 대변하고 기독교가 이 부분적 관점을 보충하거나 완성할 수 있다고 믿고 있다. 이 접근 방법은 기독교 관점이 세속적 주장에 놓일 수 있다는 것을 허용하는 장점이 있다. 즉, 공유된 가정들과 앎에 대한 방법들을 확인함으로써, 학생들로 하여금 학습에 대한 두려움 또는 적대감을 갖지 않도록 해 준다. 따라서 양립론자들의 노력은 반지성주의를 완화시키는 데 도움을 줄 수 있다. 양립주의의 단점은 양립주의가 기독교와 학문적 주장이나 방법론적 세계관 사이에서 일어나는 실질적 갈등들을 경시하는 위험을 가지고 있다는 점이다. 갈등관계에 있는 존재론들과 인식론들은 실질적으로 의미 있는 정도까지 화해될 수 없다. 근본적인 차이들은 직접적으로 다루어져야 하는 근본적인 문제들을 생성하게 된다. 양립주의는 다른 형태의 통합을 위한 좋은 시작점이나 부가적인 요소는 될 수 있지만 그 자체로는 충분하지 않다.

양립주의자들이 노력하고 있는 것들은 다음과 같다:

- 신앙과 학문 분야의 공통점을 찾는 일 (이성, 진리, 증거에 대한 기본 가정들)
- 기독교와 세속적 사상들 사이의 양립성을 확인함 (예. 기독교와 금욕주의, 윤리나 우정에 대한 아리스토텔레스와 기독교 사이)
- 학문적 개념들의 적용을 보여 주기 위해서 기독교와 성경적 예들과 삽화들을 사용함
- 성경적 가르침을 좋은 실천과 비교함 (가령 잠언 16장 11절에 명시했듯 정직한 저울을 사용함)
- 기독교는 학문과 관련이 있고, 성경은 지식에 대해 언급할 부분이 많다는 것을 보여 줌(인간 본성, 아름다움, 역사 등)
- 주제에 성경 지식을 적용함으로 신앙과 학문을 합치려 신앙과 지식을 구분 짓지 않음
- 모든 진리는 하나님의 진리라는 견해를 실질적으로 경험함
- 신앙과 성경적 지식 간의 명백한 갈등과 배우는 내용은 해석에서 비롯된 것으로 인식하고 이에 따라 성경적 지식과 갈등에 있는 것처럼 보이는 정보들을 자동적으로 받아들이지 않음

변혁주의적 접근법

변혁주의자들은 양립주의자들과 유사하게 학문 분야의 내용들은 기독교 세계관과 공통점이 있다고 믿지만, 그 분야 자체가 기독교적 통찰력을 제외시키고 독단적으로 줄여지고 좁혀졌다고 믿는다. 학문 분야에서 부족한 것은 기독교 세계관을 통해 보충되고 완성될 수 있다고 믿는다. 더 중요한 것은, 학문 분야가 사실을 잘못 해석하고, 이데올로기를 진리처럼 제시하거나, 증거나 밝혀진 지식에 의해서 뒷받침 되는 진리 주장을 했을 때 기독교 세계관은 이와 같은 오류 수정의 근원으로서의 역할을 한다고 믿는다. 이들은 주장들을 검증하고 진정한 지식과 거짓된 지식을 분리하면서 학문 분야를 개선하기 원한다. 이 접근법은 대부분의 학분 분야에서 그들의 지식 주장을 발전된 해석들이나 이론들을 왜곡시킬 가능성이 있는 자연주의나 포스트모더니즘 세계관에 기반을 두어 발전시켰음을 인식할 수 있는 장점이 있다. 변혁주의자들은 이데올로기가 학문 분야들에서 강력한 역할을 한다는 것을 인식하고 있고 그들은 학문의 편향성을 확인하고 수정하려고 한다. 이 접근법의 단점은 양립주의보다 더 많은 노력, 냉정한 사고, 가정을 찾는 일을 수반하게 된다. 또한 확립된 학문 분야의 체계를 수정하려는 시도를 거부하려는 세속적 학문으로부터 적대감을 낳을 수도 있다. (모든 변화들은 그 학문 분야의 세계관과 가정들을 공유함에도 불구하고, 적대감에 부딪치게 된다. 이것은 변화의 생리다.)

변혁주의자들의 노력들의 예시들은 다음과 같은 것을 포함한다:

- 지식의 세계에서 성경적 권위를 유지함
- 특정한 학문 분야에 성경적 원리들과 성경적 말씀을 적용함
- 신앙이나 성경적 지식과 학문적 지식의 연결성을 요구하는 통합적 질문들을 제기함

- 포스트모더니즘에 대항하는 진리, 이성, 의미, 해석적 기준들의 존재를 주창함
- 지식적 주장과 참된 지식을 구별함
- 학문 분야에서 하는 주장들을(예, 인간 본성과 관련해서) 검증하고 수정할 때 기독교 세계관적 지식을 사용함

재건주의적 접근법

재건주의자들은 학문 분야들에 "반기독교적 가정들이 너무 깊게 스며들었다."[4]고 가정하고 이것들은 전면 거부되어야 하며 성경적 기초에 기반을 두어 다시 만들어져야 한다고 주장한다. 이 분야의 주요 인물들은 그들이 확립한 이론들과 주장 뒤에는 반기독교적 의제들이 있을 것이며, 이로 인해 다른 형태의 통합이 불가능하게 될 것이라고 주장한다.

재건주의자들의 노력의 예시들은 다음과 같은 것들을 포함한다:

- 기독교 세계관을 특정 전문 분야와 모든 지식들에 대해 정보를 제공하고 해석하는 조직 원리로 이용함
- 학문 분야의 가정들을 대체함(예: 철학적 물질주의를 유신론적 가정들로 대체)
- 특정 분야에서 지식을 만들어 내기 위해 새로운 이론적이고 실험적 접근 방법을 제시함
- 자료와 증거를 분석하기 위해 대체 해석적 틀을 확인함
- 지적 유행, 이데올로기, 정치적 정확성, "종족의 우상"보다 진리를 최우선 순위에 둠

어느 접근법?

통합을 위한 이러한 여러 접근법들 중에서 어느 것이 최상의 방법일까? 이 시점에서, 통합의 목표는 단지 신앙과 학문을 연결시키거나 학습에 "신앙적 관점"을 덧씌우는 것이 아님을 기억하는 것이 매우 중요하다. 통합이라는 개념은 물질적, 영적, 이성적인 영역들이 하나의 영역으로 결합되는 통일되고 일관성 있는 체계, 상호 관계, 전체론적 이해, 완벽한 진리를 생성하는 과정을 의미한다. 다시 말해서 통합이란 단지 기독교적 방법으로 학문하는 것이 아니라 개인의 세계관을 확립하는 일이다. 따라서 기독교 세계관은 신앙을 학문과 "관련"있게 하는 것보다 더 많은 일을 하게 된다.

"어떤 접근법을 택해야 하는가?"에 대한 답변은 (1) 학문 분야들은 내용, 철학, 방법에 대해서 매우 다르며, (2) 대부분의 학문 분야에는 한 가지 이상의 학파가 존재하고, (3) 학파 내에서 논란, 변화, 순응, 발전은 일반적이라는 사실을 생각하게 되면 대답은 명백해질 것이다. 이러한 이유 때문에, 상황에 따라서, 마지막 세 가지 접근 방법의 조합(양립론, 변형주의, 재건주의)이 가장 유용할 것이다. 통합의 목표는 신앙과 학문을 통합하고, 기독교 세계관을 발전시키고 적용하며, 가치 있는 지식을 받아들이고, 거짓 지식 주장을 받아들이는 것을 피하는 것이다 – 통합은 단순히 기계적으로 정신적 방식이나 비법을 적용시키는 것이 아니라 복잡하고 평생 동안에 이루어져야 할 실천이며, 여러 방법들과 접근들이 요구된다.

10.3 통합을 위한 구체적 접근 방법들

궁극적으로 통합은 특정 사례들과 기술들에 적용된다. 이 항목은 주어진 관점이나 심지어 구체적 지식 주장을 통합시키는 여러 방법들에 대해 논의하게 된다. 선택된 접근 방법은 상황에 따라 달라진다. 여기에는 지식적 주장이 기독교 세계관과 관계하여 발생되는 몇 가지 공통 상황들에 대해서 다루고자 한다.[5]

명백한 겹침이나 갈등이 없다

학문 분야나 하위 학문 분야에 따라서, 내용의 많은 부분이나 전체가 기독교 세계관과 조화로울 수 있는 경우가 발생할 수 있다. 일부 자연주의자들에 의해 종종 신앙과 반대되는 입장을 보이는 과학에서도, 아마 최소 80 내지 90퍼센트 이상은 기독교적 지식과 양립될 수 있다. 납이 녹는 온도는 세계관 갈등의 대상이 아니다. 대부분의 경험적 과학과 기술도 이와 같다. (갈등을 발생시키는 것은 이러한 발견들이 가지는 *의미*들이다.) 유사하게, 많은 신학적 주장들도 어느 학문 분야에서 이루어진 어느 지식적 주장들과도 갈등에 놓여 있지 않다. 천사들의 본성과 관련된 설명들은 학문 분야에서 이루어진 발견들과 갈등에 놓여 있지 않다. (물론 이러한 설명들은 자연주의자들과 포스트모더니스트들에 의해 이해할 수 없는 설명들로 거부된다.)

두 영역 접근법을 주장하는 사람들은 종교와 학문이 독립된 영역임을 보여 주기 위해 이 항목에 해당되는 사항들을 종종 인용한다. 그들은 기독교인들도 무신론자들과 똑같이 수학 공식을 푼다고 말한다. 또는 기독교 세계관은 금 원자에 전자 개수와 관련이 없다고 말한다. 물론 그렇다. 내용들이 일반적으로 중립적인 분야들이 많이 있다. 하지만, 겉보기에는 많은 객관적 학문 분야들이 객관적 해석을 적게 수반한다는 것을 기억하라. 심지어 많은 사람들이 통합적 쟁점에 전혀 관계없는 것으로 인용하는 수학에도 유신론에 대해 적대적으로 해석하려고 하는 카오스 이론 같은 분야가 있다.

주장들이 상호보완적이지만 독립적인 경우

어떠한 경우에는, 같은 사건에 대해 성경적 또는 신학적 이해와 학문적 분야의 이해는 모어랜드나 크레이그가 말하는 것처럼, "같은 현실에 대해 두 가지의 다르고, 상호보완적이며, 상호작용을 하지 않는 접근 방법"[6]을 표현할 수 있다. 육체적 치유를 위한 기도 효과와 치료 과정의 의학적 관찰이 그 예가 될 것이다. 다른 예는 구원의 경험 이후에 따르는 중생과 기쁨의 영적 과정과 이 과정에 심리학적 묘사가 될 것이다. 이런 경우에, 우리는 같은 현상에 대해 두 가지 상호보완적 관점들을 갖게 된다. 자연주의자들은 심리학적 측면(전기화학적 두뇌 활동)이 현실에 대한 *유일하고 참된* 설명이라고 주장하지만(다시금 자연주의 세계관의 환원주의적 본질을 보여 주게 된다.), 기독교인들은 두 가지 다 받아들여 현실에 대해 더 완전한 관점을 가질 수 있다.

어떤 세계관의 가정들은 일치하게 된다

세계관들이 각기 다른 것처럼, 가정들과 예상들이 겹치는 부분들이 많게 되고, 특별히 6장에서 본 것처럼 자연주의와 기독교 세계관 사이에 많은 가정들과 예상들이 많이 겹치게 된다. 이보다 더, 어떤 경우에 기독교 세계관을 지지하는 가정들은 한 학문 분야의 가정들보다 한 학문 분야의 발견들을 더 지지할 수 있을 것이다. 모어랜드와 크레이그가 말하는 것처럼, "어떤 사람들은 실재론적 과학의 이해에서 나오는 많은 전제들은. … (예: 진리의 존재, 실재의 이성적 질서정연한 성질, 외부 세계를 알기 위해 적합한 도구로서 우리의 감각 능력과 인식 능력의 적합성) 말이 되고 주어진 기독교적 유신론을 정당화할 수 있지만, 자연주의적 세계관 측면에서 볼 때 이 예상들은 잘못됐고 궁극적 정당성이 없다고 주장한다." 이와 유사하게 모어랜드와 크레이그는 "인식론적 회의론에 대한 비판들과 실재적이고, 이론과 독립적인 세계와 진리의 대응 이론의 존재를 변호하는 철학적 개념들은 신학의 일부 전제들에 대한 정당성을 제공해 준다."[7]고 주장한다. 철학의 많은 사상들은 기독교 세계관의 측면들을 매우 지지하는 것으로 볼 수 있다. 그리고 사실 통합적 쟁점들, 세계관 인식, 변증학의 많은 원동력은 철학에서 나온다.

학문 분야의 지식과 기독교적 지식은 서로 지지할 수도 있다.

빅뱅이론과 같은 과학 이론은 우주가 처음에 한 점으로부터 시작되었다는 신학적 주장을 지지한다. 열역학 제 2법칙은 우주가 영원하지 않고 유한한 수명을 가지고 있다는 견해를 지지한다. 다른 한편, 종교를 가진 사람이 일반적으로 건강하고 행복한 삶을 산다는 의학적 관찰은 성경의 원칙에 의해 지지된다. 자녀 양육의 중요성도 유사하게 지지된다.

어떤 사람들은 신앙을 지지하는 현재 학문 분야의 지식에 너무 의존하는 것에 대해 경고한다. 왜냐하면, 우리가 주목한 것처럼, 이런 지식들은 변화의 대상이기 때문이다. 가령 빅뱅이론이 결국 거부되어 다른 이론으로 대체된다면, 우리의 변증학이 손상되지 않도록 빅뱅이론에 대해 너무 지나치게 믿음을 갖지 않기를 원했을 것이다. 따라서 우리가 과학에서 조화되는 특징들을 찾았을 때 단지 "현재의 과학 이론은 기독교적 관점을 지지한다."라고 말하는 것이 제일 좋다.

학문 분야의 주장과 기독교 세계관 사이에 명백한 갈등이 있다.

어떤 경우, 한 학문 분야의 주장이 기독교 세계관의 주장들과 충돌하는 경우가 있다. 대표적인 예가 심신관계 문제이다. 마음과 두뇌는 같은 것일까(일원론)? 아니면 서로 분리된 것일까(이원론)? 기독교 세계관은 우리가 우리의 몸으로부터 떨어져 따로 존재하고 우리는 의식뿐만 아니라 영혼을 가지고 있다고 가르친다. 자연주의자들은 인식은 단순히 두뇌의 전기화학적 활동의 산물인 부수현상이라고 주장한다.

기독교 철학자 앨빈 플란팅가는 학문 분야의 주장과 기독교 세계관 사이에 갈등이 있을 경우, 그 갈등은 한 가지 방법 이상으로 다루어질 수 있다고 제안한다. 그는 다음과 같이 주장한다. "과학이론이 적절하게 유신론적 종교의 특징들인 신학적 주장이나 종교적 주장과 관련될 수 있는 세 가지 방법이 있다. 첫 번째로 과학 이론은 이 주장들과는 양립하지 못할 수도 있다; 두 번째로, 이 주장들과 관련한 확률은 자연주의적 세계관의 그것과 차이가 많이 있을 수 있다; 세 번째로, 종교적이나 신학적 관점은 어떤 것이 설명을 필요로 하는지 결정할 수 있다."[8] 각각은 이러한 갈등들을 어떻게 다루어야 하는지 우리에게 어느 정도의 통찰력을 줄 수 있다.

1. **양립할 수 없는 주장들**. 자연주의 세계관 하에서, 이타주의(다른 사람들의 행복을 위한 사심 없는 헌신) 개념은 진화적으로 역효과적으로 보이는데 왜냐하면 이것은 "한 사람의 유전자가 널리 다음과 그 이후의 세대까지 퍼질 확률"[9]에 위배되기 때문이다. 진화론의 핵심이 되는 부분 중 하나는 차등 생산 – 자식을 많이 남기는 사람이 자식을 적게 남기는 사람보다 이점을 갖게 된다는 것을 상기하라. 따라서 자연주의에서, 자식을 최대한 낳지 못하는 이타적인 사람들은 무엇인가 문제

가 있음에 틀림없다. 플란팅가는 자연주의 이론을 인용하면서 이타적인 사람들은 따라서 "온순함"과 "제한된 합리성"이라는 비정상적이고 제대로 기능을 하지 못하는 특징들로 고통 받을 것이라고 주장한다. 이 이론은 만약 다른 사람을 위해 봉사하는 것에 집중하는 사람들이 완전히 이성적이라면, 그들은 이타주의적이지 않을 것이라고 주장한다. 그들은 이타주의적이기 때문에 어느 정도 비이성적일 것이다. 플란팅가는 "기독교적 헌신과 관련하여 이 자연주의적 이론은 중립적이지 않다; 실로, 이 이론은 이런 헌신과는 일치하지 않는다."[10]고 말한다.

이런 경우에, 양립할 수 없는 이론들은 기억되어야 하지만, 받아들여서는 안 된다. 이런 경우, 우리는 사실들이나 관찰들에 대한 경쟁이 아니라 해석에 관한 경쟁에 대해서 다루고 있다는 사실을 주의하라. 그렇다면 이타적인 관용은 어떻게 설명되어야 할까? 이것은 과연 인간성 반영의 결과와 인간 마음에 있는 하나님의 사랑, 즉 우리 몸속에 있는 하나님의 형상일까, 아니면 지능장애의 결과일까? 이 해석적 충돌은 인간 본성과 인류에서 하나님의 형상(아니면 하나님의 형상의 부족)에 대한 양립할 수 없는 관점 때문에 일어나게 된다.

2. 개연성의 차이. 과학 이론에서의 주장과 기독교(아니면 다른 유신론적) 세계관에서의 주장 사이에서 명백히 충돌이 일어나는 주장들을 관계시키는 두 번째 방법은 다른 세계관의 관점에서 봤을 때 그 주장들이 일관성이나 신뢰성이 달라지는지의 여부를 확인해 보는 것이다. 즉, 각 세계관이 가지고 있는 다른 가정들 때문에, 한 이론은 기독교 세계관보다 자연주의적 관점에서 볼 때 더 정합성이나 신뢰성이 있는 것처럼 보일 수 있다. 각 세계관의 존재론적 장치들과 인식론적 규정들은 각 주장들의 평가에 영향을 미칠 수 있다. 가장 명백한 예시는

진화론이다. 플란팅가는 설명하기를, "만약 당신이 자연주의를 지지하여 유신론을 거부한다면, 오직 진화론적 이야기만 남을 것이며, '어디서 이렇게 엄청나게 다양한 식물류와 동물류가 왔을까?'에 대한 질문에 대한 명백한 대답은 하나밖에 없을 것이다."[11] 따라서 하나님의 창조주 되심을 배제하는 세계관은 하나님이나 창조주를 고려하지 않고 창조를 설명할 수 있는 이론을 찾는 것이 *요구된다.* 이런 경우에 문제와 약점을 가지면서도, 진화론만이 가장 나은 설명이다. 따라서 자연주의적 세계관에 동의를 하는 사람들한테는, 진화는 엄청난 개연성을 가지고 있다. 이것이 왜 진화론자가 종종 진화는 "사실"이라고 공포하고 그들의 주장들이 동의를 얻지 못하면 실망하는지를 설명해 준다.

다른 한편, 자연 세계뿐만 아니라 초자연 세계와 창조주 하나님을 포함하는 세계관을 가지고 있는 기독교인들에게는 더 합리적이고 개연적인 대안들이 있기 때문에 진화론은 미흡해 보인다. 플란팅가는 다음과 같이 말한다. "전체적인 진화론적 이야기의 인식론적 개연성은 유신론자들과 자연주의자들에게 많이 다르다. 증거와 함께 *유신론자*가 가지고 있는 전형적인 관점인 측면에서 이 이야기의 개연성은 증거와 함께 *자연주의자*가 가지고 있는 전형적인 관점인 측면에서 이 이야기의 개연성보다 낮다."[12] 생물학적 세계에서 찾을 수 있는 방대한 양의 정보들의 기원인 지적 설계자에 의해 세계가 형성되었을 것이라는 설명을 받아들이는 유신론자에게, 생명이 우연, 돌연 변이 그리고 시간에 의해서 발생했다는 대안적 설명은 그 신뢰성과 개연성이 훨씬 덜할 것이다.

따라서 동일한 설명(진화론)은 다른 세계관들에 따라 다른 개연성을 가지고 있다. 이런 경우, 통합적 행위는 주장의 개연성과 궁극적으로 주장의 신뢰성이 고려되는 세계관과 각 세계관이 허용하는 대안들에 따라 달라진다. 이것은 간단히 말해 의사 결정 이론이라고 말할 수 있다. 의사 결정은 대안들과 기준들을 검토하는 데 기반을 둔다. 만약 어떤 대안들이 처음부터 배제되었다면(가령 하나님에 기반을 둔 설명), 같은 기준(가령 가장 간단한 설명, 가장 일관성 있고, 자료와 일치가 되는)은 허용되는 대안들 사이에서 다른 선택이 이루어지게 될 것이다. 당신이 가장 맛있고, 크림이 많이 들어 있는 아이스크림을 선택하라는 요청 받았고, A회사와 B회사라고 적힌 그릇이 있는 상황을 상상해 보라. "가장 맛있다"와 "크림이 많이 들어 있다"라는 기준에 따라 당신은 A를 선택한다. 같은 상황에 있다고 가정하고, 심판들은 B회사에서 만든 아이스크림만이 진정한 아이스크림이라고 판단했다. 따라서 당신은 B회사 아이스크림밖에 선택할 수 없다. 따라서 "가장 맛있다"와 "크림이 많이 들어 있다"라는 기준에 의해 A는 선택할 수 없기 때문에 당신은 B밖에 선택할 수 없다.

3. 문제의 수반성. 과학 이론의 주장을 기독교 세계관과 관계 시키는 세 번째 방법은 플란팅가의 말을 빌리자면 "설명이 필요한 것들"을 결정하는 것이다. 다시 말해서 문제가 존재하는가 존재하지 않는가는 자료를 포함하고 있는 가능한 문제가 어떤 세계관을 가지고 접근되어지는가에 따라 달려 있다. 가령, 철학적 자연주의를 따르는 사람들에게 문제되는 것이 기독교인이나 유신론적 세계관을 따르는 사람들한테는 문제가 되지 않을 수도 있다.

비유적으로 설명하면 이 사상을 더 잘 이해할 수 있을 것이다. 세계관을 구축하는 것은 부분적으로 문제를 해결하는 활동이라고 할 수 있다. 어떤 이론, 이야기, 가설이 모든 것을 가장 좋은 방법으로 설명해 줄 수 있을까? 범죄 현장을 생각해 보면, 수사관의 임무는 모든 단서를 포함하고 그것들을 논리적으로 구성하여 이야기를 만드는 일이다. 따라서 무슨 일이 일어났는지 이해할 수 있도록 재구성해야 한다. 일반적으로 어떤 설명도 절대적으로 모든 단서들을 다 포괄할 수는 없다. 언제나 설명되지 않은 항목들, 이례적인 사항들, 어떤 때는 맞아 떨어지는 가설에 실제로 위배되는 것처럼 보이는 증거들이 존재한다. 유능한 수사관들은 같은 자료들을 한 가지 방법 이상으로 설명하기 위해, 종종 복수나 경쟁 관계에 있는 가설들을 만들고, 어떤 가설이 가장 잘 맞아 떨어지는지 확인한다.

가령, 절도 사건이 일어났다고 가정해 보자. 감시 카메라에는 하나의 그림자가 사건 현장을 떠나는 것이 잡혔다. 현장에서 수사관은 발자국과 두 개의 담배꽁초를 찾았는데, 하나의 담배꽁초에는 립스틱이 묻어 있었고, 하나의 담배꽁초에는 립스틱이 묻어 있지 않았다. 절도범이 립스틱을 바른 여성(감시 카메라 비디오에 나온 그림자의 크기를 봐서)이라는 수사관의 가설은 립스틱이 묻은 담배꽁초는 이례적인 일이라고 설명될 수는 없다. 하지만 립스틱이 묻지 않은 담배꽁초는 위의 가설에 문제를 일으킨다. 유사하게, 절도범이 남자(발자국 크기에 따라)라고 생각하는 수사관에게는, 립스틱이 묻은 담배꽁초는 설명이 필요한 문제지만, 립스틱이 묻지 않은 담배꽁초는 문제가 되지 않는다.

플란팅가의 문제의 개연성(problem contingency) 예시는 우주론에서 우주의 미세 조정과 관련된 것이다. 자연주의자들에게 우주는, "과학적으로 문제가 많은데"[13] 왜냐하면 우주는 매우 적은 관용 하에 구성되었기 때문이다. 만약 기본적 입자들, 중력, 전자기의 힘이 아주 미세하게 차이가 난다면, 우주는 계속 존재할 수 없게 된다.

자연주의자들에게 문제는 어떻게 이렇게 높은 정확성의 정도가 한 시간과 장소에서 일어났느냐는 것이다. 그리고 이것은 상당히 큰 문제를 일으킨다. 한 가지 자연주의적 설명은 "세상에는 무한히 많은 다른 종류의 우주가 존재하고, 이 우주들은 각기 다른 초기 환경과 기본 상수 값들을 여러 가지 가능한 조합들을 보여 준다." 그리고 우리는 단지 "한 종류의 우주를 차용하고 이 값은 지능적 삶의 발전을 허용해 준다."[14]는 것이다. 이 답변이 비개연성 문제를 극복하지는 못하지만, 해결책은 제시한다.

하지만 하나님에 의해 우주가 창조되었다는 대안을 가지고 있는 사람들한테 이 설명은 터무니없을 것이다. 이 문제는 지능적 창조자를 인정하는 기독교 세계관이 더 간단히 접근할 수 있을 것이다. 이러한 지능적 창조자가 있다는 가정 아래, 우주의 미세한 조정 ― 정확성, 특이성 그리고 사양들은 전혀 문제가 되지 않고, 그 세계관이 가지고 있는 전제들을 논리적으로 따른다. 우리는 생명과 내구성의 적절한 정확성 요구사항을 반영하기 위해 지능적으로 설계된 우주를 기대할 것이다. 우주는 세심한 설계와 지능의 특징을 보여 준다. 왜냐하면 우주는 그렇게 설계되었기 때문이다. 다른 설명은, 우주는 우연에 의해 발생했지만, 다른 무한한 숫자의 우주 즉 실패한 우연의 발생들 때문에, 가장 간단한 설명이 보통 최고라는 규칙에 위배된다.

그러면 과학적 주장과 기독교 세계관을 연관시키려는 접근의 방법론은 이론이나 주장의 사유를 평가하기 위해 쓰인다. 이 문제의 기반은 무엇이고 문제의 해결책이나 설명은 어떻게 작동하는가? 자연주의 아래 문제들을 대변하는 사실들이 기독교 세계관 아래에서도 문제들을 대변하고 설명들을 요구하는가?

문제 설명에 대한 안건을 떠나기 전에, 당신은 이러한 질문을 물어보아야 할 상황들이 있을 것이다. "만약 설명이 명백하지 않고 알려지지 않았더라면, 왜 단순히 우리는 해결책이 없다고 말을 하지 않을까?"

이 문제에 답을 하기 위해서 우리는 영어에서 가장 유명하게도 잘못 이해된 속담, "예외란 규칙이 있다는 증거다"를 참조할 필요가 있다. 현대적 의미에서 증거는 무엇이든 증명할 수 있다. 하지만 증거의 원래의 의미는, 다른 속담에서 나오는 것처럼, "불은 금을 증명할 수 있고, 금은 사람을 증명할 수 있다." 아니면 더 나아가, 킹 제임스판 성경에 있는 데살로니가전서 5장 21절 말씀처럼 "모든 것을 증명하라; 좋은 것을 취하라.", 여기서 증명의 의미는 시험이나 도전을 의미하게 된다. 따라서 "예외란 규칙이 있다는 증거이다."라는 말의 의미는 예외는 규칙에 *도전하고*, 압력을 주고, 문제를 제기한다는 의미다.

이 의미론적 설명에 대한 목적은 이론의 높은 수준에서는, 이례적 문제들(한 이론에 의해서는 해결됐지만 다른 이론에 의해서는 해결되지 않은)은 이론을 지지하는 사람들에게 해결책을 찾으라는 압력을 준다는 것을 강조하기 위해 제시되었다. 어쨌든, 과학은 문제 해결에 관한 것이고, 큰 이론들은 통합하려고 노력한다. 따라서 과학은 가능한 모든 사실들을 이성적으로 해명하려는 노력을 해야 할 것이다. 이론의 낮은 수준에서는, 위의 예에서처럼 "다른 담배꽁초에 대해서는 어떻게 설명을 할 것인가요?"에 대해서는 아직 답변하지 못한 문제가 남아 있을 수 있다. 하지만, 여기서도 이러한 설명은 문제를 해결하지는 못했기 때문에 약화될 수 있다.

그런데 주목해야 할 것은 문제의 임의성은 과학 이론 밖의 영역에서 일어난다. 이것에 대한 예시는 잘 알려진 악(惡)의 문제에 관한 것이다. 기독교 세계관에서는 고통과 괴로움, 자연 재해와 같은 악의 존재는 사랑이 많고 전지전능한 하나님이 다스리는 세상에서는 설명이 필요한 문제이다. 어떻게 이 두 사실들이 조정될 수 있는가? 이 문제에 대한 대답은 여러 가지가 있다. 보에티우스의 『철학의 위안(*Consolation of Philosophy)*』, C.S. 루이스의『고통의 문제(*The Problem of Pain*)』그리고 다른 기독교와 유신론적 철학자들도 이 문제들을 제기했었다.[15] 다른 한편, 자연주의자들에게는 이것은 문제가 되지 않는다. 자연주의자들은 생존을 위한 투쟁과 자연 과정들(토네이도와 지진들)이 예상되는 무관심하고, 무분별한 우주가 존재한다는 사실을 받아들인다. 또한 그들은 자주적인 도덕적 인격체가 없이는 악이라는 것은 존재하지 않는다고 믿는다. 자연주의자들에게 우리가 목격하는 모든 고통과 괴로움은 기대되지 않은 운이 나쁜 사건이다. (자연주의자들의 문제는 세상에 존재하는 선(善)을 설명하는 일이다.)

10.4 통합의 결과

통합은 우리가 처음에 세속적 진리와 거룩한 진리 간의 분리를 부정할 때 일어날 뿐만 아니라 우리가 의도적으로 진리의 모든 원천들을 가지고 와서 일관성 있고 통일된 실재의 그림을 제시하려고 할 때도 이루어진다. 그러므로 통합은 "하나님의 총체적 진리의 일부분으로서 모든 주제들을 가르치는 것이고 이에 따라 학생들로 하여금 자연 계시들과 특별 계시들의 통일성을 볼 수 있게 해 준다."[16] 하지만 이보다 더, 통합은 우리의 모든 지식을 합하는 것이다. 윌리엄 해스커는 다음과 같이 말한다.

> 통합은 신앙의 내용과 학문 전문 분야의 주제 대상 사이에 *내적으로 존재하는* 관계들 즉, 신앙과 지식 사이의 필수적인 관계들을 수반한다. 이러한 연계성은 굳이 발명되거나 생성되지 않아도 된다.

하지만 이러한 관계들은 *확인되어야* 하고 *발전되어야* 한다. 그렇지 않으면 이러한 것들이 신앙이나 지식이 이질적이고 서로 관계가 없어 보이며 실질적인 목적으로는 이것이 사실이 될 것이다.[17]

그렇다면 중요한 질문은 다음과 같다. "지식 주장과 기독교 진리 사이의 관계는 무엇인가?" 주장이라는 것은 사상, 의견, 해석, 모델, 해석적 개요, 이데올로기, 이론이나 다른 사상이 될 수 있다. 그러면 두 번째 질문은 "이 관계의 의미는 무엇인가?"이다. 신앙-지식이 학문 분야의 지식과 상호작용을 하게 되면, 이 둘은 통합하게 되고, 여러 결과들이 나올 수 있다.

기독교 지식은 학문적 지식을 확증한다.

학문 분야에서의 사상이나 지식 주장은 기독교 세계관과 거기서 밝혀진 진리들에 의해 지지받는다. 공유되는 가정들, 방법들, 사실들, 관찰들, 더 나아가 해석들까지 둘 사이에서 조화를 이루게 된다. 기독교 세계관은 가령 이성의 사용, 객관적 연구의 목적, 과학에서의 실험 방법들을 지지한다.

기독교 지식은 학문적 지식을 보완한다

타락, 죄, 인간 본성의 불변적 특징, 하나님의 필요성, 영적 갈망에 대한 지식과 여러 다른 신학적 사실들은 사람들이 왜, 어떻게 그들이 행동하는지에 대한 이해와 주어진 선택들 가운데 어떤 해결책을 선택해야 하는지에 대해 상당히 많은 기여를 하게 된다. 이러한 보완적 지식은 법, 경제, 사회과학, 역사, 그리고 다른 분야에서 상당한 영향을 미치게 된다.

모더니즘과 포스트모더니즘은 둘 다 현실에 대해 제한적이고 왜곡적인 관점을 가지고 있고, 영적이고 초자연적 차원을 누락시키거나 부정하게 되면서 도덕적, 윤리적, 미적, 철학적 분야에서 어설프게 작용을 한다. 이 세계관에서의 학문 분야 지식은 기독교 지식으로부터 보완을 받아야 한다.

기독교 지식이 학문적 주장에 의문을 제기한다.

학문 분야의 주장은 우리가 기독교 세계관을 믿어야 할 이유와 충돌을 하게 된다. 가령, 진리, 이성, 성경에 대한 객관적 본질에 대한 믿음은 포스트모더니즘적 세계관으로부터 비롯된 가정들과 구체적인 주장들과 충돌하게 된다. 우리는 성경을 뒷받침하는 "권위적 의도"와 하나님에게 말씀을 얻기 위해 개개인은 구체적인 의미를 지닌다는 것을 믿는다. 텍스트는 무한한 의미들을 지니고 있다는 포스트모더니즘적 신념은 위와 같은 믿음과 충돌하게 된다.

통합적 결과에 의해, 기독교 세계관과 성경적 계시는 학문 분야에서의 이해와 지식을 변화시키며, 학문 분야에서 파생되는 편견과 오류를 수정하고 변형시킬 수 있게 한다. 이에 대한 예시는 마가렛 미드가 주장한 것처럼 사춘기의 스트레스를 치유할 수 있는 것은 자유로운 연애이고, 심리학에서의 행동주의 학파와 군림하는 교리인 문화적 상대주의이다.

학문적 지식은 기독교 지식을 확증한다.

성경으로부터 밝혀진 기독교 지식은 진리를 대변한다고 믿기 때문에, 과학이나 다른 학문적 발견들이 진리를 지지한다고 해서 놀라면 안 된다. 그러나 과학적 지식과 학문적 지식의 본성 때문에 여기서 주의가 요구된다. C.S 루이스(Lewis)는 우리에게 다음을 상기시킨다.

> 과학은 계속 변하기 때문에 우리는 *과학*의 최근 정황을 잘 알아야
> 한다. 이런 이유 때문에, 우리는 일시적으로 우리의 입장을 지지
> 하는 것처럼 보이는 순간적인 과학 이론을 맹신하는 것에 주의해야
> 한다. … 만약 우리 변증학의 기반을 최근의 과학 발전에 둔다면,
> 과학이 방향을 전환했고 조용히 이론을 철회했듯이 우리는 우리 주
> 장을 마무리했다는 사실을 발견하게 될 것이다.[18]

루이스는 우리가 이렇게 지지하는 발견들에 대해 단지 "흥미롭다"고
언급해야 한다고 말한다. 그렇다면, 이런 측면에서 볼 때, 학문 분야의
지식이 성경적 가르침과 조화를 이루는 흥미로운 예는 데이터 분석을
위한 헤리티지센터(Heritage Center)에서 나온 보고서이다. 이 보고서에
는 "성적으로 왕성한 십대의 소년들과 소녀들은 상당히 덜 행복하고 더
우울하다고 느낄 수 있고" 또한 "자살을 시도할 가능성이 상당히 크다."
[19]고 나와 있다. 나아가, 이 분석은 "대다수 성적으로 왕성한 소년들과
3분의 4 이상의 성적으로 왕성한 소녀들은 그들의 첫 번째 성적 경험을
나쁘게 – 즉 그들이 피하고 싶었던 일이라고 여긴다."[20]고 말한다.

이 분석의 발견은 기독교 관점에서의 성도덕을 지지하고 관습의 현
재 동향이나 할리우드에서 묘사하는 자유로운 섹스에도 불구하고, 하
나님께서 우리를 만드셨고 우리에게 무엇이 좋고 무엇이 나쁜지 아시
기 때문에, 하나님의 가르침은 그의 창조물들에게 더 적합하다. 잠시
동안 설교한다면, 성경적 도덕성은 우리를 억압하거나 우리가 즐기는
것을 막기 위한 수단으로 만들어진 것이 아니다; 성경적 도덕성은 우리
를 사랑하시고 항상 우리에게 가장 좋은 것을 주기 원하시는 하나님께

서 우리의 행복을 위해 설계하신 것이다.

학문적 지식은 기독교 지식을 보완한다.

학문 분야에서의 이론이나 발견은 기독교 세계관과 그 지식을 명백하게 하고, 정교하게 하며, 강조하고 지지한다. 창조의 아름다움과 창조자의 지능은 우리에게 계시를 통해 알려졌으며 이 사실들은 또한 혈액 응고 과정, 변형이나 입자 물리학과 같은 복합성들에 대한 심도 있는 연구를 통해 지지된다. "하나님은 당신이 가기 원하는 만큼 깊이 있으신 분이다."라는 말이 있다.

학문 분야의 지식은 기독교 지식에 도전한다.

그 결과, 기독교적 지식과 충돌하는 이성적 주장이나 사실이 증거 안에 존재한다. 이러한 경우에 우리는 왜 그런지 살펴보아야 한다.

1. 이 주장은 정확한 것인가 아니면 사실인가? 주장은 입증된 사실인가, 아니면 해석의 문제인가? 사실과 사실의 의미에는 차이가 있다는 것을 기억해야 한다. 가끔 어떤 주장이 진실로 사실인지에 대한 의견이 일치하지 않는다. 지식 주장에 대한 두 가지의 큰 문제는 (a) 관찰된 사실과 해석적 결론(의미, 중요성, 함의들)의 차이를 구분하지 못하는 것과 (b) 관찰과 일련의 관찰들과 관찰로부터 유래된 귀납적 일반화의 차이를 구분하지 못하는 것이다.(모든 귀납적 일반화들은 개연성 연속체에 존재함을 기억하라; 이것들은 의심할 여지가 없는 사실들이 아니다.) 앞의 장들에서 우리는 사상들이 널리 퍼지게 받아들여졌지만 나중에 그것들이 거짓이거나 문제가 있는 것으로 드러난 사실들을 보았다. 많은 발견들은 이론들이나 가능한 진리들로 제시되지 않고, 그

대신 발견들이 있는 그대로인 것처럼 발표된다. "이제 우리는 안다."라는 구절은 이론의 진리를 주장하는 사람들이 가장 선호하는 유명 문구일 것이다. (이후에 이 이론은 완벽한 진실이 아님을 드러낼 것이다.)

정보-오보들, 허위 정보들, 거짓말들, 위조 정보들, 오역 정보들, 왜곡 정보들-에 대해서 배울수록, 성경적 진리와 대립되는 것처럼 보이는 사상을 접하게 될 때 당신은 더 신중해질 것이다. 당신은 사상을 잠시 간직해 두고 기다려야 할 수도 있다. 몇 년 전, 심리학에서는 사람들로 하여금 화를 낼 때, 모두 밖으로 풀어, 다른 사람들에게 자신의 화를 표출해야 한다는 견해가 있었다. 이 견해는 이러한 행동들이 카타르시스적인 경험을 낳게 할 수 있다고 말한다. 하지만 이 견해는 "노를 격동시키지 말라."(잠 30:33)와 "분을 내어도 죄를 짓지 말라."(엡 4:26)는 성경적 가르침과 대립된다. 최근에 이 견해는 자신의 화를 표출하는 사람들은 화를 적게 내기보다는 더 낸다는 관찰에 의해 신빙성이 떨어지게 되었다. 따라서 현재의 견해는 성경과 조화를 이루게 된다.

철학자 노만 가이슬러(Norman Geisler)는 "과학은 제한적이고 진보적이기 때문에, 우리는 과학이 성경에 제시된 모든 세부적인 사항들과 다 일치한다는 것을 기대해서는 안 된다."[21]라고 우리에 상기시킨다. 갈등이 예상되는 이유는 첫째로 경험적 지식은 세상을 희미하게 거울로 보는 것처럼 항상 발전하고 있고, 두 번째로 어떤 학자들은 기독교 같이 경쟁 관계에 있는 세계관을 공격하기 위해 편향적인 의제들을 가지고 있기 때문이다. 이들은 기독교의 신빙성을 떨어뜨리기 위한 증거를 발견하거나 해석하고 싶어 한다.

2. 당신의 기독교 세계관과 관련된 부분은 정확한가? 기독교 진리의 일부 해석은 학문 분야의 발견을 통해 수정이 필요한 경우가 발생

할 수도 있다. 기독교 세계관을 발전시키는 것은 통합과 같이 계속 진행 중인 평생의 과정이다. 물론 하나님의 존재나 주권, 창조주로서의 하나님의 역할, 타락한 인간 본성과 같은 명백한 근본들은 변화의 대상이 아니며, 이러한 근본들을 부정하는 주장은 오류로 간주되어야 한다. 그러나 재검토 되어야 할 해석이나 이해되어야 할 점들은 있을 수 있다. 가령, 킹 제임스판의 성경에서, *성난 황소*라는 히브리어는 욥기 39장 9-10절과 같이, 6군데 정도에서 *유니콘(unicorn)*이라고 번역(히브리어에서 그리스어, 그리고 그리스어에서 영어로 번역하는 과정에서 나타난 오류로 인해)되었다. 이 오류가 확인되기 전까지 성경은 많은 사람들로 하여금 유니콘이 실제로 존재한다고 믿게 만들었다.

여기서 조심하라. 새로운 지식 주장을 참고하여 당신의 세계관을 수정하는 것은 통합을 하는데 있어서 가장 위험한 전략이다. 왜냐하면 이 전략은 현재의 학문에 적합하도록 기독교적 가르침을 타협하고 싶은 유혹이 생길 수도 있기 때문이다. 학문 분야의 주장은 잠정적으로 표현되는 것과는 멀어 보일 수 있지만, 이것은 반박의 여지가 없는 사실로 주장이 제시될 수 있다. (몇 년 사이에 걸쳐 얼마나 많은 주장들이 허공으로 날라 갔는지 알게 되면 매우 놀랍다.) 당신은 "조화를 이루기 위해 절충"해야 하는 단순 타협주의를 피하도록 주의해야 한다. 그럼에도 불구하고, 성경이나 성경 체계의 특정 분야에 대한 당신의 이해는 부정확할 수 있다는 것을 예측해야 한다. 당신이 문제가 있는 사실에 직면했는지 아니면 단지 해석(만약 그 해석이 사실이라는 위장 아래 제시되었다 하더라도)의 문제에 당면했는지 알아내기 위해 신중해야 한다. 그리고 당신의 통합적 해석을 계속해서 발전시켜야 한다(8장을 참고하라).

3. 다른 기독 학자들은 무엇을 말하는가? 통합은 개인적인 동시에

공동 활동임을 기억하라. 당신 혼자 모든 정신노동을 할 필요는 없다. 믿는 동료들도 당신과 같은 통합의 문제에 당면하게 되고, 대부분이 문제들을 해결하는 것과 많은 것들을 생각하는 것에 연습되어 있다. 수백 개의 웹사이트들이 즉시 가능한 토론들을 제공해 주는 인터넷의 시대에 사는 우리들은 얼마나 많은 축복을 받았는지 모른다. 만약 기회가 된다면 이러한 사이트들을 한번 검색해 보라. 시작을 하기 위해 부록을 참고하라.

4. 이 갈등은 잠시 동안 선반에 얹어 놓아야 하는가? "나는 아직 이것에 대해 어떻게 해야 될지 모르겠어."라고 말하는 것은 괜찮다. 단지 기억해야 할 것은 정보에 대해 미리 찬성하거나 반대하지 말고 더 많은 정보나 이해가 나올 때까지 기다려야 한다. 역사적으로 볼 때, 기독교적 신념과 갈등에 있었던 많은 견해들은 결국 거짓으로 판명 났다는 사실에 대해 우리는 용기를 얻을 수 있다. 이러한 놀라운 숫자의 사례들은 우리로 하여금 어떤 다른(현재) 문제들도 같은 방법으로 해결될 수 있을 것이라고 생각하게 만든다. 이것이 바로 자신의 전공이나 학문 분야에서 견해나 이론의 역사를 공부하는 이유이다.

10.5 기독교적 학문에 대한 단서

학문 분야에서의 많은 지식 주장들은 기독교에 적대적인 세계관으로부터 오고, 기독교 세계관은 갈등, 양립할 수 없는 가정들, 근본적인 해석 체계들, 평가적 패러다임과 상호작용하는 동시에, 양립성을 가지고 동의할 수 있는 영역들을 물색하고 있기에, 지식 주장들과 통합하는 일은 큰 도전일 것이다.

다른 방법으로 통합을 생각해 보면 단지 진리와 현실에 대한 전체적 관점을 발전시키고 세분화하기 위해 기독교적 진리와 함께 학문 분야의 지식을 받아들이는 것이 아니라, 구체적으로 기독 학문 분야의 지식을 발전시키는 연습으로 보는 것이다. 즉 통합을 전체적으로 학문 분야에 신앙을 가지고 오는 수동적 과정으로 보는 것이 아니라, 학문 분야 그 자체를 형성하거나 최소한 기독교적 관점에서 학문 분야의 학습(새로운 지식과 해석들을 생성하는)을 추구하는 능동적 과정으로 보아야 한다.

그렇다면 최소한, 기독 학문은 기독교적 원리들에 의해 정보를 제공받아야 한다. 그의 논문 "기독 학문에서 성경의 사용"에서 스탠리 그레이다누스(Stanley Greidanus)는 어떻게 성경적 규범이 특정 학문 분야들에 적용될 수 있는지에 대한 모범적인 이념들을 제공한다. 이 장황한 인용문을 쉽게 이해시키기 위해 나는 주제별로 나누었다.

- 가령 **윤리** 분야에서, 한 사람은 올바른 행동을 위해 성경적으로 밝혀진 규범들에 의지할 수 있다. 여기서 가장 중요한 것은 사랑에 대한 계명이지만, 다른 구절들의 중요성도 간과해서는 안 된다. 생명에 대한 보호, 가난한 자들에 대한 관심, 동물들, 나무들, 땅에 대한 보살핌 – 이 모든 것들이나 다른 것들과 관련된 성경의 율법들은 우리에게 정의와 청지기직에 대한 신적 규범에 대해 더 깊은 통찰력을 제공해 준다.
- **정치학**에서는 하나님의 주권, 하나님께서 주신 정부의 권위, (성경적 규범들인) 정의, 자유, 평화를 고취하기 위한 정부의 임무, 시민들에게 요구되는 복종과 같은 성경적 주제들에 의해 인도될

것이다.

- **사회학**에서는 결혼, 가족, 다른 사회 구조들에 대한 성경적 규범을 고려하게 될 것이다.
- **심리학**에서는 인간을 길들여질 수 있는 동물이나, 프로그램화 될 수 있는 기계로 보는 것이 아니라 하나님의 형상에 따라 만들어진 유일한 존재로 특별한 가치가 있는 창조물로 본다. 또한 인간의 본질(하나님과의 관계)과 인간의 근본적 통일성("살아 있는 영혼", "마음")에 관한 성경적 통찰력에 의해 인도받게 될 것이다.
- **역사** 분야에서는 하나님께서 역사에 개입하시고, 그의 나라를 세상에 세우신다는 성경적 주제와 인류의 기원, 목적, 운명, 문화 명령에 관한 성경적 통찰들, 신자들과 불신자들 간의 대립(antithesis)에 의해 인도 받게 될 것이다.
- **경제학**에서는 정의와 청지기직, 소유권, 일, 놀이에 대한 성경적 사상들을 참고하기 원할 것이다.[22]

그레이다누스는 다음과 같이 결론을 내린다:

> 요컨대 기독 학자들은 "나의 신앙"과 "성경적 체계"에 대한 일반적인(흔히 모호하기도 한) 개념들보다 성경을 더 구체적으로 사용할 수 있다는 것이다. 그러나 이러한 구체적인 사용법이 어떠한 증빙 자료 방법임을 의미하지 않고 계시의 역사 속에서 점진적으로 발전되어 온 진정한 성경적 주제들에 대한 발견과 사용을 의미한다는 것이 명백해질 것이다.[23]

이것은 중요한 문제를 제기하게 된다. 그렇다면 기독교 심리학, 역사, 사회학, 문학, 경영학은 비기독교적 환경에서 일반적으로 가르쳐지는 것과 어떻게 구별이 될까? 만약 구별이 없다면, 차이점이 있을 수 있는가? 이 문제는 일부 기독 교수들의 성질을 돋게 한다. 왜냐하면 이 교수들은 전통적으로 – 아니면 현재 – 받아들여지는 학문 분야의 내용으로부터 벗어나는 학문을 가르치기 때문에 세속적인 동료들로부터 조롱을 받을까 봐 두려워하기 때문이다. 하지만 이것에 대해 잠시 생각해 보기로 하자.

문학 연구에서는 여러 이론과 해석에 대한 학파들이 있었다. 현재 학계에서는 여러 학파들: 마르크스주의자, 페미니스트, 해체주의자, 그리고 이와 유사한 해석 형태의 포스트모더니즘적 견해들을 대표하거나 이와 양립하면서 학계에서 대중적인 인지도를 얻고 있다. 그리스도인들이 이런 것들에 대해 배우는 것이 중요하겠지만, 그들은 의도적으로 기독교적인 문학 해석을 발달시켜야 하는가, 아니면 하지 말아야 할까? 이것은 옛날의 소위 말하는 도덕 해석학파와 유사한데, 즉 한 사상이 좋고 맞느냐를 묻는 것이 허용되고, 등장인물이 도덕적 결점이나 장점이 있는지, 그리고 어떻게 등장인물의 가치가 그 활동들에 영향을 미쳤는지에 대해 검토할 수 있게 한다. 셰익스피어 작품에서 죄나 정의의 추구나 신념이나 긍지나 탐욕이 어떤 역할을 하는가? 무한한 경우의 수가 존재하는 것처럼 보일 수 있고 일부 질문들에 대한 대답들은 셰익스피어가 자기 모순적 언어 회피의 집합에 자기 자신을 가두었는가의 여부에 대한 질문보다 지혜를 쌓고 더 부유한 삶을 이룩하는 데 더 실용적으로 유용할 수 있다. 스펜서의 "페어리 퀸(*Faerie Queene*)"과 같이 명백한 기독교적 문학 작품에 대해 기독 문학 교수들은 할 말이 많다. 그리고 완전히 세속화된 문학 작품에서는 기독교적 문맥으로 살펴보는 과정 역시 매우 유익하다는 것을 증명할 수 있다.

기독교 세계관은 죄의 본질, 영적 갈망, 구원의 가능성(사람들이 자기 파괴적 행동으로부터 돌아설 수 있는 가능성을 발견할 수 있도록 하는 영적인 방법과 감정적 방법으로)을 고려하면서 많은 것들을 심리학에 추가할 수 있다.

심지어 기독 비즈니스 이론들에도 해야 될 어떤 일이 있을 수 있다. 인간 혜택의 최대화를 고려하여 이윤 극대화의 개념도 아마 수정되어야 할 필요가 있을 수 있다. 가령 10개의 10불짜리 볼펜을 팔아서 100불을 만들거나 100개의 1불짜리 볼펜을 팔아서 100불을 만들 수 있는 수요의 탄력성이 있다고 가정하면, 당신은 어떻게 하겠는가? 효율성 모델은 높은 가격으로 10불짜리 볼펜을 10개 팔라고 지시하겠지만, 100개의 볼펜들을 싸게 팔면 소비자에게 더 큰 이득을 안겨 줄 수 있다. 그리고 여기에 인간을 위한 비즈니스의 특권(나는 임무라고 말하지 않았다.)에 대한 질문이 있다. **J.R.R.** 톨킨(Tolkein)의 첫 번째 출판사는 "반지의 제왕(*The Lord of Rings*)"을 출판하게 되면 적자가 날 것이라고 예측했지만 그 책이 가진 가치 때문에 출판될 자격이 있다고 생각했다. 비즈니스는 물론 돈을 잃기 위해 존재하지는 않지만, 경영이 하는 일에는 많은 유동성이 있다. 다른 예를 보면, 담배를 팔지 않으면서 얻지 못할 수익 때문에 "경제적으로 말이 안 됨"에도 불구하고, 담배를 팔지 않을 것이다. 이러한 행동들은 어떻게 공식적이고, 비즈니스 실습에 대한 기독교적 이론과 부합되거나 거기에서 파생되어졌을까?

신앙에 특별하거나 특별하지 않을 수도 있는 기독교적 학문을 생성하면서 기독 학자들은 그들의 학문 분야에 기여할 수 있는 이념들을 가지고 있을 것이고, 위에서 묘사한 방법들 중 하나로 통합시킬 소재를 가지고 있을 것이다. 학계에서는 새로운 이론적이고 해석적인 학파들과 운동들이 발생하고 있다. 왜 이런 것들 중 일부는 두드러지게 기독교적인 것이 될 수 없을까? 왜 다른 프로이드적 심리학 이론이나 또 다른 마르크스주의적 역사관에 반응하기만을 기다려야 하는가?

10.6 통합에 대한 함의

다시금 통합의 쌍방향에 대해 강조하겠다. 기독교 세계관은 학문 분야 지식 주장의 검사 도구로 사용되고 기독교 세계관은 현실에 대해 더 완전하고 풍부한 관점을 구축하기 위해 학문 분야의 지식을 사용하게 된다. 윌리엄 해스커는 우리가 간직해야 할 중요한 질문은 다음과 같다고 말한다.

> 이 학문 분야는 기독교 세계관에 대해 어떤 구체적인 기여를 하는가? 학문 분야는 어떻게 우리로 하여금 학문 분야의 통찰력이 없었을 경우와 달리 하나님, 하나님의 세상, 우리 동료 인간들을 이해할 수 있게 하는가? 학문 분야로 인해 어떤 통찰력들, 계획들, 활동들이 가능할까? 요컨대 학문 분야는 그 분야의 학생이나 종사자가 아닌 기독교인들에게 어떤 차이를 만드는가?[24]

소위 세속적 학문도 기독교 세계관, 총체적 현실에 대한 이해를 발전시키는 데 상당한 기여를 한다.

다시 말해 우리는 통합이 단순히 세속적 학습과 지식적 주장에 대한 기독교적 반응이나, 단순히 거짓말로부터 나온 진리를 평가하고, 선택하고 분리하는 것이 아니라 세계와 우리 자신에 대한 지식의 기독교적 기여라고 주장해야 한다. 기독교 철학자 앨빈 플란팅가는 다음과 같이

말한다. "우리 자신과 우리가 사는 세계를 이해하는 공통 인간 프로젝
트에 우리는 유신론자이건 무신론자이건 모두 관여하고 있다."[25] 기독
교인들은 여러 가지 이념들을 가지고 올 수 있는 지식과 통찰력을 가지
고 있으며, 신앙에 기반을 둔 학문은 나머지 학문에서 무엇을 생각하고
가르쳐야 하는지에 대해 채우고, 수정하며, 보충하고, 도전할 수 있게
한다. 기독 학자 공동체는 육체적 세계와 전통적인 학문 분야의 지식을
포함하지만 그것을 초월하는 실재의 상호 연결된 영역을 구축하고, 이
로 인해 생각이 깊고 이성적인 사람에게 외부 세계, 감각, 마음, 정신,
경험이 모두 말이 되도록 이해시키는 데 기여할 수 있다.

요약

이 장은 통합 과정이 어떻게 실행될 수 있는지에 대한 여러 접근법
들, 방법들, 예시들을 제공한다. 세계를 이해하는 데 있어 기독교 세계
관은 배울 것도, 기여할 것도 많다.

사고와 토론을 위한 질문들

1. 과거에 당신의 신앙과 관련해서 학문 분야 지식 주장이 문제가 있었
   던 구체적 예시를 찾아보고, 그 사례가 이 장에서 서술된 통합적 접
   근법에 어떻게 위치하는지 토론해 보라.
2. 학문 분야 지식 주장에 정보를 제공하고, 단서를 달거나 수정하는

기독 지식의 예를 들어 보라.

3. 당신의 기독교 세계관을 확장시키는 학문 분야 지식의 예를 들어 보라.

4. 진정한 지식은 잘못된 이론이나 가정으로부터 올 수 있는가? 만약 그렇다면, 통합적 활동의 함의들은 무엇인가?

주

1. J. P. Moreland and William Lane Craig, *Philosophical Foundations for a Christian Worldview* (Downers Grove, IL: InterVarsity, 2003), p. 17.
2. Jeff Childers, Chapter 5 Summary, "Christian Scholarship Symposium at ACU on *The Outrageous Idea of Christian Scholarship* by George Marsden," Abilene Christian University, Feb. 1999. Retrieved from http://ww.acu.edu/academics/adamscenter/resources/faithfulearning/christianschol.html.
3. Allan Sandage, "A Scientists Reflects on Religious Belief," *Truth Journal.* Retrieved from http://www.leaderu.com/truth/1truth15.html.
4. Hasker, op. cit.
5. 이 부분은 J. P. Moreland and William Lane Craig, *Philosophical Foundations for a Christian Worldview* (Downers Grove, IL: InterVarsity Press, 2003), pp. 20-21 and 350-352를 참고했다.
6. Moreland and Craig, p. 21.
7. Moreland and Craig, p. 21.
8. Alvin Plantinga, "Methodological Naturalism? Part One: Is Science Religiously Neutral? Three Examples," The Faculty-Staff Christian Forum at the University of California Santa Barbara, retrieved from http://id-www.ucsb.edu/fscf/library/plantinga/mn/MN1.html.
9. Ibid.
10. Ibid.
11. Ibid.
12. Ibid.

13. Stanley L. Jaki, "From Scientific Cosmology to a Created Universe," in Roy Abraham Varghese, ed., *The Intellectuals Speak Out About God* (Chicago: Regnery, 1984), p. 62.

14. Plantinga, "Methodological Natrualism, Part One."

15. 이 책은 변증학에 관한 것이 아니지만 각주를 읽는 독자들은 약간의 보상이 필요하므로 악의 존재에 대한 몇 가지 이유들을 간단히 요약한다: 하나님은 인간을 자유 의지와 선택의 능력이 있는 존재로 창조하셨다. 그 의미는 어떤 이는 악을 선택하여 다른 사람에게나 자신에게 고통을 일으키게 할 수 있다는 말이다. 타락 이후에 이 세상에 죄가 있는 것은 우주적 공의를 위해 처벌이 필요하다. 이 지구도 인간의 타락 이후부터 저주 아래 놓여 인류와 함께 고통하고 있다. 선은 악으로부터 나오며 (재활을 위한 처벌), 인간의 영혼도 형성되어 가는데 이것이 이 땅에서의 삶의 진정한 목적이다 – 즉 차세의 삶을 위한 준비이다. 악은 어쩌면 더 큰 악을 예방하기 위해 필요할지도 모른다. 제한된 악은 더 많은 선을 낳을 수도 있을 것이다. 어떤 악은 우리의 제한된 이해로는 하나의 신비이지만 우리는 완전하셔서 악을 허용하시는 하나님의 선하신 뜻을 신뢰한다. 악의 문제는 간혹 무신론자들이 유신론을 공격하는 데 사용되므로 철학과 신학에서 매혹적이면서도 매우 중요한 주제이다.

16. Kenneth O. Gangel, "Integrating Faith and Learning: Principles and Process," *Bibliotheca Sacra* (April-June 1978), p. 100. Retrieved from http://www.ici.edu/journals/bibsac/7584/78b1.htm.

17. William Hasker, "Faith-Learning Integration: An Overview," *Christian Scholars Review* 21:3 (March 1992), 231-248. Retrieved from http://www.gospelcom.net/cccu/journals/csr/hasker.html.

18. Quoted in Kenneth D. Boa and Robert M. Bowman, Jr., *Faith Has Its Reasons: An Integrative Approach to Defending Christianity* (Colorado Springs: NavPress, 2001), p. 99.

19. Robert E. Rector, Kirk A. Johnson, and Lauren R Noyes, "성적으로 활발한 십대들은 훨씬 더 우울증에 걸리거나 자살을 시도하기가 쉽다." A Report of the Heritage Center for Data Analysis, The Heritage Foundation, June 2, 2003, p. 1. Retrieved from http://www.heritage.org/Reseaerch/Family/cda0304.cfm.

20. Ibid., p. 5.

21. Quoted in Boa and Bowman, *Faith Has Its Reasons*, p. 100.

22. Stanley Greidanus, "The Use of the Bible in Christian Scholarshup," *Christian Scholar's Review* 11:2 (March 1982), pp. 138-147, reprinted in *Discipleship and the Disciplines: Enhancing Faith-Learning Integration*, Coalition for Christian Colleges and Universites, 1996. Unit 4, p. 22.

23. Ibid., p. 22.

24. Hasker, op. cit.

25. Alvin Plantinga, "Advice to Christian Philosophers," *Truth Journal*. Retrieved from http://www.leaderu.com/truth/1truth10.html

제 11장
세계관적 통합을 위한 분류학

지금은 기독 학자와 사상가들이 그들의 분야에 받아들여진 가정들에 대한
예리한 비판들을 표현하기 위해 문화를 뚫고 변혁할 때이다.
그리고 확실한 기독교적 이해에 의해 알려진 방법으로
중요한 사안들을 다룰 때이다.
– 마이클 피터슨[1]

이 개별 학문 분야들에 대한 철학은 신학적으로 중립적이지 않다.
정통 기독교 유신론에 조화되거나 반하는 가정들을 받아들이는 것은
엄청난 발효 효과가 있는데, 기독교 믿음에 동의하거나 반대하는 실천자들을
차례대로 배치할 그 분야 도처에서 그렇다.
– J. P. 모어랜드 및 윌리엄 래인 크레이그[2]

11.1 통합적 도전

본 장의 목적은 이론적이고 철학적인 문맥에서의 지식 주장을 이해
하기 위한 지침을 제공하기 위함이다. 그리하여 당신은 그것들의 존재
론적이고 인식론적인 기초와 기독교 세계관에서의 존재론과 인식론을
비교할 수 있을 것이다. 다양한 지식 주장의 목적에 대해 질문을 던짐
으로써, 어떻게 그런 지식 주장들이 세계관과 태도로 표현되는지 발견
함으로써, 당신은 신뢰성, 정확성, 합리성, 공평성 같은 중요한 것들

을 위해 세계관들을 더욱 잘 평가할 수 있을 것이다.

당신이 새로운 이념들을 가까운 곳에 두고 배우며 그것들을 당신의 진리 이해에 포함시키기로 결정하기 전에 검사해 본다면 통합의 과정은 더욱 쉬워질 것이다. 본 장의 논의는 일부 전략들을 제공하여 당신이 다음과 같은 것들을 가능하게 할 것이다.

- **지식 주장을 문맥에 맞추기.** 그 주장(사실 주장, 이론, 원리, 결론)이 어디서부터 오는지와 어떤 철학적 또는 이데올로기적 문맥에 그것이 속하는지에 대한 큰 그림을 얻기 위함이다. 한 발 뒤로 물러서서 어떻게 이념들이 "큰 그림"에 맞아 떨어지는지를 볼 수 있는 능력보다 더 나은 이해의 도구는 없다. (이것이 왜 다양한 세계관들을 아는 지식이 그토록 중요한 이유이다.)
- **주장의 근본이 되는 기초들을 파악하기.** 이 기초들은 학문 분야의 가정들, 개인적 편견들, 선이론적 헌신들(형이상학적 선호들과 같은), 공리들 그리고 심지어 프랜시스 베이컨(Francis Bacon)이 '종족의 우상들'이라고 부른 것까지 포함한다: 인간 본성, 심리학, 우리가 무엇을 어떻게 믿느냐에 대한 사회학적인 요인들의 영향.[3]
- **대안적인 접근들과 해석들과 주장들을 추구하기.** 논란을 일으켜 보라! 주어진 이념이나 이론이나 주장에 대해 누가 지지하고 누가 반대하는지 찾아보고 어떤 이유들과 증거를 보여 주는지 찾아보라. 어떤 과목을 위한 독서 리스트를 넘어서는 연구를 해 보고 다른 책, 기사, 웹사이트, 다른 정보원이 이 문제를 어떻게 다루는 것을 보라. 잠언 18장 17절에 이에 관한 적절한 지혜의 말씀이 있다: "송사에서는 먼저 말하는 사람이 옳은 것 같으나, 상대

방이 와 보아야 사실이 밝혀진다."

사실과 해석

윌리엄 해스커는 그의 논문 "신앙과 학문의 통합: 개관(Faith-learning Integration: An Overview)"에서 통합의 과정은 그 학문 분야가 이론적인 것(문학, 역사, 정치학, 철학과 같은)인지 응용되는 것(화학, 물리학, 공학, 의학)[4]인지에 따라 다른 학문 분야들마다 다른 질문들과 이슈들을 포함하고 있다고 말한다. 이 구별은 유용한데, 학문 영역에서 더 많은 이론적 작업이 있을수록 세계관 가정들이 학습 내용들에 특색을 부여할 가능성이 더 많아지기 때문이다. 그러나 많은 학문 분야들이, 대부분은 아닐지라도, 이론적이고 응용적인 특징 둘 다를 결합시킨다는 것을 기억하라. 특히 사회 과학(사회학, 심리학, 인류학)에서 이론적 관계는 영역 내용을 형성하기 위해 실천적 실험과 결합된다. 문제가 되는 것은 보통 학문 분야의 실천적 면이 아니다. 조지 마스던(George Marsden)이 언급하듯, 기독교 학자의 고유한 관점은 "그들의 작업의 기술적 차원에서 명백하지 않겠지만, 믿음의 함의들은 가끔 이론들과 해석들에 있어 중요하다고 인지한다."[5] 다른 곳에서 마스던은 말한다.

실용적인 학계의 통로에서 기독교와 비기독교는 증거와 논쟁의 기본적인 기준들을 기꺼이 공유할 수 있다. 이 기준들은 나쁜 논쟁들에서 좋은 논쟁들을 분리하는 역할을 하고, 많은 주제들에 있어서 그것들은 많은 이데올로기적 하부 공동체의 사람들도 동의할 수 있으며, 이것은 단지 의견의 문제가 아니라 "공적 지식"을 형성한다.[6]

그렇다면 당신이 분명한 사실들이라고 주장되는 것과 마주칠 때 여전히 주의해야 한다. 공유된 기준들이 반드시 공유된 동의를 의미하지 않고, 심지어 사실이 무엇인지에 대해서도 그러하다. 당신에게 제시된 명제들이나 지식 주장들이 실제 역사나 사회학이나 과학을 대표하는가? 아니면 역사나 사회학이나 과학에 *대한* 철학적 진술들인가?

미지의 가정들

문맥을 보면 더 복잡한 부분이 있는데 이는 지식 주장 또는 심지어 전체 이론 뒤에 가정들, 신념들, 가치들이 종종 분명히 표현되지 않는다는 것인데 그 이유는 그것들이 (확정된 사실들이라기보다는) 가정들로 인지되지 않고, 아니면 공리로 간주되기 때문이다. 만약 당신이 저변에 깔린 전제들에 대해 질문한다면 그것은 당신이 같은 신념의 집합을 공유하지 않는 것을 암시하기 때문에 그 이념으로 나아간 이들은 위협을 느낄 것이다. 앨빈 플란팅가가 "우리가 지금 알고 있는 것으로 여기는 사상"(as-we-now-knowism)[7]이라고 명명한 것이 많이 있는데, 그것은 결론들, 해석들, 때로는 너무나 잘 정립되어 "우리 모두가" 그것들의 진리와 타당성을 "잘 아는" 것들을 마치 사실들처럼 여기는 바라는 사고의 선언이다. 가끔 "모두가 이렇게 생각하고 동의한다. 이것은 하나의 '관점'이 아니라 실재이다."라는 태도가 있다. 그렇다면 감히 여기에 동의하지 않는 사람은 지식에 있어 다소 비합리적이거나 어느 것에도 영향 받지 않는 사람이다. 그러나 가정들에 대해 질문을 던지는 것은 더 나은 조사와 더 밀접한 추론의 기초적 원리들 중의 하나가 된다.

이동 표적으로서 통합

신앙적 헌신과 학문적 연구 둘 다 포함하는 안정적이고 통합된 세계관 형성을 바라는 이들이 겪는 엄청난 도전은 학문적 지식이 (1) 새로운 정보와 이념들이 일어날 때 끊임없이 변한다는 것이고, (2) 내부적으로 갈등을 일으키는 주장이나 사고의 대안 학교들을 연루시킨다는 것이고, (3) 가끔 그릇된 결과들을 낳는 방법론적이고 해석학적 약점들에 영향을 받기 쉽다는 것이다. 그리고 우리가 앞장들에서 보았듯이, 이런 그릇된 결과들도 거부되기 전까지 가끔 수년 동안 유효한 것으로 받아들여진다. 그렇다면 도전은 주장을 받아들일지 거부할지의 문제가 아니라 언제, 어떻게, 얼마나, 어떤 부분에서 등을 따지는 것이다. 이 책의 처음에서 주어진 조언은 문제시 되거나 혼란스럽게 하는 어떤 정보 형태들을 받아들이거나 거부하는 대신, 배운 뒤 정리하는 것이 가끔 최고의 선택이다.

선택과 회전

약 15만 종의 책들이 매년 미국에서 발행되고 (약 13만 종의 다른 출판물들은 절판된다.) 약 8천 개의 의학 저널이 있으니 다른 저널은 말할 것도 없다. 명백하게도 어떤 이들은 당신이 배울 정보의 어떠한 것들을 선택해야 할 것이다. 그래서 가끔 질문은 "어떤 것과 통합할 것인가?"이다. 학문 분야의 큰 그림을 어떻게 얻을 것인가? 당신은 당신의 신앙을 학문의 "감각"과 함께 당신 교수의 최근 강의와 연결시키려 노력해야 하는가?

교수들은 그들의 관점을 반영하는 책을 고르는 경향이 있다. 이것이 잘못된 것은 아니다. 제한된 숫자의 관점들만 교수들에 의해 나타난다면 문제가 된다. (가령 반은 포스트모더니즘이고, 반은 자연주의이거나, 정치적으로 좌파로 몰리는 경우) 또는 교수가 그 관점이 유일한 것이거나 유일하게 받아들여지는 것이라고 말할 때 문제가 된다. 어떤 것이 캠퍼스에서 이슈이건 간에 만약 다른 관점이 존재한다는 것을 알고 싶다면 당신의 관점을 제시하라. (만일 당신의 과목이 다섯 가지 책들을 요구하고, 모든 것이 같은 관점으로부터 나왔다면, 특히 이 관점에 논란이 많을 때 조심스럽게 대안들을 찾아보라.)

선택에 의한 왜곡의 문제를 피하기 위해, 특히 그것이 성경적 지식과 갈등을 일으킬 때, 당신은 좀 더 광범위하고 완성된 주장의 관점들을 얻어야 할 것이다. 다른 해석들을 찾아보라. 생략되거나 무시되었거나, 아니면 불공평한 방법으로 제시된 것이 있는지 찾아보라. 인터넷 웹사이트에서 무엇이 가능한지 찾아보라. 쉬운 방법은 당신의 주제를 입력한 후 논란이라는 단어를 붙여 보는 것이다. 가령 구글이나 당신이 좋아하는 검색엔진을 이용하여 '*사피어 워프 논란*'(*sapir whorf controversy*, 사용하는 언어가 사용자의 사고에 영향을 미친다는 가설에 대한 논란)을 검색해 보라. 전문 저널 논문들의 온라인 데이터베이스와 함께 문헌조사를 해 보라. 도서관을 이용하여 이 문제와 연관된 책들을 찾아보라. 정보에 대하여 주도적인 입장을 취해 보라.

세계관들을 인지하는 것과 그것들의 이데올로기적 결과들을 인지하는 것은 당신의 통합과정을 돕는다. 마르크스주의, 페미니스트, 포스트모더니즘, 반종교주의가 정보에 나타나는가? 그러한 습관들을 한 번 당신이 인지할 수 있다면, 당신은 지식 주장을 어떻게 해석하고 다룰 것인지에 대한 좀 더 쉬운 과정에 있는 것이다.

순진한 관점은 우리가 진리나 실재나 지식에 대한 주장을 할 때 모두 같은 장소에서 왔다는 것이다. 이제 당신은 존재론적 집합들(어떤 것이 실재인지에 대한 관점들), 인식론들(어떤 것이 지식, 진리, 이성을 구성하는지에 대한 관점들), 사회적 지식 압력들(그룹 습관들, 가정들, 방법론들), 정치적 편견들, 이데올로기들(정치적 의제들과 선이론적 헌신들)이 다양하게 있으며 이것들이 모든 해석과 신념을 이끈다는 것을 이해할 도구들을 가졌다. 그리고 불행하게도, 많은 발견들이 그것들의 방법적, 해석적 기준들에 있어 흠이 있다. 『잘못된 예언자들(*False Prophets*)』과 『연구가 보여 준다(*Studies show*)』 같은 책이 드러내듯이, 저급한 통계 분석들과 빈약한 실험적 설계는 우리가 바라는 것보다 더 자주 일어난다.[8]

다음 부분에서 나올 질문들은 개인적인 공부들, 지식 주장들, 이론들, 사상 학파들, 전체 학문 분야들에 적용할 수 있다. 효율성을 기하기 위해 이 모든 가능성들을 계속 반복하기보다 나는 가끔 *이론(theory)*이나 *이념(idea)*이라는 단어들을 사용하기도 했지만 모든 것을 포괄하기 위해 *지식 주장(knowledge claim)*이라는 용어를 계속 사용해왔다.

이 논의를 더 분명히 함으로써, 당신은 이 주제를 더 잘 이해할 뿐만 아니라 통합의 사역도 더 효과적으로 진행해 나갈 수 있을 것이다.

II.2 세계관

이제 당신은 세계관이 발견과 신념과 이념의 표현에 있어서 굉장히 중요한 영향을 미친다는 것을 이해했다. 그러므로 지식 주장에 대해 할 첫 번째 명백한 질문은 "이 자료의 세계관은 무엇인가?"이다. 한 지식 주장의 근원적 세계관을 파악하는 과정에서, 좋은 뉴스와 안 좋은 뉴스가 있다. 좋은 뉴스는 이 세상에 아주 적은 수의 세계관밖에 없다는 것이다.[9] 사실, 당신이 읽거나 들을 모든 것은 거의 세 가지 넓은 범주로 나누어질 수 있다: 기독교 세계관, 철학적 자연주의, 물질주의, 그리고 철학자 앨빈 플란팅가가 "창조적 반현실주의(creative anti-realism)"[10]

라고 말한 것인데 여기에는 우리의 학문적 친구인 포스트모더니즘뿐만 아니라 실존주의, 상대주의, 뉴에이지의 스모르거스보드(smorgasbord: 잡다한) 신학, 다른 것들을 포함한다. 안 좋은 뉴스는 플란팅가가 다음과 같이 말한 것이다.

> 이 세 가지 주요 관점들 또는 사람과 세계를 보는 전체적인 방법들은 생각할 수 있고 생각할 수 없는 조합과 혼합으로서 찾아질 수 있다. 아주 많은 역류와 소용돌이와 중간적인 집들이 있다; 사람들은 그것들을 보는 기본적인 방법에 따라 생각하고 행동하는데, 그것들을 명확히 모른 채, 그것들에 대한 희미한 이해를 가진 채 그러하다.[11]

이 예와 같이, 포스트모더니즘의 영향은 문화에 만연하게 되었는데, 많은 사람들이 이 사실을 의식적으로 깨닫지 못하고 있다. "그것은 너에게 진리일지 모르나 나에겐 아니야." 같은 진술은 포스트모더니스트의 진리에 대한 상대주의적 신념을 반영한다. 심지어 일부 그리스도인들도 특정한 포스트모더니즘의 이념들을 받아들이는데 가령, 전도에서 이성과 논쟁을 거부한다. 이성이 여전히 가치 있는 도구라고 생각하는 변증가들은 "실패한 모더니즘 프로젝트에 갇혔다."라고 비판받는다.

교수나 지식 주장이나 수련중인 자연주의자이나 포스트모더니스트나 (만일 기독교 대학에 다니는 크리스천인 당신이나) 이런 것들의 분류를 시도하는 대신에 만약 그들이 해석이나 주장을 왜곡한다면 심각해질 수 있는 영향력이나 방향, 경향들을 찾아보라. 그리고 또한 기억해야 할 것은 많은 교수들이 변덕스럽고 신랄하게 여겨지는 이념과 단어들을 사용하기를 좋아한다는 것이다.[12] 그러므로 당신은 전체 철학을 반드시 수용하지 않은 채 한 이데올로기의 어휘를 사용하는 교수를 발견할 것이다.

11.3 목적과 초점

이 지식 주장을 만드는 목적이 무엇인가? 이것이 문제를 해결하는가? 왜 특정한 문제가 (1) 문제로 파악되고 (2) 언급하기에 충분할 만큼 중요한 것으로 파악되는가? 문제들은 거의 무한히 많은 가능한 것들 중에서 선택된다. 문제 선택을 주의 깊게 보라. 왜 다른 문제가 아니라 이 문제인가? 세계관적 암시가 배후에 있는가? 그리고 해결책은 어떠한가? 가능하고 받아들일 수 있는 해결책의 집합이 어떠한 방법(이데올로기, 이론, 정치, 편견)에 의해 제약되는가? 일부 해결책들은 시작하기도 전에 배제되는가?

선택은 제한되는가?

단지 흥미롭게 보여 문제를 선택하는 것은 정상이며 모두 그렇게 한다. 그러나 만일 한 분야(부서)에서 대부분의 실습자들이 일부를 무시하고 동일하거나 유사한 흥미나 철학을 갖는다면, 왜곡이 일어날 수 있다. 실천에 대한 사회적 영향을 기억하라. 연구되고 승인된 결론들은 지역이나 전체 학자 공동체에 의해 영향 받을 수 있다. 만약에 경제학부에 모두가 세계화의 해악들이나 유익들을 보여 주는 데 흥미가 있다면, 중요한 지식은 무시되고 경시되며 발견되지 못할 것이다. 왜곡의 위험은 대학의 진정한 다양성에 관한 다른 논쟁을 낳는다 − 그것은 정치적, 철학적, 신학적 헌신의 다양성이다.

의제가 있는가?

참된 지식에 대한 더 심각한 위험은 목적의 특이성이 특정한 경향이나 "의제 학문(agenda scholarship)"(모순어법)으로 변할 때 일어난다. 의제 학문은 이데올로기적 관심에 근거하여 지식 주장이 만들어지고, 받아들여지거나, 거부될 때 발생한다. 우리가 정치적 정확함의 논의에서 보았듯이, 미리 정해진 바른 대답이 있는 것이지 어디로도 이끌 진리를 향한 열린 검색이 있는 것이 아니다.

그렇다면 우리가 여기서 제기해야 할 질문은 "학문의 목적이 이성적이고 객관적으로 나타나는가? 아니면 그 배후에 다른 의제가 있는가?"이다. 여기서 의제는 아마도 이기주의적일 것인데, 담배 회사가 어떤 연구에 투자하여 담배를 피우는 것이 해롭지 않다고 결론을 내거나, 아니면 단지 도덕적 함의들을 가진 어떤 것을 증명하거나 하지 않는 문제인 이데올로기라고 주장하는 것과 같다. 진술된 목적과 실제 관행 사이에 어떠한 차이가 있는가?

필립 존슨은 과학에 대한 이데올로기의 효과에 관한 예를 제공한다. 2000년 6월에 클린턴 대통령이 인간 게놈 프로젝트의 이정표에 관하여 공고하면서 말했다. "오늘, 우리는 하나님이 생명을 창조하신 언어를 배우고 있다." 일부 과학자들은 하나님을 언급한 것을 거절하면서 이러한 논평은 "창조론자들로 하여금 그들의 파괴적인 사회, 정치적 의제를 더욱 발전시키게 할 것"이라고 하였다. 존슨은 다음과 같이 관찰한다:

과학자들은 파괴적 의제가 무엇인지 말하지 않았지만, 이렇게 반대하면서 그들은 생물학자들이 생물학에서 설계의 개념을 거부할 가능성을 암시했다. 그 이유는 그들의 데이터가 그러한 결론을 낳기보다는 그들이 가능한 종교적, 정치적, 도덕적 함의들을 싫어하기 때문이었다. 이런 면에서, 우리는 생물학자들이 종교와 정치와 도덕에 대한 권위를 가져야 한다는 이념을 도대체 어디서 받았는지 의심스럽다.[13]

의제 학문은 진리와 정확성을 존중하지 않는 포스트모더니즘과 결합되어 가끔 도덕적 이야기로서 의심스러운 지식 주장을 사용할 수 있다. 이 포스트모더니즘의 이야기는 선호하는 신념들이나 가치들을 강화시키기 때문에 계속 반복된다. 눈에 띄는 예는 미국에서 "매년 약 15만 명의 여성들이 거식증으로 죽는다."는 주장이다.[14] 이런 놀라운 통계는 엄청난 도덕적 이야기를 만드는데, 나오미 울프(Naomi Wolf)에 의하면 이 여성들은 "자연에 의해 굶주린 것이 아니라 남성들에 의한 것이다." 라고 했기 때문이다. 조안 브롬버그(Joan Brumberg) 교수는 "이 무질서는 여성의 품위를 손상시키는 여성 혐오증 사회의 불가피한 결과"라고 말한다. 이 숫자는 앤 랜더스(Ann Landers)로부터 대학 교과서까지 모두에 의해 인용되었다. 왜냐하면 캐롤 이아논느(Carol Iannone)는 희생자들인 여성들의 일반적 분위기에 대해 말하기 때문이다. "이것은 거의 마치 페미니즘이 마침내 모든 벽을 넘어 모든 여성들을 연합시킬 수 있는 문제를 발견했다: 그것은 남성들의 존재이다."[15]

철학 교수인 크리스티나 호프 소머즈는 이 주장을 조사했고 미국 거식증에 대해 배웠으며 식용이상항진증협회(Bulimia Association)는 약 15만 명의 사람들이 거식증으로 *고통을 겪는다*고 말했다. 미국에서 매년 치명적인 병에 걸리는 사람들의 평균 수치는 약 100명이다. 수백 명의 죽음은 좋은 소식이 아니지만 이것은 훨씬 더 많은 사람들이 하는 반-남성 철학을 연결하는 데 사용하는 동일한 충격적 가치를 제공하는 데에는 실패했다.

(지나가는 말이지만, 우리는 얼마나 자주 그릇된 사실이 원천과 원천 사이 그리고 교과서와 교과서 사이를 왔다 갔다 하는지 알아야 한다. 우리는 이런 것을 이미 보았는데, 과학에서 후추나방 같은 이야기였다. 조나단 웰즈(Jonathan Wells)의 책 『진화의 아이콘들(*Icons of Evolution*)』은 열 가지 일반적인 그릇되고 왜곡된 이념들이 진화론의 영역에서 교과서마다 있다고 논의한다. 사실과 원천을 확인하는데 실패한 것은 지식 주장을 시험하는 것을 더욱 어렵게 만들었다. 확증은 진리의 시험 중 하나이다. 그러나 몇몇 원천들이 같은 오류를 포함한다면 우리는 어떻게 이 시험을 적용할 수 있나?)

이 반-남성(anti-mail) 영역에 있는 의제 학문의 연장은 다른 이에게는 비슷한 그릇된 이야기로 보일 수 있다. "가정 내의 폭력이 선천적 결손증(birth defects)의 주요 원인"이라는 주장은 많은 미디어에서 다루어졌다. 그러나 이 주장은 완전히 틀렸다. 원래 자료에 의하면, 소아마비 구제 모금 캠페인(March of Dimes)에서 선천적 결손증이 있는 여성들이 가정 폭력을 경험한 여성들보다 더 많다고 방송되었다. 두 개는 어떠한 방법으로도 연결되지 않는다.[16] 이와 비슷하게, *경험에 의한 법칙(rule of thumb)*이라는 표현은 "남편이 아내를 그의 엄지의 직경보다 더 크지 않은 채찍이나 막대기로 때릴 수 있도록 허용하는 영국의 일반적인 법에서 기원한다."[17]는 매우 대중화된 주장은 잘못됐다. 구문 사전이나 옥스퍼드 영어 사전을 보면, *경험에 의한 법칙*은 우리가 추측하듯, 손가락을 사용하여 대충 측정하는 것으로 대략 추산하는 것을 표현하는 것으로, 길이나 온도 (맥주 양조업자들이 양조과정에서 손가락을 찍어 대충 맛보듯), 또는 은유적 기준으로 "대략 우리는 6:1의 비율로 모래와 시멘트를 섞는다."고 말한다.

의제 학문은 지식 주장을 왜곡하거나 심지어 발명하는데, 이데올로기를 발전시키기 위해서이다. 특별히 매우 모욕적으로 보이는 주장은 회의론으로 보여져야 하고 철저하게 조사되어야 한다.

11.4 가정들

이론 또는 연구 또는 이론에 대한 헌신 배후에 있는 전이론적 헌신들, 기본 신념들, 가치들 그리고 가정들이란 무엇인가? 가정들을 발견하는 것은 두 가지 이유로 어려울 수 있다. 첫째, 위에서 언급한 것처럼, 시간 가정들(time assumptions)의 많은 부분이 표현되지 않는다는 것이다. 가정들의 본질은 배경에 그것들을 남겨 두는 것이다: 가정들에 대한 동의는 가끔 이미 주어진 것으로 간주한다. 자연주의와 포스트모더니즘 같은 세계관의 배후에 있는 정교한 집합의 가정들은 종종 실재의 한 부분으로 이해된다. 결국, 누구도 정보에 대한 논의를 다음과 같이 말하며 시작하지는 않는다. "지금, 따라오는 것은 외부 세계가 실재하며 당신은 나와는 독립적으로 존재하고 당신의 이성은 신뢰할 만한 추론을 그릴 수 있다." 당연히 받아들여지는 본성에 의해, 가정들은 보통 표현되지 않는다. 그리고 많은 경우, 지식 주장을 만드는 이들에 의해 만들어진 많은 가정들은 그들의 청중들에 의해 공유된다. 그런데 가정들 중 일부가 논쟁이 되고 청중들에게 공유되지 않을 때 문제가 발생한다. 어쩌면 보편적이라고 여겨지는 가정들은 오직 특정 학파나 세계관에 의해서만 받아들여진다.

가정들을 확인하는 것을 어렵게 하는 두 번째 요인은 새로운 지식 주장에 다다른 이들이 그들의 작업이나 결론들 배후에 있는 (모든) 가정들을 모를 때이다. 조지 마스턴이 언급하듯, "많은 학자들은 현대 학자 공동체들에 들어갈 때 그들이 당연히 여기는 그들의 첫 번째 원리들을 망각하고 있다."[18] 가정들은 배후에서 눈에 띄지 않은 채, 방법론의 한 부분이 되고 그들의 작업의 해석적 구조가 된다. 이런 경우, 발표자에 게 가정들을 확인하도록 요구하면, 일부 목록만 받을 것이다. 당신이 만약 "그러나 당신은 X가 사실이라고 가정하지 않습니까?"라고 묻는다 면, 비록 당신이 맞았더라도 당신은 무표정이나 부정적인 답을 받을 것 이다. 만약 기초를 이루는 가정들이 성경적 진리와 상충된다면, 그 가 정들에 근거한 결론은 의심받을 것이다. 틀린 가정들에서 올바른 결론 들을 이끌어 내는 것은 가능하지만 바른 가정에서 끌어내는 것보다는 드물 것이다.

가정들은 굉장한 힘이 있다. 왜냐하면 언급되지 않음으로써 검증받 지 않게 되고, 동시에 연구 결과나 방향에 어느 정도 영향을 주기 때문 이다.

지식 영역에 대한 가정들

첫째, 어떻게 학문 분야가 지식을 정의하고 그럼으로써 그것을 억제 하거나 제한하는가? "어느 누구가 어떤 지식이 중요한 지에 대해 말할 수 있는가?"라고 먼저 물었던 물음을 되불러보자. 더욱 정확히 말한다 면, "누가 어떤 지식이 *있다*고 말할 수 있는가?" 하나의 주장을 옹호하 는 일반적인 방법은 다른 것들을 제외시켜, 그것들이 진짜이거나 가능 한 지식이라는 것을 부정하는 것이다.

둘째, 지식의 원천들에 대해 어떤 것이 가정되고 있는가? 어떤 원천 들이 지식을 생산하는 것으로 지지되고 있고 어떤 것이 거부되고 있나? 이것을 표현하는 다른 방법은 "여기서 어떤 것이 지배적인 인식론인가?”라고 묻는 것이다. 여기서 당신의 인식론의 지식이 작용한다. 지식으로서 어떤 주장을 확인하는 것이 특정한 방법론에 의해 조종되는가? 그 방법론은 적절한가?

진리의 정의에 관한 가정들

지식 주장은 진리가 객관적인 방법으로 존재한다고 가정하는가? 이 주장은 상대적이고 지역적이며 보편적인 방법으로 참되다고 받아들여지는가? 물어야 할 질문은 이런 것이다. “당신은 그 주장을 사실로 묘사해 주실 수 있습니까? 그렇다면 저에게 그 당신의 진리 이념을 정의해 주시겠습니까?”, “진리는 과학적 증거로부터 옵니다.”, 또는 “진리는 문화에 따라 달라집니다.”라는 대답들은 당신에게 진리의 원천에 대해 만들어지고 있는 인식론적 가정들을 알려 줄 것이다.

진리는 이상인가? 아니면 단지 권력의 생산품인가? 작가는 말에 조소의 인용을 하는가?

진리의 정의에 관련된 것은 그것을 향한 태도이거나 그것의 궁극적 가치이다. 진리는 가장 높은 가치인가? 아니면 진리는 좀 더 중요한 관심사들(가령 설득, 도덕 이야기, 의제, 정치적 옳음)에 종속되는가?

인간 본성의 관점에 대한 가정들

지식 주장에서 인간의 본성에 관해 어떤 가정들이 근저에 있는 것 같은가? 인간은 근본적으로 선한가 아니면 악한가? 결정론적인가 아니면 사회적으로 구성되는가? 이 주장이 인간 본성은 바뀔 수 있고, 인간은 완벽하게 될 수 있음을 뜻하는가? 아니면 초월적 구속을 필요로 하는 우리는 타락하고 죄로 물든 존재인가? 자유 의지 대 결정론과 관련된 가정들은 무엇인가? 삶에서의 가정된 목적이 있는가? 아니면 그 주장이 무의미한 가정에 기초하는가?

인간에 대한 특정한 가정이 원천에 대한 해석들과 결과들에 어떤 영향을 주는가? 특히, 인문학과 사회 과학에서 "인간 본성의 성질"은 당신이 마주칠 연구들과 논쟁들과 분석들을 이해하는 데 있어 매우 중요하다. 그러나 과학에서도 역시 인간이 기계적인 존재로 우연히 지어졌다고 단순히 믿는 아주 지배적인 신념의 원천과, 생명은 초월성이나 더 높은 의미가 부족하다는 이념은 데이터의 이념들과 해석들에게 정보를 준다. 앞장들에서 우리가 이미 보았듯이, 생명을 그저 물질적이고 우연적으로 보고 싶은 갈망은 많은 과학자들 대부분의 의제이다.

그러므로 **통합에 있어서 모든 것을 종합하는 하나의 중요한 열쇠가 있다면, 그것은 "인간은 무엇인가?"라는 질문이다.** 인간이 되는 것은 무슨 의미인가? 이 질문에 대답하기 위해서는, 모든 다른 질문들이 포함된다: 신의 존재; 죄의 가능성; 구원의 필요성; 우리의 창조주에 대한 책임; 최고 권위의 원천; 범죄, 가난, 사회적 질병들에 대한 받아들여질 수 있거나 – 아니면 심지어 작용 가능한 – 해결점들의 종류들이다. 교수, 교과서, 학문 분야, 논문, 연구들이 인간과 인간 본성을 어떻게 보는지 찾아보라. 그러면 당신은 당신이 필요한 중요한 통찰력을 얻게 될 것이다. 이것은 어떤 세계관에서도 사실이다.

선과 악, 도덕과 가치들에 관한 가정들

도덕적 규칙들의 원천과 객관성에 대한 관점은 무엇인가? 선과 악의 개념들이 순진한 것으로 비판받는가? 아니면 상대주의와 결정론에 의해 추정되는가? 가치들과 행동 기준들이 지역적이고 일시적이며 심지어 의미 없어 보이는가?

자연주의와 포스트모더니즘 같은 반형이상학적 세계관들의 추종자들은 초월적 실재와 가치들에 대한 신학적 기초를 무시하기 때문에 도덕적 원리들이 부족하다고 여겨질 것이다. 그러나 그들과 친한 사람들은 그들이 얼마나 격분할 정도로 도덕적일 수 있는지를 안다. 토마스 소웰(Thomas Sowell)은 심지어 그들 중 일부를 독실한 체하는 것으로 보는데,[19] 왜냐하면 그들은 매우 강한 도덕적 우월감을 가지고 있기 때문이다. 어쨌든, 교수들은 종종 어떤 것이 옳고 그른지에 – 아니 더 정확하게 말한다면 정당하고 부당한지 – 대한 강력한 감각을 가지고 있다. 그러면서 그들은 억압, 비관용 등과 같은 것들의 징후들이라고 믿는 것을 끊임없이 찾는다. 물론 문제는 자연주의자나 포스트모더니스트가 이런 신념들에 대한 안정된 기초를 가지고 있지 않다는 것이다. 만약 우리가 임의적 돌연변이에 의해 진화했고 우리의 사고들이 우리의 뇌 화학에 의해 결정된다면, 우리가 우리 문화에 의해 사회적으로 형성되는 노예들이라면, 그 어디에도 객관적인 도덕적 주장들에 대한 기초는 없을 것이다. 도덕성은 오직 일치와 공리와 권력에만 근거할 수 있다.

내가 대학원생일 때, 학부 도서관에서 일부 책들이 자꾸 없어지기 시작하자 교수들은 대학원생들의 열쇠를 반납하도록 했다. 우리는 물론 항의했다. 왜냐하면 아무 증거 없이 우리가 유죄로 선고되었기 때문이다. 나는 공개편지를 교수들에게 써서 이 새 정책은 대학원생들을 처벌하는 동시에 "교수들은 계속 죄를 짓게 한다."고 말했다. 세속 대학에서 *죄*라는 단어를 사용하는 것은 꽤나 큰 소동을 일으켰다. 왜냐하면 그것이 신적 책임을 암시했기 때문이다. 비슷하게, 세속 법률 대학원에서 내 친구가 그러한 용례를 사용했는데 한 사람의 징역 기간은 "그의 악행에 대한 처벌일 뿐"이라고 수업 시간에 말했다. 그 결과 일어났던 소동은 내 친구가 처벌에 동의한 것이 아니라 *악*이라는 용어를 사용한 것 때문이었다.

그렇다면 질문은 그 이념들이 선과 악이라는 우리의 신학적 개념들에 동의하느냐 마느냐에 관한 것이 아니라 도덕적 판단들의 원천이 무엇이냐에 관한 것이다. 어떻게 이념이 도덕적으로 알려지는가? 정의와 부정의에 관한 도덕적 선언들이나 주장들의 기초는 무엇인가? 언제나 표현되거나 암시된 부정의, 정의, 옳고 그릇됨의 감각이 있고, 관용, 친절, 공감과 같은 도덕적 이상들도 있다. 그러면 다시 질문이 생기는데 이 호소의 기초는 무엇인가? 무엇이 기준인가? 그 기준이 어떻게 성경적 기준들과 비교되는가? 이 이념이나 실행 또는 방법의 도덕적 영적 결과들은 무엇인가?

가치들이나 암시적 가치들이 인문학과 사회 과학에서 더욱 일반적이라는 논의들은 사실이겠지만, 그것들은 과학들에도 나타난다. 과학이 사실을 가치로부터 분리시켰다는 주장은 완전히 틀린 것이다. 실제 상황에서 (가령 가치들이 무엇을 공부해야 할지 판단하도록 알려 주거나 아니면 데이터의 의미), 또는 그 실행에 관련된 이슈에 있어서도 그러하다. 조지 마스던은 말한다. "삶에 대한 더 큰 질문들에 있어서, 경험 과학은 결정적인 답을 내려 줄 수 없기에 학계는 정치적 이해관계에 의한 세속적 종파에 의해 지배된다. 경험 과학 모델들은 종파주의를 없앨 것이라는 생각은 완전히 틀린 것이다."[20] 세속적 정치의 가치 체계도 여전히 하나의 가치 체계이다.

II.5 방법들

어떻게 학문 분야(또는 개인적 공부, 책, 이념)가 집행되는가? 새로운 지식을 발견하거나 발견된 지식을 해석하는 방법론적 규칙들은 무엇인가? 방법론적 제약이 어떻게 진행 결과들에 영향을 주는가?

해석과 증거의 규칙들

우리가 이미 보았듯이, 통합적 도전의 중심에 놓여 있는 것은 사실들이 아니라 사실들의 해석이다. 사실들은 그 자체를 해석하지 않으며 세계관적 지향, 사회적 요인들, 공감 및 권력 관계 문제들과 가끔 심지어 정치적 정확함에 종속되어 있다. "이끌도록 허락된 증거는 어디에 있는가?"라는 질문은 일부 사람들을 화나게 한다. 그러나 더욱 주의 깊게 본다면 당신은 정치나 이데올로기가 가끔 진리 그 자체를 추구하는 것을 없애버림을 알게 될 것이다.

가령, 저널리스트 클리포드 매이(Clifford May)가 "내가 1980년대 중반에 「뉴욕 타임즈(*New York Times*)」의 통신원으로 아프리카에 있을 때," 아프리카가 실패하고 있다고 "말하는 것은 정치적으로 옳지 못했다. 왜냐하면 미국의 대학들과 진보주의적 씽크 탱크들(think tanks)은" 아프리카 나라들이 "진보하고 있다고 주장했으며 그것은 인종차별주의자로 하여금 달리 제안하지 못하게 했기 때문이었다."[21]라고 썼다. 메이는 계속해서 말하기를, 물론 문제들은 인종과는 상관이 없었고 "사회주의 유산"의 결과였다. 그러나 이것도 정치적으로 틀린 주장이었는데, 특히 대학들에 동일한 사람들과 씽크 탱크에 있는 일부 사람들은 광복 후의 아프리카 리더들에게 자본주의를 넘는 사회주의를 추천했기 때문이다.[22] 그래서 보도는 문제가 없다는 것이었고, 문제가 있었던 점은 "식민주의의 유산"이라는 더욱 받아들여질 수 있는 (더욱 정치적으로 옳은) 해석이었던 것이다.

권위의 역할

권위의 역할을 향한 태도를 연구해 보면 현대 학문과 인기 있는 문화의 사고방식에 대해 엄청난 통찰력을 얻을 수 있다. 어느 정도, 우리는 여전히 19세기 낭만주의의 권위에 대한 반란과 그에 이어 개인을 높이는 환경에 살고 있다. 규칙들과 규범들, 그리고 가치들에 대한 반란과 나르시시즘을 품는 것이 그 유일한 결과이다. 학계에서 규제와 권위(국가, 부르주아, 신)의 상징들을 공격하는 19세기와 20세기 프랑스 지성인의 영향은 상당한데, 특히 인문학과 사회과학에서 그러하다. 마르크스가 한 공산주의의 성공에 관한 본래의 주장은 정부는 사라져야 하고 무정부적 유토피아가 있어야 한다는 것이었음을 잊지 말라.

여기에 첫 번째 질문이 있다. "이 지식 주장 저변에 반권위주의적 편견이 있는가?" 이 질문에 답하려는 사람은 권위와 권위주의 간에 작자와 화자에 의해 혼란—또는 의도적 동일시—에 빠질 것이다. 요즈음 학계에서는 도덕적 규제를 제안하는 사람을 파시스트라고 하는 유행이 있다. 권위에 대한 어떤 힌트도 즉시 권위주의, 억압하는 것, 독재적인 것, 심지어 전체주의로 매도된다.

권위 문제에 대해 만들어진 두 번째 요점은 학계에서 권위의 이념에 대해 일반적인 적개심이 있다고 하더라도, 대부분의 학자들은 그들의 학문 분야의 권위에 대한 분명한 충성이 있다. 우리는 이미 어떻게 포스트모더니즘 문학 이론에서 유명한 이름들이 인용되고 아첨되는지 언급했다. 권위들로 확인되어 명백하게 복종하는 학자들, 기관들, 저널들의 순위가 있다. 게다가, 많은 학계는 기꺼이 그들의 권위를 사용하거나 그들의 의제를 발전시키려 하며 그들을 반대하는 자들의 의제는 억제하려 한다. 그리고 이 같은 학계 중 많은 사람들은 그들이 동의하는 사회 공학의 분야에서 강제적인 정부 프로그램을 선호한다.

여기서 마지막 질문은 이것이다. "이 분야에서 누가 또는 어떤 것이 진리에 대한 선언들을 만들 권위를 가지는가?" 즉, 어떤 이념은 증거에 호소하기보다 권위에 호소하였기에 무시되거나 거절되는가?

이성과 추론을 향한 태도

그리스도인에게 있어서 이성에 대한 역할과 힘에 대한 논란이 있다. 변증론에 대한 어떠한 좋은 책을 읽어 보라. 그러면 당신은 몇몇의 접근은 다른 것보다 이성을 더욱 강력하게 또는 제한되게 보는 것을 알 수 있을 것이다.[23] 전반적으로, 기독교 세계관이 이성을 유용한 도구로 지지하지만 그 태도를 자연주의의 지지자와 공유한다. 우리가 이미 보았듯이, 포스트모더니스트는 보통 이성을 언어 게임으로 본다.

학파나 지식 주장에 대한 첫 번째 질문은 "추론과 이성에 대한 어떠한 태도가 반영하는가?"이다. 이것은 확실히 임의적이고 주관적인가? 또는 이것은 이성을 사용하여 정당화된 위치를 찾으려 하는가? 이성은 법적 담화에서 역할이 없는 남성 억압의 부끄러운 영속화로 보이는가? 아니면 이것은 많은 사고 형태 중 하나로 보이는가? 이성이 진리로 가는 유일한 길로 찬양받는가?

이성이 인식론적 가치로 부인되면, 명백하게 주관적이고 감정적인 주장들은 의견이나 감정의 산물들로 남아 있기 때문에 그런 철학적 환경에서 나온 지식 주장은 의심되어야 한다. 만약에 이성이 진리를 추구하는 도구로 지지된다면 두 번째 질문은 이것일 것이다. "무엇이 합리적인 결론인가?" 다르게 말해서 근원은 이성과 합리성의 본성에 대해 어떻게 믿는가? 우리의 측량하는 기준이 성경적 합리성이기에, 그 주장들이 기독교 세계관과 정합성이 있는지 결정하기 위해 그 기준에 의해 평가되어야 한다.

11.6 기원들

당신의 전공 주제에 대해 시간을 내어 현재의 근원들과 그 분야의 역사적 발전을 조사해 보라. 그 분야의 지식은 근원이나 기원의 기초에서 시험되고 판단되지 않는다. 왜냐하면 그것은 실재와 성경적 진리에 일치성에 의해 판단되기 때문이다. 동시에, 한 분야의 기원을 이해하는 것은 문맥을 제공하고, 또한 운동들, 동기들, 방향들, 갈등들, 다양한 학파들과 주장들, 어떻게 문제들이 해결되는지 등등의 이해를 제공한다. 이 모든 지식이 당신으로 하여금 그 분야에 더 넓은 관점을 얻도록 도울 것이다.

시작

학문 분야가 어디서부터 오는가? 그것은 다른 학습을 갈라지게 하는가? 그렇다면 왜인가? 기원은 추구하는 지식의 결과인가, 아니면 어떤 하나의 철학적 분쟁인가? 학문 분야의 시작에서 먼저 드러난 의제들이 있는가? 이 의제들이 그 분야의 발전에 영향을 주었는가? 누가 그 분야의 설립자들인가? 먼저 된 가닥(thread)보다 더 많은 것이 있는가? 그 가닥들은 결합하는가? 아니면 끊어지는가? 처음에 만연했던 이념들 중 어떤 것들이 여전히 계속되고 어떠한 것들이 이제는 잊혀지고 무시되는가?

역사

학문 분야의 이념들이 발전하는 동안 어떠한 이론들이 다른 것들을 대체했으며 그 이유는 무엇인가? 그 대체는 강력한 증거와 논쟁의 결과인가? 아니면 정치적 전쟁들과 권력 투쟁들의 결과인가? 그 학문 분야의 역사 교과서 내용을 언제나 받아들이지는 말라. 왜냐하면 그것은 마치 살균처리하고 정상화한 것일 수도 있기 때문이다. 어떠한 논쟁들이 있었고 그 불일치들이 어떻게 타협되었는지 찾아보라.

1932년에 루이스 리키(Louis Leaky)가 발견한 뼈 화석인 카남 턱(Kanam Jaw)의 발견이 부차적인 예이다. 이것은 '아마도 사람일 것' 또는 '수수께끼'로 여겨지지만, 이것에 대한 수년에 걸친 논쟁에서 "과학자들은 이것을 알려진 인류라고 말하며(오스트랄로피테쿠스, 오스트랄로피테쿠스 보이시, 호모 하빌리스, 네안데르탈인, 호모 사피엔스)" 따라서 "남아 있는 인류 화석들을 적절하게 분류하는 것에 어려움들"이 있음을 보여 주었다.[24]

종종, 합의가 이루어지면, 학파를 잃는 것은 생략되거나 평가 절하된다 ("역사는 승리자들에 의해 쓰여진다"는 말처럼). 학문 분야가 발전할 때 어떤 일이 일어났는지 찾아보라.

전기(傳記)

전기를 공부해 보고 학문 분야에 있는 중요한 인물들의 세계관을 공부해 보라. 무엇이 그들의 철학적 헌신들, 그들의 태도들(진리, 하나님, 인간 본성 등을 향한)인가? 어떤 이의 철학적 헌신들은 지적 노력에 심오한 영향을 미칠 수 있음을 기억하라. 어떤 철학이 존 듀이(John Dewey)나 막스 베버(Max Weber)나 앨프래드 킨제이(Alfred Kindsey)나 미셸 푸코를 안내했는지 찾아보라.

메모

하나의 이념을 그것의 기원 때문에 비판하고 거부하는 것은 잘못된 것이다. 그렇게 하는 것은 유전적 오류라고 하는 논리적 오류를 범하는 것이다. 무신론자와 악한 사람도 좋은 이념을 가질 수 있고 다른 사람들처럼 그들도 진리를 발견할 수 있다. 다양한 이론들의 옹호자들에 관해 배우는 것의 요점은 부적절한 전기(傳記)라는 이유로 그 이론을 버리는 것이 아니라 그들의 세계관에 대한 통찰력을 주어, 왜 그들이 다른 사람들보다 특정 이념들을 발전시키기를 선호했는지 조명하고 설명하며, 그들이 강조하는 배후의 이유들을 발견하는 것이다. 당신은 그들의 철학적 헌신들이 결론들을 왜곡했다거나 적어도 그들의 이념들이 기독교에 적대하는 세계관 위에 세워졌다고 결론지을 것이다.

기독교에 반하는 학문적 실천을 하는 사람들의 전기들을 공부하는 것만큼 기독 신앙을 공유하는 초기나 현재의 실천자들의 질문도 중요하다. 당신의 분야에 있는 기독 학자의 작품들(비록 그것이 좀 오래됐더라도)을 읽으면 당신에게 이념들과 당신 자신의 통합 과정을 도울 수 있는 대안적 접근법을 제공할 것이다. 그들이 그들의 학문 분야와 신앙을 어떻게 통합하는지 배우라. 요즈음 존경 받는 많은 인물들이 19세기와 심지어 18세기에 많이 생각하고 글을 써 놓았으므로 조금 옛날 학자들을 인용하는 것을 부끄러워하지 말라. 그들은 지금 무시 받을지 몰라도 그들이 최근의 관점에 의해 변두리로 밀려나기 전에 유익한 이념들을 많이 제시했다. 당신의 분야에서 요즈음 기독 학자들은 무엇을 쓰고 있는가? 어떻게 그들이 신앙과 학문 분야를 통합시키는가?

11.7 통합을 위한 함의들

만약에 당신이 이 장에서 제시된 분류학들을 그 세계관적 논의, 목적과 초점, 가정들, 권위의 역할과 함께 본다면 당신은 통합의 중심이 특정한 성경 본문과 특정한 사실 주장을 연결시키거나 대조하는 것이 아님을 알게 될 것이다. 시드니 그레이다누스는 말하기를, 통합의 중심은 "*실재에 대한 성경적 틀에서 성경과 학문을... 연결하는 것이다.*"[25] 소위 문화 전쟁들은 또한 학문 전쟁들인데 여기에서는 가치들이 충돌하고 이 충돌들이 학문적 추구들에서 자주 표현된다. 문화 전쟁들은 신학적 함축이 있는 가치 전쟁들이다.

이러한 이유에서, 그리스도인에게 "실재의 틀"의 모든 양상을 알리기 위한 믿음을 사용하면서 신앙과 지식에 전인적인 접근을 적용하는 것이 더욱 중요하다. 우리는 자연주의자들의 환원주의를 비판하지만 만일 우리가 신앙을 삶의 모든 영역으로 확장시키지 않는다면, 우리는 또 다른 환원주의자가 될 것이며 그 환원주의는 그릇된 신념으로 이끌 것이다. 윌리엄 해스커는 다음과 같이 말한다.

한 사람의 신앙을 그 마음의 한 부분에 두고 학문적 분야를 다른 부분에 두는 것, 사업과 시민적 일들을 또 다른 칸에 넣는 것은 모든 삶의 영역에 미치는 하나님의 주되심을 사실상 부인하는 것이다. 이렇게 하면 매우 실제적인 몇 가지 위험을 가져온다. 최소한, 통합을 실패하면 전체의 풍요함이 부족하다는 뜻이고, 알려지고 경험된 모든 것을 연결하고 통합하며 이해하는 통합적 관점이 부족하다는 것이다. 다양한 점에서, 이것은 또한 신앙과 심각한 긴장, 노골적인 갈등이 있는 입장들, 관점들, 방법들을 의심 없이 받아들인다는 것을 의미한다. 결과적으로 분리된 사고는 깊이 생각하는 사람에게 상당한 불편의 원천이 될 수 있고, 어떤 경우에는 믿음을 약화시킬 수 있다. 이것은 또한 현대에 극단적으로 만연해 있는 인상, 즉 기독 신앙은 삶의 일상적인 사업에 관계가 없는 본질적으로 순수하고 사적인 것이라는 인상을 줄 수 있다. 우리의 마음을 다해 하나님을 사랑하는 것은 우리가 단일하고 통일된 패턴으로 그 분이 우리로 하여금 파악하게 한 모든 진리를 생각하도록 요구한다.[26]

마지막으로, 격려의 말이다. 지식을 무기로 사용하고, 다양한 종류의 의제들(그 중 어떤 것은 의도적으로 반기독교이다.)을 가진 다양한 학자들이 있으며, 그리고 거짓의 힘과 싸워야 하는 영적 전투에도 불구하고 우리는 철학적 자연주의의 지지자들과 공통점이 있고(우리가 존재론에서 본 것처럼) 그들의 철학적 입장들을 넘어 이성에 관심을 갖는 포스트모더니스트들의 실제적 삶과도 그러하다. 비록 그들이 실수를 범하는 곳에서도, 우리는 그들로부터 배울 것이 많다. 본 장의 목표들 중 하나가 당신이 지식 주장들에 대해 신중하도록 하는 것이지만, 당신은 마비가 될 정도로 회의적이 되거나 모든 것을 거부해서는 안 된다. 심지어 당신이 참되거나 맞다고 동의할 수 없는 것도 배워라. 그리고 당신이 할 수 있는 한 그 주장들을 시험하도록 노력하라.

요약

지식 주장의 신뢰성을 당신이 결정하도록 돕기 위해, 그 사실적 내용을 시험하기 위해, 지식 주장의 배경들과 원천들을 철학적으로, 역사적으로 접근하는 다양한 방법들이 있다. 그것이 의제 학문에서 나왔던지, 아니면 단순히 세계관 선호이든지, 지식 주장들은 구성과 의도된 영향에 있어서 종종 중립적이지 않다.

사고와 토론을 위한 질문들

1. "인간 본성의 성질"의 문제가 당신의 전공이나 학문 분야의 내용에
어떤 영향을 주는가? 당신의 분야에서 인간 본성에 관한 두드러진
관점은 무엇인가?

2. 당신의 학문 분야에 의해 지지되는 도덕적 가치는 무엇이며 그것들
의 기초는 무엇인가? (도덕적 가치의 예는 관용 또는 정의이다.) 당
신의 학문 분야나 그것의 일부 실행자들에 의해 비판받는 전통적
(또는 유대교적 기독교) 도덕 가치들이 있는가? 가치들의 선택이
이 영역의 학문에 영향을 주는가? 그렇다면 어떻게 그러한가?

3. 어떤 "증거와 논쟁의 기초 기준들"을 당신의 전공이나 학문 분야와
공유하는가? 당신의 기독교 세계관과 상충하는 다른 기준들은 없는
가?

4. 당신의 전공이나 학문 분야의 어떤 부분이 당신의 신앙과 통합하기
에 가장 쉬우며 어떤 부분이 가장 문제가 되는가? 왜 그런지 설명
해 보라.

주

1. Michael L. Peterson, *With All Your Mind* (Notre Dame: University of Notre Dame Press,
2001), p. 218

2. J. P. Moreland and William Lane Craig, *Philosophical Foundations for a Christian Worldview* (Downers Grove, IL: InterVarsity Press, 2003), p. 3.

3. Francis Bacon, *The New Organon* (1620; rpt., Indianapolis: BobbsMerrill, 1960), pp. 48ff 참조.

4. William Hasker, "Faith-Learning Integration: An Overview," *Christian Scholars Review* 21:3 (March 1992), pp. 231-248. Retrieved from http://www.gospelcom.net/cccu/journals/csr/hasker.html

5. George Marsden, *The Outrageous Idea of Christian Scholarship* (New York: Oxford University Press, 1997), p. 61.

6. Marsden, p. 47.

7. Alvin Plantinga, "On Christian Scholarship," The Faculty-Staff Christian Forum at the University of California Santa Barbara, Retrieved from http://www.id.ucsb.edu/fscf/library/plantinga/OCS.html

8. See especially the discussion of the reliability of published studies in Alexander Khon, *False Prophets,* rev. ed. New York: Barnes & Noble, 1988), pp. 8-9 and John H. Fennick, *Studies Show: A Popular Guide to Understanding Scientific Studies* (New York: Prometheus Books, 1997).

9. 보다 도움이 되는 논의로는 Kenneth D. Boa and Robert M. Bowman, Jr., *Faith Has Its Reasons: An Integrative Approach to Defending Christianity* (Colorado Springs: NavPress, 2001), pp. 111-114를 보라.

10. Plantinga, op. cit.

11. Ibid.

12. Vocabulary is very faddish. In the 1970's, my professors were always talking about *relevant* and *viable* ideas. In the 1980's, they were always concerned with *bifurcation*. In the 1990's, meaning was always being *unpacked*. And of course, the virtual mantra of *race, class, and gender* pops up like weeds all over the landscape today.

13. Phillip Johnson, *The Right Questions* (Downers Grove, IL: InterVarsity, 2002), pp. 37, 39.

14. This and subsequent quotations about this statistic all come from Christina Hoff Sommers, *Who Stole Feminism?* (New York: Simon and Schuster, 1994), pp. 11-13.

15. Carol Iannone, "Sex and the Feminists," *Commentary* 96:3 (Sept. 1993), p. 52.

16. Sommers, op. cit., pp. 13-14.

17. Sommers, p. 203에서 인용함. 이 주장에 대한 전체적인 논의와 반박에 대해서는 pp. 203-208를 참고하라.

18. Marsden, p. 72.

19. Thomas Sowell, "Morality Vs. Sanctimoniousness," retrieved from http://www.tsoweell.

com/spmorali.html.

20. George Marsden, *The Outrageous Idea of Christian Scholarship* (New York: Oxford University Press, 1997), p. 28.

21. Clifford D. May, "Chaos, Opportunity ... and Caution in Africa," *Washington Times*, July 6 2003. Retrieved from http://washingtontimes.com/commentary/200030705-111504-3974r.htm.

22. Ibid.

23. 가령 Boa and Bowman, op. cit.를 보라.

24. Michael A. Cremo and Richard L. Thompson, *Forbidden Archeology: The Hidden History of the Human Race*, Rev. ed., (Los Angeles: Bhaktivedanta Book Publishing, 1998), p. 656.

25. Sidney Greidanus, "The Use of the Bible in Christian Scholarship," *Christian Scholar's Review* 11:2 (March 1982), pp. 138-147, reprinted in *Discipleship and the Disciplines: Enhancing Faith-Learning Integration*, Coalition for Christian Colleges and Universities, 1996, Unit 4, p. 20.

26. Hasker, op. cit.

제 12장
기독교적 시금석

여기에서 중심적인 논의는 단순함 그 자체이다:
그리스도인으로서, 우리는 해석상, 이론적인 학문 분야에서 일어나는
질문들에 대한 답변들을 필요로 하고 원한다.
또한 그러한 수많은 경우들에서 우리가 그리스도인으로서 아는 것은
적절한 이해에 결정적으로 관련되어 있는 것이다. 따라서 우리 그리스도인은
구체적으로 기독교적 관점에서 이 학문 분야들을 추구해야 한다.
– 앨빈 플란팅가[1]

하나님께서는 기독교 진리에 대한 증거를 매우 충분히 주셔서,
그 진리를 알고 싶은 이들은 찾을 수 있다.
그러나 그는 그를 상관치 않거나 믿고 싶지 않은 이들에게
그들의 믿음을 강요하는 형태로 그를 계시하시지는 않으셨다.
– 케네스 보아와 로버트 바우먼[2]

12.1 통합의 다이내믹

도전

당신이 비그리스도인(교수나 학생)에게 당신의 교육적 삶의 목적들 중 하나가 대학교에서의 신앙과 학문을 통합하는 것이라고 말해야 한다면, 그 비그리스도인은 아마 겸손하게 미소를 지으며 당신이 순진하

다고 말할 것이다. 그러나 이 책 서두에서 언급했듯이, 통합 그 자체의 과정에 관해서는 진기하거나 특이하거나 심지어 비범한 것이 없다. 모든 사람은 새로운 이념들과 지식 주장들을 현재의 지식에 통합하는 과정을 겪는다. 현재 지식에 잘 맞지 않는 지식 주장들은 누구에게나 큰 도전이다. 자연주의자들은 자연에 드러난 설계자의 모습을 설계되지 않은 것으로 보는 그들의 세계관에 통합시켜야 하며; 포스트모더니스트들은 종종 그들의 강한 도덕적 기준들을 도덕성이라는 지역적이고 주관적이라고 보는 그들의 세계관과 통합해야 한다. 우리 중 거의 모두는 진리의 일치성 이론을 실행하고, 우리가 이미 진리라고 생각하는 것과 새로운 정보를 조화시키려고 노력한다. 불일치, 갈등, 상충됨은 우리로 하여금 조화를 이루는 노력을 하게 하거나 적어도 그 문제를 이해하게끔 유도한다.

당신이 순진한 것으로 생각되는 이유는 당신에게 새로운 지식 주장을 다른 사람의 세계관이 아닌 당신이 발전시키고 있는 기독교 세계관과 통합시키려 하기 때문이다. 그러한 비판을 피하는 유일한 방법은 다른 사람의 세계관을 동의하는 것이다. 그런데 다른 철학적 기초를 가진 이의 경멸은 그리스도인에게 제한되지 않는다. 당신이 실험하기 원한다면 생물학 교수 같은 철학적 자연주의자에게 당신의 교육 목표 중 하나가 당신의 포스트모던 세계관과 그의 가르침을 통합하는 것이라고 말해 보라. 아니면 해체이론 문학 교수에게 "포스트모더니즘은 비과학적이다."라고 말해 보라. 아마 당신은 모두 똑같은 반응을 얻을 것이다. "쯧쯧"이라는 소리를 듣거나 조롱거리가 될 것이다. 그러나 만약 당신의 세계관을 기독교적이라고 해도 마찬가지로 웃음거리가 될 것이다.

그러므로 특히 세속 대학에서 통합을 위한 도전은 당신이 다른 세계관들을 가진 교수들로부터 지지나 지도를 기대할 수 없다는 것이다.

(심지어 일부 기독교 대학의 기독 교수들도 이 책에 묘사된 통합적 과정들에 반대하면서 "두 영역" 관점의 접근법들을 선호한다.) 당신은 지지 대신에 저항을 만날 것이다.

조소는 매우 강력한 무기이다. 우리 중 누구도 어리석거나 바보같이 느껴지길 원하지 않는다. 반대되거나 경쟁적인 이념을 조소하는 것은 진리를 추구하는 데에 있어 자유로운 학문 이념들에 대한 폭력이다. 이념들은 그들의 장점에 근거하여 각기 논쟁과 분석을 통해 발견됨으로써 일어서거나 넘어진다. 이 술책이 반대자를 공격하는데 어떻게 쓰이는지 보는 것은 매우 불행하다. 이것은 이념, 지식 주장에 동의하지 않는 이들에 의해 느껴진 부적당함의 두려움을 극대화시키기 위해 설계되었다. 그 목적은 "올바른" 관점을 취하지 않는 이들을 고립시키고 악마로 만들어 제거하는 것이다. 과소평가하고 축소시키는 조소는, 적어도 경멸하는 자의 눈에서, 반대자를 심각하게 숙고할 가치가 없는 것처럼 만든다. 당신이 생각하지 않아도 되는 이념은 당신이 걱정하지 않아도 되는 것이다. 이것은 당신의 신념 체계에 위협이 되지 않는다.

그러므로 만약 당신이 학술 논문들이나 교실에서 제기된 질문들에 의한 통합적 문제들에 관해 작업하려면, 불일치를 기대하지 말고 좀 더 감성적인 것을 기대해 보라.

그러나 조소를 너무 개인적으로 취하지 말라. 분쟁의 한 부분은 철학적이고 신학적일 것이나 그 일부는 또한 역사와 학문의 본성과 그 실천자로부터 올 것이다. 어떤 특정 이론을 주장하면서 (아마 이를 위해 지원금까지 받으며) 자신의 전체 경력을 쌓는 사람은 새롭고 갑자기 일어선 라이벌 이론을 보는 것을 꺼림칙해 할 것이다.

만일 당신이 과학사나 철학사 또는 문학 비평이나 다른 분야를 공부한다면, 일정불변한 것 중 하나는 새로운 이념들에 저항하는 것이라는 것을 발견할 수 있을 것이다. 이 저항은 통합의 어려움을 반영하고 인간은 자기 방식들대로 그것을 하려는 경향을 알 수 있을 것이다. 만약에 새로운 발견이 자동적으로 현재 이념들에 양립 가능한 것이 아니라면, 그것은 보통 적대심으로 맞이하게 된다. 과학은 언제나 변천하고 또 변할 수밖에 없음을 아는 과학자는 적어도 이 현상을 나타내야 하지만 가끔 그들은 이 현 상태에 대한 위협에 관해 가장 적대적이다.

지지

당신은 통합 프로젝트에 있어서 대적을 만나는 동시에, 같은 마음을 가진 학생들, 당신의 멘토와 같은 교수, 출판물들(책들, 논문들, 웹사이트들), 목회자들, 청년 리더들 등과 같은 지원군도 찾을 수 있어야만 한다. 진리를 추구하는 것은 언제나 사회적 노력이었는데, 그 공동체에서 이념들은 시험되고 정제된다. 진리를 추구하는 양상으로서 통합도 이와 같다. 이념들과 질문들과 해답들을 공유하는 것, 성경에 대해 보다 나은 이해를 추구하는 것, 대안적인 주장들과 해석들을 찾는 것, 당신의 세계관에 새로운 지식을 통합시키는 것-이 모든 활동들은 개인적이기보다 공동체적으로 진행되기 쉽다. 물론 개인적인 독서와 사고가 매우 중요하지만 그것들은 보충되어야 한다. 기본 철학적 (그리고 영적) 싸움터는 새로운 것이 아니며 많은 현명하고 도움이 되는 사상가들도 당신과 같은 전철을 밟았다.

최근 20, 30년 전에, 많은 입장에서 기독교 세계관을 발전시키는 매우 많은 양의 훌륭한 업적들이 있었다. 또한 웹사이트로 인해서, 그 중 많은 것들을 쉽게 접근할 수 있다. 당신의 흥미 있는 분야가 철학이든 변증학이든 과학이든 예술이든 문학이든 특정한 학문이든, 당신은 당신 자신의 세계관을 잘 확립하도록 도와주는 자료들을 찾을 수 있을 것이다.

오류에 대한 반응

성공적인 통합은 당신이 당신의 관점에 반하거나 불완전하거나 그른 세계관을 제시하는 과목을 들을 때 문제를 제기한다. 이제 당신은 당신이 생각하기에 적어도 잠정적이지만 진리의 진정한 이해에 도달했다면 이것이 일부 코스 자료 자체와 함께 만드는 갈등에 어떻게 접근할 것인가? 혹시 손을 들거나 종이를 꺼내 쓰며, 데이터 배후의 가정들 중 일부가 반대할 만하거나 해석들 중 일부가 편향되었다고 말할 것인가? 아니면 교수에게 "그가 듣기 원하는 것을 말하여" 낮은 성적 등으로 처벌받는 것을 피할 것인가? 아니면 이 책의 9장의 9.6 부문에서 논의된 자극적인 질문들을 해야 하는가?

나는 이런 질문에 답해 줄 수가 없다. 답은 당신의 성격(당신은 살아 있는 논의를 좋아하는가?)이나 그 과목의 성질에 달린 것이다. 그러나 아래에 당신의 사고를 도와줄 몇 질문들이 있다.

- **교수가 얼마나 기꺼이 다른 세계관으로부터 온 갈등을 일으키는 이론이나 대안적 이념들을 들으려 하고 토의하려 하는가?**
- **당신이 목소리를 높인다면 무엇을 이룰 수 있다고 기대하는가?** 교실에서 대안적 이념들과 기독교 세계관을 제시하는 것은 그것을 한 번도 들어보지 못했거나 분명하고 지적으로 설명되는 것을 들어 보지 못한 이들에게 도움이 될 것이다. 반면에 당신의 비판들과 대안적 논문을 쓰는 것은 교수나 조교가 점수를 줄 때 제한을 줄 것이다.

내가 세속 대학들을 여행하며 많은 교수들을 관찰한 경험을 토대로 말한다면, 당신이 교수들의 이론적(또는 정치적!) 입장(존재론과 인식론을 말하지 않더라도)에 관한 마음을 바꿀 가능성은 극히 적다는 것이다. 현실적인 답변으로, 존 웨스트(John G. West, Jr.) 교수는 "오래된 오류들은 아주 완고하다. 그리고 인문학과 사회 과학의 많은 분야들이 그들의 학문 분야들을 재발견하는 충격에 직면하기보다는 그들의 물질주의적 미신들에 집착하려 한다."[3]고 말한다. 나는 자연 과학의 일부 이론적 측면들에도 동일한 현상이 나타난다고 생각한다.

그러나 나는 당신에게 바로 서도록 격려하며 교실 밖에 나가-방 동료들과 스터디 그룹의 동료들과 많이 만나보고 캠퍼스 출판물이나 비공식 교류들을 통해 대화해 보라고 말하고 싶다. 기독교 진리는 그것이 *마치* 이성적 대안이 없는 *것 같은*, 불일치가 부도덕(또는 인종차별적, 성차별적, 비관용적)한 *것 같은* 선전적인 지식과 의제적 학문에 대한 강하고 이성적이며 견고한 – 최고로 견고한 – 대안으로 사려 깊은 사람들에 의해 종종 충분히 제시되지 않았기 때문에 하찮게 여겨지고 *멸시받을 수 있다*. 그리스도인들은 지옥불로 위협하거나 성경(불신자들에게 아무런 중요성이 없는)에 호소하지도 않았다는 의미에서 너무 오랫동안 지나치게 공손하거나 부끄러워하며 진리를 제시하는 것을 두려워했지만 대신 차분하고 이성적으로, 정보를 제시하며, 경의를 표하는 태도로 이유들과 증거를 드러냄으로써 듣는 이들이 생각할 수 있는 관점을 제시했다.

즉각적인 동의를 기대하지 말라. 이 이야기들은 "기독교적 관점"에 대해 조소, 외침과 분노, 또는 손을 흔들며 거부 반응을 보이지만 머리 밖으로 논쟁들의 적확성을 얻을 수 없는 많은 사람들에 관한 것이다. 말씀들은 가슴에서 타오를 수 있으며 (성령께서 밝은 횃불을 가지고 계신다.) 몇 달 후 또는 몇 년 후에 변화를 가져올 수 있다. 장기적 안목

을 가져야 함을 기억하라. 우리 문화가 우리에게 강요하는 즉각적인 만
족을 향한 갈망은 잊어버려라. 씨를 뿌린 후 소망 가운데 기도하라.

인내

당신이 학문을 당신의 신앙과 연결하려고 노력할 때, 시작부터 아주
세세한 것까지 정확히 하려 하지 말고 모든 문제에 대해 답하려는 부담
도 갖지 마라. "나는 이것에 대해 아직 잘 모르겠어."라고 말하거나 생
각해도 좋다. 당신이 기억해야 할 것은 통합의 과정에서 가장 중요한
면은 실재의 성경적 틀과 모든 다른 실재와 지식 주장들을 어떻게 보고
궁극적으로 평가할 것인지의 입장을 유지하는 것이다. 당신이 받을 세
부적인 것들과 주장들을 옮기는 것은 바뀌고 또 바뀔지도 모른다. 당신
이 새로운 이념들을 받아들이고 어떻게 그것들을 당신의 자라나는 진
리관과 연결시킬지 고민할 때 인내하도록 하라.

12.2 기독교 혐오증

기독교 혐오증은 비이성적인 두려움이고 종종 기독교, 또는 가끔 그
리스도인들을 개인적으로 증오하는 것이다. 이것은 서구 세계에서 발
흥했고 기독교 세계관에 대해서도 많은 적대심을 나타낸다. 철학적 자
연주의자들과 포스트모더니스트들을 포함하는 세속주의자들 중에 기독
교는 그저 틀렸거나 어리석은 것이 아니라 해롭고 진보의 대적으로 여
겨진다. 가령, 그리스도인들과 기독교 세계관이 과학의 발흥에 공헌했
다는 것을 지워버리고, 기독교가 오히려 과학을 억제했다고 비난하기
위해 심지어 역사도 다시 쓰고 있다.[4] 기독교 혐오증은 몇 개의 차원이

있는데 여기서는 몇 개만 살펴보겠다.

도덕적 차원

올더스 헉슬리의 말을 이 책의 5장에서 이미 보았듯이, 기독교는 많
은 이들의 개인적 행동을 제약하는 위협이며, 따라서 그것에 권력을 부
여하는 어떤 시도도 반대한다. 만약 기독교 세계관의 위상이 올라가면
(나아가 영향력이 확대되면), 도덕적 제약들도 많아질 것이다. 여기서
기독교에 대한 반대는 성적 자유에 관한 것이다. 피터 크레프트(Peter
Kreeft)가 "우리는 성적 전쟁을 이기지 않는 이상 문화 전쟁에 이길 수
없다. 왜냐하면 성은 우리 문화의 효과적인 종교이고, 종교는 이 세계
에서 가장 강한 힘이며, 동기이기 때문이다."[5]라고 말한다.

당신도 알다시피 성은 실로 중요한 동기 요인이다. 뉴스에서 다양한
그룹의 사람들이 언제나 성적 관행이나 낙태와 같은 다양한 "권리들"
을 위해 항상 시위하는 것을 보았다면 알 것이다. 로버트 나이트(Robert
Knight)는 그의 저서 『동의의 시대(*The Age of Consent*)』에서 어떤 분석가
는 "20세기 동안 공공 정책 운동을 본 후에" 그들의 "실제 목표"는 "세
계를 간음을 위한 안전한 곳'으로 만드는 것이라고 결론지었다."[6] 이것
은 조금 과장되기는 했지만 일리가 있다.

예전에 무신론자였던 존스(A. S. A. Jones)는 강력하고 (직설적으로)
기독교 혐오증의 차원 배후에 있는 사고들을 다음과 같이 요약한다:

회의론자로서 논쟁했을 때, 나는 그리스도인들로부터 배우고 싶은
열망이 전혀 없었다. 나의 유일한 목적은 그들로 하여금 하나님을
믿는 것이 얼마나 비논리적이고 우스꽝스러운 것인지 보여 주려고
노력하는 것이었다. 그들의 주장들이 일리가 있다는 것은 나에게

전혀 문제가 되지 않았다. 나의 주장도 일리가 있었다! 기독교는 나의 개인적 권리들과 자유를 직접 위협하는 것으로 인지했기에 나는 하나님에 대한 믿음을 파괴해야 하는 사명을 가지고 있었다. 나는 만약 충분한 수의 그리스도인이 정부에 선출된다면, 법적인 체계가 나를 유대-기독교 종교적 도덕의 노예로 만들 것이라고 생각했다. 이 … "신"이 나의 (성적) 권리들을 침해하여 … 결혼 밖에서 다른 성년들과 성관계를 맺지 못하도록 위협하고 있었다! 여성들은 낙태도 못하고 만삭이 될 때까지 기다려야 했다! 그것은 나에게 매주일 아침에 일어나 교회를 출석하게 하고, 만약 내가 거부하면 어떤 훌륭한 사업가도 나를 고용하지 않으려 할 것이다. 나는 어떠한 **진리**에도 전혀 관심이 없었다! 만약에 내가 예수 그리스도 회사에 대한 나의 전면전에 진리가 조금이라도 방해가 된다면 나는 그것에 대해 듣기를 원하지 않았다. 나는 적을 파괴하고 싶었다.[7]

정치적 차원

명백히, 기독교가 도덕적 제약들을 강요한다는 것을 두려워하는 사람은 기독교가 어떤 정치적 권력을 가지는 것도 두려워한다. 마빈 올라스키(**Marvin Olasky**)는 말한다.

최근 미디어와 학계의 어떤 사람들은 "근본주의자들"이라고 이름 붙인 기독교인들이 공적 문제들에 관여할 때마다 – 마치 그러한 참여가 혁신이나 심각한 위협을 대표하는 것처럼 불평했다. 백 년 전, 종교와 공적 생활에 관한 윌리엄즈버그 헌장은 조사 대상이었던 학자들 중 92퍼센트가 교회와 국가 간에 "분리의 큰 벽"이 있어야 된다고 요구했다. 심지어 그 중 삼분의 일은 복음주의자들이

"민주주의에 위협"이라고 주장하였다.[8]

물론 미디어와 학적 기독교 혐오론자들이 대놓고 그리스도인들의 선거권을 박탈해야 한다고 말할 수는 없다. 그 대신에, 그들은 (1) 교회와 국가의 위반, (2) 불관용, (3) 극단론자들, 편견이 아주 심한 사람들, "종교적 권리", "근본주의자들"과 같은 사람들이라며, 그러한 활동에 대해 무릎 반사적 반응을 일으키면서, 그리스도인들이 공적 이슈들에 관여하기 시작하는 것을 공격해야 한다. 가톨릭이 낙태를 반대했기 때문에 사법적 자리에 임용되는 것이 배제되었는지 아닌지 질문이 제기되었다.[9] 그리고 한 기독교 변증가의 관점에서, 기독교는 지금 "인종차별주의, 성차별주의, 환경적 붕괴 및 제국주의를 지지하기 때문에 침체되고 있다."[10] 즉, 그리스도인들은 매우 큰 공적 관계의 문제가 있다.

『핍박(*Persecution*)』이라는 책에서, 기독교 혐오증에 대해 깊이 있고 치밀한 검토를 한 데이비드 림보(David Limbaugh)는 기독교를 공립학교(기독교가 "비관용적으로 공격적"[11]이고 십계명이 "혐오의 연설"[12]로 불리는 곳)뿐만 아니라 공공 담화의 경기장과 예술(TV, 영화, 음악)에서도 배제하려는 결연한 노력의 많은 예들을 보여 준다. 림보는 "세속적 힘이 단지 단절의 벽을 유지하려는 것이 아니라, 급진적으로 우리 사회를 세속화시키기 위한 전쟁에 몰두한다."[13]고 말한다. 그가 계속하여 인용한 노골적인 차별과 불관용의 종류들은 단지 크리스마스트리를 "공휴일 트리"라고 이름을 바꾸는 것 이상으로 훨씬 더 심각하다.

케네스 미노그(Kenneth Minogue) 또한 기독교 혐오증에 대해 언급하면서 서구의 지적 엘리트들이 그가 올림픽주의(Olympianism)라고 부르는 프로그램에 참여했다고 주장했는데 이것의 목표는 합리주의와 "적절한 인권들"을 비서구 국가들에 확장하는 것이다. 그는, 이렇게 하기 위해, 서구는 기독교를 부인해야만 한다고 주장한다: "오늘날 기독교를 적나라하게 혐오하는 기초는 그것이 서구를 순수한 이성과 동정의 원천으로서 나타내는 야망에 모순된다는 것이다."[14] 물론 이것은 포스트모더니스트보다는 모더니스트 프로젝트이다. 미노그에 의하면, 그것이 세계질서를 위한 새로운 이상으로서 공산주의를 대체했다고 한다.

감정적 차원

기독교 혐오증의 다른 원천은 감정적 혐오감이다. 기독교는 죄와 죄책, 회개의 필요성 같은 이념들로 삶을 복잡하게 한다. 많은 모더니스트와 포스트모더니스트들에게 이러한 개념은 "자존심에 적대적"[15]인 것이다. 기독교를 배척하는 이들, 특히 미국인들은 자부심과 심지어 오만함이 엔터테인먼트 미디어에서 모델적 행동으로 추켜세워지는 자기도취와 극한 개인주의적 문화에서 그렇게 한다. 프랭크 시나트라(Frank Sinatra)는 "나는 내 방식대로 해왔네(I did it my way)"를 노래로 불렀다. "당신은 이 프로젝트를 할 자격이 있어"라고 광고인들은 우리에게 말하고, 우리는 "무제한"과 "무장벽"을 준수해야 한다고 계속 말한다.

이러한 반권위주의적 문화에서 하나님에 대한 책임의 이념이란 역겨운 것이다. 사실, 기독교를 향한 모든 표면적인 반대들에서 – 그것이 악의 존재이든 십자군의 해로움이든 신 존재 증거의 불충분이든 무엇이든 간에 – 실제로 가장 근본적인 반대 이유는 다른 데 있다. 내게 있어, 가장 도전적인 요구와 많은 학계에 기독교 세계관이 들어가는 것을 막는 가장 큰 방해물은 이러한 오래된 반대들을 극복하는 것만을 의미하지는 않는다. 이것은 하나님, 동정녀 탄생, 그리스도의 신성, 기적, 부활을 믿는 문제가 아니다. 이것은 야고보서에 나오는 다음과 같은 간

략한 한 절과 관련된 것이다: "주 앞에서 낮추라. 그리하면 주께서 너희를 높이시리라."(약 4:10) 겸손하라는 부르심은 많은 사람들, 특히 지적인 사람들에게 매우 성가신 것이다.

변증가 존 블룸(John A. Bloom)은 "사람들은 그들의 겉보기에 좋게 데이터를 왜곡할 수 있으므로, 그들은 통제할 수 없고 복종해야 하는, 그들보다 강한 권위나 권력이 있다는 암시를 주는 어떠한 증거들도 모호하게 하려 할 것이다."[16]고 말한다. 이것은 오직 기독교와 주권적 하나님에 대한 주장들을 거부할 때에만 개인적 자율성이 그것의 궁극적 한계까지 확장될 수 있다는 것이다. 신을 거부한 것(무신론)과 신을 무시하는 것(불가지론)과 신적인 것에 일부가 되는 것(범신론) 또는 개인적이고 영적인 성취를 추구하는 것(다양한 종류의 힌두교와 불교)은 모두 삶의 자기 지시적인 영적, 감성적 차원을 유지하고 싶어 하는 자들에게 "더 좋은" 대안들이 된다. 여기에서 기독교 혐오증은 인격적인 하나님을 대면해야 하는 생각에 대한 감정적 반응을 말한다.

12.3 르네상스의 필요성

성경의 권위를 반영하는 기독교 세계관과 학과의 주제에 대한 적절한 이해를 세우는 것(특히 경쟁적인 세계관들에 의해 제시된 도전들에 직면해서)이 본서의 초점이었다. 그러나 내가 제 10장의 10.5에서 암시했듯이 우리―즉 당신과 나는 둘다―는 개인적인 세계관 발전에 관한 관심들을 넘어서야 할 필요가 있고 위대한 대화에 공헌하는 사람들이 되어야 한다. 우리는 기독교의 진리와 해결책들, 가치들과 지금 받아들여지고 있는 것보다 더 나은 대안으로서 세계에 대한 의미를 제시하며, 이념들의 세계에서 우리의 위치를 확인할 필요가 있다. 이 일을 하기 위해, 우리는 기독교 지성적 삶과 학문의 갱신이 필요하다.

우리의 과묵

우리가 본 바와 같이 현재 기독교 사상은 학계의 변두리에 놓여 있다. 그리고 이것은 부분적으로 우리의 책임이다. 모어랜드는 우리가 이렇게 행동하기를 요구한다:

우리가 소외당하고 밀려난 것은 수십 년간 외적으로는 학문적 괴롭힘, 내적으로는 지적 비겁함이나 무관심의 결과이다. … 우리는 학계와 광범위한 문화에서 논의되는 폭넓은 이슈들에 대해 우리가 믿는 바에 대한 복음주의적 선언들과 방어들에 대한 르네상스가 필요하다.[17]

과거에는 우리 중 너무도 많은 이들이 우리의 믿음을 삶과 사고에 연결시키지 못하고 무심코 세상적 방식을 따라갔다. 데이비드 프레이저**(David Fraser)**는 우리가 문화적으로, 지적으로 세속적이 되었다고 말한다:

더욱 미묘한 것이 이데올로기적 세속화이다: 생각과 삶의 수행에서 하나님의 진리와 실재로부터 배제, 무시, 제외되는 것이다. 여기서 진정한 문제는 경건하지 않은 회의나 학부가 아니라 지적으로 세속적인 그리스도인들이다. (그들은 성경 읽고 기도하지만 그들을 둘러싼 세상에서 주어진 방식 그대로 일하며 살아간다.)[18]

게다가, 너무도 많은 기독 교수들이 특히 그들의 학문 분야를 기독교적 접근 방식을 발전시키려 노력하기보다는 세속적으로 이해하려고 했다. 대학원의 효과로부터인지 아니면 세속적 동료들에 의해 받아들여지고 싶은 열망 때문인지, 많은 기독 교수들은 새로운 모델들을 발전시키기 위해 일하기보다는 기존의 모델들을 가르칠 뿐 아니라 자기 것으로 채택했다. 조지 마스던은 『기독 학문의 과격한 이념(*The Outrageous Idea of Christian Scholarship*)』에서 "그리스도인이라고 천명하는 수많은 학자들 중에, 극소수를 제외한 대다수는 그들의 신앙의 지적 함의들에 대해 침묵한다."고 지적한다. 그리고 그는 "왜 주류 학계에 다양한 마르크스주의자, 페미니스트, 동성애자, 포스트모던, 아프리카계 미국인, 보수적이거나 진보적인 사상의 학파들과 비교할 만한 분명한 기독 학파가 거의 없는가?"[19]라고 묻는다.

문제가 철학적 혼합주의(궁극적으로 양립 불가능한 신념들을 혼합하는 과정)이든, 스톡홀름 증후군(인질이 인질범들에게 동화되어 삶을 견디게 하는 심리적 현상)의 지적 형태이든지 간에, 첫 번째 단계는 우리가 과거에 우리 자신의 세계관을 발전시키고 그 기초에서 일하는 데에 너무도 주저하였다는 것을 인지하는 것이다.

우리의 역할

그렇다면 질문은 이것이다. 만약 기독교가 – 모든 학문과 지식에 깊은 영향을 주는 영역들인 – 창조주 하나님에 관하여, 인간 본성에 관하여, 영적 갈급함에 관하여, 가치들에 관한 진리를 붙잡고 있다면, 도대체 우리는 왜 이런 것들은 우리의 학계 연구에서 그렇게 소홀히 다루는가? 만약 실재에 대한 성경적 틀이 세계에 대한 가장 정확하고 참된 그림을 제공한다면, 왜 우리는 진정 그것에 대해 사색하는 것처럼 지적인 삶을 살지 않는가? 왜 우리는 스스로 경쟁적인 이념들로 인해 겁을 먹고 세속적 상대를 자주 모방하면서 학문적 작업을 하는가?

니콜라스 월터스토프는 우리에게 권면한다.

> 우리 복음주의자들은 결국 미국에 있는 우리가 더 이상 기독교 사회에 살고 있지 않다고 이해하기 시작했다. 우리는 혼합되고 다원화된 사회에 사는데, 여기서 예수 그리스도에게 헌신한 지체들은 그저 다원주의에 한 부분에 불과하다. 그러나 동시에 - 감사하게도 - 우리는 이 혼합된 사회에서 고개 숙이고 부끄러워하며 침묵하는 것은 교회를 향해 자격이 없고 불순종하는 것이라고 이해하기 시작했다. 우리는 교회가 사회에 해방을 주는 메시지를 가졌고 사회를 향해 내미는 치료하는 손이 있음을 인지하기 시작했다. 교회는 그 말씀과 그 손을 거두어서는 안 된다.[20]

학적인 용어로서, 이것은 우리가 기독교적 증거의 한 부분으로서 학문을 추구함에 있어 기독교 세계관을 발전시키고, 정제하며, 변론하고, 적용할 필요가 있음을 의미한다. 우리는 우리의 작업에 있어서 주도적이고 창조적이어야 하며, 그저 참가하거나 반응하는 정도에 그쳐서는 안 된다. 조지 마스던이 "종교적 신앙을 가진 학자는 그 믿음의 지적 암시들을 반성해야 하고 그 반성들을 지적인 삶의 주류에 가져와야 한다."[21]라고 말했듯이 말이다. 발견된 지식을 복사하여 우리 공동체에 내어 놓기보다는, 우리는 "현대의 만연하는 세계관들에 반하여 기독교 세계관을 발전"[22]시켜야 한다.

그리고 우리의 역할은 현대의 주장들과 이데올로기들을 우리의 진리 지식과 함께 언제나 비판하고 대조하는 것은 아니다. 어떤 세계관에도 이론적이거나 철학적 분석이 부족한 지식과 활동의 드러나는 많은 영역들이 있다. 데이비드 프레이저는 "새로운 전공분야들이 어마어마하게 늘어나면서 새로운 질문들과 문제들이 생겨나며 인도적이고 도덕적인 또는 기독교적 가치들을 가진 전통들이 부족하다. 공격적인 세속주의자의 사고 전통과는 전혀 달리, 우리는 해석적인 틀이 전혀 없는 가운데 새롭고 어리둥절하게 만드는 것들에 직면하기 쉽다."[23]고 말한다. 우리 문화의 강한 개인주의와 권위에 대한 저항에도 불구하고, 많은 사람들은 세상을 이해하게 해 주는 어떤 철학적 구조를 필요로 한다. 수확물, 동물과 인간 복제, 줄기세포 연구에 대한 유전 공학의 영역들이 대두되면서 분명한 기독교적 사고가 이루어져야 할 필요가 있다. 죽음의 대한 정의, 동물의 권리들, 그리고 개인의 권리들과 공동체의 권리들 간의 긴장(및 개인 대 공동체의 책임)과 같은 기존의 영역들에도 기독교가 공헌할 부분이 많이 있다.

12.4 통합을 위한 함의들

이미 당신이 알듯이, 시금석은 단단하고 검은 돌조각이며 귀한 금속들, 특히 금의 순도를 체크하는 현무암이나 벽옥일 때가 많다. 테스트하는 사람은 돌 주변에 순도로 알려진 금속의 구석을 문지른 후 그 옆 구석도 문지른다. 두 구석의 색깔을 비교해 봄으로써, 시험자는 그 금속이 진정 순수한지 아닌지 결정할 수 있다. 이 책은 우리가 우리의 시금석을 사용하여 우리에게 제시된 지식의 금속들을 시험할 필요가 있다고 상기시키는 것이다.

우리는 다른 이들의 지식 주장들을 시험해 볼 뿐만 아니라 우리 자신의 신념들과 다른 기독 학자들의 이념들도 시험해 보야야 한다. 데이비드 프레이저는 "우리는 선험적으로 모든 진리를 가지고 있지 않다. 아주 종종 우리는 잘 모르거나 틀린다. (비그리스도인들도 그들의 사고에 있어서 진리와 오류는 우리와 마찬가지이다.)"[24]라고 우리에게 상기시킨다. 지식으로 가는 길과 그 지식을 우리의 신앙과 통합시키는 곳으로 가는 길은 많은 노력이 필요한 길이다. 마이클 피터슨은 "진리로 가는 지름길은 없다. 우리의 발견을 정제하고 조정하기 위해 부지런히 연구해야 하고 우리가 발견했다고 생각하는 진리들에 관해 비판적 대화를 시도해야 한다. 그것은 쉽지 않다: 진리에 헌신하는 원리는 엄격한 지적 활동으로 표현되어야 한다."[25]라고 말한다.

17세기 시인인 존 던(John Donne)은 진리를 찾는 것에 관한 "풍자시 3"에서 다음과 같이 말한다:

… 울퉁불퉁하고 깎아지른

거대한 바위산 위에 진리는 서 있으니,

그녀에게 다가가려는 자는 돌아서, 또 돌아서 가야 한다;

그래서 산이 갑자기 나타나 오르는 것을 막더라도 극복해야 한다.

신앙과 지성 사이의 연결에 새로운 활력을 불어넣고, 기독 학문 연구에 필요한 동반자로서 마음을 사용하는 것에 대해, 나는 순수하게 합리적인 기독교만을 주장하지는 않는다. 나는 우리 신앙의 모든 본성: 이성적이고, 계시적이며, 관계적인 면들을 포용한다. 나는 감성적이고 경험적인 자질들을 이해한다. 내가 이 책에서 분명하게 밝히고 싶은 것은, 우리가 신앙의 지적인 면과 이념들의 시장과 마주치는 것도 무시해서는 안 된다는 것이다. 그레셤 메이첸(J. Gresham Machen)은 다음과

같이 언급한다:

> 그릇된 이념들은 복음을 받아들이는 데에 있어서 가장 큰 장애물들이다. 우리는 모든 개혁자의 열정을 가지고 선포하지만, 한 나라나 세상의 축적된 모든 생각이 불가항력적인 논리의 힘에 의해, 기독교를 해가 없는 착각에 불과하다고 하는 이념들에 의해 통제되는 것을 허용할지라도 여기저기에 있는 낙오자들을 건질 때에만 성공할 것이다.[26]

오늘날, 많은 이들이 기독교를 *무해한* 착각이 아니라 *해로운 것*으로 보는데, 고통을 겪고 있는 세상에 기독교 세계관의 구속적이고 변혁적인 힘을 제시하는 것은 매우 중요하다.

나는 기독 지성의 삶의 가능성들에 낙관적이고 소망을 갖는다. 통합의 과정은 아주 성공적일 수 있다. 우리의 시금석은 우리로 하여금 제한되거나 잘못된 세계관으로부터 가치 있는 이념들을 찾도록 도와줄 것이며, 우리의 성경적 틀은 우리로 하여금 부족한 세계관을 보충하고 확장하도록 도울 것이다. 비합리적인 세계관은 지혜와 지성에 의해 반박될 것이며, 이데올로기적 관점들은 폭로될 것이다. 더 많은 신실한 자들이 문화와 학문의 세계를 변혁시키는 것을 사명으로 삼고, 기독교가 사고의 경기장에서 더욱 경쟁적이라는 것을 보여 줄 때, 심지어 우리를 해산시키기 원하는 사람들도 우리의 입장에 대해 주의를 기울일 것이다. 그리고-그들이 전에 들어 본 적도 없고 아니면 그렇게 논리정연하게 설명된 것을 들어 보지 못한 이념들과 선택들-에 열려 있는 많은 사람들이 진리이신 그 분을 알게 될 것이다.

요약

특별히 당신이 세속 대학에 다니면서 신앙과 학문을 통합시키려 하면 반대에 부딪치게 될 것이다. 심지어 기독교 대학에서도, 당신은 일부 저항을 만나게 될 것이다. 그러나 더 많은 그리스도인들이 세계관과 통합적 문제들을 이해할 때, 당신의 노력에 더 많은 지지를 얻을 수 있을 것이다. 나는 당신이 삶의 모든 차원에서 진리를 추구하고 사랑하는 자가 되라고 격려하고 싶다. "하나님은 당신이 원하는 만큼 깊으신 분이다."

사고와 토론을 위한 질문들

1. 당신이 미래에 할 통합 작업을 위한 단계들의 개요를 짜 보라. 즉, 당신이 앞으로 몇 년간 당신의 신앙과 학문을 계속 통합하려 할 때 도움이 될 전략이나 계획이 무엇인가? 어떤 실천적인 방법들이 가장 효과가 있는가?

2. 제 2장에서, 농담으로 나는 "당신이 이 책을 내가 의도한 대로 읽는다면 당신은 적어도 박사 학위를 취득하려고 헌신할 것이다."라고 말하였다. 이 책이 당신으로 하여금 고등 교육이나 학문적 목표들에 헌신하게 했는가? 그렇다면, 어떤 방식으로 그러하였는가? 당신은 기독 지성인 모임에 가입할 결정을 내렸는가? 그러면 왜 그러하고 아니면 왜 아닌가?

3. 당신의 기독교 세계관에 근거하여 당신의 학문 분야나 전공에 공헌
   할 수 있는 지식을 파악하고 발전시켜 보라. 당신의 분야에 따라서
   이것은 해석적 틀, 실험, 연구 주제, 문학 리뷰, 이론적 모델이 될
   수 있다.

4. 확인된 세계관의 관점에서 당신의 전공이나 학문 분야에 있는 논
   문, 발견물, 책, 연구를 분석해 보라. 기독교 세계관의 관점에서
   그것들을 토론해 보라. 즉, 어떻게 저자의 가정들과 해석들이 기독
   교 세계관과 상호작용하는가?

주

1. Alvin Plantinga, "On Christian Scholarship," Retrieved May 7, 2003 from Faculty-Staff
   Christian Forum at the University of California, Santa Barbara, http://www.id.ucsb.edu/
   fscf/library/planginga/OCS.html
2. Kenneth D. Boa and Robert M. Bowman, Jr., *Faith Has Its Reasons: An integrative
   Approach to Defending Christianity* (Colorado Springs: NavPress, 2001), p. 37.
3. John G. West, Jr., "The Death of Materialism and the Renewal of Culture," *Intercollegiate
   Review* :2 (Spring 1996), p. 5.
4. See "Christophobia," online at http://home.infostatioins.com/quietsun/athart6.htm.
5. Peter Kreeft, *How to Win the Culture War* (Downers Grove, IL: InterVarsity Press, 2002), p.
   95.
6. Robert H. Knight, *The Age of Consent: The Rise of Relativism and th Corruption of
   Popular Culture* (Dallas: Spence Publishing, 1998), pp. 35-36.
7. A. S. A. Jones, "The Games Skeptics Play," Ex-Atheist.com, retrieved from http://www.
   ex-atheist.com/7.html.
8. Marvin Olasky, "Media Christophobia," *World* 17:16 (April 27, 2002). Retrieved from
   http://www.worldmag.com/world/issue/04-27-02/cover_3.asp.
9. "Ads Accuse Democrats of Barring Catholics from Bench," *Orange County Register*, July

24, 2003, New 9.

10. Douglas Groothuis, "Defender of the Faith," *Book and Culture*, July-August 2003, p. 12.

11. David Limbaugh, *Persecution* (Washington, D.C.: Regnery, 2003), p. 29.

12. Ibid., p. 45.

13. Ibid., p. 234.

14. Kenneth Minogue, "'Christophobia' and the West," *New Criterion* 21:10 (June 2003), p. 11.

15. Gary DeLashmutt and Roger Braund, "Postmodern Impact: Education," in Dennis McCallum, ed., *The Death of Truth* (Minneapolis: Bethany House, 1996), p. 119.

16. Quoted in Kenneth Boa and Robert Bowman, Jr., *Faith Has Its Reasons* (Colorado Springs: NavPress, 2001), p. 186.

17. J. P. Moreland, "Philosophical Apologetics, the Church, and Contemporary Culture," *Premise* 3:4 (April 29, 1996), p. 6. from http://capo.org/premist/96/april/p960406.html.

18. David Fraser, "Book Summary Notes on David Gill, *The Opening of the Christian Mind: Taking Every Thought Captive to Chirst*," in *Discipleship and the Disciplines: Enhancing Faith-Learning Integration*, Coalition for Christian Colleges and Universities, 1996, Unit 1, p. 37.

19. George Marsden, *The Outrageous Idea of Christian Scholarship* (New York: Oxford University Press, 1997), p. 6.

20. Nicholas Wolterstorff, "The Mission of the Christian College at the End of the 20th Century," *Reformed Journal* 33:6 (June 1983), pp. 14-18. Reprinted in *Discipleship and Disciplines: Enhancing Faith-Learning Integration*, Coalition for Christian Colleges and Universities, 1996, Unit1, p. 16.

21. Marsden, *Outrageous Idea*, pp. 3-4.

22. Marsden, "State of Evangelical," p. 20.

23. Fraser, op. cit., p. 3.

24. Fraser, op. cit., p. 5.

25. Michael Peterson, *With All Your Mind: A Christian Philosophy of Education* (Notre Dame: University of Notre Dame, 2001), p. 115.

26. Quoted in J. P. Moreland and William Lane Craig, *Philosophical Foundations for a Christian Worldview* (Downers Grove, IL: InterVarsity, 2003), p. 2.

보충 자료
유용한 웹사이트

아래의 웹사이트는 여러분들의 통합 연구에 유용할 것으로 생각되는 것들을 선택한 것이다. 이 사이트들 및 신앙과 학문에 관련된 다른 논문들과 자료들은 저자의 웹사이트인 www.virtualsalt.com/int/를 참고하라.

일반적인 세계관 자료들

크리스천 리더십 사역들 www.clm.org
대학생 선교회의 교수 사역

도어웨이 논문들**(Doorway papers)** www.custance.org
"학문적 연구와 성경적 이해 간의 연결"을 만드는 책들과 글

인터넷 크리스천 도서관 www.iclnet.org
Resource guides, books, articles, links.

리더십 대학교 www.leaderu.com
8,000편의 논문들과 기타 자료들

제노스 크리스천 펠로우십 www.xenos.org
변증학, 성경 공부, 강의들, 내려받기들

정기 간행물

도서들 및 문화 www.christianitytoday.com/books/
기독교와 관련된 이슈들에 관한 논문들 및 리뷰들

브레이크포인트 온라인 www.breakpoint.org
뉴스에 대한 기독교적 관점

크리스채너티 투데이 www.christianitytoday.com
그리스도인의 삶에 관한 뉴스 및 해설

퍼스트 씽즈**(First Things)** www.firstthings.com
종교 및 공적 삶에 관한 저널

월드 www.worldmag.com
기독교적 관점으로 본 주간 뉴스매거진 사이트

과학

엑서스 리서치 네트워크 www.arn.org
지적 설계 이론에 관해 강조하는 과학 사이트

창세기 답변들**(Answers in Genesis)** www.answeringenesis.org
창조 과학에 강조점을 둔 과학 사이트

과학 및 문화 센터 www.discovery.org/crsc/
지적 설계 이론을 강조하는 사이트

오리진**(Origins.org)** www.origins.org
지적 설계 및 철학적 유신론을 강조하는 사이트

변증학

변증학닷컴**(Apologetics.com)** www.apologetics.com

기독교 변증학 아카데미 www.hisdefense.org/home2.html

변증학(Apologetics.org) www.apologetics.org

개혁 신학 및 변증학 센터(Center for Reformed Theology and Apologetics)
www.reformed.org

변증학 정보 사역들 www.apologeticsinfo.org

크리스천 답변 네트 www.christiananswers.net

변증학 인덱스 www.apologeticsindex.org

크리스천 변증학 및 리서치 사역 www.carm.org

애틀랜타 크리스천 변증학 www.atlantaapologist.org

믿을 이유들 *www.reasons.org*

Adler, Mortimer and Charles Van Doren. *How to Read a Book*. Rev. ed. New York: MJF Books, 1972

"Ads Accuse Democrats of Barring Catholics from Bench." *Orange County Register*. July 24, 2003, News 9.

Allan, Kenneth and Jonathan H. Turner. "A Formalization of Postmodern Theory." *Sociological Perspectives* 43:3, pp. 363-385.

Aristotle. *Nicomachean Ethics*. Tr. Martin Ostwald. New York: Bobbs-Merrill, 1962.

"ASNE Survey: Journalists Say They're Liberal." *The American Editor*. 26 May 1999. American Society of Newspaper Editors. http://www.asne.org/kiosk/editor/ 97.jan-feb/dennis4.htm.

Bacon, Francis. *The New Organon*. 1620. Reprint Indianapolis: Bobbs-Merrill, 1960

Behe, Michael. *Darwin's Black Box: The Biochemical Challenge to Evolution*. New York: Free Press, 1996.

Bengtsson, Jan Olof. "Left and Right Eclecticism: Roger Kimball's Cultural Criticism. *Humanitas* 14:1 (2001), pp. 23-46.

Bennett, William J. *The De-Valuing of America: The Fight for Our Culture and Our Children*. New York: Summit, 1992.

Berlinski, David. "A Scientific Scandal? David Berlinski and Critics." *Commentary*. Retrieved from http://www.commentary.org/berlinski.htm

Boa, Kenneth D. and Robert M. Bowman. *Faith Has Its Reasons: An Integrative Approach to Defending Christianity*. Colorado Springs: NavPress, 2001.

"Book Summary Notes on Nicholas Wolterstorff, *Reason Within the Bounds of Religion*, 2nd ed. (Grand Rapids: Eerdmans, 1984)." In *Discipleship and the Disciplines: Enhancing Faith-Learning Integration*. Coalition for Christian

Colleges and Universities, 1996.

Broad, William and Nicholas Wade. *Betrayers of the Truth: Fraud and Deceit in the Halls of Science.* New York: Simon and Schuster, 1982.

Brother Lawrence. *The Practice of the Presence of God.* Tr. Donald Atwater. Springfield, IL: Templegate, 1974.

Carr, David. "Husserl and Phenomenology." In Richard H. Popkin, ed. *The Columbia History of Western Philosophy.* New York: MJF Books, 1999.

Childers, Jeff. "Chapter 5 Summary, 'Christian Scholarship Symposium at ACU on *The Outrageous Idea of Christian Scholarship* by George Marsden.'" Abilene Christian University, Feb. 1999. Retrieved from http://www.acu.edu/ academics/adamscenter/resources/faithlearning/christianschool.html.

"Christophobia." Retrieved from http://home.infostations.com/quietsun/athart6.htm.

Clark, Thomas W. "Humanism and Postmodernism: A Reconciliation." *The Humanist,* Jan-Feb 1993, pp. 18-23.

Cremo, Michael A. and Richard L. Thompson. Forbidden Archeology: *The Hidden History of the Human Race.* Rev. Ed., Los Angeles: Bhaktivedanta, 1998.

Cremo, Michael. *Forbidden Archeology's Impact,* 2nd. ed. Los Angles: Bhaktivedanta, 2001.

Crews, Ferderick C., de. *Unauthorized Freud: Doubters Confront a Legend.* New York: Viking, 1998.

Culverwell, Nathaniel. *An Elegant and Learned Discourse of the Light of Nature* [1652]. Ed. Robert A. Greene and Hugh MacCallum. Toronto: University of Toronto, 1971.

Curtler, Hugh Mercer. "The Myopia of the Cultural Relativist." *The Intercollegiate Review* 38:1 (Fall 2002), pp.35-43.

Custred, Glynn. "The Forbidden Discovery of Kennewick Man." *Academic Questions.* 13:3(Summer 2000), pp. 12-30.

Darwin, Francis, ed. *The Life and Letters of Charles Darwin.* New York: D. Appleton, 1888.

"Darwinism: A Time for Funerals." *Contrast.* March-April 1983, pp. 4-5.

Davis, Edward B. "Some Comments on the Course, 'Introduction to Christianity and Science.'" Retrieved online at http://www.messiah.edu/pages/facstaff/davis/

course.html.

DeLashmutt, Gary and Roger Braund, "Postmodern lmpact: Education." In Dennis McCallum, ed.' *The Death of Truth*. Minneapolis: Bethany House, 1996.

Dembski, William. *Intelligent Design: The Bridge Between Science and Theology.* Downers Grove, IL: Inter Varsity, 1999.

Dixon, Tom. "Postmodern Method: History." In Dennis McCallum, ed. *The Death of Truth*. Minneapolis: Bethany House, 1996.

D'Souza Dinesh. *Illiberal Education: The Politics of Race and Sex on Campus*. New York: The Free Press, 1991.

______. *The End of Racism: Principles for a Multiracial Society*. New York: The Free Press, 1995.

Dupre, Louis. "Postmodernity or Late Modernity? Ambiguities in Richard Rorty's Thought. *The Review of Metaphysics* 47:2 (Dec. 1993), pp. 277-296.

Easterbrook, Greg. "Science Sees the Light." *The New Republic* 219:15 (Oct. 12, 1998), pp. 24-30.

Edgerton, Robert B. *Sick Societies: Challenging the Myth of Primitive Harmony*. New York: Free Press, 1992.

Eger, Martin. "A Take of Two Controversies: Dissonance in the Theory and Practice of Rationality." *Zygon* 23:3 (September 1988), pp. 291-325.

Eliot, T. S. *Christianity and Culture: The Idea of a Christian Society and Notes Towards the Definition of Culture*. New York: Harcourt, 1948.

Ellis, Frank. "Political Correctness and the Ideological Struggle: From Lenin and Mao to Marcuse and Foucault." *Journal of Social, Political, and Economic Studies* 27:4 (Winter 2002), pp. 409-444.

Ellis, John M. *Against Deconstruction*. Princeton, NJ: Princeton University Press, 1989.

Etzioni, Amitai. *The Monochrome Society*. Princeton: Princeton University Press, 2001.

Fennick, John H. *Studies Show: A Popular Guide to Understanding Scientific Studies*. New York: Prometheus Books, 1997.

Feyerabend, Paul. *Against Method*. London: NLB,1975.

______. *Paul K. Feyerabend: Knowledge, Science, and Relativism, Philosophical*

Papers. Vol. Ed. John Princeton. Cambridge: Cambridge University Press, 1999.

Fine, Gray Alan. " The Ten Commandments of Writing." *The American Sociologist* 19: 2 (Summer 1998), pp. 152-157.

Fischer, David Hackett. *Historians' Fallacies: Toward a Logic of Historical Thought*. New York: Harper & Row, 1970.

Fonte, John. "Why There Is a Culture War." *Policy Review* 104,(Dec. 2000-Jan. 2001) pp. 15-31.

Fraser, David. "Book Summary Notes on David Gift, *The Opening of the Christian Mind: Taking Every Thought Captive To Christ*." In *Discipleship and the Disciplines: Enhancing Faith-Learning Integration*. Coalition for Christian Colleges and Universities, 1996.

Freeman, Derek. *The Fateful Hoaxing of Margaret Mead: A Historical Analysis of Her Samoan Research*. Boulder, CO: Westview, 1999.

Gangel, Kenneth O. "Integrating Faith and Learning: Principles and Process." *Bibliotheca Sacra*, April-June, 1978. Retrieved online at http://www.ici.edu/journals/bibsac/7584/78b1.htm.

Genetics: Readings from Scientific American, With Introductions by Cedric I. Davern. San Francisco: W. H. Freeman, 1981.

Gilder, George. "The Materialist Superstition." *Intercollegiate Review* 21:2 (Spring 1996), pp. 6-14.

Gill, David. *The Opening of the Christian Mind: Taking Every Thought Captive to Christ*. Downers Grove, IL: InterVarsity. 1989.

Goldberg, Bernard. *Bias: A CBS Insider Exposes How the Media Distort the News*. Washington, D. C.: Regnery, 2002.

Greidanus, Sidney. "The Use of the Bible in Christian Scholarship." *Christian Scholar's Review* 11:2 (March 1982), pp. 138-147.

Groothuis, Douglas. "Defenders of the Faith." *Books and Culture*, July-August 2003, p.12.

Harris, Trester S. Patients Are People, Too. *VirtualSalt*. Retrieved from http://www. virtualsalt.com/pp/.

Hasker, William. "Faith-Learning Integration: An overview." *Christian Scholars*

Review 21:3 (March 1992), pp. 231-248. Retrieved online at http://www.gospelcom.net/journals/csr/hasker.html.

______. *Metaphysics: Constructing a World View*. Downers Grove, IL: InterVarsity Press, 1983.

Haughness, Norman and Thomas W. Clark. "Postmodern Anti-Foundationalism Examined." *The Humanist* July-Aug 1993, pp. 19-22.

Heath, Peter. *The Philosopher's Alice*. New York: St. Martin's, 1974.

Hecht, Jeff. "F Is for Fake." *New Scientist*. Feb. 19, 2000, p. 12.

Himmelfarb, Gertrude. "The Christian University: A Call to Counterrevolution." *Discipleship and the Disciplines: Enhancing Faith-Learning Integration*. Coalition for Christian Colleges and Universities, 1996.

______. *Darwin and the Darwinian Revolution*. New York: W. W. Norton, 1962.

Hoffmann, Roald. "Why Buy That Theory?" *American Scientist* 91:1 (Jan-Feb 2003), pp. 9-11.

Hollander, Paul. "Marxism and Western Intellectuals in the Post-Communist Era." *Society* 37:2(Jan-Feb 2000), pp. 22-28.

Hooper, Judith. *Of Moths and Men: The Untold Story of Science and the Peppered Moth*. New York: W. W. Norton, 2002.

Hoots, Rita. "Hooper, Judith. Of Moths and Men: An Evolutionary Tale." *Library Journal*, August 2002, p. 136.

Horowitz, David. "Missing Diversity on America's Campuses." *FrontPageMagazine. com*, Sept. 3, 2002. Retrieved from http://www.frontpagemag.com/articles/Printable.asp?ID=1003.

Huck, Schuyler W. and Howard M. Sandler. *Rival Hypotheses: Alternative Interpretations of Data Based Conclusions*. New York: Harper, 1979.

Huxley, Aldous. *Ends and Means: An Inquiry into the Nature of Ideals and into Methods Employed for Their Realization*. New York: Harper,1937.

Iannone, Carol. "PC with a Human Face." *Commentary* 96:6 (June 1993), pp. 44-48.

______. "Sex and the Feminists ." *Commentary* 96:3 (September 1993), pp. 51-54.

Ingram, David. "Continental Philosophy: Neo- Marxism" In Richard H. Popkin, ed. *The Columbia History of Western Philosophy*. New York: MJF Books, 1999.

"Industry- Sponsored Research Biased?" Orange County [California] *Register*.

January 22, 2003, News 11.

Jaki, Stanley L. " From Scientific Cosmology to a Created Universe." In Roy Abraham Varghese, ed. *The Intellectuals Speak Out About God*. Chicago: Regnery,1984.

______. " Science: Western or What? " *Intercollegiate Review* 26:1 (Fall 1990), pp. 3-12.

Johnson, Phillip E. *Darwin on Trial*. Washington, D.C.: Regnery, 1991.

______. *Objections Subversive Essays on Evolution, Law & Culture*. Downers Grove, 11: InterVarsity, 1998.

______. "The Religion of the Blind Watchmaker." *Christian Leadership Ministries*. Retrieved from http://www.clm.org/real/ri9203/watchmkr.html.

______. *The Right Questions: Truth, Meaning, and Public Debate*. Downers Grove, IL: InterVarsity, 2002.

______. *The Wedge of Truth: Splitting the Foundations of Naturalism*. Downers Grove, IL: InterVarsity Press, 2000.

Johnson, Samuel. "The Vision of Theodore, Hermit of Tenerriffe." Retrieved from http://virtualsalt.com/lit/theodore.htm.

Jones, A. S. A. "The Games Skeptics Play. " *Ex-Atheist.com*. Retrieved from http:// www.ex-atheist.com/7.html.

Jones, Roger S. *Physics for the Rest of Us*. 1992. Reprint New York: Barnes and Noble, 1999.

Kearl, Michael. "Sociology of Knowledge." Retrieved from http://ww.trinity. edu/~mkearl/knowledge.html.

Keas, Michael and Kerry Magruder. "Unified Studies Natural Science F-2002 Packet." Oklahoma Baptist University, 2002. Retrieved from http://www. okbu.edu/academics/natsci/us/311/pack.pdf.

Kimball, Roger. *Tenured Radicals: How Politics Has Corrupted Our Higher Education*. Chicago: Ivan R. Dee, 1998.

Knight, Robert H. *The Age of Consent: The Rise of Relativism and the Corruption of Popular Culture*. Dallas: Spence, 1998.

Kockelmans, Joseph J. "continental Philosophy of Science." In Richard H. Popkin, ed. *The Columbia History of Western Philosophy*. New York: MJF Books,

1999.

Kohm, Lvnn Marie. "What is a Christian University? or How to Achieve Preeminence as a Graduate Institution." Retrieved online at http://www.regent.edu/admin/cids/christianuniv.pdf.

Kohn, Alexander. *False Prophets*. Rev. de., New York: Barnes and Noble, 1988.

Kors, Alan Charles and Harvey A. Silverglate. *The Shadow University: The Betrayal of Liberty on American Campuses*. New York: Harper Perennial, 1999.

Kreeft, Peter. *How to Win the Culture War*. Downers Grove, IL: InterVarsity, 2002.

Kuhn, Thomas S. *The Structure of Scientific Revolutions*. 2nd Ed. Chicago: University of Chicago, 1970.

Lawler, Peter Augustine. "Conservative Postmodemism, Postmodern Conservatism." *Intercollegiate Review* 38:1 (Fall 2002), pp. 16-25.

Leo, John. "Gender Wars Redux." *U. S. News & World Report*, Feb. 27, 1999, p. 24.

_____. "Nobel Prize for Fiction?" *U. S. News & World Report*, Jan. 25, 1999, p. 17.

Limbaugh, David. *Persecution: How Liberals Are Waging War Against Christianity*. Washington, D.C.: Regnery, 2003.

Lunn, Arnold. *The Revolt Against Reason*. London: Eyre and Spottiswoode, 1950.

Macbeth, Norman. *Darwin Retried: An Appeal to Reason*. Ipswitch, MA: Gambit, 1971.

MacDougall, Curtis D. *Hoaxes*. 2nd Ed., New York: Dover, 1958.

McCallum, Dennis. *Christianity: The Faith that Makes Sense*. Wheaton: Tyndale House, 1992.

_____, ed. *The Death of Truth*: Minneapolis: Bethany House, 1996.

McGrath, Alister. "The Christian Scholar in the 21st Century," Christian Leadership Ministries. Retrieved from http://www.clm.org/real/ri0002/mcgrath.html.

Madison, G. B. "Hermeneutics: Gadamer and Ricoeur." In Richard H. Popkin, ed. *The Columbia History of Western Philosophy*. New York: MJF Books, 1999.

Makkreel, Rudolf A. "The Problem of Values in the Late Nineteenth Century." In Richard H. Popkin, ed. *The Columbia History of Western Philosophy*. New York: MJF Books, 1999.

Marsden, George. *The Outrageous Idea of Christian scholarship*. New York: Oxford University Press. 1997.

______. "The State of Evangelical Christian Scholarship." *Reformed Journal* 37:9 (Sept. 1987), pp. 12-16.

Martin, Jerry L. "Restoring American Cultural Institutions." *Society* 36:2 (Jan-Feb 1999), pp. 35-40.

May, Clifford D. "Chaos, Opportunity ... and Caution in Africa." *Washington Times.* July 6, 2003.

Meyer, Stephen C. "The Origin of Life and the Death of Materialism." *Intercollegiate Review* 31:2 (Spring 1996), pp. 24-43.

Milton, Richard. "THES and Darwin: The Open Society and Its Enemies." June 26, 2002. http://www.alterntivescience.com/thes and Richard dawkins.htm.

Minogue, Kenneth. "Christophobia' and the West." *New Criterion* 21:10 (June 2003), pp. 4-13.

Moore, Thomas J. *Deadly Medicine: Why Tens of Thousands of Heart Patients Died in Amerida's Worst Drug Disaster.* New York: Simon and Schuster, 1995.

Moreland, J. P. "Academic Integration and the Christian Scholar." *The Real Issue.* Jan/Feb 2000, p. 9.

______. *Love Your God with All Your Mind: The Role of Reason in the Life of the Soul.* Colorado Springs: Navpress, 1997.

______. "Philosophical Apologetics, the Church, and Contemporary Culture." *Premise* 3:4 (April 29, 1996), pp. 6ff. Retrieved from http://capo.org/premise/96/april/p960406.html.

______. and William Lane Craig. *Philosophical Foundations for a Christian Worldview.* Downers Grove, IL: InterVarsity, 2003.

Motluk, Alison. "'Of Moths and Men,' by Judith Hooper." Salon.com Books. Sept. 18, 2002. *Salon.com.* Retrieved from http://www.salon.com/books/review/2002/09/18/hooper.

Nash, Ronald H. *Faith and Reason: Searching for a Rational Faith.* Grand Rapids: Zondervan, 1988.

______. *Worldviews in Conflict: Choosing Christianity in a World of Ideas.* Grand Rapids: Zondervan, 1992.

Nenon, Tom. "Martin Heidegger." In Richard H. Popkin, de. *The Columbia History of Western Philosophy.* New York: MJF Books, 1999. "Officials See Rise in Lab

Fraud," Orange County [California] Register. January 22, 2003, News 13.

Olasky, Marvin. "Media Christophobia." *World* 17:16 (April 27, 2002). Retrieved from http//www.worldmag.com/world/issue/04-27-02/cover_3.asp.

Olson, Storrs L. Letter to Dr. Peter Raven. November 1, 1999. Retrieved from http://www.answersingenesis.org/docs/4159.asp?vPrint=1

Pascal, Blaise. *Pensees.* Tr. Martin Turnell. New York: Harper & Row, 1962.

"Paul Ehrlich." *Overpopulation.com.* Retrieved from http://www.overpopulation.com/faq/people/paul_ehrlich.html.

Peterson, Michael. *With All Your Mind: A Christian Philosophy of Education.* Notre Dame: University of Notre Dame, 2001.

"Piltdown Bird." EXN.ca Retrieved from http://exn.ca/Templates/webisode.asp?story_id=2001033054.

Plantinga, Alvin. "Advice to Christian Philosophers." *Truth Journal.* Retrieved from http://www.leaderu.com/truth/1truth10.html.

______. "Darwin, Mind, and Meaning." Retrieved from UCSB Faculty-Staff Christian Fellowship, http://id-www.ucsb.edu/fscf/library/plantinga/dennett.html.

______. "Methodological Naturalism? Part One: Is Science Religiously Neutral? Three Examples." The Faculty-Staff Christian Forum at the University of California at Santa Barbara. Retrieved from http://id-www.ucsb.edu/fscf/library/plantinga/mn/MN1.html.

______. "On Christian Scholarship." The Faculty-Staff Christian Forum at the University of California at Santa Barbara. Retrieved from http://id-www.ucsb.edu/fscf/library/plantinga/OCS.html.

______. "Theism, Atheism, and Rationality." *Truth Journal.* Retrieved from http://www.leaderu.com/truth/3truth02.html.

"The Press Corps: Liberal, Liberal, Liberal." *Media Reality Check.* August 14, 2001. Media Research Center. http://www.mediaresearch.org/realitycheck/2001/20010814.aso.

Preston, John, ed. *Paul K. Feyerabend: Knowledge, Science and Relativism.* Philosophical Papers, Volume 3. Cambridge: Cambridge University Press, 1999.

Rea, Michael C. *World Without Design: The Ontological Consequences of*

Naturalism. New York: Oxford University Press, 2002.

Rector, Robert E., Kirk A. Johnson, and Lauren R. Noyes. "Sexually Active Teenagers Are More Likely To Be Depressed and to attempt Suicide." A Report to the Heritage Center for Data Analysis. *The Heritage Foundation*. June 2, 2002. Retrieved from http://www.heritage.org/Research/Family/cda0304.cfm.

Roberts, J. M. *Twentieth Century: The History of the World*, 1901 to 2000. New York: Viking, 1999.

Rockmore, Tom. "Karl Marx." In Richard H. Popkin, ed. *The Columbia History of Western Philosophy*. New York: MJF Books, 1999.

Romey, William D. "Science as Fiction or Nonfiction?: A Physical Scientist's View from a General Semantics Perspective." *Et Cetera* 37:3 (Fall 1980), pp. 201-207.

Rudel, Thomas K. and Judith M. Gerson. "Postmodernism, Institutional Change, and Academic Workers: A Sociology of Knowledge." *Social Science Quarterly* 80:2 (June 1999), pp. 213ff.

Sandage, Allan. "A Scientist Reflects on Religious Belief." *Truth Journal*. Retrieved from http://www.leaderu.com/truth/1truth15.html.

Schlafly, Phyllis. *Feminist Fantasies*. Dallas: Spence Publishing, 2003.

Schmid, Randolph E. "Scientists Confirm Mistake: 'New' Dinosaur a Combination of 2 Mismatched Fossils." Associated Press. April 7, 2000. Retrieved from http://abcnews.go.com/sections/science/DailyNews/dino_mistke000407.html.

Scruton, Roger. "Why I Became a Conservative." *The New Criterion*. Retrieved from http://www.newcriterion.com/archive/21/feb03/burke.htm.

Shalit, Wendy. "A Ladies' Room of One's Own." *Commentary* 100:2 (August 1995), pp. 33-37.

Singer, Charles. *A History of Scientific Ideas*. 1959. Rpt. New York: Dorset, 1990.

Sloan, Christopher P. "Feathers for T. Rex? New Birdlike Fossils Are Missing Links in Dinosaur Evolution." *National Geographic*. November 1999, 98-107.

Sokal, Alan and Jean Bricmont. *Fashionable Nonsense: Postmodern Intellectuals' Abuse of Science*. New York: Picador USA, 1998.

Solzhenitsyn, Alexander. "a World Split Apart," June 8, 1978. Retrieved from http://www.Columbia.edu/cu/Augustine/arch/Solzhenitsyn/harvard1978.html.

Sommers, Christina Hoff. *The War Against Boys: How Misguided Feminism Is Harming our Young Men.* New York: Simon & Schuster, 2000.

______. *Who Stole Feminism?* New York: Simon and Schuster, 1994.

Sowell, Thomas. "Cultural Diversity: A World View." Retrieved from http//www.tsowell.com/spcultur.html.

______. "Morality Vs. Sanctimoniousness." Retrieved from http//www.tsowell.com/spmorali.html.

Stark, Rodney "False Conflict," *The American Enterprise* 14:7 (Oct./Nov. 2003), pp. 27-33.

Stein, Harry. *How I Accidentally Joined the Vast Right-Wing Conspiracy* (And Found Inner Peace). New York: Delacorte, 2000

Stolba, Christine. "Lying in a Room of One's Own: How Women's Studies Textbooks Miseducate Students." *Independent Women's Forum*, 2002. Retrieved from http://www.iwf.org/pdf/roomononesown.pdf.

Stoll, David. R*igoberta Menchu and the Story of All Poor Guatemalans.* Boulder, CO: Westview, 1999.

Stroll, Avrum. "Twentieth-Century Analytic Philosophy." In Richard H. Popkin, ed. *The Columbia History of Western Philosophy.* New York: MJF Books, 1999.

Sykes, Charles J. *The Hollow Men: Politics and Corruption in Higher Education.* Washington. D.C: Regnery, 1990.

Torrey, E, Fuller. *Fruedian Fraud: The Malignant Effect of Freud's Theory on American Thought and Culture.* 1992. Rpt. New York: Harper, 1993.

Varghese, Roy Abraham. *The Intellectuals Speak Out About God.* Chicago: Regnery Gateway, 1984.

Veith, Gene Edward Jr. *Postmodern Times: A Christian Guide to Contemporary Thought and Culture.* Wheaton, IL: Crossway Books, 1994.

Vitz, Paul C. *Faith of the Fatherless: The Psychology of Atheism.* Dallas: Spence Publishing, 1999.

Wells, Jonathan. "Catch-23." *Center for Science and Culture.* July 1, 2002. Retrieved from http://www.discovery.org.

Wells, Jonathan. "Critics Rave Over Icons of Evolution: A Response to Published Reviews." Center for Science and Culture, June 12, 2002. Retrieved from http://www.discovery.org.

______. *Icons of Evolution: Science or Myth? Why Much of What We Teach About Evolution Is Wrong*. Washington, D.C: Regnery, 2000.

West, John G. "the Death of Materialism and the Renewal of Culture." *Intercollegiate Review* 31:2 (Spring 1996), pp. 3-5.

Whalen, David M. "'A Little More than Kin and Less than Kind': The Affinity of Literature and Politics. *Intercollegiate Review* 37:1(Fall 2001), pp. 22-30.

Wieland, carl. "National Geographic Backs Down-Sort Of." *Answers in Genesis*. Retrieved from http://www.answersingenesis.org/docs2/4273news4-11-2999.asp?vPrint=1

Wolterstorff, Nicholas."The Mission of the Christian College at the End of the 20th Century." *Reformed Journal* 33:6(June 1983), pp. 14-18.

______. *Reason Within the Bounds of Religion*. 2nd ed. Grand Rapids: Eerdmans, 1984.

Zacharias, Ravi. *Jesus Among Other Gods: The Absolute claims of the Christian Message*. Nashville: Word, 2000.

Zinsmeister, Karl. "The Shame of America's One-Party Campuses." *The American Enterprise*, Sept. 2002, 18-25.

역자 후기

본서는 역자가 2012년 3월부터 한동대학교의 학문과 신앙연구소를 섬기게 되면서 제일 먼저 번역하게 된 책입니다. 평소에 학문과 신앙의 통합에 관심을 가지고 있었고 학문과 신앙 과목을 가르치다가 본 연구소를 맡게 되어 본격적으로 번역에 착수하게 된 것입니다.

본서의 저자 로버트 해리스(Robert A. Harris) 박사는 캘리포니아 대학교에서 1972년에 영어로 학사학위를 받고 다음해인 1973년에 클레어몬트 대학원에서 영어 및 영문학으로 석사학위를 받은 후, 1982년에 캘리포니아 대학교에서 영어학으로 박사학위를 받았습니다. 그동안 남캘리포니아 대학과 남캘리포니아 밴가드 대학교에서 2001년까지 영어를 가르쳤고, 최근에 학문과 신앙의 통합에 깊은 관심을 가지고 본서를 출판하였으며, www.virtualsalt.com이라는 웹사이트도 운영하고 계십니다. 보다 자세한 내용은 이 사이트를 참고하시기 바라며 특별히 학문과 신앙의 통합에 관해서는 www.virtualsalt.com/int/를 참고하시기 바랍니다.

본서의 번역에는 많은 조교들의 헌신적인 도움이 있었습니다. 엄윤채, 이병곤, 황민재, 임찬양 학우 등이 초역을 맡아 수고하였으며 제가 전체적으로 점검한 후 마지막 편집 및 마무리에는 찬양 조교의 도움이 컸습니다. 이들의 귀한 수고에 감사합니다.

아울러 본서의 출판을 기꺼이 수락해 주신 예영커뮤니케이션의 김승태 사장님께 깊이 감사드립니다.

바라기는 본서가 학문과 신앙의 통합에 관심이 있는 모든 학우들과 교수님들 기타 모든 분들에게 조금이나마 도움이 되길 기원합니다.

"그리하여 우리 모두가 하나님의 아들을 믿는 일과 아는 일에 하나가 되고, 온전한 사람이 되어서 그리스도의 충만하심의 경지에까지 다다르게 됩니다." (엡 4:13)

남송리 연구실에서
최용준